Eva Buchinger · Ulrike Felt (Hrsg.)

Technik- und Wissenschaftssoziologie in Österreich

Österreichische Zeitschrift für Soziologie
Sonderheft 8/2006

Herausgeber:
Vorstand der Österreichischen Gesellschaft für Soziologie:
Christian Fleck, Monika Kronberger, Sonja Laubichler, Beate Littig,
Johanna Muckenhuber, Joachim Nemella, Harald Rohracher, Katharina Scherke

Eva Buchinger · Ulrike Felt (Hrsg.)

Technik- und Wissenschaftssoziologie in Österreich

Stand und Perspektiven

VS VERLAG FÜR SOZIALWISSENSCHAFTEN

Österreichische Zeitschrift für Soziologie

Vierteljahresschrift der Österreichischen Gesellschaft für Soziologie
31. Jahrgang, Sonderheft 8, Dezember 2006

Herausgeber: Vorstand der Österreichischen Gesellschaft für Soziologie: Christian Fleck, Monika Kronberger, Sonja Laubichler, Beate Littig, Johanna Muckenhuber, Joachim Nemella, Harald Rohracher, Katharina Scherke.

Redaktion: Johann Bacher, Eva Buchinger, Eva Cyba, Jörg Flecker, Walburga Gáspár-Ruppert, Johanna Hofbauer, Heinz-Jürgen Niedenzu, Franz Ofner, Dieter Reicher, Martin Weichbold, Meinrad Ziegler.

Redaktionssprecher: Meinrad Ziegler (Universität Linz, Institut für Soziologie, Altenbergerstraße 69, A-4040 Linz)

Rezensionsredakteur: Dieter Reicher (Universität Graz, Institut für Soziologie, Universitätsstraße 15 G4, A-8010 Graz)

Heftredakteurin: Eva Buchinger

Redaktionelle Zuschriften bitte nur an die Redaktion senden. Unverlangt eingesandte Rezensionsexemplare können nicht zurückgeschickt werden.

VS Verlag für Sozialwissenschaften | GWV Fachverlage GmbH
Abraham-Lincoln-Straße 46 | 65189 Wiesbaden
Geschäftsführer: Andreas Kösters, Albrecht F. Schirmacher
Gesamtleitung Anzeigen: Thomas Werner
Gesamtleitung Produktion: Ingo Eichel   www.vs-verlag.de
Gesamtleitung Vertrieb: Gabriel Göttlinger

Abonnentenverwaltung: Ursula Müller, Telefon (0 52 41) 80 19 65; Telefax (0 52 41) 80 96 20; E-mail: Ursula.Mueller@bertelsmann.de
Marketing: Ronald Schmidt-Serrière M.A.,Telefon (06 11) 78 78-2 80; Telefax (06 11) 78 78-4 40; E-mail: Ronald.Schmidt-Serriere@vs-verlag.de
Anzeigenleitung: Christian Kannenberg, Telefon (06 11) 78 78-3 69; Telefax (06 11) 78 78-4 30; E-mail: Christian.Kannenberg@gwv-fachverlage.de
Anzeigendisposition: Monika Dannenberger, Telefon (06 11) 78 78-1 48; Telefax (06 11) 78 78-4 43; E-mail: Monika.Dannenberger@gwv-fachverlage.de
Es gilt die Sammelpreisliste vom 01.01.2006.
Produktion/Layout: Frieder Kumm,Telefon (06 11) 78 78-1 75; Telefax (06 11) 78 78-4 68; E-mail: Frieder.Kumm@gwv-fachverlage.de
Bezugsbedingungen: Jährlich erscheinen 4 Hefte.
Jahresabonnement 2006: € 48,– für Studenten gegen Studienbescheinigung € 34,–.
Einzelheft € 16,50 jeweils inkl. MwSt. (Alle Preise zzgl. Versandkosten).
Alle Bezugspreise und Versandkosten unterliegen der Preisbindung. Kündigungen der Abonnements müssen spätestens 6 Wochen vor Ablauf des Bezugszeitraumes schriftlich mit Nennung der Kundennummer erfolgen. Jährlich können Sonderhefte erscheinen, die nach Umfang berechnet und den Abonnenten des laufenden Jahrgangs mit einem Nachlass von 25% Rabatt des jeweiligen Ladenpreises geliefert werden. Bei Nichtgefallen können die Sonderhefte innerhalb einer Frist von 3 Wochen zurückgegeben werden.

© VS Verlag für Sozialwissenschaften | GWV Fachverlage GmbH, Wiesbaden 2006
Der VS Verlag für Sozialwissenschaften ist ein Unternehmen von
Springer Science+Business Media.
Alle Rechte vorbehalten. Kein Teil dieser Zeitschrift darf ohne schriftliche Genehmigung des Verlages vervielfältigt oder verbreitet werden. Unter diesen Vorbehalt fällt insbesondere die gewerbliche Vervielfältigung per Kopie, die Aufnahme in elektronischen Datenbanken und die Vervielfältigung auf CD-ROM und allen anderen elektronischen Datenträgern.
Satz: Laudenbach, Sigmundsgasse 14, A-1070 Wien
Gedruckt auf säurefreiem und chlorfrei gebleichtem Papier.

ISSN 1011-0070

Gedruckt mit Förderung des Bundesministeriums für Verkehr, Innovation und Technologie.

ISBN 978-3-531-15270-7

Inhaltsverzeichnis

Eva Buchinger, Ulrike Felt
Einladung zu einem Streifzug durch die österreichische Technik-
und Wissenschaftssoziologie 7

Helga Nowotny
Technik- und Wissenschaftsforschung in Österreich:
Plädoyer für eine konvergente Forschungsagenda 13

Zur Analyse von Innovationsprozessen

Harald Rohracher
Innovation und Diffusion von Umwelttechnologien:
Das Potential soziologischer Beiträge zu Technologieprogrammen .. 29

Eva Buchinger
Wie ist politische Innovationssteuerung möglich?
Systemtheoretische Betrachtungen am Beispiel der F&E-Quote
auf Europa-, Österreich- und Wien-Ebene 51

Michael Ornetzeder
Nutzergruppen als Gestalter technischer Innovationsprozesse
am Beispiel erfolgreicher ‚Nachhaltigkeitstechnologien' 79

**Zu Formen des Dialogs zwischen Wissenschaft
und Gesellschaft**

Ulrike Felt, Maximilian Fochler, Annina Müller
Sozial robuste Wissenspolitik? Analyse partizipativ orientierter
Interaktionen zwischen Wissenschaft, Politik und Öffentlichkeit
im österreichischen Kontext 103

Erich Grießler, Beate Littig
Neosokratische Dialoge zu ethischen Fragen der
Xenotransplantation. Ein Beitrag zur Bearbeitung ethischer
Probleme in partizipativer Technikfolgenabschätzung 131

Zum Veränderungspotential von Informations- und Kommunikationstechnologien

Gerit Götzenbrucker
net_working: Fallbeispiele zu Veränderungspotenzialen
elektronischer Kommunikationsangebote in einem österreichischen
IT-Unternehmen 159

Michael Nentwich
Neue Kommunikationstechnologien und Wissenschaft:
Veränderungspotentiale und Handlungsoptionen auf dem Weg
zur Cyber-Wissenschaft 185

Christian Fuchs, Wolfgang Hofkirchner
Informatik und Gesellschaft: Ein notwendiger Zusammenhang 205

Explorationen in unterschiedlichen Bereichen der Technik- und Wissenschaftssoziologie

Christian Fleck
Probleme beim Schreiben einer Kollektivbiografie
deutschsprachiger Soziologen 225

Manfred E. A. Schmutzer
Gesellschaft per Entwurf 255

Arno Bammé
Wissenschaft der Zukunft : Zukunft der Wissenschaft.
Von der akademischen zur postakademischen Wissenschaft 277

AutorInnen 311

Eva Buchinger, Ulrike Felt

Einladung zu einem Streifzug durch die österreichische Technik- und Wissenschaftssoziologie

Wirft man einen kurzen Blick auf die forschungspolitischen Programme, sowohl auf europäischer wie auch auf nationaler Ebene, so kann man neben thematischen Verschiebungen und strukturellen Innovationen eine weitere wesentliche Veränderung erkennen: ein klares Bewusstsein für die immer bedeutender werdende Verflechtung von Wissenschaft, Technik und Gesellschaft. Ausgedrückt in Konzepten wie Wissensökonomie/-gesellschaft oder Informationsgesellschaft wird diese Verflechtung nicht mehr nur als Ziel formuliert, sondern man ist sich auch über die Notwendigkeit von Analyse, Begleitung und Reflexion dieser Entwicklung weitgehend einig. Es ist augenscheinlich, dass hier die Sozialwissenschaften mehr denn je gefragt sind, einen Beitrag zu leisten.

Konkret kann man dies durch die Forschungsrahmenprogramme der Europäischen Union illustrieren. Im 5. Rahmenprogramm finden diese Fragestellungen über verschiedene Programmlinien verteilt einen noch relativ geringen Raum, wobei allerdings der zum ersten Mal explizit etikettierte Schwerpunkt „Raising Public Awareness of Science and Technology" zu erwähnen ist. Im derzeit noch laufenden 6. Rahmenprogramm finden diese Themen bereits in zwei ausgeschriebenen Förderungsbereichen Raum. Zum einen ist die 7. Priorität „BürgerInnen und Staat in der Wissensgesellschaft" mit dem Ziel angetreten, koordinierte Bemühungen zu unternehmen, „die gesamte Vielfalt der europäischen Forschungskapazitäten im Bereich der Wirtschafts-, Politik-, Sozial- und Geisteswissenschaften zu mobilisieren, die erforderlich sind, um die Fragen und Probleme im Zusammenhang mit der Entstehung der Wissensgesellschaft und neuer Formen der Beziehungen zwischen ihren Bürgern einerseits und zwischen ihren Bürgern und Institutionen andererseits genauer zu erkunden und zu bewältigen."[1] Zum anderen ist im Bereich der Maßnahmen zum Aufbau des Europäischen Forschungsraums ein mit Budget versehener Schwerpunkt zu „Wissenschaft und Gesellschaft" ins Leben gerufen worden. Darüber hinaus wird der Wunsch nach Integration sozialwissenschaftlicher Begleitforschung (etwa zu ethischen, sozialen und rechtlichen Aspekten, ELSA) in den sechs anderen natur- und technikwissenschaftlichen Schwerpunkten immer wieder deutlich hervorgehoben, wenngleich man sich der Schwierigkeiten dieses Mainstreaming-Versuchs im Bereich „Science and Society" bewusst ist. Schließlich kann man auch einen Ausblick auf das 7. Rahmenprogramm wagen, in dem der sozial- und geisteswissenschaftlichen Forschung im Allgemeinen und der Auseinandersetzung mit Wissenschaft, Technik und Gesellschaft im Besonderen ein wesentlich breiterer Raum als in der Vergangenheit geöffnet wird. Vor allem auch durch die bottom-up-Förderungsstruktur des European Research Councils werden völlig neue Möglichkeiten in diesem Bereich entstehen.

Es scheint also mehr als an der Zeit, über die Situation dieses sozialwissenschaftlichen Forschungsfeldes im österreichischen Kontext nachzudenken. International kann man sagen, dass die interdisziplinären Analysen der Verflechtungen zwischen Wissenschaft, Technik und Gesellschaft spätestens seit den 1970er Jahren zu einem immer zentraleren Feld sozialwissenschaftlicher Analyse avanciert sind. Dies spiegelt sich in der Schaffung eigener universitärer und außeruniversitärer Institute, einschlägiger Zeitschriften, wissenschaftlicher Gesellschaften (und Sektionen) und Konferenzserien bis hin zu Ausbildungsprogrammen wider. Dieser Institutionalisierungsprozess verläuft national allerdings sehr unterschiedlich. Während etwa Großbritannien oder die Niederlande – um nur zwei Beispiele zu nennen – relativ rasch dieses Feld aufbauen und etablieren, widmet man sich im österreichischen Kontext eher zögerlich und relativ spät dem Thema. Universitäre Institutionalisierung geschieht – wenn überhaupt – schleppend und zaghaft. Die Forschung wird oft nur von vereinzelten Personen vorangetrieben. Und die außeruniversitäre Forschungslandschaft – wie dies in den Sozialwissenschaften in Österreich insgesamt der Fall ist – wird zu einem wichtigen Entwicklungsraum für diese Themen. Die Soziologie, die in einigen Ländern eine zentrale Rolle bei der Etablierung dieses interdisziplinären Forschungsfeldes gespielt hat, war in ihrer Rolle als Triebkraft bei der Etablierung in Österreich lange Zeit zurückhaltend.

Effekt dieses Prozesses ist eine fragmentierte Community an ForscherInnen in unterschiedlichen institutionellen Rahmungen, deren Arbeiten vielfach an Forschungsprojekte und deren Lebensrhythmen gekoppelt sind. Auch ihre Ursprungsdisziplinen sind verschieden. Die Sektion Technik- und Wissenschaftssoziologie der Österreichischen Gesellschaft für Soziologie beheimatet zum Beispiel Mitglieder aus den Kommunikationswissenschaften, der Politologie und der Informatik. Darüber hinaus setzt sich eine erhebliche Gruppe von Sektionsmitgliedern aus „spätberufenen" SoziologInnen (Erstabschluss in einem anderen Fach) und aus mehrfach Ausgebildeten (Abschluss sowohl in einem naturwissenschaftlichen als auch einem sozialwissenschaftlichem Fach) zusammen. Diese interdisziplinäre Struktur wird auch durch die AutorInnen in diesem Sonderheft illustriert. Christian Fleck, Erich Grießler, Beate Littig und Eva Buchinger kombinierten ihre Soziologieausbildung u. a. mit Philosophie und Geschichte, Harald Rohracher mit Technischer Physik, Arno Bamme mit Ökonomie und Pädagogik, und Michael Ornetzeder absolvierte vor dem Soziologiestudium eine Höhere Technische Bundeslehranstalt für Maschinenbau. Andere AutorInnen haben ihren Erstabschluss in einer anderen Disziplin – Helga Nowotny und Michael Nentwich in den Rechtswissenschaften, Manfred Schmutzer in Maschinenbau, Wolfgang Hofkirchner in Politologie und Ulrike Felt in Physik. Eine dritte Gruppe von AutorInnen ist ihrer Disziplin treu geblieben – Christian Fuchs der Informatik und Gerit Götzenbrucker der Publizistik –, arbeitet jedoch interdisziplinär.

Der vorliegende Sonderband ist nun der Versuch, diesen sehr unterschiedlichen Auseinandersetzungen einen gemeinsamen Raum zu geben und so ihre Vielfalt sichtbar zu machen. Dies soll als eine „Einladung zu einem Streifzug" durch die österreichische Technik- und Wissenschaftssoziologie verstanden werden, denn es handelt sich nicht um einen Gesamtüberblick über das Geschehen in der österreichischen Forschungslandschaft, der einen Anspruch auf Vollständigkeit stellt. Viele Themen, wie etwa Biowissenschaften/Biomedizin und Gesellschaft oder etwa sozialwissenschaftliche Forschung zu wissenschaftlichen Institutionen, um nur zwei Beispiele zu nennen, sind in diesem Band kaum vertreten, obwohl es in Österreich durchaus eine ganze Reihe von Aktivitäten dazu gibt. Auch in den Feldern, die in diesem Sammelband vertreten sind, findet sich eine wesentlich breitere Palette an Zugängen, die hier kaum oder gar nicht repräsentiert sind.

Dessen ungeachtet soll der Sonderband ein Signal sein, die Bedeutung dieses Feldes aufzuzeigen. Vor dem Hintergrund der eingangs dargestellten Herausforderungen und der Förderungsmöglichkeiten dieser Forschung ist es wesentlich, die im österreichischen Kontext vorhandenen Kapazitäten sichtbar zu machen und sie für Kooperationen auf nationaler und internationaler Ebene zu erschließen.

Der vorliegende Sonderband steht am Ende eines langen Weges, der mehr als drei Jahre in Anspruch genommen hat. Stationen waren zuerst ein offener *Call for Papers* für den Sammelband sowie das expliziten Herantreten an ForscherInnen für Beiträge. Die Begutachtungsphase hat sich zu einem Abenteuer entwickelt, welches uns bisweilen in den Dschungel der Qualitätssicherung geführt hat. Die Jagd nach den zwei von uns für jedes Paper geforderten Gutachten stellte sich in manchen Fällen als derart zeitaufwendig und komplex heraus, dass der Prozess der Produktion von wissenschaftlichem Output für uns zum Gegenstand der eigenen sozialwissenschaftlichen Reflexion über das Funktionieren des Wissenschaftssystems wurde. Wir möchten daher an dieser Stelle insbesondere all jenen danken, die durch ihre Arbeit als anonyme GutachterInnen einen extrem wichtigen, jedoch unsichtbaren Beitrag zu diesem Sonderband geleistet haben. Eine weitere Unterstützung, ohne die dieses Vorhaben nicht möglich gewesen wäre, kommt von Seiten der Politik. Für die finanzielle Unterstützung der Drucklegung danken wir dem Bundesministerium für Verkehr, Innovation und Technologie, Abt. III/I1 Grundsatzangelegenheiten.

Der Sonderband umfasst 12 Beiträge. Helga Nowotny formuliert gleich zu Beginn ihre Vision der Entwicklung von Wissenschafts- und Techniksoziologie in Österreich, wobei ihr Plädoyer einerseits in Richtung einer verstärkten Konvergenz der Forschungsagenda geht und andererseits das einfordert, was sie als „meddling" mit Politik bezeichnet, also eine verstärkte Rolle der Wissenschafts- und Techniksoziologie in der Gestaltung der Beziehung zwischen Wissenschaft, Technik und Gesellschaft.

Dieser eher programmatisch orientierten Reflexion folgt die erste Gruppe von Artikeln, die aus sehr unterschiedlichen Positionen heraus den Prozess der Innovation zum Thema machen. Harald Rohracher behandelt die Frage, wie sich sozialwissenschaftliche Technikforschung vermehrt im Rahmen technologiepolitischer Förderprogramme etablieren kann und zeigt am Beispiel des Forschungsprogramms „nachhaltig wirtschaften" welche Stärken dieser Forschungsperspektive noch weiter ausgebaut werden könnten. Eva Buchinger beschäftigt sich ebenfalls mit der Einbringung sozialwissenschaftlicher Aspekte in innovationspolitische Diskurse und diskutiert am Beispiel des Ziels der Erhöhung der Forschungs- und Entwicklungsquote Möglichkeiten und Grenzen politischer Steuerung aus systemtheoretischer Sicht. Der dritte innovationsbezogene Beitrag fokussiert auf die mitgestaltenden NutzerInnen technologischer Entwicklungen. Michael Ornetzeder analysiert den Einfluss von NutzerInnen bei der Entwicklung und Verbreitung von Nachhaltigkeitstechnologien, der sowohl bei der Ausformung von Nutzungsoptionen als auch beim Design technischer Innovationen zu finden ist.

Den Möglichkeiten und Grenzen bzw. den Formen des Dialoges zwischen Technowissenschaft und VertreterInnen der Gesellschaft ist der zweite Schwerpunkt gewidmet. Hier versuchen Ulrike Felt und KoautorInnen zum einen eine kritische Analyse der Partizipationskultur in Sachen Wissenschaft und Technik im österreichischen Kontext vorzunehmen. Die zentrale Frage ist hier die nach neuen Formen politischer Gestaltung, die durch die bereits angesprochene Verflechtung von Wissenschaft, Technik und Gesellschaft mehr als notwendig scheinen. Andererseits wird im Artikel von Erich Grießler und Beate Littig eine neue Methode einer breiteren und integrativen Auseinandersetzung mit ethischen Fragestellungen in Zusammenhang mit wissenschaftlich technischen Innovationen vorgestellt und einer Analyse unterzogen.

Der dritte Schwerpunkt widmet sich den Informations- und Kommunikationstechnologien und deren gesellschaftlichem Veränderungspotential. Wie bereits in den vorhergehenden Schwerpunkten werden hier grundlegend unterschiedliche Perspektiven auf dieses Thema eröffnet. Christian Fuchs und Wolfgang Hofkirchner halten ein Plädoyer für die Etablierung von Lehre und Forschung über den Zusammenhang von Informatik und Gesellschaft. Ihr Anliegen ist u. a., die gesellschaftliche Dimension der Informatisierung der Gesellschaft neben der allgegenwärtigen ökonomischen und politischen (militärischen) in den Blickpunkt zu rücken. Dem gegenüber untersucht Michael Nentwich den Einfluss der Informations- und Kommunikationstechnologien auf die Wissenschaft selbst und verweist auf Handlungsoptionen und Handlungsnotwendigkeiten für politische Steuerung in Bezug auf Cyber-Wissenschaft. Gerit Götzenbrucker behandelt die Veränderung von betrieblichen Kommunikationsprozessen durch Kommunikationstechnologien und zeigt, wie E-Mail und andere elektronische Werkzeuge für die Zusammenarbeit, Problemlösung und Pflege sozialer Kontakte eingesetzt werden.

Das vierte inhaltliche Segment dieses Sammelbandes besteht aus drei sehr unterschiedlichen Explorationen der Schnittstellen Wissenschaft, Technik und Gesellschaft. Christian Fleck stellt in seinem Beitrag die Frage der Möglichkeiten und Grenzen einer Selbstreflexion der Soziologie durch einen biographischen Zugang. Manfred Schmutzer, geht der Frage nach, wie Technik einerseits in der Soziologie als Disziplin und andererseits insgesamt in der Gesellschaft verankert ist und diskutiert die langfristigen Auswirkungen technischer Entwicklung. Schließlich endet der Sonderband mit einem Beitrag von Arno Bamme, in dem er sich mit der Entwicklung der Wissenschaft auseinander setzt und resümiert, dass die Wissenschaft der Zukunft nicht mehr ein in sich geschlossener Block sein wird, sondern sich hin zur Gesellschaft geöffnet haben wird – problemorientiert, transdisziplinär und eingebunden in wechselnde Akteur-Netzwerke.

Anmerkung
1   http://cordis.europa.eu/

Helga Nowotny

Technik- und Wissenschaftsforschung in Österreich: Plädoyer für eine konvergente Forschungsagenda

Die Charta der Royal Society von 1662, die durch den privaten Zusammenschluss von Amateuren und Gelehrten, selbstverständlich unter Billigung des Königs, zustande kam, enthielt eine Reihe von Privilegien und sicherte der angehenden modernen Naturwissenschaft (deren Mitglieder sich noch als ‚natural philosophers' bezeichneten) königliches Wohlwollen und Patronanz. Dafür war allerdings ein Preis zu bezahlen, der die Naturwissenschaften durch drei Jahrhunderte begleiten würde: eine Distanzierung von Gesellschaft, Religion und Politik. In den Worten der damaligen Zeit versprachen sie: „. . . not Meddling with Divinity, Metaphysics, Moralls and Politicks . . .".

Rückblickend waren die jungen Naturwissenschaften gut beraten, die Beschränkung auf die scheinbar unwichtigen Fragen, die das Experimentieren mit merkwürdigen Phänomenen und die Erforschung der Beschaffenheit und Funktionsweise der Natur zum Gegenstand hatten, zu akzeptieren und das ‚meddling' anderen zu überlassen. Die Trennung zwischen den Natur- und Humanwissenschaften erfolgte allerdings nicht zu diesem frühen Zeitpunkt – zu stark war während des 18. Jahrhunderts der Appell, der etwa von den ‚sciences morales' ausging, und die Verlockung, die im Umgang mit der Natur gewonnenen Erkenntnisse auf gesellschaftliche Zusammenhänge zu übertragen. Die Versprechungen der Moderne, so vage und ungewiss sie ursprünglich gewesen sein mögen, wurden dennoch allmählich – wenn auch anders als erträumt und anders als geplant – eingelöst. Allmählich wuchs auch das Verständnis für unbeabsichtigte Nebenfolgen. Heute mögen einige dieser unausgesprochenen Wunscherfüllungen, an denen Wissenschaft und Technik unmittelbar und mittelbar beteiligt sind, ein tiefes Unbehagen oder starke Ambivalenzen hervorrufen. Abgeschlossen ist der Prozess, der mit dem Entstehen der modernen Naturwissenschaft in Gang gesetzt wurde und dennoch des aufklärerischen Projekts der Moderne für seine gesellschaftliche Umsetzung bedurfte, noch lange nicht. Im Gegenteil, er ist in eine neue Phase getreten. Sie lässt sich als eine Ko-evolution von Wissensproduktion und gesellschaftlicher Dynamik charakterisieren, in dem auch die Naturwissenschaften sich nicht mehr den vielfältigen Abhängigkeiten von der Gesellschaft entziehen können. So vorteilhaft die Trennung zwischen ‚Natur' und ‚Gesellschaft' in der Vergangenheit für die Naturwissenschaften gewesen sein mag, ein ‚Meddling' mit der Gesellschaft lässt sich heute nicht mehr vermeiden (Nowotny, Scott and Gibbons, 2001).

Angesichts der gesellschaftlichen Sprengkraft, die den naturwissenschaftlichen und technischen Errungenschaften innewohnt, ist wiederholt mit Erstaunen festgestellt worden, wie zögerlich und verspätet die Wissenschafts- und Techniksoziologie eingesetzt und auf diese Entwicklungen reagiert haben. „Wir sind nie modern gewesen" konnte Bruno Latour mit gespielter Empörung ausrufen und dabei behaupten, dass die Trennung von Natur und Gesellschaft, die der wissenschaftlichen Arbeitsteilung und der Weltauffassung der Moderne zugrunde liegt, in Wirklichkeit ein politisches Konstrukt sei, das die Tatsache verschleiere, dass sich Gesellschaft erst über die ‚Dinge', die technischen Artefakte und andere, ‚natürliche' Wesen, wie Mikroben, konstituiert (Latour, 2001). Die Geisteswissenschaften und insbesondere die Literaten nahmen für sich eine nachvollziehbare, ich-bezogene Kränkung durch die andersartige Denk- und Herangehensweise der Naturwissenschaften in Anspruch, die der amerikanische Literaturkritiker Lionel Trilling wie folgt auf den Punkt brachte: „This exclusion of most of us from the mode of thought which is habitually said to be the characteristic achievement of the modern age is bound to be experienced as a wound to our intellectual self-esteem" (Trilling, 1973). Der Anspruch der Sozialwissenschaften und insbesondere der Soziologie bestand jedoch gerade darin, die Möglichkeit der Entstehung, Aufrechterhaltung und Veränderung von gesellschaftlicher Ordnung zu analysieren. Was dabei ausgeblendet wurde war der entscheidende Umstand, dass die soziale Ordnung durch Wissenschaft und Technik verändert und mitgeprägt wurde. Der Zuwachs an Wissen und an Fähigkeiten, die Natur zu kontrollieren und zu manipulieren, brachte jedoch nicht nur gesellschaftliche Folgewirkungen mit sich, sondern schuf zugleich die Voraussetzungen für das Projekt der Moderne.

Die Antwort auf das zögerliche Erwachen der Sozialwissenschaften für die Bedeutung der zivilisatorischen Gestaltungsmacht von Wissenschaft und Technik ist zum einen Teil in der Geschichte der Sozialwissenschaften zu finden. Sie verweist auf das im Vergleich zu den Naturwissenschaften späte Heranwachsen der Sozialwissenschaften, die ganz im Schatten und unter der Vormundschaft der im 19. Jahrhundert erstarkenden Nationalstaaten standen (Wagner, Wittrock and Whitley, 1991). Ihre prekäre, immer wieder durch Unterbrechungen geprägte Institutionalisierung und die anfänglich starke Verflechtung mit sozialen Bewegungen trugen dazu bei, sich mit Problematiken zu befassen, denen eine brennende Aktualität wie auch politische Brisanz zukam. Die Sozialwissenschaften sind im Schatten des Nationalstaats groß geworden, den sie mitgeprägt und dem sie gedient haben. Aus dieser Vormundschaft haben sie sich (wie auch die Geisteswissenschaften) nur allmählich und erst unter dem Druck des Entstehens neuer, überstaatlicher Ordnungen sowie der Verschiebung der Herrschaft vom Staat zum Markt emanzipiert. Dort wo die Institutionalisierung gelang, blieb das ‚positive' methodische Vorgehen der Naturwissenschaften für lange Zeit das unhinterfragte Vorbild, dem es nachzueifern galt – ungeachtet der Verzerrungen und des Übereifers sowie der produktiven wie negativen Missverständnisse, die daraus resultierten (Mirowski, 1989).

Der zweite Teil der Antwort auf die Frage nach der wissenschafts- und techniksoziologischen Blindheit der Sozialwissenschaften führt in eine andere Richtung. Ihr Aufstieg erfolgte letztlich nicht durch das kontinuierliche Anhäufen von empirischem Wissen, noch durch die von den Naturwissenschaften inspirierte Verfeinerung ihres methodischen Instrumentariums oder durch Theoriebildung welcher Art auch immer. Vielmehr waren sie in überwältigender Weise damit befasst, auf gesellschaftliche Krisensituationen und in Problemfeldern zu reagieren, die staatliches Eingreifen oder deren Korrektur erforderlich machten und nach einer aktiven Gestaltung von Politikfeldern verlangten. Die scheinbare Vernachlässigung von Wissenschaft und Technik war darin begründet, dass sie bis weit in die zweite Hälfte des 20. Jahrhunderts insbesondere in Europa kein eigenständiges Politikfeld bildeten. Dabei hatten Wissenschaft und Technik durchaus ihren Platz im theoretischen Gedankengebäude wie in der empirischen Sozialforschung, wurden sie doch als eine der Möglichkeiten gesehen, die gewünschten gesellschaftlichen Verbesserungen herbeizuführen, die unter den Schlagworten von Modernisierung und Fortschritt zusammengefasst wurden. Der wissenschaftlich-technischen Modernisierung würde die soziale Modernisierung folgen und nicht umgekehrt – so die Annahme und Hoffnung zugleich. Die Dynamik der ersteren wurde als gegeben angenommen, denn erst ihre Wirkung schuf den Rahmen, in dem sich soziale, politische oder medizinische Verbesserungen durchführen ließen. Solange der Rahmen fest schien und die notwendige Sicherheit und Stabilität versprach, gab es keinen Grund, an ihm zu rütteln noch ihn zu dekonstruieren. Den Naturwissenschaften war es gelungen, sich außerhalb, doch zum Wohl der gesellschaftlichen Ordnung zu positionieren. Den Sozialwissenschaften blieb es vorbehalten, innerhalb dieses Arrangements für die Verwirklichung des gesellschaftlichen Wohles zu agieren.

Die Sozialwissenschaften waren aktiv mit ihren Forschungsgegenständen – den in Entstehung begriffenen modernen Institutionen – involviert. Umgekehrt trugen sie dazu bei, diese durch ihre Reflexion mitzukonstituieren. Ihre Leistungen in der Vergangenheit wurden vor allem durch ihre Reaktionsfähigkeit auf akute Problemsituationen mobilisiert. Wenn wir heute in einer Zeit des sozialen Wandels leben, der durch Transformationen bewirkt wird, die sich radikal von jenen der Vergangenheit unterscheiden, dann ist danach zu fragen, was die gegenwärtigen spezifischen Beiträge der Sozialwissenschaften sein könnten. Die nach wie vor gültige Leitfrage nach der gesellschaftlichen Ordnung, ihrer Erhaltung unter Bedingungen von Unsicherheit und die Evolution der Mechanismen für Veränderung unter den neuen politischen und ökonomischen Voraussetzungen schließt die Fähigkeit einer Gesellschaft mit ein, wissenschaftliche und technische Innovationen nicht nur hervorzubringen, sondern sie sich anzueignen, zu integrieren und zu regulieren – kurzum, sie als kulturelle Praktiken zu zivilisieren. Eine konvergente Forschungsagenda der Wissenschafts- und Techniksoziologie – konvergent in dem Sinn, dass die koevolutionäre Dynamik von Wissenschaft, Technik und Gesellschaft die Grundlage bildet – muss hier, auf genuin sozialwissenschaftlichem Terrain, ansetzen.

In jüngster Zeit sind viele der früher bedingungslos akzeptierten Ansprüche auf wissenschaftliche Autorität und Glaubwürdigkeit und vor allem das Bild der Naturwissenschaften in der Öffentlichkeit, ins Wanken geraten. Die Gründe dafür sind vielschichtig, doch spiegeln sich darin nicht zuletzt die realen Veränderungen wider, die zu einer verstärkten Kontextualisierung der Wissenschaft, ihrer intensivierten Einbettung in gesellschaftliche Strukturen und zu einer vermehrten Durchlässigkeit institutioneller Grenzziehungen geführt haben (Bamme). Eine – auch für den vorliegenden Band und die darin vertretenen Beiträge – wichtige Schlussfolgerung daraus ist die Notwendigkeit einer größeren Öffnung des Wissenschaftssystems gegenüber gesellschaftlichen Erwartungen und Ansprüchen. Die Forderung nach verstärkter Rechnungslegung im Sinn einer ‚audit society' (Power, 1997), das Entstehen einer partizipativen Wissenspolitik und eine, die Medien einbeziehende, verstärkte Aufmerksamkeit gegenüber der öffentlichen Wahrnehmung von Wissenschaft sind deutliche Indikatoren für diese Entwicklung. Sie lässt sich nicht zuletzt an einer sich wandelnden Semantik ablesen. So wurde aus dem PUS, dem ‚public understanding of science' zunächst ein PAS, ‚public awareness of science', das schließlich zum ‚public engagement with science', PES, mutierte.

Technik- und Wissenschaftsforschung in Österreich

Auffallend am vorliegenden Band ist die Selbstverständlichkeit, mit der sich die Beiträge dieser Öffnung des Wissenschaftssystems verpflichtet sehen, ohne dies mit einem ideologischen Programm rechtfertigen zu müssen. Es ist allerdings kein Zufall, dass gerade die empirischen Fallstudien in Forschungsfeldern angesiedelt sind, für die eine solche Öffnung Teil des disziplinären oder interdisziplinären Selbstverständnisses ist. Nicht zufällig stehen Informations- und Kommunikationstechnologien nicht nur dem Markt nahe, sondern verlangen nach einer Theorie der Dienstleistung. Sie ermöglichen Einsichten über die Veränderungen in Status und Hierarchie von Organisationen und geben Auskunft über die Art und Weise, wie die Innovationsfähigkeit der MitarbeiterInnen gefördert werden kann (Götzenbrucker). Sie laden dazu ein, die zukünftigen Erfordernisse an entsprechende Infrastruktur und verwandte Probleme zu untersuchen, die sich durch den vermehrten Einsatz von Informations- und Kommunikationstechnologien für die Forschung und den Zugang zu ihren Netzwerken und Ergebnissen stellen werden (Nentwich). Bei den Technologien für nachhaltige Entwicklung etwa stehen Nutzergruppen als Gestalter technischer Innovationsprozesse im Vordergrund (Ornetzeder) oder die Untersuchung des Potentials techniksoziologischer Beiträge bei der Gestaltung und Umsetzung staatlicher Technologieprogramme (Rohracher). Bei der Gen- und Biotechnologie schließlich stehen, wie zu erwarten, ethische Fragen wie jene der Xenotransplantation im Vordergrund (Griessler/Littig). Doch jede wissenschaftlich technische Innovation wirft die Frage auf, wieweit und in welchem Rahmen partizipative Wissenspolitik möglich und sinnvoll ist (Felt).

Diese Beiträge aus der alltäglichen Praxis der Wissenschafts- und Techniksoziologie in Österreich zeigen implizit auf, wie weit sich die Öffnung des Wissenschaftssystems von den Rändern her bereits vollzogen hat und welcher Art die sozio-technischen Experimente sind, die unter Einbezug von PatientInnen, NutzerInnen und anderen Akteuren stattfinden. In seinem Plädoyer für eine politische Ökologie tritt Bruno Latour für ein Verständnis der Welt ein, das auf der Annahme beruht, es gebe keine politisch oder wissenschaftlich neutralen Eingriffe in die Natur, doch sei es ebenso unmöglich, nicht in sie einzugreifen. Damit wird ein gesellschaftlicher Raum abgesteckt, in dem bewusst sozio-wissenschaftliche und sozio-technische Experimente ‚mit den Dingen', wie Latour es nennt, veranstaltet werden. Doch mindestens ebenso bedeutsam wie die Dinge sind die Menschen, die an diesen Experimenten mit vielfältiger, doch abgestufter Kompetenz beteiligt sind. Die Experimente finden in einem durch unterschiedliche Handlungsspielräume abgesteckten öffentlichen Raum statt, der der Aushandlung dient. Wie weit andere wissenschaftliche und technische Forschungsfelder,

Helga Nowotny

die ebenso ‚Übergänge zu neuen Lebensformen' bieten, sich öffnen werden, wird sich erst weisen. Ob Wissenschafts- und Techniksoziologie in die von Latour vorgeschlagene Rolle der „Diplomaten" schlüpfen sollen, deren Aufgabe es ist, im Parlament der Dinge die verschiedenen Kammern mit ihren diversen Funktionen für Wissenschaft, Politik, Moral und Ökonomie zusammenzubringen und zwischen ihnen zu vermitteln, sei dahin gestellt. Fest steht jedoch, dass die hier präsentierten Fallstudien die reichhaltige Erfahrung von Wissenschafts- und TechniksoziologInnen widerspiegeln, die gelernt haben, zwischen Wissenschaft und Politik, zwischen Sozialwissenschaft, Technik und Biomedizin, zwischen Gesellschaft und Umwelt, zwischen ökonomischen und ökologischen Interessen und noch anderen mehr zu vermitteln. Es darf bezweifelt werden, dass sie, wie es Latour für die Rolle der ‚Diplomaten' vorsieht, dabei „gerissener als der Moralist, weniger verfahrensorientiert als der Administrator, weniger willensstark als der Politiker, krummer als der Wissenschaftler und teilnahmsloser als der Marktforscher" geworden sind (Latour, 2001: 271). Wahrscheinlicher ist, dass sie eine Art wissensbasierter Dienstleistung erbringen. Doch wer ist Auftraggeber, wer Klient und wer regelt die Rechte und Pflichten der Beteiligten? Wer trägt welche Kosten und wer hat welchen Nutzen davon? Und wie sehen, wenn die mikrosoziologische Ebene der Fallstudien verlassen wird, die meso- und makrosoziologischen Rahmenbedingungen aus, die diese Dienstleistungen ermöglichen?

Eine wissensbasierte Dienstleistung ohne längerfristige Rückkoppelung an die sozialwissenschaftliche Forschung (und diese schließt Theoriebildung ein) läuft Gefahr, zu einem ausgelagerten Dienstleistungs*betrieb* zu werden, in dem standardisierte Verfahren, bench-marking, Indikatoren, Simulationsprogramme und andere standardisierte Sozialtechniken lediglich zur Erfüllung formaler Vorgaben zum Einsatz kommen. Die dahinter liegende, sich verändernde soziale Wirklichkeit bleibt dann ebenso unberücksichtigt wie ein besseres Verständnis davon, was Wissenschafts- und TechniksoziologInnen hier eigentlich tun (Guggenheim, 2003). Umgekehrt eröffnet sich die Chance, dass aus den Dienstleistungen, die sie im Rahmen einer auf Partizipation setzenden Wissenspolitik erbringen, ein Grad an Professionalisierung erwächst, der sie zu VermittlerInnen mit einer spezifischen Kompetenz beim Aushandeln von Interessenkonflikten unter den Beteiligten befähigt (Abbott 1988). Mit der Verschiebung von expertokratischen Auffassungen zugunsten partizipatorischer Verfahren bzw. in dem Ausmaß als wissenschaftliche und technische Expertise selbst ‚demokratisiert' wird, entstehen Freiräume für neue wissenschaftliche Professionen, die Teil des sich erweiternden und transmutierenden Wissenschaftssystem werden (Stichweh, 1994).

Dabei wird ein zeitliches und ein strukturelles Zusammentreffen mit Entwicklungen sichtbar, die sich anderswo, etwa auf europäischer Ebene, ebenso abzeichnen, doch stark mit den lokalen, österreichischen Gegebenheiten verflochten sind. Die zeitliche Koinzidenz wird wesentlich von internationalen Entwicklungen und ihrer lokalen Synchronisierung – im Sinn eines Nachzügelns oder einer zeitlichen Vorwegnahme – bestimmt. In dieser Hinsicht hat die österreichische Technik- und Wissenschaftssoziologie immer wieder Neuerungen hervorgebracht, deren Institutionalisierung jedoch gefährdet bleibt (Schmutzer). Das strukturelle Zusammentreffen ergibt sich aus der Transformation des Wissenschaftssystems, das neue Schnittstellen besonders, jedoch nicht ausschließlich für eine partizipative Wissenspolitik eröffnet (Felt). Die außeruniversitäre Sozialforschung in Österreich konnte nicht zuletzt auf Grund der abgeschotteten und statischen Bedingungen an den Universitäten eine verhältnismäßig leistungsstarke Alternative anbieten, die durch die Förderung auf europäischer Ebene unterstützt wurde. Das zeitliche wie das strukturelle Zusammentreffen zwischen der hier dokumentierten Forschung in Österreich und im internationalen Rahmen eröffnet eine Reihe von Perspektiven, die im Folgenden in programmatischer Weise ausgelotet werden sollen.

Rückblickend hat das Verweilen der Technik- und Wissenschaftssoziologie in Österreich unter dem breiten Dach der Mutterdisziplin Soziologie auch einen gewissen Schutz sichergestellt. Im internationalen Vergleich zu anderen Formen der Institutionalisierung der breiter ausgelegten Wissenschafts- und Technikforschung (STS) blieben hierzulande die institutionellen Voraussetzungen und die politischen Möglichkeiten lange Zeit stark eingeschränkt (Felt und Nowotny, 1994). Thematisch führte dieses disziplinäre Naheverhältnis dazu, der Versuchung postmoderner Auswüchse, wie sie anderswo zutage traten, kaum ausgesetzt zu werden. Dies ist weder eine Tugend noch Ausdruck von Provinzialismus. Die Bindung an die Mutterdisziplin bringt allerdings mit sich, dass – ohne bewusste Gegensteuerung – sowohl deren Stärken wie Schwächen weiterwirken. In einer kritischen Bestandsaufnahme von STS haben Michael Guggenheim und ich für eine stärkere Rückbindung von STS an die Sozialwissenschaften und für eine Rückbesinnung auf soziologische Theorien plädiert. Wir haben aber auch argumentiert, dass die Sozialwissenschaften viel von STS lernen könnten.

STS hat den Sozialwissenschaften ein klares Verständnis und Analysemethoden dafür anzubieten, wie Wissen produziert, stabilisiert, abgeschlossen, in seinen Ansprüchen bestritten und sozial ausgehandelt wird. STS hält mittlerweile ausreichend fundierte Einblicke und Erklärungsansätze bereit, von denen ein Gebiet, in dem ‚Wissen' noch immer weitgehend als unproblematisch, weil gegeben, vorausgesetzt wird, nur profitieren kann. Viele Sozialwissenschaften gehen von der unausgesprochenen Annahme aus, dass das Soziale, weil es ‚weich' ist, gestaltet werden kann, während alles andere, sei es Natur oder technische Artefakte, als weit reichend nicht veränderbar angesehen wird und daher außerhalb des Untersuchungsrahmens bleibt. Vor allem für das eigene Verständnis dessen, was Sozialwissenschaften ‚tun', welcher Praktiken und Methoden sie sich bedienen – sie reichen vom Gebrauch von Statistiken über Interviews zu klinischen Versuchen und rechtlich-administrativen Verfahren – und wie sie ihre Forschungsgegenstände konstruieren und verändern, bietet STS ein reichhaltiges, faszinierendes und bisher kaum genutztes begriffliches und methodisches Instrumentarium an. Es lässt sich zeigen, dass viele Annahmen in den Sozialwissenschaften, etwa über die Unterschiede zwischen Natur- und Sozialwissenschaften oder über die Unverrückbarkeit von Grenzen zwischen Natur und Kultur, unhaltbar sind. Die Sozialwissenschaften würden stattdessen an vielen Orten ‚Grenzobjekte' entdecken, die aus verschiedenen Perspektiven als sinnvoll gesehen werden können. Sie müssten über die Bedeutung dessen nachdenken, was es heißt, ‚menschlich' zu sein – und unter welchen Umständen. Ihre eigene Geschichte wie die des Begriffs der ‚Gesellschaft' würden neu interpretiert werden, und die gesellschaftliche Einbettung wissenschaftlicher Praktiken in die institutionellen Strukturen des Projekts der Moderne, deren moralische Ökonomie und Ethos würden sichtbar werden.

In unserem Argument für die Rückbesinnung und Auseinandersetzung von STS mit soziologischen Theorien gehen wir von der Beobachtung aus, dass die Entwicklung von STS paradoxerweise dazu geführt hat, dass in den zahlreichen empirischen Fallstudien ein Mehr an ‚Wissenschaft' mit einem Weniger an ‚Gesellschaft' erkauft wurde. Der theoretische Erfolg von STS bestand vor allem darin zu zeigen, ‚wie es nicht ist'. STS kämpfte in dekonstruktivistischer Absicht gegen die verzerrten oder missverstandenen Auffassungen von Wissenschaft an – gegen ‚falsche' öffentliche Repräsentationen ebenso wie gegen ‚falsche' Selbstinterpretationen oder Bilder von Wissenschaft. Während dies anfänglich durchaus notwendig und heilsam gewesen sein mag, führte es bald zu einem theoretischen Vakuum, das auch durch Ansätze wie ANT (actor-network-theory) nicht auszufüllen war. Nicht zu Unrecht wurde der Beitrag, den ANT zweifellos für viele empirische STS-Fallstudien leistete, als ein methodologischer, und nicht theoretischer, gesehen. Um den Gehalt an Gesellschaftstheorie innerhalb von STS zu erhöhen, müsste eine neue Phase der Öffnung gegenüber der Soziologie und anderer sozialwissenschaftlicher Disziplinen eingeleitet werden. Mit der Emanzipation von STS von den soziologischen Einsichten eines Robert K. Merton gingen zugleich Ansätze der Bildung von „Theorien mittlerer Reichweite" verloren. Um es vereinfacht auszudrücken: Mehr Studien über ‚Wissenschaft' bedeuteten weniger Studien über ‚Gesellschaft'. Dies führte so weit, dass das Adjektiv ‚sozial' als veraltet erklärt wurde (Latour 1993). Eine Rückbindung an die soziologische Theorie könnte etwa an die theoretischen Arbeiten von Norbert Elias über die Autoritätsstrukturen innerhalb der Wissenschaften, seine Prozessorientierung und über die von Menschen erzeugten Symbole als Form der Wissensgenerierung und -kommunikation anknüpfen. Niklas Luhmanns Theorie der funktionalen Differenzierung lädt angesichts der gegenwärtigen Transformationen des Wissenschaftssystems erneut zu einer kritischen Auseinandersetzung ein. Die neueren Theorieansätze über Rechtfertigungsordnungen von Boltanski und Thévenot bieten einen breiten gesellschaftspolitischen Kontext, in dem sich theoretische Überlegungen zu den Technowissenschaften zwischen Markt, Gesellschaftskritik und dem Politischen dynamisch bewegen können (Pestre, 2005). Auch die Rolle des Staates als dem großen historischen Protektor von Wissenschaft und Technik und seine Bedeutung für die Etablierung von Wissenschaft als einem öffentlichen Gut (was auch ein interessantes Licht auf das Entstehen von STS selbst wirft) verdient es angesichts der zunehmenden Tendenz zur Privatisierung von Wissenschaft erneut angegangen zu werden (Nowotny, 2005).

Doch zurück von diesem Exkurs in die internationale Welt von STS zur konkreten Situation in Österreich. Die Nähe zu einer Disziplin – in diesem Fall zur Soziologie – ist, wie betont, kein Anlass zur Selbstgenügsamkeit. Wie in vielen der Beiträgen durchschimmert, wird durchaus die Dringlichkeit gesehen, sich anderen Disziplinen gegenüber zu öffnen, sei es um eine problemorientierte interdisziplinäre Übersetzungsarbeit zu leisten, sei es um die Möglichkeiten der Kommunikation mit der Öffentlichkeit oder, generell, um die Voraussetzungen für eine wünschenswerte Zusammenarbeit mit den Ingenieur- oder Naturwissenschaften zu schaffen. Marten Hajer hat im Zusammenhang mit den Diskursen um die Umwelt gezeigt, dass eine erfolgreiche Forschungsagenda und eine Einflussnahme auf den politischen Prozess auf funktionierenden Diskursallianzen beruht (Hajer, 1995). Ähnliches gilt auch für das Erstellen einer programmatischen – und wie ich argumentieren werde – einer konvergenten Forschungsagenda von Wissenschafts- und Techniksoziologie. Den zentralen Untersuchungsgegenstand einer konvergenten Forschungsagenda bildet die ko-evolutionäre Dynamik von Wissenschaft, Technik und Gesellschaft, deren Mechanismen der gegenseitigen Verschränkung es konkret aufzudecken gilt. Keiner der drei Begriffe lässt sich als eine homogene Entität oder Kategorie erfassen, denn alle drei bestehen aus vielfältigen, durchaus auch widersprüchlichen und pluralistisch zusammengesetzten, historisch entstandenen und sich verändernden Mustern, Konfigurationen und Prozessen. Eine solche Forschungsagenda sieht sich mit der Emergenz von etwas Neuem konfrontiert, für das eine Sprache gefunden werden muss, um sich darüber verständigen zu können. Diese Verständigung muss über disziplinäre Grenzen hinweg erfolgen, aber ebenso verschiedene Formen von Öffentlichkeit mit einschließen.

Zur Ausarbeitung einer konvergenten Forschungsagenda bieten sich in inhaltlich-thematischer Hinsicht zunächst andere sozial- und humanwissenschaftliche Disziplinen und Forschungsfelder als Kooperationspartner an. Die Geschichtswissenschaft enthält für die Wissenschafts- und Techniksoziologie reichhaltiges und vielfältiges empirisches Material und Fragestellungen, auf die sie längerfristig, nicht zuletzt für ihre aktuelle Forschung, nicht verzichten kann. Das weite Spektrum sozial- und humanwissenschaftlicher Disziplinen, die sich für Diskursallianzen anbieten, reicht von der Politikwissenschaft über die Anthropologie/Ethnographie zur Ökonomie mit ihren Ansätzen für eine Forschungs- und Innovationspolitik. Die Kulturwissenschaften und die Geschlechterforschung haben eine Vielzahl von interessanten ‚Grenzobjekten' hervorgebracht, die sie mit der Wissenschafts- und Techniksoziologie teilen. Die Aufzählung lässt sich fortsetzen und vertiefen. Dass bei einer solchen Annäherung die Technik- und Wissenschaftssoziologie keineswegs mit leeren Händen kommt, wurde oben bereits ausgeführt.

Diskursallianzen dieser und anderer Art sind auch auf dem strategischen Hintergrund einer institutionellen Verflechtung durch Lehre und Forschung zu sehen. Vielleicht bietet die Restrukturierung des österreichischen Universitätssystems hiezu neue, bisher nicht vorhandene und daher noch nicht explorierte Möglichkeiten, wie etwa die Schaffung von universitären Zentren auf Zeit, die sich unter einer gemeinsamen thematischen Fragestellung zusammenfinden können? Darüber hinaus gibt es Annäherungen, die für eine konvergente Forschungsagenda nicht nur Rahmenbedingungen institutioneller, disziplinärer und personeller Art abstecken, sondern diese aktiv zu gestalten versuchen. Keineswegs originell, aber deswegen nicht weniger aktuell sind Forschungsfragen, die das Recht und die Biomedizin oder die Rolle von rechtlich geregelten Verfahren bei der weiteren Gestaltung von partizipativer Wissenspolitik betreffen. Die voranschreitende Technisierung und ‚Molekularisierung' der Medizin eröffnet ein anderes weites Gebiet, das sich als ein ‚moving target', ein sich vor unseren Augen bewegendes Ziel, präsentiert. Der US-amerikanische Kongress beschloss im Jahr 1988 auf Vorschlag von James Watson, 3–5% des Gesamtbudgets für das menschliche Humangenom Projekt für ein eigenes Forschungsprogramm bereitzustellen, um dessen ethische, rechtliche und soziale Implikationen zu erforschen (und nach Möglichkeit negativen Reaktionen gegenüber der Biotechnologie zuvorzukommen, d. h. ‚forestall adverse effects'). ELSI wurde zum Modell für eine europäische Initiative, ELSA genannt, die ebenso zum Ziel hat, die ‚societal concerns', also die ‚gesellschaftliche Besorgnis' in der Folge der neuesten Entwicklungen in den Lebenswissenschaften, zum Gegenstand öffentlicher Diskussionen und von Forschungsarbeiten auf dem Gebiet von STS, Recht und Ethik zu machen. Inzwischen werden Überlegungen angestellt, eine ähnliche Forschungsrichtung auch für die Schnittstelle zwischen Nanotechnologie und Gesellschaft zu institutionalisieren, wobei offen bleibt, ob und in welchem Ausmaß die Art von Wirkungsforschung bereits in die Technologieentwicklung selbst Eingang finden kann (Fisher, 2005). Die ‚konvergenten Technologien', also das Zusammenwachsen von Bio-, Info- und Nanotechnologien, haben bereits auf EU-Ebene Anlass gegeben, die Bedeutung der sozialen Dimension für die zukünftige Technologieentwicklung herauszustreichen. Diese und andere Schnittstellen sollten von STS nicht nur empirisch aufmerksam verfolgt werden, sondern bieten sich auch für neue theoretische Ansätze an. Ein weiteres Beispiel wäre das sich verändernde Verständnis von Geisteskrankheiten und psychischen Störungen. Welche – vielleicht interdisziplinären – Krankheitsbilder gelangen dabei an die Öffentlichkeit? Wie würde eine ‚Popularisierung' psychischer Krankheiten aussehen? Oder wo sind wissenschafts- und techniksoziologische Ansätze in der geriatrischen Forschung zu finden?

Eine konvergente Forschungsagenda zu erstellen ist ein vielschichtiger, komplexer und langfristiger Prozess. Er umfasst nicht nur strategische Gesichtspunkte und die Fähigkeit, die eigene Positionierung reflektieren zu können, sondern muss auch darunter liegende Tiefenschichten erreichen. Die in Australien lebende Künstlerin Patricia Piccinini stellte an der Biennale in Venedig 2002 unter dem Titel „we are family" Figuren aus, die synthetisch hergestellte, lebende Organismen darstellen. Sie zeigen eine faszinierende Mischung von menschlichen und animalischen Charakteristiken, wobei die Künstlerin auf einem bewusst dünn gewähltem Grat zwischen familiärer Vertrautheit und dem Andersartigen wandelt. Keine der Figuren flösst Furcht oder Abscheu ein. Sie machen neugierig, ohne an Beschützerinstinkte zu appellieren. Sie zeigen eine Welt, in der sich unsere Ansicht über das, was Menschsein bedeutet, durch die Eingriffe von Seiten der Lebenswissenschaften verändert und weiter verändern wird. Der Kunst stehen dabei Mittel zur Verfügung, die von der sozialwissenschaftlichen Forschung nicht genützt werden können. Bewusst Spielräume für brennende aktuelle

Helga Nowotny

Fragen zu schaffen, deren Interpretation jedoch so offen wie möglich zu lassen, Ironie als Mittel der Distanzierung einzusetzen, die ambivalenten Emotionen der BetrachterInnen als Teil der künstlerischen Arbeit zu konzipieren sind Mittel, die der Kunst, nicht jedoch der Wissenschafts- und Techniksoziologie zur Verfügung stehen. Doch nichts hindert diese in ihrer Sprache und mit den ihr zur Verfügung stehenden Möglichkeiten Überlegungen darüber anzustellen, wie es zur gegenwärtigen Kluft zwischen den Lebens- und Humanwissenschaften kommen konnte und was an intellektuellem und wissenschaftlichem Potential zur Überwindung dieser Kluft mobilisiert werden müsste.

Ich habe ein Beispiel von vielen gewählt, weil mich diese Problematik zurzeit persönlich stark beschäftigt (Nowotny, 2003b). Damit soll zugleich eine Antwort auf die absichtliche Leerstelle in meiner bisherigen Darstellung gegeben werden. Ich habe der Wissenschafts- und Techniksoziologie in Österreich (doch nicht nur dort) geraten, sich um tragfähige Diskursallianzen umzusehen und ihre Forschungsagenda selbst aktiv zu gestalten. Diese Allianzbildungen schöpfen ihr Forschungs- und Handlungspotential aus Sichtweisen und methodischen Zugängen, wie sie vorwiegend andere sozial- oder humanwissenschaftliche Disziplinen anzubieten haben. Der Weg, der dadurch beschritten wird, läuft auf eine Stärkung der sozial- und humanwissenschaftlichen Kompetenz der Wissenschafts- und Techniksoziologie hinaus. Sie führt gezielt in Forschungsfelder, deren Gegenstände (,Dinge') auch oder besonders durch soziales Handeln, durch die Arbeit an Begriffen oder durch die Praxis von Verfahren konstituiert werden, wobei eine scharfe Trennung zwischen dem ,sozialen' Anteil und dem, der durch naturwissenschaftliche oder technische Tätigkeit hergestellt wird, weder möglich noch wünschenswert ist. Die Sozialisierung der Dinge und die Naturalisierung der Menschen stellen die immer wiederkehrenden zwei Seiten desselben Prozesses dar, doch beide unterliegen spezifischen Einschränkungen, die es genau zu analysieren gilt. Die Herausforderung liegt darin aufzuzeigen und mitzugestalten, wie und in welcher Weise der gesellschaftliche und – im umfassenden Sinn humane – Anteil am Herausbilden der globalisierten und globalisierenden Welt, die verstärkt durch wissenschaftlich-technische Entwicklungen geprägt ist, zum Tragen gebracht werden kann. Diese Anteile wirken auf der lokalen Mikroebene ebenso wie auf der institutionellen Meso-Ebene und einer im globalen Kontext stehenden Makroebene. Der historische Blick zurück zeigt an, welche Beiträge die sich verändernden und noch stark nationalstaatlich geprägten human- und sozialwissenschaftlichen Disziplinen am Projekt der Moderne und der Einlösung ihrer Versprechungen hatten und wie sie ihr wissenschaftliches Potential dafür eingesetzt haben. Dieser Anteil wird noch stärker als in der turbulenten Gegenwart in einer noch unsichereren Zukunft gefordert werden.

Die Leerstelle meiner bisherigen Ausführungen betraf das zukünftige Verhältnis der Wissenschafts- und Techniksoziologie zu den Natur- und Technikwissenschaften. Die Wissenschaftssoziologie hat ihren Ausgangspunkt in der Auseinandersetzung mit der Wissenserzeugung in den Naturwissenschaften als sozialem Prozess und als Konfiguration kultureller und kontextualisierter Praktiken genommen. Die sozialwissenschaftliche Befassung mit der Herstellung von technischen Artefakten ist teilweise andere, mindestens ebenso verschlungene, Wege gegangen. In beiden Fällen war das Ergebnis insofern ähnlich, als die ‚Adressaten' dieser Forschung in den Natur- und Ingenieurwissenschaften nur mäßiges Interesse und wenig Aufnahmebereitschaft oder -fähigkeit für unsere Interpretationen gezeigt haben. Die Gegenüberstellung des ‚Anspruchs auf Wahrheit' mit dem ‚Aushandeln von Interessen' zu konfrontieren, um es vereinfachend auf einen von vielen Reibungspunkten zu bringen, war dem Dialog nicht förderlich. Sie hat die institutionellen Widerstände gegen eine Wissenschafts- und Technikforschung verstärkt, die aus der Sicht der Naturwissenschaften und Technik überwiegend als Einmischung interpretiert wurde. Sie hat letztlich zu jener fragmentierten Institutionalisierungsgeschichte beigetragen, bei der lokale Erfolgsgeschichten – die es in Österreich immer wieder gab – sich nicht auf nationaler oder europäischer Ebene in Stabilisierung und Expansion umsetzen ließen, sondern lokal – und somit prekär – blieben.

Eine Annäherung wird zusätzlich durch epistemologische Gründe erschwert, die in den ‚Wissenschaftskriegen' (‚science wars', ausgelöst durch die bewusste Irreführung, die durch die Publikation eines erfundenen Artikels bestimmte Teile der *cultural studies* und von STS bloß zu stellen suchte) nicht aufgedeckt, sondern teilweise absichtlich verdeckt wurden. Es ging dabei nämlich immer auch um die Frage, wer im Namen der Wissenschaft in der Öffentlichkeit auftreten und sprechen darf. Solche Interessenkonflikte, aber auch deren epistemologische Grundlagen ehrlich offen zu legen und dennoch eine sie überschreitende, konvergente Forschungsagenda anzuvisieren, setzt freilich mühsame und geduldige Arbeit mit ungewissem Ausgang voraus. Epistemologische Grundlagen sind nicht ein für alle Mal gegeben, sie sind keineswegs ahistorisch. Sie wandeln sich in subtiler, doch einschneidender Weise gemeinsam mit den alltäglichen Veränderungen in den Forschungspraktiken und den neuen Fragestellungen, die durch technische Instrumente oder technologische Plattformen erst ermöglicht werden. Ähnliches gilt übrigens auch für die Sozialwissenschaften.

Reflexionen darüber anzustellen, wie sich ihre heutigen Praktiken voneinander und von den gestrigen unterscheiden, woher die weiterführenden Anstöße kommen, in welcher Weise Simulationsmodelle oder Modellierung andere Zugänge zur sozialen Wirklichkeit eröffnen und wie sich diese von Formen von Erzählung unterscheiden (Menger, 2001), sollten ebenso in einer konvergenten Forschungsagenda zu finden sein. Was technisch oder wissenschaftlich möglich ist, erfährt zunehmend Einschränkungen ökonomischer, politischer oder kultureller Art, die die Entwicklung selektiv in bestimmte Richtungen lenken. Die riesige Innovationsmaschinerie, die durch Wissenschaft und Technik angetrieben wird, operiert mit gesellschaftlich eingebauten Selektionsfiltern. Die wissenschaftliche Kreativität des einzelnen Forschers und der Forscherin steht unter dem Erfolgsdruck, einen wie immer gearteten Beitrag zur Innovation zu leisten, während sich die Forschenden in der Praxis mit den Unwegsamkeiten des Innovationsprozesses konfrontiert sehen.

Eine konvergente Forschungsagenda zu erstellen bedeutet den sozial- und humanwissenschaftlichen Anteil am ko-evolutionären Prozess der Hervorbringung des Neuen, der Wissenschaft, Technik und Gesellschaft untrennbar miteinander verschränkt, ernst zu nehmen. Hatte die Leitfrage für die Sozialwissenschaften in ihren Anfängen gelautet, wie gesellschaftliche Ordnung überhaupt möglich ist, so steht diese Ordnung heute in ständigem Austausch und Verbindung mit anderen Ordnungssystemen – solchen, die in der Natur zu finden sind, und solchen, die Artefakte und andere menschliche Konstruktionen zusammenhalten. Diese unterschiedlichen Ordnungssysteme – und die symbolischen Technologien, die sie miteinander vernetzen – setzen Wissen, Institutionen und Verfahren voraus, um geeignete, demokratisch kontrollierbare Regulationen und Gestaltungsmöglichkeiten für das Neue, Unvorhersehbare offen zu halten, das hervorzubringen sich moderne Gesellschaften entschlossen haben.

Die Versprechungen der Moderne waren nie auf eindeutige Ziele gerichtet noch standen die Mittel von vornherein fest (Nowotny, 2005). Die Naturwissenschaften und Technik auf der einen Seite, die Sozial- und Humanwissenschaften auf der anderen hatten abweichende Vorstellungen von der Welt und dem gesellschaftlichen Zusammenleben, wie sie durch menschliches Eingreifen gestaltet werden sollten. Ein Teil des Unbehagens, das heute angesichts der eingelösten und noch einzulösenden Versprechungen besteht, wurzelt in diesen implizit bleibenden Divergenzen. Weit entfernt davon, wie in der Vergangenheit mit Bewunderung, Neid oder Ressentiment auf die Errungenschaften der Naturwissenschaften zu blicken, bietet eine konvergente Forschungsagenda die Chance, den sozialen und humanen

Anteil an dieser Entwicklung als eine neue, mitgestaltende Kraft sichtbar zu machen. Statt ihre intellektuellen Energien auf Auseinandersetzungen zu verwenden, deren Ertrag bisher eher bescheiden war, ist Wissenschafts- und Techniksoziologie besser beraten auf das erstarkte Selbstvertrauen zu setzen, das der eigenen Analyse entspringt. Der Prozess der gesellschaftlichen Kontextualisierung von Wissenschaft und Technik erscheint dann irreversibel und ist auf sozialwissenschaftliches Wissen angewiesen – auch in Österreich. Und ob sie wollen oder nicht, im 21. Jahrhundert ist ‚meddling' angesagt – für alle Wissenschaften.

Literatur

Abbott, A. 1988: The System of Professions. An Essay on the Division of Expert Labor. Chicago.

Felt, U. und Nowotny, H., eds.,1994: Social Studies of Science in an International Perspective. Wissenschaftsforschung: Themen und Fragestellung einer in Österreich neuen Disziplin. Vienna: Proceedings of a Workshop, University of Vienna, 13–14 January 1994.

Fisher, E.: 2005: „Lessons learned from the Ethical, Legal and Social Implications program (ELSI): Planning societal implications research for the National Nanotechnology Program", Technology in Society 27, 321–328.

Hajer, M. A. 1995: The Politics of Environmental Discourse. Ecological Modernization and the Policy Process. Oxford.

Guggenheim, M. 2005: Organisierte Umwelt. Umweltdienstleistungsfirmen zwischen Wissenschaft, Wirtschaft und Politik. Bielefeld.

Guggenheim, M. and Nowotny, H. 2003: „Joy In Repetition Makes The Future Disappear. A Critical Assessment of the Present State of STS", in: B. Joerges and H. Nowotny, eds., 2003: Social Studies of Science & Technology: Looking Back, Ahead. Sociology of the Sciences Yearbook. Dordrecht.

Latour, B. 1993: We Have Never Been Modern. Cambridge.

Latour, B. 2001: Das Parlament der Dinge. Für eine politische Ökologie. Frankfurt a. M.

Menger, P.-M. 2001: „Les temps, les causes et les raisons de l'action". Sous la direction de Grenier, J.-Y., C. Grignon, P.-M. Menger: Le Modèle et le Récit. Paris.

Mirowski, P. E. 1989: More Heat Than Light. New York.

Nowotny, H. 2003a: „Democratising expertise and socially robust knowledge", Science and Public Policy, vol. 30, no. 3, pp. XX.

Nowotny, H. 2003b: „Science in Search of its Audience", Nova Acta Leopoldina, NF. Nr. 325, 211–215.

Nowotny, H. 2005a: Unersättliche Neugier. Innovation in einer fragilen Zukunft. Berlin.

Nowotny, H. 2005b: „The Changing Nature of Public Science", in: Nowotny, H. et al. The Public Nature of Science under Assault. Politics, Markets, Science and the Law. Berlin, Heidelberg, New York, 1–27.

Pestre, D. 2005: „The Technosciences between Markets, Social Worries and the Political", in: Nowotny, H. et al. The Public Nature of Science under Assault,. Politics, Markets, Science and the Law. Berlin, Heidelberg, New York, 29–52.

Power, M. 1997: The Audit Society: Rituals of Verification. Oxford.

Stichweh, R. 1994: Wissenschaft, Universität, Professionen. Frankfurt a. M.

Trilling, L. 1973: Mind in the modern world. New York.

Wagner, P. and B. Wittrock and R. Whitley (eds.) 1991: Discourses on Society. The Shaping of Social Science Disciplines. Sociology of the Sciences Yearbook. Dordrecht.

Harald Rohracher

Innovation und Diffusion von Umwelttechnologien: Das Potential soziologischer Beiträge zu Technologieprogrammen

1. Einleitung

Der folgende Beitrag setzt sich mit der Frage auseinander, wie sozialwissenschaftliche Technikforschung im Rahmen staatlicher Technologieentwicklungsprogramme integriert werden kann. Insbesondere das Programm „nachhaltig wirtschaften" des österreichischen Bundesministeriums für Verkehr, Innovation und Technologie (BMVIT) soll als Beispiel dienen, bei welchem einige der Möglichkeiten eines solchen Forschungsansatzes realisiert werden konnten. Dies soll anhand einiger ausgewählter Projekte in diesem Beitrag illustriert werden.

Mit einiger Verspätung, etwa gegenüber den Forschungsrahmenprogrammen der Europäischen Union, wird auch in Österreich seit einigen Jahren angewandte Forschung zur Entwicklung und Demonstration ausgewählter Technologiefelder verstärkt programmorientiert finanziert. Beispiele für solche Programme sind das im Jahr 2000 eingerichtete Programm „nachhaltig wirtschaften" (beginnend mit der Programmlinie „Haus der Zukunft", die 2002 mit der Linie „Fabrik der Zukunft" und 2003 durch „Energiesysteme der Zukunft" ergänzt wurde) oder das Programm Gen-AU (Österreichisches Genomforschungsprogramm).

Kennzeichnend für viele dieser Programme ist, dass sie sich nicht an einzelnen spezifischen Technologien orientieren, sondern – zumindest auf der Ebene der Programmformulierung – eine Ausrichtung an Problemfeldern aufweisen, die im Rahmen breiterer politischer Zielsetzungen definiert sind. In der Praxis solcher Programme dominieren in den Forschungsprojekten dennoch oft sehr spezifische technische Fragestellungen, und es mangelt häufig an der Vermittlung und Integration der sehr heterogenen Projekte.

Dennoch zeigt sich, dass allein schon die verstärkte Problemfeldorientierung die Tendenz zu einer interdisziplinäreren Zusammensetzung der Projektkonsortien und zu einer Aufwertung der Rolle sozialwissenschaftlicher Forschung im Rahmen von Technologieprogrammen fördern kann. So wurde etwa in der Darstellung des Programmmanagements der Programmlinie „Haus der Zukunft" (als Unterprogramm von „nachhaltig wirtschaften") der starke Anteil „sozioökonomischer" Projekte als einer der besonders innovativen und interessanten Aspekte des Programms hervorgehoben.

Von besonderem Interesse – und darauf bezieht sich dieser Beitrag – ist der Umstand, dass sich auch Zugänge sozialwissenschaftlicher Technikforschung vermehrt im Rahmen solcher Technologieprogramme etablieren können. Anhand des Beispiels des Forschungsprogramms „nachhaltig wirtschaften" soll verdeutlicht werden, welche Rolle sozialwissenschaftliche Technikforschung im Rahmen eines solchen Programms einnehmen kann und welche Stärken dieser Forschungsperspektive dabei noch weiter ausgebaut werden könnten.

Denn in der Planung der regelmäßig stattfindenden Ausschreibungen des Programms gibt es, trotz bekundeten Interesses einer stärkeren Einbindung der Sozialwissenschaften, nach wie vor Unklarheit über deren konkrete Rolle in einem technik- und anwendungsorientierten Gesamtkontext. Auch zeigt sich, dass selbst eine stärkere Ausrichtung des Programms an sozioökonomischen Fragen noch nicht bedeutet, dass Forschungsfragestellungen in den Kategorien sozialwissenschaftlicher Technikforschung formuliert werden. Wie ein genauerer Blick auf die sozioökonomischen Projekte der am längsten laufenden Programmlinie „Haus der Zukunft" zeigt, besteht offenbar im Design und den Ausschreibungen eine Tendenz, sozialwissenschaftliche Forschung vorwiegend instrumentell zur Hilfestellung bei der Verbreitung von Technologien einzusetzen. In den Fragestellungen zu energieeffizientem Bauen dominieren vor allem zwei Zugänge:

1. Die Frage nach Nutzereinstellungen, energieeffizientem Verhalten und der Akzeptanz bestimmter Technologien. Solche Perspektiven orientieren sich stark an der besonders in den 80er-Jahren in den USA weit verbreiteten sozial-psychologischen Forschung zu energieeffizientem Verhalten (siehe etwa W. Kempton und M. Neiman 1987, P. C. Stern 1992). Projekte des Programms untersuchen Motive bei der Wahl von Einfamilienhäusern (im Gegensatz zu verdichteten Wohnformen) als Frage von Lebensstilen, die Erwartungen und Wünsche von MieterInnen und ExpertInnen an zukünftige Wohnformen oder führen „Post-occupancy Analysen" von BewohnerInnen von Niedrigenergiehäusern vs. traditionellen Gebäuden durch.

2. Die Frage nach sozialen Barrieren für die Verbreitung und Nutzung nachhaltiger Gebäude oder spezifischer technischer Komponenten. Auch

der Topos der „sozialen Barriere" für ansonsten neutrale technische Produkte gehört zu den ‚Klassikern' der Energieeffizienzdiskussion (siehe etwa R. B. Howarth und B. Andersson 1993, A. K. N. Reddy 1991). Eine Reihe von „Haus der Zukunft"-Projekten untersucht entsprechende Faktoren, die die Marktdurchdringung nachhaltiger Gebäude behindern, und entwickelt Gegenstrategien, etwa verbesserte Entscheidungsverfahren bei der Durchführung ökologischer Sanierungen von Mietgebäuden.

So interessant viele dieser Projekte sind, so liegt den entsprechenden Fragestellungen doch weitgehend ein Bild zugrunde, dass hier vor allem eine ausgereifte, ökologisch optimierte Technologie einem bestimmten Kreis von potentiellen Adoptoren vermittelt werden soll. Die Perspektive sozialwissenschaftlicher Technikforschung (und dies ist zugleich ihre Chance in solchen Programmen) besteht demgegenüber darin, dass gerade eine solche Dichotomie nicht sinnvoll aufrechterhalten werden kann und Fragen technischer Entwicklungen und ihres sozialen Kontexts als voneinander nicht trennbar analysiert werden müssen.

Russell und Williams benennen treffend die wichtigsten Charakteristika eines Konzepts von Technik, das Technologie als soziales Projekt auffasst und in welchem Artefakte immer zusammen mit sozialen Kontexten ko-produziert werden:

> „— Technologies are produced and used in particular social contexts, and the processes of technological change are intrinsically social (. . .);
> — technologies function as such in an immediate setting of knowledge, use practices, skills, meanings and values, problems and purposes, and objects which they act on;
> — technologies in many applications are best considered to operate as socio-technical systems or configurations;
> — technological change is always part of a sociotechnical transformation – technology and social arrangements are co-produced in the same process" (S. Russell und R. Williams 2002: 48).

Eine solche Perspektive bindet Technologien (und technologiebezogene Forschungs- und Demonstrationsprojekte) an soziale Entstehungs- und Nutzungskontexte rück und erlaubt so eine engere Integration soziologischer Fragestellungen mit ingenieurwissenschaftlichen Problemen.

Techniksoziologische Beiträge – und das soll anhand einiger konkreter Projekte des Programms ‚nachhaltig wirtschaften' demonstriert werden – können aufgrund ihres technische und soziale Elemente integrierenden Zugangs unterschiedliche Funktionen im Rahmen von Technologieprogrammen wahrnehmen:

Harald Rohracher

1. Technikforschung kann unmittelbar zu einem verbesserten Design und einer stärkeren Verbreitung ökologischer Technologien beitragen, indem die alleinige Ausrichtung auf technische Entwicklungen um die Perspektive einer breiteren Palette von am Entwicklungs- und Verbreitungsprozess beteiligten Akteuren erweitert wird (Nutzererfahrungen, Leitbilder und Interessen von Herstellern und intermediären Akteuren, wie Architekten oder Planern). Ein solches ‚mapping' oder die stärkere Einbindung von relevanten Akteuren, deren Erfahrungen und Erwartungen, kann zu verbesserten Produktspezifikationen und Lernprozessen zwischen Entwicklern und Anwendern beitragen.

2. Technikforschung kann zu einer strategischeren Ausrichtung der Einzelprojekte und einer Einbindung in umfassendere ‚Transitionsstrategien' beitragen, indem sie den Blick von der Fixierung auf Technologien befreit und auf die Einbindung von technischen Artefakten in soziotechnische Systeme oder soziotechnische Regimes lenkt, die auch institutionelle Rahmenbedingungen, symbolische Bedeutungen von Artefakten, mit Technologien verbundene soziale Praktiken oder kollektive Erwartungen und Diskurse umfassen. Nur auf dieser Ebene kann sinnvoll über einen Übergang etwa zu ökologischerem Wirtschaften diskutiert werden, kann die Bedeutung der Entwicklung einzelner technischer Elemente besser abgeschätzt und können Anforderungen an institutionelle Weiterentwicklungen oder die Änderung sozialer Praktiken erkannt werden.

3. Technikforschung kann auf diesem Weg auch zu einem reflexiveren Zugang der im Programm beteiligten TechnikerInnen oder ProgrammmanagerInnen zu Technikentwicklungsprojekten führen, einem Zugang der auch die soziale Bedingtheit des eigenen Handelns und technischer Entwicklungen mit einbezieht.

Die folgenden Ausführungen haben zum Ziel, das oben angeführte Potential sozialwissenschaftlicher Technikforschung in Technologieentwicklungsprogrammen zu verdeutlichen. Die mögliche stärkere Integration sozialwissenschaftlicher Forschung mit technischen Entwicklungsprojekten wird insbesondere am Beispiel eines Projekts zur Entwicklung von Niedrigenergiehauskomponenten als Lernprozess zwischen NutzerInnen und anbieterseitigen AkteurInnen dargestellt. Mit Bezug auf die Programmlinie „Fabrik der Zukunft" dient in einer weiteren Fallstudie die verstärkte Integration technischer Einzelprojekte in umfassendere „technologische Regimes" und „soziotechnische Landschaften" als Beispiel für die Orientierung eines Technologieprogramms an umfassenderen soziotechnischen Transformationsprozessen anstatt isolierten technischen Einzelprojekten.

2. Die Rolle von AnwenderInnen in der Entwicklung und Verbreitung von Umwelttechnologien

Das erste Fallbeispiel, das die Stärken techniksoziologischer Forschungszugänge und Analysekategorien als Beitrag zu Technologieprogrammen aufzeigen soll, beschäftigt sich mit der Entwicklung von technischen Komponenten in Niedrigstenergiehäusern, insbesondere kontrollierten Be- und Entlüftungssystemen mit hocheffizienter Wärmerückgewinnung. Die schrittweise Absenkung des Energiebedarfs neuer Gebäude durch verbesserte Wärmedämmung und Einsatz neuer Technologien findet ihren fortgeschrittensten Ausdruck derzeit in so genannten ‚Passivhäusern', das sind Gebäude, die kein eigenes Heizsystem mehr benötigen, sondern deren Restenergiebedarf über die Lüftungsanlage bereitgestellt werden kann. Die Lüftungsanlage wird in solchen hochenergieeffizienten Gebäuden zu einer zentralen Komponente der Haustechnik, da sich eine Absenkung des Heizenergiebedarfs des Gebäudes unter eine gewisse Schwelle nur durch Verminderung der Lüftungswärmeverluste und daher kontrollierter Lüftung mit Wärmerückgewinnung erreichen lässt und im Passivhauskonzept obendrein auch die Beheizung über die Lüftungsanlage erfolgt. Trotz (oder aufgrund) dieses zentralen Stellenwerts in Niedrigenergiegebäudekonzepten werden Lüftungsanlagen kontroversiell diskutiert. Im Zentrum der Argumentationen stehen dabei immer wieder die geringe Akzeptanz durch NutzerInnen bzw. problematische Eigenschaften im Betrieb, was von Passivhaus-Proponenten regelmäßig zurückgewiesen oder auf mangelhafte Planung zurückgeführt wird.

Im Rahmen der Programmlinie „Haus der Zukunft" wurde daher ein Punkt zur Ausschreibung gebracht, der nach der Akzeptanz ausgewählter Niedrigenergiehauskomponenten bei GebäudebewohnerInnen fragt. Im Rahmen eines Projektes wurde aus techniksoziologischer Perspektive versucht, über die gewünschte Erhebung der Akzeptanz (mit ihrem eher statischen Bild einer fertigen Technologie und eher zustimmenden oder ablehnenden NutzerInnen) hinauszugehen, die technische Entwicklung von Lüftungsanlagen stärker in den sozialen Kontext ihrer Entwicklung und Nutzung zu setzen und anstelle einer Akzeptanzerhebung Lernprozesse zwischen den beteiligten Akteuren in den Vordergrund zu stellen.

Das Konstruktionsprinzip von Lüftungsanlagen ist weder neu noch sehr komplex und geht in der heutigen Form – mit einem zentralen Ventilator, Lüftungsröhren und entsprechenden Luftauslässen bzw. -absaugungen in den Räumen – zumindest bis ins ausgehende 19. Jahrhundert zurück. In einer Geschichte der Klimaanlagen (die im Gegensatz zu Lüftungsanlagen auch die Luftfeuchtigkeit regeln und aktiv kühlen können) in den USA weist Gail Cooper eindrücklich nach, wie mit dieser Technologie der Versuch bestimmter Ingenieursverbände verbunden war, ‚Kontrolle' über das Innenraumklima und die Definition von Behaglichkeit zu erlangen, und wie der Einsatz von ‚Air-conditioning' auch zu einer Transformation von Baustilen (etwa dem Weglassen der Veranda, auf der man im Sommer auch nachts schlafen konnte) führte (G. Cooper 1998). Der interessante Punkt beim Einsatz in Niedrigenergiehäusern ist nun, dass der Transfer dieser Technologie in Passivhäuser, d. h. in andere technische Kontexte und andere Erwartungshaltungen und Ansprüche von NutzerInnen, das Design und die Funktionalität dieser Anlagen wieder ein Stück weit in Frage stellt und wie im Falle radikalerer Innovationen neue Anpassungsprozesse zwischen Technologie und sozialem Kontext erfordert.

In einer empirischen Untersuchung wurden in Österreich Experteninterviews mit Akteuren aus dem Umfeld von Lüftungsanlagen (Hersteller, Lüftungsplaner, Installateure, Architekten, Energieberater etc.) sowie eine Erhebung der Erfahrungen und Erwartungen von NutzerInnen (standardisierte Befragung von etwa 140 Haushalten sowie leitfadengestützte Interviews mit ca. 40 Haushalten) von Niedrigenergiegebäuden mit Lüftungsanlagen durchgeführt (H. Rohracher et al. 2001). Wie sich dabei zeigt, kann auch die Einführung dieser auf den ersten Blick so unproblematischen und bewährten Technologie sinnvoll nur als soziotechnische Transformation verstanden werden, die sowohl die Rekonfiguration von Akteursnetzwerken als auch die aktive und eigensinnige Aneignung dieser Technologie durch NutzerInnen umfasst. Ohne zu sehr in Details zu gehen, sollen an dieser Stelle der theoretische Hintergrund und einige der Ergebnisse der Untersuchung skizziert werden.

2.1 Theoretischer Hintergrund: Technikaneignung und Rekonfigurierung von Akteursnetzen

Lüftungsanlagen in Niedrigenergiehäusern durchlaufen aufgrund ihrer Rekontextualisierung (in technischer wie sozialer Hinsicht) die Phase des Übergangs von Innovation zu Diffusion von neuem. Die bruchlose Verbindung von Innovation, Adoption und Nutzung wird besonders im Rahmen von Akteurs-Netzwerk-Zugängen artikuliert (nicht nur im Rahmen der stark semiotisch ausgerichteten ‚Actor-Network Theory' – siehe etwa B. Latour, 1987, M. Callon, 1986, sondern auch soziologischer Netzwerktheorien –

siehe J. Weyer, 1997). In diesem Sinne betont Callon, dass sowohl für die Entwicklung als auch für die Adoption „a unified analytical framework is not only possible but necessary", denn es gilt, „the adoption dynamic is generally dependent on the conception dynamic and that, reciprocally, adoption networks permanently redefine the foundations on which the future conception networks will be built." (M. Callon 1993: 263)

J. Weyer (1997) analysiert die Entwicklung von Technologien in einer Netzwerkperspektive als Aufeinanderfolge dreier charakteristischer Phasen mit jeweils spezifischen Typen von Akteurskonfigurationen. Der Anfang wird oft mit einem eher losen Netzwerk aus Individuen und der Bildung eines ‚soziotechnischen' Kerns (d. h. einer spezifischen technisch-instrumentellen Konfiguration und einer bestimmten sozialen Konfiguration) gemacht, welche ihre typischen Eigenschaften über die nachfolgenden Netzwerk-Rekonfigurationen hinweg beibehalten (S. 37). Diese Anfangsphase wird dann abgelöst durch eine Phase der Stabilisierung mit der Herausbildung stabilerer Netzwerke durch operationelle und soziale Schließungsprozesse. Der interessante Punkt in Anknüpfung an Callons ‚conception-adoption'-Netzwerke ist nun, dass Weyer auch die abschließende Phase – den Durchbruch bzw. die Diffusion einer Technologie – als eigenständigen Innovationsakt behandelt, wo Nutzungskontexte erst entwickelt werden müssen, wo die Anzahl der Akteure stark ausgeweitet werden muss und wo die Verkoppelung von Herstellern und NutzerInnen sowie die wechselseitige Adaptierung von Design und Nutzungsmustern stattfindet.

Im Vordergrund steht damit die Ko-Evolution technischer Entwicklungen mit sozialen Nutzungspraktiken und sozialen Strukturen, die auch im Zuge des Adoptionsprozesses weiter transformiert werden. Technische Artefakte erlangen ihre symbolische Bedeutung, ihren Sinn, erst im Zuge ihrer Nutzung. Dies wird auch durch den Begriff ‚Aneignung' oder auch ‚Domestizierung' einer Technologie zum Ausdruck gebracht, d. h. der Art, in der Technologie „is incorporated into the routines and rituals of everyday life, the way it is used, and the ways it becomes functional." (G. M. Vestby 1996: 68)

Die Metapher von der „Maschine als Text" aufgreifend kann man sagen, dass es eine inhärente Spannung zwischen Design (in welchem Vorstellungen von künftigen NutzerInnen und bevorzugten Nutzungsformen oft als Skript, wie es M. Akrich (1992) nennt, materialisiert sind) und dem Gebrauch (also dem ‚Lesen') einer Technologie gibt. Die ‚Verkodierung' eines Nutzers in einer Technologie hat die ‚Entkodierung' innerhalb lokaler Nutzungskontexte als ihren Gegenpart. Das ‚Lesen' einer Technologie ist so gesehen ein aktiver Prozess, der die Grenze zwischen Design und Nutzung aufweicht. Entkodierung „allows for all manner of preferred, negotiated or oppositional readings." (H. Mackay et al. 2000: 750)

In jedem Fall sollte man vorsichtig sein, die ‚Freiheit' der eigensinnigen Aneignung von Produkten nicht überzubetonen und ihre Einbettung in weiterreichende soziale Strukturen und soziotechnische Regimes im Auge zu behalten. „Understandings of need, normality and value do not just arise", schreibt E. Shove (2001: 265), „they are forged in the context of already rather developed social, political and commercial settings". NutzerInnen deren Erwartungen in einer „globalen Monokultur des Komforts" gebildet werden, haben nur einen eingeschränkten Spielraum für die eigenständige Aneignung von Produkten.

Ein besseres Verständnis der Adoption und Akzeptanz energie-effizienter Technologien heißt daher, die Prozesse zu verstehen, durch welche sie in umfassendere soziotechnische Regimes eingebettet werden und durch welche neue Akteursnetzwerke um diese Technologien geformt werden. Zugleich bedeutet es, die Wege zu verstehen, durch die NutzerInnen sich eigenständig Produkte und Technologien auch innerhalb dieser Prozesse der Ausweitung und Transformation von Netzwerken aneignen.

2.2 Entwicklung und Verbreitung von Lüftungsanlagen in Niedrigenergiehäusern

Doch kehren wir zu den Lüftungsanlagen zurück. Hier bedeutet die Untersuchung des laufenden Adoptionsprozesses aus der Perspektive der Technikaneignung und Einbettung in soziale Praktiken, dass eine Vielfalt bestehender Konflikte und Aushandlungsprozesse in den Vordergrund tritt – nicht nur über die Weise, wie etwa Lüftungsanlagen genutzt und in das Gebäude integriert werden sollen, sondern auch über Standards und das technische Design der Anlagen. Der Transfer einer ‚ausgereiften' Technologie in den neuen Kontext von Niedrigenergiehäusern bedeutet eben auch einen Transfer von Bürogebäuden (dem derzeitigen Haupteinsatzgebiet) hin zu Wohngebäuden, aber auch den Transfer in eine Baukultur, die keine Tradition solcher Technologien in Wohngebäuden kennt. Wie sich zeigt, ist ein solcher Transfer nicht nur ein passiver Adoptionsvorgang eines stabilen Artefakts, der bestenfalls durch einige ökonomische Anreize oder Informationskampagnen beschleunigt werden kann. Vielmehr muss das Artefakt ‚energie-effiziente Lüftungsanlage' – vor allem wenn man es als soziotechnische Konfiguration ansieht – selbst auf der technischen Ebene und noch mehr auf der Ebene seiner sozialen Kontextualisierung ‚überarbeitet' werden und einzelne Phasen des Innovationsprozesses neu durchlaufen.

Auf die unterschiedlichen soziotechnischen Rekonfigurationen, die dafür notwendig sind (wie etwa einer neuen Planungskultur von Gebäuden mit intensiverer Kooperation der beteiligten Gewerbe) und die damit verbundenen Schwierigkeiten soll hier nicht weiter eingegangen werden, sondern nur zwei Aspekte herausgegriffen werden: erforderliche Lernprozesse auf der Anbieterseite in Verbindung mit der Aneignung der Technologie durch NutzerInnen.

Wie bereits erwähnt, geht der Übergang von Technikentwicklung zur Nutzung von Technologien im Allgemeinen mit einer Rekonfiguration (innovative Lüftungsplaner können z. B. an Bedeutung verlieren) und Ausweitung (nicht nur neue NutzerInnen, sondern neue Installateure, Planer etc. müssen integriert werden) der für die jeweilige Technologie konstitutiven Akteursnetzwerke einher. Während dieses Prozesses ändern sich nicht nur Akteurskonstellationen, sondern auch soziale Praktiken im Zusammenhang mit dieser Technologie. Die Praxis der Planung und Errichtung von Lüftungsanlagen erfordert z. B. beträchtliche Änderungen auf dem Weg von hochspezialisierten Designern und Planern zu weniger kompetenten Installateuren, genauso wie der Umgang mit den Anlagen sich von hochmotivierten frühen NutzerInnen in Demonstrationsgebäuden zu der breiteren Gruppe späterer NutzerInnen verändert. Die Ergebnisse der Interviews mit NutzerInnen und Anbietern von Lüftungsanlagen zeigen deutlich, wie ungleichmäßig und schleppend dieser Lernprozess im Zuge der Erweiterung (und Umstrukturierung) von Akteursnetzen verläuft.

Es ist erstaunlich, wie wenig explizite Techniken bei der Einführung ökologischer Gebäudetechnologien angewandt werden, um Wissen über die NutzerInnen eines solchen Produkts zu generieren – etwa Marktanalysen, Tests mit potentiellen NutzerInnen oder Surveys.[1] Interessanterweise liegt eine der Hauptquellen des Wissens über NutzerInnen und Nutzungserfahrungen in den eigenen Erfahrungen der Anlagenhersteller, Architekten oder Planer. Die meisten interviewten Personen aus dieser Gruppe leben selbst in Niedrigenergiehäusern mit Lüftungsanlagen (und waren oft ihre eigenen ersten ‚Abnehmer' dieser Technologie) und beziehen sich bezüglich des Umgangs mit dieser Technologie meist auf ihre eigenen Erfahrungen. Bei dem Wissen, das in diesem Kontext entsteht (etwa Wissen darüber, wie die Geräuschentwicklung der Anlage niedrig gehalten werden kann oder wie Luftheizungen am besten mit ‚Back-up-Heizsystemen' niedriger Leistung kombiniert werden können), handelt es sich meist um implizites Wissen, das auch kaum in der Gemeinschaft der mit Lüftungsanlagen befassten Akteure zirkuliert wird.

Auch wenn es Interaktionen zwischen Herstellern, intermediären Akteuren und NutzerInnen gab, zeigt die Untersuchung doch, dass die Lernprozesse aus dieser Kooperation meist auf bestimmte Regionen oder kleine Zirkel von Akteuren beschränkt waren. Eine Vielzahl von Anbietern außerhalb dieser fortgeschrittenen Gruppen fuhr weiterhin damit fort, Systeme zu installieren, die nicht auf Nutzerbedürfnisse abgestimmt waren.

Die unterschiedliche Aneignung von Lüftungsanlagen durch NutzerInnen zeigt auch, wie sehr sich die Bewertung der Technologie, ihre symbolische Bedeutung und die Art, wie sie genutzt wird, zwischen Herstellern und NutzerInnen unterscheiden kann. So ist etwa die Frage, ob NutzerInnen die Fenster in belüfteten Wohngebäuden eher geschlossen halten sollten, nur eines von mehreren kontroversiellen Themen, die die Einführung kontrollierter Wohnraumlüftung begleiten. Auch wenn nie auch nur in Erwägung gezogen wurde, in Niedrigenergie-Wohngebäuden versiegelte Fenster zu installieren (wie es bei Bürogebäuden durchaus vorkommt), stellen viele NutzerInnen und auch intermediäre Akteure (wie Energieberater oder Installateure) nach wie vor den Zusammenhang mit nicht-öffenbaren Fenstern, Zugluft und einem generell unangenehmen Raumklima her, wie sie es aus der Erfahrung mit Klimaanlagen kennen. Auch wenn Planer und Architekten immer wieder unterstreichen, dass es nicht nötig sei, Fenster geschlossen zu halten, weisen sie jedoch öfters darauf hin, dass das natürlich für die ‚Performance' der Anlage doch am besten sei.

Weiters zeigt sich, dass auch der Kontext der Aneignung der Lüftungsanlagen von großer Bedeutung ist. EinfamilienhausbewohnerInnen, die frühzeitig in die Planungsentscheidungen und Anlagenerrichtung einbezogen sind (und sich selbst dafür entschieden haben), waren weitaus zufriedener mit der Technologie als etwa MieterInnen in Geschosswohnbauten, die oft erst beim Einziehen mit der Lüftungsanlage konfrontiert wurden und in manchen Fällen sogar versuchten, das System zu blockieren (z. B. Luftauslässe). Allerdings war es auch bei Geschosswohnbauten so, dass in den Fällen, wo Bauträger oder Hausverwaltungen eng mit Installationsfirmen kooperierten und spätere MieterInnen (oder WohnungsbesitzerInnen) frühzeitig informierten, einbezogen und in der ersten Phase nachbetreuten, die Erfahrungen der MieterInnen wesentlich positiver waren.

Generell kommt in der Untersuchung zum Vorschein, wie sehr die Dynamik der Entwicklung von Lüftungssystemen in Niedrigenergiehäusern – ihr technisches Design, die Art wie sie genutzt und in das Gebäude integriert werden, für welche Bedeutungen sie stehen, wer sie unterstützt und von ihnen profitiert – einerseits eng mit den Spezifika der Aneignung dieser Technologien auf der Nutzerseite verwoben ist und andererseits von den Akteurskonstellationen und Strategien auf der Anbieterseite geprägt wird. Beide Seiten sind eng verbunden über kulturelle Traditionen und soziale Strukturen, durch die bestimmte Manövrierräume erst eröffnet, aber gleichzeitig auch eingeschränkt werden, genauso wie über verbindende soziale Diskurse, gemeinsame Leitbilder und soziale Lernprozesse zwischen Anbietern und NutzerInnen. Eine solche techniksoziologische Analyse der Entwicklung und Nutzung von Lüftungsanlagen in Niedrigenergiegebäuden kann ein Bewusstsein dafür schaffen, wie sehr Technologien auch in ihrer frühen Verbreitungsphase sozial überformt werden können und dass NutzerInnen durchaus eine Rolle in solchen Technikgestaltungsprozessen spielen (wenn auch oft auf indirekte Weise). Der Verlauf der Aneignung einer Technologie kann damit durchaus Rückwirkungen auf ihre weitere Entwicklung, Akzeptanz, symbolische Bedeutung und sogar ihre materielle Gestalt haben.

Für technische Entwicklungsanforderungen können solche techniksoziologische Beiträge also durchaus wertvolle Beiträge liefern, besonders da der gesamte soziotechnische Kontext einbezogen wird und nicht allein das technische Konzept im Vordergrund steht, womit auch Fragen wie die Flexibilität der Technologie in Bezug auf unterschiedliche Nutzungsbedingungen, Planungsfehler, mangelnde Kompetenz der Planer und Anlagenerrichter etc. ins Blickfeld gelangen.

3. Sozialwissenschaftliche Technikforschung als Unterstützung technologiepolitischer Strategien

Das zweite Beispiel für die Integrationsmöglichkeiten und Beiträge sozialwissenschaftlicher Technikforschung zu Technologieentwicklungsprogrammen bezieht sich weniger auf direkte Beiträge zum Technologiedesign, sondern mehr auf das Potential des soziotechnischen Analyserahmens, technische Entwicklungen in breitere soziale, ökonomische und kulturelle Kontexte zu integrieren und so zur Orientierung unterschiedlicher technischer Entwicklungsprojekte auf gemeinsame Leitbilder und politische Zielsetzungen beizutragen. Im Rahmen der Programmlinie „Fabrik der Zukunft", die die Ökologisierung von Produktionstechnologien zum Ziel hat, wurde ein Projekt durchgeführt[2], das als Begleitforschung zur Programmlinie die Einbindung einzelner Technologieprojekte in breitere soziotechnische Transformationsprozesse unterstützen soll (siehe K.-M. Weber et al. 2005).

Harald Rohracher

Ausgangspunkt ist ein Problem, das für viele technologieorientierte Forschungs-, Entwicklungs- und Demonstrationsprogramme nicht untypisch ist, nämlich dass eine Vielzahl heterogener Einzelprojekte nur mangelhaft integriert werden, dass Innovationen auf der Ebene des soziotechnischen Systems gegenüber technischen Innovationen vernachlässigt und begleitende Rahmenbedingungen für die Umsetzung und Nutzung dieser Technologien nicht ausreichend mitreflektiert werden. Bei Programmen, die auf ein politisches Ziel wie Nachhaltigkeit ausgerichtet sind und nicht vergleichsweise unspezifisch die Entwicklung von ‚Exzellenz' in bestimmten Schlüsseltechnologiefeldern fördern, tritt ein solches Problem noch offener zutage. Entsprechend ist die Situation in der Programmlinie „Fabrik der Zukunft", wo relativ abstrakte Nachhaltigkeitsprinzipien (als gemeinsamer Orientierungsrahmen für die Einreichung von Projekten) einer Vielzahl meist hochspezifischer und kaum miteinander verbundener technischer Entwicklungsprojekte gegenüberstehen. Eine erste Operationalisierung der Nachhaltigkeitsprinzipien wurde in der Ausschreibung (und weiteren Strukturierung) des Programms vorgenommen, indem sich Projekte entweder auf die Entwicklung effizienterer Produktionstechnologien, auf die vermehrte Nutzung nachwachsender Rohstoffe oder auf ‚Dematerialisierungsprozesse' und Nachfragesteuerung durch die verstärkte Integration von Produkten mit entsprechenden Dienstleistungen beziehen. Doch auch hier handelt es sich eher um eine Kategorisierung von Projekten, als dass deren Beiträge für das gemeinsame Ziel eines ökologischen Wandels des Produktionssystems gebündelt und mit der Weiterentwicklung erforderlicher Rahmenbedingungen auf politischer, rechtlicher oder sozialer Ebene verknüpft würden.

Im Rahmen eines ‚strategischen Begleitprojekts' wurde daher versucht, unter Zugrundelegung einer soziotechnischen Analyse die Integration und strategische Ausrichtung der einzelnen Projekte und weiterer Ausschreibungen voranzutreiben. Hintergrund des Projektdesigns bildet dabei das im Rahmen sozialwissenschaftlicher Technikforschung entwickelte Mehrebenenmodell technischer Entwicklung, das die schrittweise soziotechnische Integration einzelner Technologien auf Mikro-, Meso- und Makroebene analysiert und daraus – anknüpfend an das Konzept des ‚Transition Management' – technologiepolitische Strategien für die Unterstützung und Gestaltung technischen Wandels ableitet.

3.1 Innovationsmodelle und ‚Transition Management'

Das so genannte „multi-level model of innovation" ist ein Konzept, Akteursstrategien und Innovationsaktivitäten auf der Mikroebene mit einer Systemebene bzw. einem weiteren Rahmen sozialer Strukturen und kultureller Werte zu verbinden. Nach diesem Modell spielt sich die frühe Entwicklung neuer Technologien vor allem in begrenzten (sozio)technologischen Nischen ab, die selbst wieder auf einer höheren, systemischen Ebene in soziotechnische Regimes eingebettet sind (z. B. das Mobilitätssystem) und schließlich in einen breiteren Kontext soziotechnischer Landschaften, die etwa kulturelle Normen, Werte oder dominante ökonomische oder ‚governance'-Regimes umfassen (wie etwa der gegenwärtige Trend zur Liberalisierung bisheriger Infrastrukturmonopole).

Das Konzept des technologischen Regimes (R. Kemp 1994, R. Kemp et al. 2001), das im Zentrum dieses Mehr-Ebenen-Modells steht, bezieht sich auf die temporale Stabilität soziotechnischer Konfigurationen. Der Grund für mehr oder weniger stabile Entwicklungslinien ist,

> „that the prevailing technology and design has already benefited from all kinds of evolutionary improvements, in terms of costs and performance characteristics, from a better understanding of the user side, and from the adaptation of the socioeconomic environment to a certain type of technology in terms of accumulated knowledge, capital outlays, infrastructure, available skills, production routines, social norms, regulation and lifestyles" (R. Kemp 1994: 1027).

Wie auch in Hughes' Konzept großer technischer Systeme thematisiert (T. P. Hughes 1983), können ‚system builders' eine wichtige Rolle im Wandel technischer Regimes spielen. ‚Regime shifts' sind jedoch immer Ergebnis eines Wandlungsprozesses, der die unterschiedlichen Ebenen gleichzeitig transformiert: „They do not start with a new discovery, but depend for their development on the accumulated experience in other sectors, the presence of a network of actors that was willing to sustain it and the presence of a niche in which it could be used" (R. Kemp 2002: 106). Auch radikale Innovationen, die später eine wichtige Rolle in der Umgestaltung technischer Regimes spielen können, werden zuerst in technischen Nischen entwickelt – „a specific domain for application of a new technology functioning as a testbed where, under temporary protection from market and other institutional pressures, producers, users, and sometimes government develop it to maturity" (K. M. Weber und R. Hoogma 1998, 548).

Auf einer übergeordneten Ebene können die bestehenden technischen Regimes schließlich in das Umfeld einer ‚soziotechnischen Landschaft', einem Begriff ähnlich dem der ‚materiellen Kultur', eingebettet werden.

„The sociotechnical landscape is a landscape in the literal sense, something around us that we can travel through; in a metaphorical sense, something that we are part of, that sustains us. Although we will use this concept primarily at the level of societies, it can be applied just as well to the concrete organisation of a firm (...) or to everyday life in households" (A. Rip und R. Kemp 1998: 334).

Die Entwicklung neuer Technologien wird daher bestimmt durch die Interaktionen auf der Mikroebene von NutzerInnen, Firmen und Haushalten, der Mesoebene technischer Regimes und der Makroebene soziotechnischer Landschaften. Diese Ebenen ändern sich simultan in einem koevolutionären Prozess. Der Wert eines solchen Konzeptes liegt vor allem darin, die Multi-Dimensionalität des Prozesses soziotechnischen Wandels und die Eingebettetheit lokaler Praktiken und Nischen in unterschiedliche Kontexte mit einer je eigenen Geschichte und Entwicklungsdynamik darzulegen. Selbst wenn es oft typische Muster (mit unterschiedlichen Phasen und charakteristischen Elementen) technischen Wandels gibt, können die Ursachen eines solchen Wandels auf allen drei der angeführten Ebenen liegen: technischen Innovationen bzw. neuen technologischen Möglichkeiten und Ressourcen; neue Regulierungsregimes (z. B. der kalifornische ‚Clean Air Act') oder Marktstrukturen (Liberalisierung); Änderungen in den Leitbildern und Erwartungen, die sich auf beinahe selbstreferentielle Weise verstärken können (z. B. Erwartungen bezüglich der dritten Generation von Telekommunikationstechnologien, Biotechnologie); spezifische Nutzungspraktiken, die entstehen; sozio-ökonomische Konflikte oder Interessenkonflikte; demographische Änderungen; Druck auf bestehende technische Regimes durch Umweltprobleme und vieles mehr.

Der koevolutionäre und systemische Charakter soziotechnischer Transformationen, der eine Vielzahl von Akteuren und die Palette der oben skizzierten Ebenen umfasst, macht auch die Komplexität und Beschränktheit der Steuerung von Technikentwicklung klar. Das Ziel einen solchen Wandel (etwa hin zu mehr Nachhaltigkeit) durch fast ausschließlichen Fokus auf Technikentwicklung herbeizuführen, wie er im Rahmen der diskutierten Technologieprogramme angestrebt wird, greift vor dem soeben skizzierten Hintergrund zweifellos zu kurz. Ansätze auf Basis des oben beschriebenen ‚multi-level models of innovation', technischen Wandel zumindest in bestimmte Richtungen zu ‚modulieren', werden unter dem Titel „Transition Management" diskutiert (siehe z. B. J. Rotmans et al. 2001). Schlüsselelemente eines solchen Managements von Transitionsprozessen sind:

„— Long-term thinking (at least 25 years) as a framework for shaping the short-term policy;
— Thinking in terms of more than one domain (multi-domain) and different actors (multi-actor) at different scale levels (multi-level);
— A focus on learning and a special learning philosophy (learning-by-doing and doing-by-learning);
— Trying to bring about system innovation alongside system improvement;
— Keeping a large number of options open (wide playing field)" (J. Rotmans et al. 2001: 22).

In diesem Sinn können Transitionsstrategien nicht von vornherein festgelegt werden, sondern erfordern Flexibilität und Adaptivität in der ständigen Anpassung an sich ändernde Bedingungen, d. h. müssen als gemeinsame, komplexe Gestaltungs- und Lernprozesse der involvierten Akteure auf allen Ebenen (Hersteller, NutzerInnen, intermediäre Akteure, Politik) angelegt sein.

Vor diesem Hintergrund versucht nun das angesprochene Begleitprojekt zur Programmlinie „Fabrik der Zukunft" Wege für das Forschungsprogramm aufzuzeigen, die einzelnen Technologieprojekte in einen systemischeren Kontext einzubetten, die Perspektiven betroffener Akteursgruppen stärker einzubeziehen und generell den engen technologiepolitischen Fokus des Programms (Entwicklung nachhaltiger Technologien) hin zu einem breiteren Politikrahmen zur Förderung der Transition zu nachhaltigeren Produkt-Nutzungssystemen aufzuweiten.

3.2 Transition zu neuen Produktionssystemen: Beispiel Bioraffinerie

Im Gegensatz zu dem vorhin erwähnten Projekt zu Lüftungsanlagen, leistet sozialwissenschaftliche Technikforschung hier keine Beiträge zum Design von Technologien, sondern nutzt ihren Zugang, der Technikentwicklung immer im Zusammenhang mit sozialen und institutionellen Entwicklungen und Bedingungen sieht, um Technologieprojekte als Teil soziotechnischer Transformationen zu verstehen. Damit kann auch eine gemeinsame Bezugsebene für TechnikentwicklerInnen, AnwenderInnen und politische Akteure geschaffen werden, die die Entwicklung gemeinsamer Reflexionsprozesse und kohärenter gemeinsamer Strategien ermöglicht. Kern des ‚soziotechnischen' Beitrags im Rahmen des Programms ist die exemplarische Entwicklung von Transitionsszenarien in Richtung Nachhaltigkeit gemeinsam mit unterschiedlichen an der Entwicklung des Technologiefeldes beteiligten Akteuren, z. B. aus Forschung, Wirtschaft und Verwaltung/Politik (siehe K. M. Weber et al. 2003).

Im Vergleich zu bestehenden ‚Transition-Management'-Beispielen, die sich häufig auf Infrastruktursysteme (z. B. Energie, Wasser) beziehen, ist der Bereich der Produktion sehr heterogen. Die Forschungs- und Technologieprojekte des Programms widerspiegeln diese Vielfalt bis hin zu einer großen Zersplitterung der Forschungsaktivitäten. Erstes Ziel des hier vorgestellten Begleitprojekts war daher die Zusammenführung unterschiedlicher Projekte durch die Identifikation entsprechender Transitionsfelder auf einer ‚mittleren' Ebene, d. h. jener soziotechnischen Konfigurationen, deren Umstrukturierung in Richtung Nachhaltigkeit unterstützt werden soll. Diese Transitionsfelder sollen unterschiedliche Technologien mit Anwendungs- oder Bedürfnisfeldern verbinden. Dabei sollen sie einerseits breit genug sein, um Änderungserfordernisse auf einer systemischen Ebene in den Blick zu rücken, andererseits aber nicht zu heterogen für die Entwicklung spezifischer Politikstrategien. Die exemplarisch bearbeiteten Transitionsfelder waren ‚Bioraffinerien', d. h. die stoffliche Nutzung landwirtschaftlicher Produkte im Produktionsprozess (als Faserstoffe, Grundchemikalien wie Milchsäure, oder Feinchemikalien wie Aminosäuren etc.) sowie als zweites Feld die Entwicklung und Anwendung von Wood-Plastic-Composites und Biopolymeren.

Für diese exemplarischen Transitionsfelder wurden wichtige Akteure seitens der Forschung, Herstellung, Produktzulieferung (z. B. Landwirtschaft), Nutzung und Politik identifiziert und in einen gemeinsamen Szenarioentwicklungsprozess eingebunden. Im Rahmen einer Serie von Workshops wurden dabei mögliche Zukunftsbilder entwickelt. Im Fall der Bioraffinerien war dies z. B. ein regionalorientiertes Szenario mit dem vordringlichen Ziel der Kulturlandschaftserhaltung (Wiesenflächen), ein ‚Big-Player'-Szenario für den internationalen Markt mit eigens kultivierten Pflanzen und ein Szenario, bei dem sich Bioraffinerien an die Produktion von Biogas und die Förderung erneuerbarer Energien anlehnen. Diese Szenarien wurden in einem nächsten Schritt (vorwiegend qualitativ anhand einer Adaptation bestehender Kriterienraster) auf ihre Nachhaltigkeit bzw. auf Nachhaltigkeitsspielräume innerhalb der Szenarien (z. B. Unter welchen Bedingungen ist ein ‚Big-Player'-Szenario möglichst nachhaltig?) überprüft. Abschließend wurden mit den beteiligten Akteuren erforderliche politische Rahmenbedingungen und Handlungen zur Erreichung der nachhaltigen Szenariovarianten ausgearbeitet. Abbildung 1 gibt einen Überblick über diese Vorgangsweise.

Die Ergebnisse solcher Szenarioentwicklungsprozesse vor dem Hintergrund eines soziotechnischen Verständnisses technischen Wandels und seiner gesellschaftlichen Gestaltbarkeit liegen auf unterschiedlichen Ebenen. Auf der einen Seite liefert die Identifikation von Transitionsfeldern, die Entwicklung von möglichen Szenarien und deren Nachhaltigkeitspotentialen

Abbildung 1:
Szenarioentwicklung und Politikstrategien für Transitionsfelder

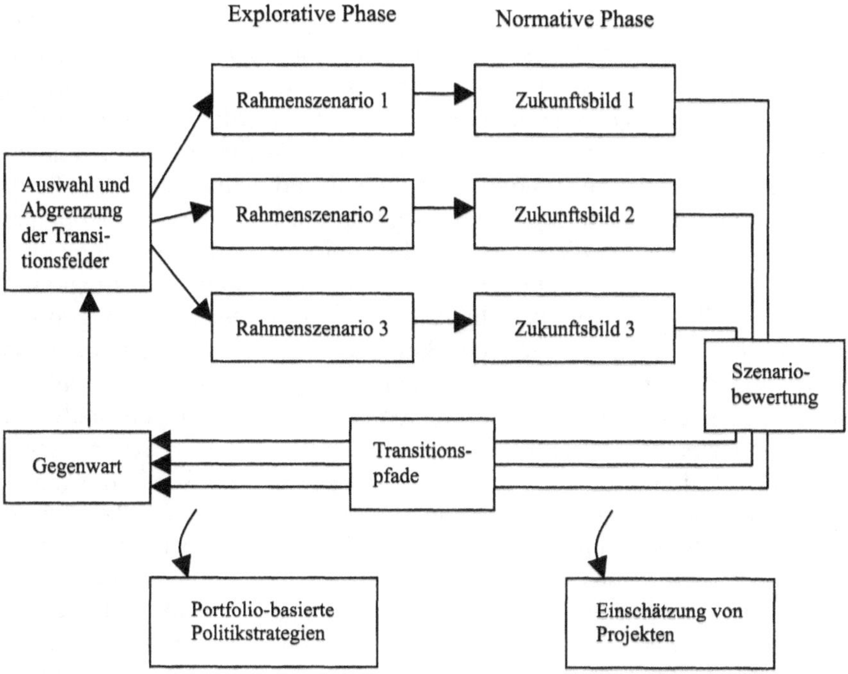

Quelle: K. M. Weber et al. 2005

gemeinsam mit wichtigen ‚Stakeholdern' sowie die Diskussion möglicher Strategien und Pfade zur Erreichung nachhaltiger Szenariovarianten Hinweise für die weitere Gestaltung des Forschungsprogramms (Schwerpunkte, Forschungsbedarf) bzw. die Verbesserung von Rahmendbedingungen und Strategien zur Umsetzung der Forschungsergebnisse. Auf der anderen Seite leistet der Szenarioprozess auch einen wichtigen Beitrag zur Reflexion der Entwicklungsperspektiven und der eigenen Tätigkeiten bei ForscherInnen, IngenieurInnen, beteiligten Firmen oder forschungspolitischen Akteuren, da die angestrebten technologischen Veränderungen in einen breiteren soziotechnischen Kontext gesetzt werden.

4. Schlussfolgerungen

Wie diese Beispiele zeigen, können techniksoziologische Konzepte (und die hier dargestellten sind nur eine Auswahl möglicher Zugänge) besonders an der Schnittstelle der Analyse von Umwelttechnologien in ihrem sozialen und kulturellen Kontext einerseits und der Praxis technologiebezogener Nachhaltigkeitsprogramme andererseits wirksam werden. Gegenüber den Erwartungen vieler Manager oder Designer von Technologieprogrammen (bzw. zumindest den Ausschreibungstexten als indirektem Ausdruck dieser Erwartungen), die soziologische Beiträge oft auf quantitative Erhebungen von Einstellungen und Akzeptanz von Technologien bzw. die Identifikation von ‚sozialen Barrieren' reduzieren, liegt die Stärke techniksoziologischer Zugänge in ihrer Verbindungsfähigkeit von meist als getrennt wahrgenommenen Bereichen. Indem die Entwicklung technischer Artefakte immer als untrennbar verbunden mit sich entwickelnden sozialen Praktiken, symbolischen Bedeutungen und institutionellen Rahmenbedingungen analysiert wird (und gleichzeitig natürlich auch verbunden mit dem vorfindlichen Kontext technischer und sozialer Strukturen sowie historisch kontingenter Situationen), können techniksoziologische Analysen helfen, Brücken herzustellen zwischen der Entwicklung und dem Design von Technologien und einem besseren Verständnis ihres sozialen Kontextes. Damit können sie dazu beitragen, dass Strategien zur besseren Integration von Technologien in ihr soziales Umfeld und zur besseren Orientierung technischer Entwicklungen an politischen und sozialen Zielvorstellungen entwickelt werden. Sozialwissenschaftliche Technikforschung hätte somit sowohl das Potential designrelevantes Wissen zur Verfügung zu stellen, als auch den Prozess der Implementation und Verbreitung von Technologien zu verbessern, indem er gezielter als reflexiver Lernprozess zwischen TechnikentwicklerInnen und weiteren relevanten gesellschaftlichen AkteurInnen organisiert wird.

Wie es scheint, steigt dieses Bewusstsein, dass ein ‚technology push' orientierter Zugang in einer immer komplexer werdenden Gesellschaft nicht mehr angemessen ist, auch bei den EntwicklerInnen und ManagerInnen von Technologieprogrammen. In dieser Situation, wo es gleichzeitig noch große Unsicherheit über die Nutzbarmachung problemorientierter Zugänge und sozio-ökonomischer Begleitforschung gibt, scheinen sich neue Chancen für sozialwissenschaftliche Technikforschung zu eröffnen, diese Problemlösungskompetenzen (bzw. die Fähigkeit entsprechende Probleme aufzuwerfen und sichtbar zu machen) unter Beweis zu stellen. Allerdings gibt es auf dem Weg zu einer stärkeren Integration von Techniksoziologie in Technologieprogramme noch eine Reihe von Problemen zu überwinden. So sollte es ein wichtiges Ziel sein, dass Technikforschungsperspektiven frühzeitiger in das Programmdesign einbezogen werden. Das bedeutet jedoch auch, dass es in der Problemformulierung und in der Festlegung der Programmziele und Evaluationskriterien ein besser entwickeltes Bewusstsein für die Kategorien und Potentiale sozialwissenschaftlicher Technikforschung geben muss. Erfahrungen mit dem Programmmanagement und den programmzuständigen Stellen in der öffentlichen Verwaltung, wie sie im hier geschilderten Programm „nachhaltig wirtschaften" gemacht wurden, lassen jedoch (vorsichtig) zuversichtlich stimmen, dass der Weg zu einer stärkeren Verbindung von techniksoziologischer Forschung mit der Entwicklungsarbeit von Ingenieuren einerseits und technologiepolitischen Akteuren andererseits im Rahmen von Technologieprogrammen auf breite Unterstützung treffen kann.

Anmerkungen

1   M. Akrich 1995 berichtet von ähnlichen Beobachtungen in anderen Technologiefeldern.
2   Das Projekt „Transition zu nachhaltigen Produktionssystemen" wurde durchgeführt von Austrian Research Centres Seibersdorf (ARCS-Sys, Projektleitung) und dem Interuniversitären Forschungszentrum für Technik, Arbeit und Kultur (IFF/IFZ) und finanziert durch das Bundesministerium für Verkehr, Innovation und Technologie.

Literatur

Akrich, Madeleine (1992): The de-scription of technical objects. In: Bijker et al. (1992): 205–224.

Akrich, Madeleine (1995): User representations: practices, methods and sociology. In: Rip et al. (1995): 167–184.

Bijker, Wiebe E./Law, John (Hrsg.) (1992): Shaping Technology/Building Society. Studies in Sociotechnical Change. Cambridge/London: The MIT Press.

Callon, Michel (1986): Some elements of a sociology of translation: domestication of the scallops and the fishermen of St. Brieuc Bay. In: Law (1986): 196–233.

Callon, Michel (1993): Variety and irreversibility in networks of technique conception and adoption. In: Foray et al. (1993): 232–268.

Cooper, Gail (1998): Air-conditioning America. Engineers and the Controlled Environment, 1900–1960. Baltimore/London: The John Hopkins University Press.

Foray, Dominique/Freeman, Christopher (Hrsg.) (1993): Technology and the Wealth of Nations. London/New York: Pinter.

Garud, Ruud/Karnøe, Peter (Hrsg.) (2001): Path Dependence and Creation. Mahwah, New Jersey/London: Lawrence Erlbaum Associates.

Howarth, Richard B./Andersson, Bo (1993): Market barriers to energy efficiency. In: Energy Economics 15. Heft 4. 262–272.

Hughes, Thomas P. (1983): Networks of Power. Electrification in Western Societies 1880–1930. Baltimore: Johns Hopkins University Press.

Jamison, Andrew/Rohracher, Harald (Hrsg.) (2002): Technology Studies and Sustainable Development. München: Profil Verlag.

Kemp, René (1994): Technology and the transition to environmental sustainability. The problem of technological regime shifts. In: Futures 26. Heft 10. 1023–1046.

Kemp, René (2002): Environmental protection through technological regime shifts. In: Jamison et al. (2002): 95–126.

Kemp, René/Rip, Arie/Schot, Johan (2001): Constructing transition paths through the management of niches. In: Garud et al. (2001): 269–299.

Kempton, Willett/Neiman, Max (eds.) (1987): Energy Efficiency: Perspectives on Individual Behavior, Series on Energy Conservation and Energy Policy, Hg. von Blumstein, Carl. Washington/Berkeley: American Council for an Energy-Efficient Economy.

Latour, Bruno (1987): Science in Action. How to Follow Scientists and Engineers through Society. Cambridge, MA: Harvard University Press.

Law, John (Hrsg.) (1986): Power, Action and Belief: A New Sociology of Knowledge? London: Routledge and Kegan Paul.

Lie, Merete/Sørensen, Knut H. (Hrsg.) (1996): Making Technology our Own? Domesticating Technology into Everyday Life. Oslo: Scandinavian University Press.

Mackay, Hugh/Carne, Chris/Beynon-Davis, Paul/Tudhope, Doug (2000): Reconfiguring the user: using rapid application development. In: Social Studies of Science 30. Heft 5. 737–757.

Rayner, Steve/Malone, Elizabeth L. (1998): Human Choice and Climate Change: Resources and Technology. Columbus, Ohio: Batelle Press.

Reddy, Amulja K. N. (1991): Barriers to improvements in energy efficiency. In: Energy Policy 19. 953–961.

Rip, Arie/Kemp, René (1998): Technological change. In: Rayner et al. (1998): 327–399.

Rip, Arie/Misa, Thomas J./Schot, Johan (Hrsg.) (1995): Managing Technology in Society: The Approach of Constructive Technology Assessment. London: Pinter.

Rohracher, Harald/Kukovetz, Brigitte/Ornetzeder, Michael/Zelger, Thomas/Enzensberger, Gerhard/Gadner, Johannes/Zelger, Josef/Buber, Renate (2001): Akzeptanzverbesserung von Niedrigenergiehaus-Komponenten als wechselseitiger Lernprozess von Herstellern und AnwenderInnen, Berichte aus Energie- und Umweltforschung 26/01. Wien: BMVIT.

Rotmans, J./Kemp, R./Van Asselt, M. (2001): More evolution than revolution: transition management in public policy. In: Foresight 3. Heft 1. 15–31.

Russell, Stewart/Williams, Robin (2002): Social shaping of technology: frameworks, findings and implications for policy with glossary of social shaping concepts. In: Sørensen et al. (2002): 37–131.

Shove, Elizabeth (2001): Users' role in creating technologies and expectations of comfort, cleanliness and convenience: some notes. In: Proceedings of the International Summer Academy on Technology Studies: User Involvement in Technological Innovation. Graz: IFF/IFZ.

Sørensen, Knut H./Williams, Robin (Hrsg.) (2002): Shaping Technology, Guiding Policy: Concepts, Spaces and Tools. Cheltenham: Edward Elgar.

Stern, Paul C. (1992): What psychology knows about energy conservation. In: American Psychologist 47. Heft 10. 1124–1232.

Vestby, Guri Mette (1996): Technologies of autonomy? Parenthood in contemporary ‚modern times'. In: Lie et al. (1996): 65–90.

Weber, K. Matthias/Hoogma, Remco (1998): Beyond national and technological styles of innovation diffusion: a dynamic perspective on cases from the energy and transport sectors. In: Technology Analysis & Strategic Management 10. Heft 4. 545–566.

Weber, K. Matthias/Leitner, Karl-Heinz/Oehme, Ines/Rohracher, Harald/Späth, Philipp/Whitelegg, Katy (2003): Middle-range transitions in production-consumption systems: The role of research programmes for shaping transition processes towards sustainability. In: Proceedings of the Conference on the Human Dimensions of Global Environmental Change: Governance for Industrial Transformation. Berlin: IHDP.

Weber, K. Matthias/Leitner, Karl-Heinz/Oehme, Ines/Rohracher, Harald/Späth, Philipp/Whitelegg, Katy (2005): Transition zu nachhaltigen Produktionssystemen. Wien: ARC Systems Research.

Weyer, Johannes (1997): Konturen einer netzwerktheoretischen Techniksoziologie. In: Weyer, J./Kirchner, U./Riedl, L./Schmidt, J. F. K. (1997): Technik, die Gesellschaft schafft. Berlin: Edition Sigma. 23–52.

Eva Buchinger

Wie ist politische Innovationssteuerung möglich? Systemtheoretische Betrachtungen am Beispiel der F&E-Quote auf Europa-, Österreich- und Wien-Ebene[1]

1. Einleitung: Steuerung in der politischen Theorie

In der politischen Theorie wird der Verlust der Steuerungsfähigkeit der Politik diagnostiziert. Arbeiten der 1990er Jahre diskutieren diesen Befund unter Titeln wie „Erosion des staatlichen Steuerungspotentials" (Grande 1994), „Führungsschwäche der Politik" (Ellwein/Hesse 1994), „Beeinträchtigung der Steuerfähigkeit der Verfassung" (Grimm 1990), „Aushöhlung des Staates" (Rhodes 1994) order gar „Governing without the Government" (Rosenau/Czempiel 1992). Die kritische Auseinandersetzung mit der Steuerungsfähigkeit der Politik ist aber nicht erst seit den 1990er Jahren ein Thema. Wie die Analyse der Entwicklung der Steuerungskonzepte der Politikwissenschaft im Lauf des 20. Jahrhunderts (Beyme 1991a) zeigt, gab es eine in drei Stufen zunehmende Bescheidenheit des Steuerungsanspruchs (Abb. 1, S. 52). In der jüngsten Stufe wurde vom Konzept der zentralistischen Steuerung Abstand genommen, und es begann sich unter dem Einfluss der Theorien selbststeuernder Systeme (Kybernetik, Selbstorganisation, Autopoiesis, Chaos)[2] ein Politikkonzept zu entwickeln, in dem der Staat vor allem Steuerungshilfen zur Selbststeuerung geben soll.

Die autopoietische Systemtheorie von Niklas Luhmann hat der Selbststeuerungsdiskussion wichtige Impulse geliefert[3]. Insbesondere in Form der Vorstellungen, dass „eine Gesellschaft, die in Funktionssysteme gegliedert ist, über kein Zentralorgan verfügt" (Luhmann 1981: 22) und dass soziale und psychische Systeme nicht Gegenstand von Fremdsteuerung sein können (Luhmann 1989: 8). Das bedeutet, dass das politisch-administrative System ein Funktionssystem neben anderen ist – etwa nach dem Prinzip: Primus inter pares – und dass Kausalannahmen über den Zusammenhang

Eva Buchinger

Abb. 1: Steuerung in der politischen Theorie des 20 Jahrhunderts: Stufen der zunehmenden Bescheidenheit

Planung von oben Erforderliches Maß an politischer Rationalität wird durch zentrale Planungsprozesse erreicht	
	1. Stufe der Bescheidenheit ⇓ Steuerung von oben Geht zwar von einem Machtzentrum aus, berücksichtigt aber Rückkopplungen
	2. Stufe der Bescheidenheit ⇓ Steuerung von oben „plus" Korporatismus als Hilfsinstrument zur Minderung der Implementationsprobleme/unerwünschten Nebenfolgen
	3. Stufe der Bescheidenheit ⇓ LENKUNG DER Steuerung von unten Verzicht auf zentralistische Steuerung, dafür Hilfe zur Selbststeuerung

Quelle: Angelehnt an Beyme (1991a)

Steuerungshandeln/Steuerungswirkung unmöglich sind. Für Theoretiker, die diese Vorstellungen ernst nehmen und gleichzeitig Steuerung für möglich halten, bleibt dann Folgendes: Mit den Wirkmitteln „Recht" und „Geld" (Luhmann 1981) kann Politik „Kontextsteuerung" (Teubner/Willke 1984) betreiben und findet sich dabei in einem „schöpferischen Prozess der Verflechtung von Politik und Nichtpolitik" (Münch 1994) wieder, der durch neue Interaktionsformen bestimmt ist, die wiederum den Kern des „kooperativen Staates" (Braun 1997) und der „new governance" (Rhodes 1997) ausmachen. Das bedeutet: Obwohl politisches Handeln anspruchsvoll ist, ist insgesamt nur eine eher geringe Lenkungswirkung möglich. Kann und soll in diesem Zusammenhang überhaupt noch der Begriff Steuerung verwendet werden?

Diese Frage ist eindeutig aus praktischer und etwas eingeschränkt aus theoretischer Sicht mit Ja zu beantworten. Zunächst zum praktischen Steuerungsanspruch: Politik will, ungeachtet der Komplexität gesellschaftlicher Prozesse, nicht nur *irgendetwas*, sondern *etwas Bestimmtes* bewirken. Das heißt, es werden Ziele formuliert und deren Erreichung angestrebt. Weder in Partei-/Wahlkampf- noch in Regierungsprogrammen ist erkennbar, dass die öffentliche Hand nur noch Moderator, Mediator oder Coach gesellschaftlicher Selbstorganisationsprozesse sein soll/will. Im Gegenteil, die Absicht der Senkung der Arbeitslosenquote, Staatsverschuldung oder Kriminalitätsrate wird genauso massiv kommuniziert wie die Erhöhung von Wettbewerbsfähigkeit, Frauenquote oder Bildungsqualität. Diesem praktischen Steuerungsanspruch steht der theoretische Steuerungspessimismus gegenüber, der in Luhmanns Postulat der Unmöglichkeit der Fremdsteuerung kulminiert. Trotzdem wird im Rahmen der Theorie sozialer Systeme von Steuerung gesprochen. Dies ist möglich, weil ein modifiziertes Steuerungskonzept angeboten wird – nicht mehr die psychischen oder sozialen Systeme sind Steuerungsobjekt, sondern eine „Differenz" (differenzorientierte Steuerung).

Diese abstrakte Überwindung des Steuerungspessimismus löst aber nicht das konkrete Problem der Beeinflussung selbst gesteuerter sozialer und psychischer Systeme (deshalb ist die oben gestellte Frage aus theoretischer Sicht nur eingeschränkt mit Ja zu beantworten). Aber auch für das konkrete Problem der Beeinflussung selbst gesteuerter System lassen sich Lösungsansätze innerhalb der Theorie sozialer Systeme ausmachen. Im vorliegenden Text wird der auf Autopoiesis basierende Selbststeuerungsansatz (Luhmann 1984), der zunächst den Steuerungspessimismus begründet, entgegen dieser ursprünglichen Intention interpretiert. Die Bestandteile der Architektur der Luhmann'schen Autopoiesis-Theorie werden sukzessive auf ihren Beitrag zur Erklärung von gerichteter Beeinflussung überprüft. Im Gegensatz zur weit verbreiteten Meinung, dass dieser Ansatz Steuerung für unmöglich erkläre, wird gezeigt, wie eine Annäherung an die Konzeptualisierung der Steuerung autopoietischer Systeme erfolgen kann. Dazu wird ein zyklisches Modell politischer Steuerung vorgestellt, dass auf der Re-Konzeptualisierung des Steuerungsobjektes und der Umstellung auf differenzorientierte Steuerung beruht.

Wie eingangs ausgeführt wurde, ist das Thema der Steuerungsbeschränkung nicht neu, und im Rahmen des expandierenden Forschungsfeldes „Governance" werden Vorschläge für veränderte Formen politischer Lenkung diskutiert, die zumeist auf Verhandlungsnetzwerke und/oder Partizipation (Stichwort: Good Governance) abstellen. Renate Mayntz (2004) zeigt aber in ihrer Gegenüberstellung von „Governance Theorie" und „fortentwickelter Steuerungstheorie", dass beide auf unterschiedlichen Voraussetzungen beruhen und dass durch das Verschwinden der Differenz von Steuerungssubjekt und Steuerungsobjekt in der Governance-Theorie dieser ein wichtiger analytischer Ansatzpunkt verloren gegangen ist. In der Luhmann'schen Systemtheorie wird – übrigens unter explizitem Bezug auf die Arbeiten von Renate Mayntz – die Differenz zwischen Steuerungssubjekt und Steuerungsobjekt aufrechterhalten. Das hat gegenüber dem Governance-Zugang den Vorteil, dass den Steuerungssubjekten der Anspruch gelassen wird, unabhängig von den Partikularinteressen der anderen Akteure (etwa ökonomische Effekte versus Wohlfahrtseffekte anstrebend) konkrete Ziele zu formulieren und zu verfolgen. Der eigentliche Mehrwert des systemtheoretischen Zugangs liegt aber im Auseinanderziehen von Steuerungssubjekt, Steuerungsobjekt und Steuerungsadressat. Erst dies ermöglicht eine ernsthafte Auseinandersetzung mit der Eigendynamik der psychischen und sozialen Systeme, die die Politik beeinflussen will. Zum Mehrwert des Systemzugangs gehört auch das Theorieangebot zu „Kommunikations-/Steuerungsmedien" und „Resonanz". Freilich steht dieses im Zusammenhang mit politischer Steuerung bislang nur skizzenhaft zur Verfügung, und die vorliegende Arbeit ist als eine Annäherung an die Fruchtbarmachung zu verstehen. Die Reichweite der Luhmann'schen Systemtheorie in Form der Erklärung der Autopoiesis auf der Makro-, Meso- *und* Mikroebene (Interaktion, Organisation, strukturelle Kopplung, Funktionssystem, Weltgesellschaft) dürfte jedoch das zugegebenermaßen aufwendige Unterfangen lohnen, denn bislang mangelt es an einem derart umfassenden Ansatz, in den politisches Handeln als Teil eines Ganzen eingeordnet werden kann.

In diesem Zusammenhang soll der vorliegende Ansatz – der sich vor allem an innovationspolitische Experten aus Wissenschaft und Politik richtet – einen zweifachen Anwendungsnutzen haben. Erstens soll eine neue konzeptionelle Brille für die Analyse politischer Steuerung präsentiert werden, die geeignet ist, empirische Untersuchungen zu systematisieren und darauf aufbauend (weitgehend) widerspruchsfreie Handlungsanleitungen für die Steigerung der Effektivität von Innovationspolitik zu entwickeln.[4] Dies geschieht mittels des zyklischen Modells der politischen Steuerung technologischer Innovation, in dem unterschiedliche innovationspolitische Dimensionen in einem konsistenten Modell zusammengeführt werden. Zweitens wird die Einsetzbarkeit des Modells anhand des Beispiels des technologiepolitischen Ziels der Erhöhung der Forschungs- und Entwicklungsquote (F&E-Quote) demonstriert, deren unterschiedliche Entwicklungsgeschichte auf den drei Steuerungsebenen Europa, Österreich und Wien nachvollzogen wird.

Der Text gliedert sich folgendermaßen: In Kapitel 2 wird in der knappest vertretbaren Weise der systemtheoretische Hintergrund dargestellt. Darauf aufbauend und darüber hinausgehend wird in Kapitel 3 das Modell des idealtypischen Steuerungszyklus entwickelt, das sowohl system- als auch handlungstheoretische Aspekte kombiniert. Danach wird das Modell entlang seiner vier Eckpfeiler am Beispiel der F&E-Quote erläutert

(Kapitel 4 bis 7). Im Resümee werden Vor- und Nachteile differenzorientierter Steuerung diskutiert und es wird ein Ausblick auf weitere Forschungsarbeiten gegeben.

2. Politische Steuerung in der Theorie sozialer Systeme: Wege zur Überwindung des Steuerungspessimismus

Der Steuerungspessimismus der Theorie sozialer Systeme wird als überzogen kritisiert.[5] Obwohl die kritische Diskussion des Luhmann'schen Steuerungspessimismus ausgesprochen fruchtbar ist, wird doch ein wichtiger Unterschied meist nur implizit, und nicht explizit, behandelt. Luhmann diskutiert zwei unterschiedliche Dimensionen des Steuerungspessimismus – eine theoretische und eine praktische.

2.1 Autopoiesis: Theoretischer und praktischer Steuerungspessimismus

Der Luhmann'schen Systemtheorie (1997, 1984, 1981) nach leben wir in einer Gesellschaft ohne Spitze und Zentrum. Sie ist als ein Gefüge von vier verschiedenen Typen sozialer Systeme zu verstehen: Interaktionssystem (konstituiert durch Kommunikation unter Anwesenden), Organisationssystem (etwa Unternehmen, Behörde oder Universität), Funktionssystem (etwa Wirtschaft, Wissenschaft oder Politik) und Gesellschaftssystem (konstituiert durch die Gesamtheit aller Kommunikationszusammenhänge). Soziale Systeme sind auf psychische Systeme angewiesen, denn der Aufbau sozialer Systeme folgt dem „order from noise principle" (Förster 1960). Das heißt, alle sozialen Systeme entstehen aufgrund der „Geräusche", die psychische Systeme[6] beim Versuch zu kommunizieren erzeugen (Luhmann 1984: 292). Bei sozialen und psychischen Systemen handelt es sich um sinnverarbeitende autopoietische Einheiten (Luhmann 1984: 602).

Autopoietische Systeme entstehen (und erhalten sich) durch die „Produktion aus Produkten" (Luhmann 1997: 97); also im Fall von psychischen und sozialen Systemen durch sinnbasierte *Re*-Produktion. Die für die Reproduktion erforderliche Selbststeuerung schließt Fremdsteuerung aus oder würde einer Destruktion gleichkommen. Mit dem Autopoiesis-Ansatz ist daher der *theoretische Steuerungspessimismus* begründet – per definitionem können weder soziale noch psychische Systeme Steuerungsobjekt sein (Luhmann 1988: 324 ff., 1991).

Trotzdem wird politische Steuerung in der Theorie sozialer Systeme für möglich erachtet. Die Lösung liegt in der Re-Konzeptualisierung des Steuerungsobjektes (siehe nächster Abschnitt). Doch nun kommt der *praktische Steuerungspessimismus* zum Tragen. Wenn auch psychische und soziale Systeme nicht Steuerungsobjekte sind, so sind sie doch zentraler Bestandteil des Steuerungsprozesses – und zwar ein mehr oder weniger unberechenbarer Bestandteil, denn ihre Reaktion ist nicht oder nur teilweise voraussagbar. „Bei allen Diskussionen über politische ‚Steuerung' stehen Kausalannahmen im Mittelpunkt. Geht man von handlungstheoretischen Konzepten aus, zerbrechen die Hoffnungen auf Ergebniskontrolle in der Praxis (und dann wohl auch in der Theorie) am Problem der unvorhergesehenen Folgen und der ‚perversen', die Ausgangsintention desavouierenden Effekte." (Luhmann 2000: 109).

2.2 Differenzsteuerung: Überwindung des theoretischen Steuerungspessimismus

In der Theorie sozialer Systeme wird ein Steuerungskonzept vorgeschlagen, bei dem nicht die Steuerungsadressaten (Individuen, Organisationen), sondern *Differenzen* als Steuerungsobjekte fungieren (Luhmann 1988, 1989, 1991). Die Idee dazu stammt aus der klassischen Kybernetik, in der systembezogene Veränderungen in messbare Einheiten zerlegt werden. Differenz ist damit eines der Fundamentalkonzepte der Kybernetik (Ashby 1956: 9 ff.): Ein Operator (Veränderung auslösender Faktor) wirkt auf einen Operand (Ort der Veränderung) ein, und es kommt zu einem Übergang (transition) bzw. einer Folge von Übergängen; ein Übergang ist ein Unterschied, der sich durch zwei Zustände (states) und einer Richtungsangabe definiert: A→B.

Auf diesen Differenzbegriff bezieht sich Luhmann in seinem Vorschlag zur Re-Konzeptualisierung des Steuerungsobjektes. „Der Begriff bezöge sich dann nicht auf Systeme (gesehen als Objekte der Steuerung), sondern auf Unterscheidungen. (. . .) Ein Gesetz, das Grenzwerte für bestimmte Umweltverschmutzungen vorschreibt, verringert die Differenz zwischen tatsächlichem und erstrebtem ökologischen Zustand." (Luhmann 1991: 143) Aus systemtheoretischer Sicht ist also politische Steuerung als differenzorientierte Steuerung möglich.

2.3 Resonanz, Umweltoffenheit und Steuerungsmedien: Annäherung an die Überwindung des praktischen Steuerungspessimismus

Das Steuerungskonzept der Theorie sozialer Systeme entlastet zwar die Adressaten von ihrem „Objekt-Charakter", stellt aber dafür das Problem der Erreichung der Steuerwirkung in den Vordergrund. Denn nicht die Steuerungssubjekte, sondern die Adressaten bringen die Steuerungswirkung – und somit die Differenzminimierung – hervor. Luhmann hat in seinem Werk in zunehmendem Maß seine Steuerungsskepsis betont. Gleichzeitig lassen sich in seiner Theoriearchitektur aber auch Ansätze für einen gemäßigten Steuerungsoptimismus finden. Es handelt sich dabei vor allem um die Konzepte „Resonanz", „Umweltoffenheit" und „Steuerungsmedien", die zur Erklärung der Erreichbarkeit der Adressaten herangezogen werden können. Sie wurden und werden von Luhmann-Schülern, und teilweise vom frühen Luhmann selbst, für Steuerungsfragen aufbereitet:

- Resonanz ist der Modus, in dem autopoietische Systeme auf ihre Umwelt reagieren. Durch die hohe Komplexität dieser Systeme ist es unmöglich, sie wie eine Art Fabrik als Umformung von Inputs zu Outputs zu beschreiben (Luhmann 1986: 40). Der Umweltkontakt passiert so, dass Signale aus der Umwelt nach Maßgabe der eigenen Strukturen im Zuge des Reproduktionsprozesses verarbeitet werden.
- Umweltoffenheit ist ein Basiskonzept der Theorie sozialer Systeme, denn autopoietische „Systeme sind nicht nur gelegentlich und nicht nur adaptiv, sie sind strukturell an ihrer Umwelt orientiert und können ohne Umwelt nicht bestehen" (Luhmann 1984: 35). Der Unterschied zwischen System und Umwelt wird über Selbst- und Fremdreferenz geregelt. In Anlehnung an Dirk Baecker (2003: 233 ff.) kann man bei Organisationssystemen – den Adressaten von Innovationspolitik – mehrere Bereiche von Fremdreferenz unterscheiden: Referenz auf die symbolisch generalisierten Kommunikationsmedien der Funktionssysteme, Referenz auf die Gesellschaft und Referenz auf das Individuum.
- Steuerungsmedien sind im Falle von Politik Recht, Geld, Wissen und Artefakte. Die symbolisch generalisierten Kommunikationsmedien Recht/Macht und Geld sind die wichtigsten Wirkmittel der Politik (Luhmann 1981: 94). Es kann davon ausgegangen werden, dass sie in Rechtsstaaten mit Marktwirtschaft eine hohe Resonanz bei den Politikadressaten erzeugen. In wissensbasierten Ökonomien gewinnt das symbolisch generalisierte Kommunikationsmedium Wahrheit als Steuerungsmedium zunehmend an Bedeutung. Wahrheit ist geprüftes Wissen (Luhmann 1990: 167) und wird zumeist in Form von Expertenwissen eingesetzt (Willke 1994: 227 ff.). Darüber hinaus kann man in

einem sehr allgemeinen Sinn auch von Artefakten als Steuerungsmedien sprechen, die in gebauter Infrastruktur resultieren (Buchinger 2005a).

Unter Berücksichtigung von Resonanz, Umweltoffenheit und Steuerungsmedien ist die politische Beeinflussung autopoietischer Systeme folgendermaßen möglich: Erstens sind die Politikadressaten intrinsisch motiviert, ihre Umwelt nach verarbeitbaren Signalen abzusuchen. Zweitens sind sie aufgrund „voreingestellter" Fremdreferenzen empfänglich für die von der Politik eingesetzten Steuerungsmedien. Drittens kann bei hinreichender Kenntnis der Operationsweisen der Adressaten nicht nur Resonanz als ungerichtetes Resultat erreicht werden, sondern es ist eine Annäherung an eine bestimmte/erwünschte Resonanz möglich.

3. Zum Aufbau eines zyklischen Modells politischer Steuerung technologischer Innovation

Der Aufbau des Modells politischer Steuerung technologischer Innovation folgt der Logik eines Zyklus. Dadurch wird der ansonst linear dargestellte Steuerungsprozess rückgekoppelt[7], aber nicht kreisförmig geschlossen, sondern in eine Spirale geführt. Mit seiner Fokussierung auf den Prozess hat das Modell einen primär systemtheoretischen Zugang, sieht aber die Akteure als internen (und nicht als externen Umwelt-)Prozessbestandteil und integriert daher auch handlungstheoretische Aspekte.

Der Zyklus ist vierteilig und wird ausgehend vom Prozessbaustein *Steuerungsobjekt = Differenz* entwickelt (Abb. 2). Weitere Prozessbausteine sind Steuerungsziel, Steuerungssignal und Steuerungswirkung. In den vierteiligen Prozesszyklus werden Strukturbausteine integriert – und zwar Akteure und Steuerungsmedien. Das wichtigste Unterscheidungsmerkmal zwischen den beiden Bausteinarten ist der Grad der Temporalisierung. Strukturbausteine sind langlebiger als Prozessbausteine und entweder in Form eines Organisationssystems stabilisiert (kollektiver Akteur) oder im Lauf der gesellschaftlichen Evolution generalisiert (Steuerungsmedium). Bei den Prozessbausteinen überwiegt dagegen der Ereignischarakter, und sie haben eine wesentlich höhere Veränderungsrate als die Strukturbausteine. Im Folgenden wird das Modell entlang der Prozessbausteine erläutert. Um die Kommunizierbarkeit zu erleichtern, wird bei der Modelldarstellung bewusst auf eine voraussetzungsreiche systemtheoretische Terminologie verzichtet, und es werden stattdessen (soweit als möglich) einfache und empirienahe Begriffe verwendet.

Wie ist politische Innovationssteuerung möglich?

Abb. 2: Politische Steuerung technologischer Innovation: Modell eines idealtypischen Steuerungszyklus

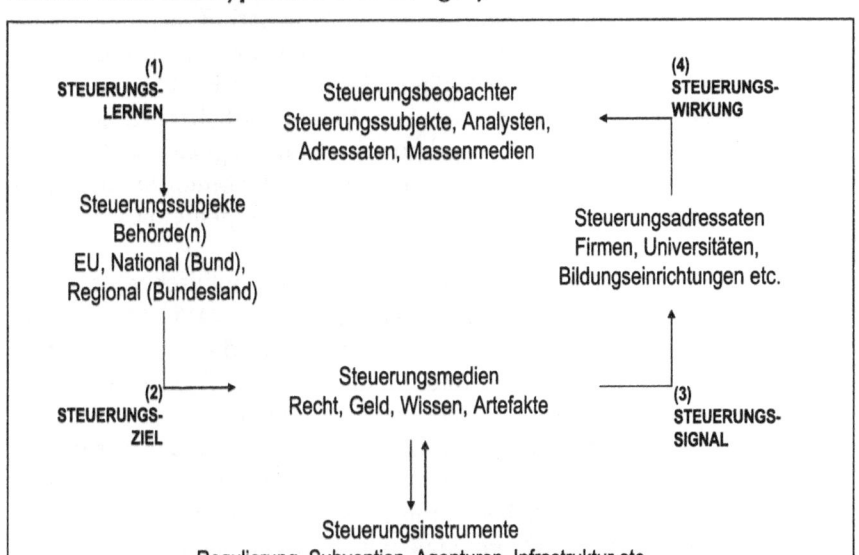

Quelle: Buchinger (2005a)

Die wichtigste Aktivität des Steuerungszyklus – die Differenzkonstruktion – hat zumindest zwei Voraussetzungen: erstens Wissen über Indikatoren zur adäquaten Messung von Innovation und zweitens Vorstellungen von relevanten Differenzen, d. h. von wünschenswerten Veränderungen (etwa in Form eines Leitbildes). Differenzkonstruktion beginnt daher nie im historischen Nichts, sondern baut immer auf Erfahrung auf. Konsequenterweise bildet im Modell die erfahrungsbasierte Differenzkonstruktion gleichzeitig den End- und Anfangpunkt zweier idealtypischer Politikzyklen. Dieser bipolare Markstein wird als *Steuerungslernen* (1) bezeichnet. Die Bedeutung des Marksteins Steuerungslernen kann kaum überschätzt werden, weil bei der Differenzkonstruktion bereits wesentliche Vorentscheidungen für alle nachfolgenden Steuerungsaktivitäten getroffen werden.

Erst wenn Klarheit über maßgebliche Differenzen besteht, kann ein *Steuerungsziel* (2) formuliert werden. Dabei wird festgelegt, welche Differenz zu welchem Zeitpunkt auf Null reduziert sein soll. Hand in Hand mit der Festlegung der Differenz geht eine implizite oder explizite Vorauswahl der Adressaten und der Steuerungsinstrumente. Das heißt, sowohl das

59

Steuerungslernen als auch die Festlegung des Steuerungsziels benötigen eine Vorstellung über die Möglichkeiten des Zusammenspiels von Steuerungsinstrumenten, Steuerungsadressaten und Steuerungswirkung. Während das Steuerungslernen sinnvollerweise partizipativ erfolgt (also unter Einbeziehung von Experten und Stakeholdern), ist die Entscheidung über das Steuerungsziel exklusiv den politisch Verantwortlichen vorbehalten. Deshalb ist im Modell der Strukturbaustein Steuerungssubjekt (in Form von supranationalen, nationalen oder regionalen Behörden/Ämtern) zwischen den Prozessbausteinen Steuerungslernen und Steuerungsziel positioniert.

Der nächste Prozessbaustein im zyklischen Modell politischer Steuerung technologischer Innovation ist das *Steuerungssignal* (3). Wie oben ausgeführt, werden zur Erzeugung von Resonanz bei den Adressaten die Steuerungsmedien Recht, Geld, Wissen und Artefakte genutzt. Die Signale, die in Richtung der Adressaten der Innovationspolitik abgesetzt werden, werden über Politikinstrumente generiert. Ausgehend von den Steuerungsmedien lassen sich vier Grundtypen von Politikinstrumenten unterscheiden – Grundtypen deshalb, weil Politikinstrumente nur selten ausschließlich ein Medium nutzen, sondern im Normalfall mehrere Medien kombinieren, wobei jedoch zumeist eines davon dominiert (Tab. 4). Die Palette reicht von Rechten zum Schutz des intellektuellen Eigentums (IPR) (rechtsbasierte Instrumente) über fiskalische/finanzielle Maßnahmen (geldbasierte Instrumente) und Agenturen/Räte (wissensbasierte Instrumente) bis Gebäude-, IKT- etc. Infrastruktur (artefaktbasierte Instrumente).

Der letzte Prozessbaustein des Modells ist die *Steuerungswirkung* (4). Auch wenn die Steuerungsadressaten nicht mehr als Steuerungsobjekte gesehen werden, so bilden sie doch einen Angelpunkt, denn sie sind es, die kollektiv die Steuerungswirkung hervorbringen. Der Schumpeter'schen Innovationstheorie folgend (1939: 62 ff.), handelt es sich bei den Adressaten der politischen Steuerung technologischer Innovation in erster Linie um Unternehmen, denn sie realisieren die Marktchancen neuer oder verbesserter Produkte (inkl. Dienstleistungen) und Prozesse. Dazu kommen – wenn Innovation als gesellschaftlich verteilter Prozess gesehen wird (Freeman 1988, Lundvall 1988, OECD 2002a) – weitere Steuerungsadressaten wie etwa Universitäten, außeruniversitäre Forschungseinrichtungen oder Aus- und Weiterbildungseinrichtungen. Die Analyse und Kommunikation der Steuerungswirkung erfolgt durch betroffene und professionelle Beobachter. Betroffene sind dabei sowohl Steuerungssubjekte als auch Steuerungsadressaten, und professionelle Beobachter sind Wissenschafter, Berater oder Journalisten.

Wie ist politische Innovationssteuerung möglich?

Diese Kurzdarstellung des zyklischen Modells politischer Steuerung technologischer Innovation soll einen allgemeinen Überblick geben. In den folgenden Kapiteln wird am Beispiel des innovationspolitisch höchst populären Indikators F&E-Quote die empirische Relevanz von *Steuerung als Differenzminimierung* gezeigt.

4. Steuerungslernen: F&E-Ausgaben als Innovationsindikator und F&E-Quote als Vergleichsmaß

Steuerungslernen – die Voraussetzung für die Formulierung des Steuerungsziels – beginnt mit Beobachtung. Die systematische Beobachtung bedient sich eines Sets von Indikatoren, wobei die Ausgaben für Forschung und experimentelle Entwicklung (F&E) als zentraler Indikator für technologische Innovation gelten. Das bedeutet keineswegs, dass F&E mit technologischer Innovation gleichzusetzen ist. Im Gegenteil: Der Schumpeter'schen Innovationstheorie folgend (1939: 62 f.), wird von Innovation erst gesprochen, wenn die Umsetzung von neuen Erkenntnissen/Erfindungen (Invention) in die kommerzielle und industrielle Realität erfolgt.[8] Ihre Prominenz als Innovationsindikator verdanken die F&E-Ausgaben der Tatsache, dass sie als quantitatives Maß besonders für politische Steuerungsprozesse geeignet sind.

Die Nutzung der F&E-Ausgaben als Innovationsindikator der Politik hat dementsprechend eine lange Tradition. In den USA wurden bereits seit den 1920er Jahren vereinzelt F&E-Statistiken verwendet (Godin 2003). Für die systematische Verwendung war aber dann ein Text von Vannevar Bush (1945) wegweisend, den er in seiner Eigenschaft als Direktor des amerikanischen Office of Scientific Research and Development verfasste. Er war von Präsident Roosevelt aufgefordert worden, Vorschläge für die Verbreitung der in der Kriegszeit gewonnenen wissenschaftlichen Erkenntnisse und für die zukünftige Unterstützung von öffentlicher und privater F&E zu entwickeln. Bush schlug vor, dass die Regierung sowohl die akademische als auch die industrielle Forschung kontinuierlich mittels Fonds und Schwerpunktprogrammen stimulieren solle. Um ein konzertiertes Vorgehen sicherzustellen, wäre darüber hinaus die Einrichtung einer nationalen Agentur unerlässlich. Die daraufhin im Jahr 1950 gegründete National Science Foundation (NSF) entwickelte ein Erhebungssystem, das sowohl die Finanzierung als auch die Durchführung der öffentlichen, industriellen und universitären F&E berücksichtigte (Godin 2003). Dieses System wurde in den 1960er Jahren von der

OECD übernommen und angepasst und 1963 als erste Version der „Proposed Standard Practice for Surveys of Research and Development" publiziert. In der Zwischenzeit gibt es bereits die sechste Version dieses Erhebungsstandards, der unter der Bezeichnung Frascati Manual bekannt ist (OECD 2002b).

Um die F&E-Performance unterschiedlicher Länder vergleichen zu können, werden die F&E-Ausgaben als Quote angegeben. Die F&E-Quote auf nationaler Ebene ist der prozentuelle Anteil der privatwirtschaftlichen und öffentlichen F&E-Ausgaben am Bruttoinlandsprodukt (BIP). Die OECD publiziert halbjährlich die „Main Science and Technology Indicators" und die EU jährlich „Science and Technology in Europe", wo jeweils die F&E-Quoten aller Mitgliedsländer enthalten sind. OECD und EU sind dabei auf die Erhebungen der nationalen Statistikämter angewiesen. In Österreich werden diese Daten im „Statistischen Jahrbuch der Republik Österreich" veröffentlicht. Die Publikation von regionalen F&E-Quoten war in der Vergangenheit wenig üblich, nimmt aber zu.

5. Steuerungsziel: Differenzkonstruktion am Beispiel der F&E-Quoten auf EU-, Österreich- und Wien-Ebene

Die Erhöhung der F&E-Quote ist in industrialisierten Ländern seit mehr als 30 Jahren ein technologiepolitisches Thema (Sheehan/Wyckoff 2003, OECD 2003, EC 2000a). Ausgehend vom jeweils gegenwärtigen Zustand (F&E-Quote t_0) wird eine Vorstellung über eine wünschenswerte F&E-Quote und einen möglichen Zeitpunkt der Erreichung generiert (F&E-Quote t_n). Das Steuerungsziel ist erreicht, wenn die zum Zeitpunkt t_0 konstruierte Differenz zum Zeitpunkt t_n auf Null reduziert ist. Je nach Ausgangssituation fallen die Zielformulierungen unterschiedlich aus. Im Folgenden werden die F&E-Steuerungsziele auf drei unterschiedlichen Steuerungsebenen der Politik – Europäische Union, Österreich, Wien – dargestellt.

5.1 Differenzkonstruktion 1: Das F&E-Steuerungsziel der Europäischen Union

In der Europäischen Union hat die Erhöhung der F&E-Quote spätestens seit 2002 höchste Priorität. Am Gipfel 2000 in Lissabon erklärten die Regierungsvertreter der Mitgliedsländer, dass die Union bis zum Jahr 2010 „the most competitive and dynamic knowledge based economy" werden soll (Lissabon-Strategie), und in Barcelona 2002 verständigten sie sich über das

Wie ist politische Innovationssteuerung möglich?

differenzorientierte Steuerungsziel, bis zum Jahr 2010 die F&E-Quote auf 3.0 Prozent anzuheben (Barcelona-Ziel) (EC 2000a, EC 2002). Damit wurde ein Vorschlag des Ausschusses für Industrie, Forschung und Energie des Europäischen Parlaments aufgenommen, der seinerseits im Rahmen einer Reaktion auf das Kommissionspapier „Towards a European Research Area" (EC 2000b) erfolgte und bereits „a target of at least 3%" (EP 2000: 7) forderte.

Tabelle 1: Internationale Spitzenreiter: F&E-Quoten und Anteil der Industriefinanzierung

	F&E-Ausgaben in % des BIP			Anteil der Industriefinanzierung 2003 in % der gesamten F&E-Ausgaben
	2001	2003	2004	
Schweden	4.27	3.98	3.74	65.0
Finnland	3.38	3.48	3.51	70.0
Dänemark	2.40	2.59	2.63*	61.3
Deutschland	2.46	2.52	2.49*	66.3
EU 25	1.93	1.92	1.90*	54.3
Japan	3.07	3.15	–	74.5
USA	2.71	2.59*	–	63.1

* Geschätzte oder vorläufige Zahl

Quelle: Eurostat (2005)

Die EU der 15 Mitglieder hatte im Jahr 2000 eine F&E-Quote von 1.89 Prozent, die EU der 25 Mitgliedsländer eine von 1.80 Prozent (EC 2002). Ausgehend vom Jahr 2000 wurde mit diesem Ziel eine Differenz von 1.11 bzw. 1.20 Prozent konstruiert, die sukzessive vermindert werden soll. Die Festlegung des 3.0-Prozent-Ziels ist an Vergleichszahlen orientiert. Wiewohl sehr ambitioniert, wird es doch als realistisch angesehen, da Schweden und Finnland bereits jetzt schon über diesem Ziel liegen und andere Länder wie Dänemark und Deutschland bei der 2.5-Prozent-Marke angelangt sind (Tab. 1). Noch wichtiger als die Orientierung an europäischen Spitzenländern ist jedoch der Vergleich mit den beiden anderen Regionen in der Triade (EC 2000a, EC 2002) – die EU hat gegenüber den USA und Japan einen deutlichen Rückstand.

Das Barcelona-Ziel hat ein Subziel. Das Verhältnis der Anteile zwischen öffentlichen und privaten Mitteln soll in Richtung der Erhöhung der industriellen F&E-Ausgaben gehen. Gegenwärtig finanziert die europäische Industrie knapp 55 Prozent der EU-F&E-Quote, und dieser Anteil soll bis 2010 auf zwei Drittel angehoben werden. Wiederum diente vor allem die Triade zur Orientierung – die USA und Japan waren und sind auch hier Europa voraus.

Eva Buchinger

5.2 Differenzkonstruktion 2: Das F&E-Steuerungsziel der österreichischen Bundesregierung

In Österreich ist die Erhöhung der F&E-Quote ein technologiepolitisches Ziel, das seit Jahrzehnten existiert. Bereits in der Forschungskonzeption des Jahres 1972 wurde angestrebt „noch im Laufe der siebziger Jahre eine Erhöhung des Aufwandes von Staat und Wirtschaft für Forschung und Entwicklung auf mindestens 1.5 Prozent des Bruttonationalproduktes" zu erreichen (BMWF 1972: 42). Ausgangspunkt war eine F&E-Quote von 0.67 Prozent im Jahr 1971. Wie die Tabelle 2 zeigt, war dieses Ziel auch Mitte der achtziger Jahre noch nicht erreicht – es blieb jedoch ein forschungspolitisches Thema.

Tabelle 2: Entwicklung der F&E-Quote in Österreich

	1985	2000	2002	2004	2005
Anteil der gesamten F&E Ausgaben am BIP in %	1.24	1.95	2.19	2.28	2.35*
Davon finanziert durch:					
Industrie	49.1	41.8	41.8	41.5	
Bund/Bundesländer	47.2	36.6	35.1	35.7	
Sonstiges national und Ausland	3.7	21.6	23.1	22.8	

* Globalschätzung
Quellen: SA (2005a) und http://www.statistik.at/fachbereich_forschung/tab2.shtml

Das Technologiepolitische Konzept der Bundesregierung des Jahres 1989 hat ebenfalls eine F&E-Quote von 1.5 Prozent zum Ziel und zwar für das Jahr 1990 (BMWF 1989: 21). Einige Jahre später, beim Erstellen des Expertenentwurfs für ein Technologiepolitisches Konzept der Bundesregierung im Jahr 1994, war dieses Ziel zwar erreicht, es wurde aber kritisch angemerkt, dass die damalige F&E-Quote von 1.65 Prozent zu niedrig sei (Bayer et al. 1994: 25). Der Expertenentwurf von 1994 gibt für die Zukunft keinen präzisen Zielwert an, argumentiert jedoch, dass das rasche Aufschließen an Vorreiter-Länder wie Finnland, Niederlande, Schweden oder Schweiz (die bereits Anfang der neunziger Jahre F&E-Quoten zwischen 1.91 und 2.90 Prozent hatten) wichtig sei.

Mit dem Regierungsprogramm der Regierung Schüssel I (4. 2. 2000 bis 28. 2. 2003) wurde ein neuer F&E-Quoten-Zyklus eingeleitet. Im Kapitel „Bildung, Sport, Wissenschaft und Forschung" wurde die Erhöhung der Forschungsquote auf 2.5 Prozent des BIP bis 2005, mit dem Meilenstein 2.0 Prozent bis 2002, als Ziel festgelegt (Bundesregierung 2000). Die zeitlich nachfolgenden innovationspolitischen Dokumente – „Forschungsstrategie Austria ‚2.5% + plus' Wohlstand durch Forschung und Innovation" (RFT 2001) und „Nationaler Forschungs- und Innovationsplan" (RFT 2002) – machen dieses Ziel zum Hauptpunkt und nehmen darüber hinaus das Barcelona Ziel (3 Prozent im Jahr 2010) auf. Wie die Tabelle 2 zeigt, wurde der Meilenstein im Jahr 2002 zwar erreicht, nicht jedoch das Ziel im Jahr 2005.

Auch in Österreich wird die Erhöhung des Industrieanteils an den nationalen F&E Ausgaben angestrebt (RFT 2001: 12, 2002: 8), ohne jedoch zunächst präzise Zielzahlen anzugeben. Durch die Aufnahme des Barcelona Ziels in den österreichischen Zielkatalog ist jedoch auch hier der zwei Drittel Anteil festgelegt. Im Jahr 2004 war Österreich von diesem Ziel noch deutlich entfernt (Tab. 2).

5.3 Differenzkonstruktion 3: Das F&E-Steuerungsziel des Bundeslandes Wien

Im Vergleich mit den Bemühungen auf europäischer und österreichischer Ebene ist die Erhöhung der F&E-Quote in Wien von geringerer Bedeutung. Zwar wird im „Strategieplan Wien" (MA18 2004: 53) betont, dass der „Qualitätsstandort" nur durch den Ausbau von F&E-Aktivitäten erhalten werden kann. Es sind jedoch keine Zielzahlen genannt. Auch in den Förderrichtlinien des Zentrums für Innovation und Technologie ist die Anhebung der F&E-Quote im Rahmen des Lissabon- und des Barcelona-Ziels genannt – jedoch ebenfalls ohne Zielzahl (ZIT 2005).

Wenn das auf europäischer und österreichischer Ebene angestrebte Barcelona Ziel herangezogen wird, dann hat Wien dieses bereits erreicht. Mit 3.02 Prozent im Jahr 2002 ist der Zielwert sogar leicht überschritten (SA 2005b, MA27 2004). Obwohl das in Österreich der zweithöchste Wert ist – nur das Bundesland Steiermark hat mit 3.67 Prozent eine höhere Quote – ist er für eine Metropole nicht besonders hoch. In einer Auflistung der fünfzehn europäischen Regionen mit den höchsten F&E-Quoten scheint Wien nicht auf (Tab. 3, S. 66). Allerdings finden sich in ihr zwei andere europäische Städte, die in Bezug auf ihre Hauptstadtfunktion und die geographische Nähe zum Osten Europas mit Wien vergleichbar sind – Stockholm und Berlin. Beide genannten Städte haben eine deutlich höhere F&E-Quote als Wien, was ein ambitioniertes F&E-Steuerungsziel in Wien legitimieren würde.

Tabelle 3: Die europäischen Regionen mit den höchsten F&E Quoten

Region auf NUTS-2-Ebene	F&E-Ausgaben als % des Bruttoregionalproduktes (regionales BIP) 2001
Braunschweig (DE)	6.21
Vastsverige (SE)	5.27
Stuttgart (DE)	4.82
Oberbayern (DE)	4.72
Pohjois-Suomi (FI)	4.36
Stockholm (SE)	4.33
Tübingen (DE)	4.22
Uusimaa (FI)	4.21
Berlin (DE)	3.68
Eastern (UK)	3.56
Dresden (DE)	3.47
Reinhessen-Pfalz (DE)	3.42
Karlsruhe (DE)	3.35
Ile de France (FR)	3.34
Köln (DE)	3.29

Quelle: Eurostat (2004)

6. Steuerungssignal: Eingesetzte Mittel zur Erreichung des F&E-Quotenziels

Policy Mix ist der Schlüsselbegriff beim Einsatz der Mittel zur Erreichung des F&E-Ziels auf allen Steuerungsebenen. Er bezieht sich auf die Kombination unterschiedlicher Politikinstrumente, die zumeist auf den Steuerungsmedien Geld und Wissen basieren. Jedes aktive Instrument – also zum Beispiel ein laufendes F&E-Förderungsprogramm oder die Geltung eines bestimmten F&E-Steuerabsatzbetrages – stellt für sich ein Signal dar (Tab. 4, S. 67). Bei der politischen Steuerung technologischer Innovation handelt es sich überwiegend um Go-Signale, also um Anreize. Es kommen aber auch Stopp-Signale[9] – wie zum Beispiel Grenzwerte oder Verbote – vor. Eine unabhängige Expertengruppe, die im Auftrag der Europäischen Kommission zu untersuchen hatte, wie die Effektivität des F&E-Policy-Mix erhöht werden könnte, identifizierte zunächst die finanziellen und die fiskalischen als die wichtigsten anreizorientierten Instrumente, gefolgt von den katalytisch finanziellen Instrumenten und anderen direkten Instrumenten (EC 2003: 33). Die Wahrnehmbarkeit der Steuerungssignale hängt also einerseits vom Ein-

Tabelle 4: Grundtypen von Instrumenten der Innovationspolitik

Instrumente, die vorwiegend auf dem Medium Recht basieren	Marktregulierung, Schutz intellektuellen Eigentums (IPR), technische Standards etc.
Instrumente, die vorwiegend auf dem Medium Geld basieren*	Indirekte fiskalische Instrumente: Steuerfreibeträge, Steuerabsetzbeträge Direkte finanzielle Instrumente: Förderungen in Form von Barzuschüssen (industrielle F&E, industrierelevante öffentliche F&E, industrierelevante Aus- und Weiterbildung, kollaborative F&E), öffentliche Beschaffung Katalytische finanzielle Instrumente: Investitionen in private Finanzierungseinrichtungen zur Bereitstellung von Risikokapital (Beteiligungen), vergünstigte Kredite, Garantien
Instrumente, die vorwiegend auf dem Medium Wissen basieren (Wissensinfrastruktur)	Operative Wissensinstrumente (nicht-geldbasierte direkte Instrumente): Agenturen, Programmmanagement, Netzwerk-Management, Brokerage, Beratung, Awareness Strategische Wissensinstrumente: Räte, Partizipationsinstrumente (Plattformen, Foresight), Clusterpolitik
Instrumente, die vorwiegend auf Artefakten basieren (gebaute Infrastruktur)	Wissensinfrastruktur, die eine erhebliche Gebäudeinfrastruktur benötigt: Großforschungseinrichtungen und Universitäten mit aufwendigen Labors u. dgl. Gebäude, IKT-, Energie-, Verkehrsinfrastruktur etc.

* Die Dreiteilung der geldbasierten Instrumente in indirekte fiskalische, direkte finanzielle und katalytisch finanzielle folgt der Unterscheidung der EC Expertengruppe (EC 2003: 10)

Quelle: Buchinger (2005a)

zelinstrument (z. B. maximal mögliche Höhe eines Barzuschusses im Rahmen eines Förderprogramms und Bewerbung des Programms) und andererseits vom jeweiligen Ensemble der Steuerungssignale ab.

Was nun die Ausgestaltung des Policy Mix anbelangt, so werden zwei Arten unterschieden – holistisch und fokussiert (EC 2003: 112 ff.). Im Rahmen des *fokussierten Policy Mix* werden folgende Kombinationen diskutiert: (1) Mit der Kombination von direkt finanziellen und indirekt fiskalischen Instrumenten sollen die Defizite der vorherrschenden Konzentration auf Barzuschuss-Förderung ausgeglichen werden. Allerdings ist zu berücksichtigen, dass die allgemein wirkenden Steuerbegünstigungen nicht zu hoch sind, weil sonst spezifisch ausgerichtete Barzuschuss-Förderungen konterkariert werden würden. (2) Die Kombination von Risikokapital und Kredit-/ Eigenkapitalgarantien soll einen massiven Anreiz für die Kommerzialisierung von F&E setzen. (3) Die Kombination von direkt finanziellen Instrumenten und Risikokapital ist auf die wahrgenommene „Unterstützungslücke" im Innovationsprozess – zwischen F&E und Kommerzialisierung – gerichtet. Im Rahmen des *holistischen Policy Mix* werden zunächst (4) Plattformen genannt. Damit sollen insbesondere diejenigen Firmen unterstützt werden, die im Bereich der komplexen Systemtechnologien angesiedelt sind (z. B. Computer-, Telekommunikationsfirmen). Die Plattformen dienen der Formulierung und Verbreitung von Standards für vorhandene und entstehende Technologien. Die Rolle(n) der öffentlichen Hand in Plattformen kann dabei die einer Initiatorin, F&E-Förderin oder Nachfragerin sein. Darüber hinausgehend sind Clusterpolitiken (5) darauf ausgerichtet, die Gesamtperformance eines vernetzten, sektoral und räumlich abgegrenzten, Innovationsprozesses zwischen unterschiedlichsten Akteuren (Hersteller, Nutzer, Wissenschaft, Bildung etc.) mit einem vielfältigen Set an Instrumenten zu verbessern. Insgesamt ist beim Policy Mix darauf zu achten, dass die Signale der beteiligten Instrumente einander verstärken oder ergänzen und sich nicht gegenseitig in ihrer Wirkung aufheben.

Wie die Empirie zeigt, werden bereits viele unterschiedliche Instrumente auf EU-, Österreich- und Wien-Ebene eingesetzt (EC 2003, Schibany/Jörg 2005, Buchinger 2005b). Es kann daher auch davon ausgegangen werden, dass – wenn nicht explizit, so doch implizit – eine Strategie des Mix Policy auf allen Steuerungsebenen verfolgt wird. Diese Praxis befindet sich gegenwärtig aber noch in einem Stadium des Experimentierens, also des Beobachtens und des Analysierens der Wirkungen unterschiedlicher Kombinationen.

7. Steuerungswirkung und Steuerungslernen: Diskussionen zum (Zwischen-)Stand der Erreichung des F&E-Quotenziels

Aus Sicht der Europäischen Kommission (EC 2005a: 20) liegen die meisten Handlungsoptionen zur Verwirklichung des Barcelona-Ziels in der Hand der EU-Mitgliedstaaten. Sie ist sich der Begrenztheit ihrer Steuerungswirkung bewusst, sieht sich aber als zentrale Beobachterin der Entwicklung der

Wie ist politische Innovationssteuerung möglich?

nationalen F&E-Quoten und als Motor des europäischen Politiklernens. Die Beobachtungen der Kommission haben ergeben, dass bei Fortsetzung der bisherigen Entwicklung das Barcelona-Ziel im Jahr 2010 nicht erreicht werden kann. Maximal eine F&E-Quote von 2.5 Prozent ist laut Janez Potocnik (2004) – dem Europäischen Kommissar für Wissenschaft und Forschung – realistisch. Das EU-Politiklernen resultierte 2005 in einem neuen Aktionsplan, der unter anderem die Einrichtung von Lernplattformen vorsieht (Tab. 5). Den Lernprozessen selbst wird also eine zentrale Rolle zuerkannt. Darüber hinaus will die Kommission Forschung und Innovation in den Mittelpunkt sowohl der EU-Politik (kalkulierbares und günstiges Regelungsumfeld) als auch der EU-Finanzierung (Strukturfonds, RP7) stellen (EC 2005b).

Tabelle 5: Verbesserung von Forschung und Innovationssteuerung in Europa aus der Sicht der Europäischen Kommission

Die Kommission wird:	Die Mitgliedsstaaten werden aufgefordert:
Die nationalen forschungs- und innovationspolitischen Entwicklungen durch die neue „Partnerschaft von Lissabon für Wachstum und Beschäftigung" überwachen und unterstützen.	Gegebenenfalls über nationale forschungs- und innovationspolitische Entwicklungen in den nationalen Reformprogrammen im Rahmen der neuen „Partnerschaft von Lissabon für Wachstum und Beschäftigung" zu berichten.
Die politischen Analyseinstrumente für F&E weiterentwickeln.	Die statistischen und politischen Analysen der Kommission in vollem Umfang zu nutzen.
Die Politik-Lernplattformen unterstützen und die grenzüberschreitende politische Zusammenarbeit erleichtern.	Die grenzüberschreitenden politischen Lern- und Kooperationsprozesse in vollem Umfang zu nutzen.

Quelle: EC (2005b: 21)

Was die Situation des EU-Mitgliedslandes Österreich anbelangt, so sieht man sich hier in einem erfreulichen Aufholprozess. Der Rat für Forschung und Technologieentwicklung geht aufgrund der Entwicklung der österreichischen F&E-Quote in den letzten Jahren (vgl. Tab. 2) davon aus, dass das Land „auf gutem Weg zur Erreichung des Ziels einer Forschungsquote von drei Prozent des Bruttoinlandsproduktes bis 2010" ist (RFT 2005: 2). Der Aufholprozess wird als Bestätigung der Forschungs-, Technologie- und Innovationspolitik gesehen und als Steuerungswirkung wahrgenommen. In den

Eva Buchinger

letzten Jahren haben sowohl die öffentliche Hand als auch die industriellen Akteure ihre F&E-Anstrengungen überdurchschnittlich erhöht, und es wurde vor allem die Innovationspolitik selbst erheblich reformiert (vgl. Tab. 6). Man ist sich jedoch bewusst, dass das Politiklernen damit nicht abgeschlossen ist. Insbesondere die institutionelle Reform wird kritisch reflektiert. Im „Österreichischen Reformprogramm für Wachstum und Beschäftigung" (BKA 2005: 15) wird der Umstand diskutiert, dass die Ausdifferenzierung des innovationspolitischen Systems im nächsten Schritt Optimierungsprozesse erfordert. Es sind auch weitere Anstrengungen nötig, um den Industrieanteil zu erhöhen – d. h., es müssen sich in den nächsten Jahren die Industrieausgaben stärker erhöhen als die öffentlichen Ausgaben.

Tabelle 6: Eckdaten der jüngsten institutionellen Reform der österreichischen Innovationspolitik

2004	Gründung der Forschungsförderungsgesellschaft **FFG** (Zusammenschluss von: Forschungsförderungsfonds der gewerblichen Wirtschaft FFF, Büro für Internationale Forschungs- und Technologiekooperation BIT, Austrain Space Agency ASA, Technologie Impulse Gesellschaft TIG)
2004	Reform des Fonds zur Förderung der wissenschaftlichen Forschung **FWF** nach der Evaluierung 2004
2004	Einrichtung der österreichischen **Nationalstiftung** für Forschung, Technologie und Entwicklung
2002	Gründung der Austria Wirtschafts Service GmbH **AWS** (Zusammenschluss von: Finanzierungsgarantiegesellschaft, Bürges-Förderungsbank, Innovationsagentur, ERP-Fonds)
2002	Universitätsgesetz
2000	Einrichtung eines Rats für Forschung und Technologieentwicklung **RFT** (Verleihung einer eigenen Rechtspersönlichkeit 2004)

Quellen: http://www.rat-fte.at, http://www.bmbwk.gv.at, http://www.awsg.at, http://www.stiftung-fte.at, http://www.fwf.ac.at, http://www.ffg.at

Da es in Wien kein explizites F&E-Quotenziel gibt, werden die F&E-Ausgaben bislang auch nur mit mittlerem bis geringem Interesse verfolgt und kommentiert. Die im „Statistischen Taschenbuch der Stadt Wien" (MA66 2005) publizierten Daten zu den F&E-Ausgaben stammen aus dem Jahr 1998. Da insgesamt das Interesse der Stadt Wien an Forschung und Technologie in den letzten Jahren deutlich zugenommen hat, ist jedoch zu erwarten, dass sich in nächster Zeit auch die Aufmerksamkeit in Bezug auf die F&E-Quote erhöhen wird.

8. Resümee und Ausblick

Die Diagnose der politischen Theorie lautet, dass politische Steuerung prekär geworden ist. Auf Basis des systemtheoretischen Ansatzes von Niklas Luhmanns ist dabei zwischen zwei Dimensionen des Steuerungspessimismus zu unterscheiden – eine theoretische (Unmöglichkeit der Fremdsteuerung) und eine praktische (Unsicherheit in Bezug auf die Steuerungswirkung). Während der theoretische Steuerungspessimismus durch Umstellen auf differenzorientierte Steuerung von Luhmann selbst überwunden wurde, erfordert die Annäherung an die Überwindung des praktischen Steuerungspessimismus daran anschließende Entwicklungsarbeit.

8.1 Gemäßigter Steuerungsoptimismus: Konzeptualisiert in einem zyklischen Modell politischer Steuerung technologischer Innovation

Im vorliegenden Text wurde ein Modell politischer Steuerung vorgestellt, das handlungs- und systemtheoretische Aspekte kombiniert. In den systemtheoretischen Rahmen sind handelnde Akteure in Form von Steuerungssubjekten und Steuerungsadressaten integriert, ohne dass der Anspruch gestellt wird, dass die Adressaten fremdgesteuert werden. Der Steuerungszyklus entfaltet sich ausgehend von der Differenzkonstruktion und hat den Verlauf: Steuerungslernen ⇒ Steuerungsziel ⇒ Steuerungssignal ⇒ Steuerungswirkung ⇒ Steuerungslernen. Das Problem der Adressierbarkeit der Steuerungsadressaten wird über Steuerungsmedien gelöst und das Problem der Lenkbarkeit der Adressaten über Resonanz/Fremdreferenz.

Im Rahmen der politischen Steuerung technologischer Innovation handelt es sich bei der Steuerungsdifferenz um die Erhöhung des Innovationsoutputs. Ob dieser Effekt erzielt wird, kann durch Erhebungen bei den Adressaten festgestellt werden. Allerdings ist es aufwendig, bei allen Organisationen die relevanten Daten zum Innovationsoutput zu erhalten – wenn es auch mit dem Community Innovation Survey (CIS) eine Annäherung gibt.[10] Auf nationaler und supranationaler Ebene bietet sich daher die F&E-Quote (Anteil der öffentlichen und privaten Forschungs- und Entwicklungsausgaben eines Landes am Bruttoinlandsprodukt) als Beobachtungs- und Steuerungsindikator an. Dabei wird unterstellt, dass mit der Erhöhung der F&E-Quote sowohl die Innovationsaktivität als auch der Innovationsoutput steigt.

Anhand der drei Steuerungsebenen Europa (supranational), Österreich (national) und Wien (regional) und dem Beispiel der F&E-Quote wurde gezeigt, dass die Luhmann'sche Zuspitzung auf differenzorientierte Steuerung sowohl Praxisrelevanz als auch Prominenz hat. Darüber hinaus wurde die Frage behandelt, mit welchen Mitteln adäquate Steuerungssignale generiert werden können, um das Steuerungsziel (Minimierung der Differenz zwischen der existierenden und der angestrebten F&E-Quote) zu erreichen und wie sich die beobachtete Steuerungswirkung im Steuerungslernen widerspiegelt.

8.2 Was kann aus der Diskussion des differenzorientierten Steuerungsziels F&E-Quote gelernt werden?

Differenzorientierte Ziele haben augenscheinliche Vorteile: Sie sind gut zu kommunizieren. Sie sind in ihrem Erreichungsgrad gut zu beobachten. Sie erhöhen die Politikrationalität, weil sie Evaluierung ermöglichen. Sie können Exaktheit mit Allgemeinheit verbinden und sind daher geeignet zu mobilisieren. Sie sagen noch nichts darüber aus, wie sie erreicht werden – lassen also einen ausreichenden Politikspielraum in Bezug auf Auswahl und Einsatz der Instrumente. Und, nicht zuletzt, sie sind mit erheblichem Politiklernen verbunden, wenn der Formulierungsprozess ernst genommen wird.

Diesen Vorteilen stehen einige Nachteile gegenüber. Die politische Formulierung des Steuerungsziels ist insgesamt doch recht riskant wenn sie exakt ist, denn ein Ziel kann zwar im Lauf der Zeit adjustiert werden, aber nicht beliebig. So hatte sich die Mobilisierungswirkung eines F&E-Quotenziels in Österreich durch ein eher halbherziges Vorgehen und immer wieder Nichterreichen bereits einigermaßen verbraucht und wurde erst durch das mit Nachdruck „beworbene" gesamteuropäische Barcelona-Ziel (3%) wieder schlagkräftig. Aber auch die unscharfe Formulierung eines differenzorientierten Steuerungsziels bietet keine Lösung des Problems, denn dann kann zwar die Mobilisierungswirkung erreicht, aber weder die Vorteile der Beobachtung des Erreichungsgrads noch die Steigerung der Politikrationalität können effektiv genutzt werden. Außerdem ist dann die Gefahr der Trivialisierung gegeben. Ein dritter Punkt ist das Erfordernis der wahrscheinlich immer weiteren Ausdifferenzierung, wodurch Vorteile wie Kommunizierbarkeit, Überprüfbarkeit etc. wieder verloren gehen könnten. Auf europäischer Ebene existiert eine Ausdifferenzierung der F&E-Quotenziels in Form der Festlegung des Industrieanteils an den F&E-Aufwendungen (zwei Drittel, ein Drittel öffentliche Hand). Das ist sinnvoll und gut, aber nicht genug, wie am Beispiel von Hochtechnologieregionen und Metropolen wie etwa Wien gezeigt werden kann – eine auf das Technologieniveau von Regionen bezogene Ausdifferenzierung wäre ein nächster Schritt usw.

Zuletzt soll hier noch ein weiterer wichtiger Vorteil erwähnt werden. Die Fokussierung auf Differenzsteuerung rückt ein Randthema in den Mittelpunkt – nämlich die Lernfähigkeit der politischen Akteure, ihrer Berater, ihrer Partner usw. Wenn die Lernprozesse ernst genommen werden, dann eröffnet sich ein erheblicher Handlungsspielraum für die Steigerung der Effektivität politischen Handelns.

8.3 Ausblick

Durch das Modell ergeben sich aber auch noch weitere Fragen. Theoretische, wie etwa solche nach der Steuerungsfähigkeit der Steuerungssubjekte, den Wirkarten der Steuerungsmedien, der Resonanzneigung der Steuerungsadressaten oder der Rolle der Steuerungsbeobachter. Anwendungbezogene, wie etwa solche nach der Rolle von Agenturen als Steuerungssubjekte, Politikkoordination zwischen den Steuerungsebenen/-akteuren oder Zusammenführung der Lerneffekte aller am Steuerungszyklus beteiligten Akteure (Subjekte wie Objekte wie intermediäre). Diesen Fragen soll in zukünftigen Forschungsarbeiten nachgegangen werden.

Anmerkungen

1 Dieser Text wurde im Rahmen des Forschungsprogramms „Innovationsorientierte nachhaltige Regionalentwicklung" erarbeitet, das von der gleichnamigen Arbeitsgemeinschaft (Stadt Wien und ARC Holding) finanziert wurde.
2 Vgl. Davies (1987), Förster (1984), Luhmann (1984), Haken (1981), Prigogine/Stengers (1980), Maturana/Varela (1972).
3 Vor allem im deutschsprachigen Raum – vgl. beispielsweise Mayntz/Scharpf (2005), Nassehi (2001), Görlitz/Burth (1998), Grimm (1996), Münch 1994, Beyme (1991b), Willke (1983). Ansatzweise auch im englischsprachigen Raum – vgl. Kooiman (2003), Rhodes (1997), Jessop (1990).
4 Wobei der Widerspruch gängiger Ansätze in der Unvereinbarkeit von Steuerungsanspruch einerseits und Eigendynamik (Selbstorganisation, Eigenlogik etc.) der Steuerungsadressaten andererseits liegt,
5 Zum Beispiel empirisch kenntnisreich Mayntz (1987), Scharpf (1989), Mayntz/Scharpf (2005) oder einen Überblick über verschiedene Positionen gebend Grimm (1996).
6 Individuen bestehen aus dem psychischen System und seinem Träger, dem organischen System. Der Begriff „Person" wird verwendet, um die strukturelle Kopplung

von psychischen und sozialen Systemen zu bezeichnen (Luhmann 1995). Eine Person wird konstituiert, um Verhaltenserwartungen ordnen zu können (Luhmann 1984: 429).

7 Alle weiteren relevanten Kopplungen zwischen den Modellbausteinen werden in der gegenwärtigen Modellversion nicht dargestellt, müssen in empirischen Untersuchungen aber (zumindest selektiv) berücksichtigt werden.

8 Wobei Umsetzung noch nichts über den Umsetzungserfolg aussagt – eine Innovation ist in diesem Sinne ein Angebot an den Markt und kann „toppen" oder „floppen".

9 Vgl. zum Gebrauch der STOP/GO-Signale-Terminologie in der Kybernetik Ashby (1956: 181) und in der Psychologie Logan (1994).

10 Der CIS ist eine europaweit durchgeführte Erhebung zur betrieblichen Innovation, der im Abstand von mehreren Jahren stattfindet. Die jüngste Erhebung (CIS3) wurde 2004 publiziert und berücksichtigt die Innovationsaktivitäten von Unternehmen mit 10 oder mehr Beschäftigten im Zeitraum 1998–2000 (EC/Eurostat 2004).

Literatur

Ashby, W. R. ([1956] 1999) An introduction to cybernetics. London: Chapman & Hall, http//pcp.vub.ac.be/books/IntroCyb.pdf.

Baecker, D. (2003) Organisation und Management. Frankfurt: Suhrkamp.

Bayer, K. et al. (1994) Expertenentwurf: Technologiepolitisches Konzept 1994 der Bundesregierung. Arbeit im Auftrag des Bundesministeriums für Wissenschaft und Forschung.

Beyme, K. v. ([1991a] 1996) Theorie der Politik im 20. Jahrhundert: Von der Moderne zur Postmoderne. Frankfurt: Suhrkamp.

Beyme, K. v. (1991b) Regierungslehre zwischen Handlungstheorie und Systemansatz. In: Hartwich H.-H./Wewer, G. (Hg.) Regieren in der Bundesrepublik III: Systemsteuerung und „Staatskunst". Opladen: Leske + Budrich, 19–34.

BKA (2005) Österreichisches Reformprogramm für Wachstum und Beschäftigung. Teil I, II & III. Wien: Bundeskanzleramt.

BMWF (1972) Österreichische Forschungskonzeption. Wien: Bundesministerium für Wissenschaft und Forschung.

BMWF (1989) Technologiepolitisches Konzept der Bundesregierung. Wien: Bundesministerium für Wissenschaft und Forschung.

Braun, D. (1997) Die politische Steuerung der Wissenschaft: Ein Beitrag zum „kooperativen Staat". Frankfurt: Campus.

Buchinger, E. (2005a) Innovationspolitik aus systemtheoretischer Sicht: Ein zyklisches Modell der politischen Steuerung technologischer Innovation. ITA Manuscript 05-03 http://www.oeaw.ac.at/ita/ita-manus.htm.

Buchinger, E. (2005b) Innovation policy in Vienna: Actors, instruments, governance structures. Working Paper.

Bundesregierung (2000) Regierungsprogramm der Regierung Schüssel. http://www.austria. gv.at/2004/4/7/Regprogr.pdf.

Bush, V. (1945) Science – the endless frontier. http://www.nsf.gov/about/history/vbush1945.htm#ch2 [February 2006].

Davies, P. ([1987] 1990) Prinzip Chaos: Die neue Ordnung des Kosmos. München: Goldmann Verlag.

EC (2000a) The Lisbon European Council: An agenda economic and social renewal for Europe. DOC/00/7, Brussels: Commission of the European Communities.

EC (2000b) Towards a European research area. COM(2000) 6, Brussels: Commission of the European Communities.

EC (2002) More research for Europe: Towards 3% of GDP. COM(2002) 499 final, Brussels: European Commission.

EC (2003) Raising EU R&D intensity: Improving the effectiveness of the mix of public support mechanism for private sector research and development. Report to the European Commission by an independent expert group. Brussels: European Commission.

EC (2005a) Working together for growth and jobs: A new start for the Lisbon Strategy. COM(2005) 24 final, Brussels: European Commission.

EC (2005b) More research and innovation – investing for growth and development: A common approach. COM(2005) 488 final, Brussels: European Commission.

EC/Eurostat (2004) Innovation in Europe: CIS3 Data. European Commission/Eurostat: Luxembourg.

Ellwein, T./Hesse, J. (1994) Der überforderte Staat. Baden-Baden: Nomos.

EP (2000) Report on the communication from the Commission to the Council, the European Parliament, the Economic and Social Committee and the Committee of the Regions „Towards a European research area". A5-0131, European Parliament.

Eurostat (2004) R&D expenditures in the European Regions. Statistics in Focus, Theme 9, 3/2004, Luxembourg.

Eurostat (2005) In relation to GDP – EU25 R&D expenditure stable at 1.9% in 2004. Eurostat News Release 156/2005.

Foerster, H. v. (1960) On Self Organizing Systems and Their Environments. In: Yovits and Cameron (eds.) Self Organizing Systems. New York: Pergamon, 31–50.

Förster, H. v. (1984) Entdecken oder Erfinden: Wie lässt sich Verstehen verstehen? In: Gumin, H./Meier, H. (2003) Einführung in den Konstruktivismus. München – Zürich: Piper, 41–88.

Freeman, C. (1988) Japan: A new national system of innovation? In: Dosi, G. et al. (eds.) Technical change and economic theory. London – New York: Pinter Publishers, 330–348.

Godin, B. (2003) The most cherished indicator: Gross domestic expenditures on R&D (GERD). Project on the History and Sociology of S&T Statistics, Working Paper No. 22.

Görlitz, A./Burth, H.-P. (1998) Politische Steuerung. Opladen, Leske + Budrich.

Grande, E. (1994) Die Erosion des staatlichen Steuerungspotentials in der Forschungs- und Technologiepolitik. In: Fricke, W. (Hg.) Jahrbuch Arbeit und Technik. Bonn: Dietz, 243–253.

Grimm, D. (1990) Der Wandel der Staatsaufgaben und die Zukunft der Verfassung. In: Grimm, D. (Hg.) (1996) Staatsaufgaben. Frankfurt: Suhrkamp, 613–646.

Grimm, D. (1996) Staatsaufgaben – eine Bilanz. In: Grimm, D. (Hg.) Staatsaufgaben. Frankfurt: Suhrkamp, 771–785.

Haken, H. ([1981] 1990) Synergetik: Die Lehre vom Zusammenwirken. Frankfurt – Berlin: Ullstein.

Jessop, B. (1990) State theory: Putting the capitalist state in its place. Cambridge: Polity Press.

Kooiman, J. (2003) Governing as governance. London: Sage Publications.

Logan, G. D. (1994). On the ability to inhibit thought and action: A users' guide to the stop signal paradigm. In: Dagenbach, D./Carr, T. H. (eds.) Inhibitory processes in attention, memory, and language. San Diego: Academic Press.

Luhmann, N. (1981) Politische Theorie im Wohlfahrtsstaat. München – Wien: Olzog.

Luhmann, N. (1984) Soziale Systeme. Frankfurt: Suhrkamp.

Luhmann, N. (1986) Ökologische Kommunikation. Opladen: Westdeutscher Verlag.

Luhmann, N. (1988) Die Wirtschaft der Gesellschaft. Frankfurt: Suhrkamp.

Luhmann, N. (1989) Politische Steuerung: Ein Diskussionsbeitrag. Politische Vierteljahresschrift Jg. 30, H. 1, 4–9.

Luhmann, N. (1990) Die Wissenschaft der Gesellschaft. Frankfurt: Suhrkamp.

Luhmann, N. (1991) Steuerung durch Recht? Einige klarstellende Bemerkungen. Zeitschrift für Rechtssoziologie 11 (1990), 137–160.

Luhmann, N. (1995) Die Form „Person". In: Luhmann, N. (Hg.) Soziologische Aufklärung 6: Die Soziologie und der Mensch. Opladen: Westdeutscher Verlag, 142–154.

Luhmann, N. (1997) Gesellschaft der Gesellschaft. Frankfurt: Suhrkamp.

Luhmann, N. (2000) Die Politik der Gesellschaft. Frankfurt: Suhrkamp.

Lundvall, B.-A. (1988) Innovation as an interactive process: From user-producer interaction to the national system of innovation. In: Dosi, G. et al. (eds.) Technical change and economic theory. London – New York: Pinter Publishers, 349–369.

MA18 (2004) Strategieplan Wien. Wien: Magistrat der Stadt Wien, Magistratsabteilung 18.

MA27 (2004) F&E-Daten in Wien im Vergleich. Wien: Magistrat der Stadt Wien, Magistratsabteilung 27.

MA66 (2005) Statisches Taschenbuch der Stadt Wien. Wien: Magistrat der Stadt Wien, Magistratsabteilung 66.

Maturana, H. R./Varela, F. J. (1972), Autopoiesis: The organization of the living, In: Maturana, H. R. and Varela, F. J. (eds.) (1980) Autopiesis and cognition: The realization of the living, D. Reidel Publishing Company, Dordrecht, 59–138.

Wie ist politische Innovationssteuerung möglich?

Mayntz, R. (1987) Politische Steuerung und gesellschaftliche Steuerungsprobleme. In: Mayntz, R. (Hg.) Soziale Dynamik und politische Steuerung: Theoretische und methodologische Überlegungen. Frankfurt – New York: Campus Verlag, 186–208.

Mayntz, R. (2004) Governance Theory als fortentwickelte Steuerungstheorie? MPIfG Working Papers 04/1, Köln: Max-Planck-Institut für Gesellschaftsforschung.

Mayntz, R./Scharpf F. (2005) Politische Steuerung – Heute? MPIfG Working Papers 05/1, Köln: Max-Planck-Institut für Gesellschaftsforschung.

Münch, R. (1994) Politik und Nichtpolitik: Politische Steuerung als schöpferischer Prozess. Kölner Zeitschrift für Soziologie und Sozialpsychologie Jg. 46, H. 3, 381–405.

Nassehi, A. (2001) Steuerung der Gesellschaft oder Steuerung des Publikums? Vortrag auf der Tagung „Ist das politische System noch steuerungsfähig?", 10. November 2001, Hannover.

OECD (2002a) Dynamising national innovation systems. Paris: Organisation for Economic Co-operation and Development.

OECD (2002b) Frascati manual: Proposed standard practice for surveys on research and experimental development. Paris: Organisation for Economic Co-operation and Development.

OECD (2003) The sources of economic growth in OECD countries. Paris: Organisation for Economic Co-operation and Development.

Potocnik, J. (2004) Competitiveness and economic growth: R&D policies and the Lisbon agenda. Speech at the Portoroz Conference, Slovenia, 24. November 2004.

Prigogine, I./Stengers, I. ([1980] 1990) Dialog mit der Natur: Neue Wege naturwissenschaftlichen Denkens. München: Piper.

RFT (2001) Forschungsstrategie Austria ‚2,5% + plus' Wohlstand durch Forschung und Innovation. Wien: Rat für Forschung und Technologieentwicklung.

RFT (2002) Nationaler Forschungs- und Innovationsplan. Wien: Rat für Forschung und Technologieentwicklung.

RFT (2005) Strategie 2010: Perspektiven für Forschung, Technologie und Innovation in Österreich. Wien: Rat für Forschung und Technologieentwicklung.

Rhodes, R. A. W. (1994) The hollowing out of the state: The changing nature of the state in Britain. Political Quarterly, vol. 65, No. 2, 138–151.

Rhodes, R. A. W. (1997) Understanding governance: Policy networks, governance, reflexivity and accountability. Maidenhead: Open University Press.

Rosenau, J. N./Czempiel, E.-O. (eds.) (1992) Governance without government: Order and change in world politics. Cambridge: Cambridge University Press.

SA (2005a) Statistisches Jahrbuch 2005. Wien: Statistik Austria.

SA (2005b) Hauptergebnisse der Erhebungen von Statistik Austria über F&E 2002, http://www.statistik.at/fachbereich_forschung/hauptergebnis1.shtml.

Scharpf, F. (1989) Politische Steuerung und politische Institutionen. Politische Vierteljahresschrift Jg. 30, H. 1, 10–21.

Schibany, A./Jörg, L. (2005) Instrumente der Technologieförderung und ihr Mix. Wien: InTeReg Research Report Nr. 37 – 2005.

Schumpeter, J. A. ([1939] 1989) Business cycles: A theoretical, historical and statistical analysis of the capitalist process. New York: MacGraw Hill.

Sheehan, J./Wyckoff, A. (2003) Targeting R&D: Economic and policy implications of increasing R&D spending. STI Working Paper 03/8, Paris: Organisation for Economic Cooperation and Development.

Teubner, G./Willke, H. (1984) Kontext und Autonomie: Gesellschaftliche Selbststeuerung durch reflexives Recht. Zeitschrift für Rechtssoziologie 6, H. 1, 4–35.

Willke, H. (1983) Entzauberung des Staates: Überlegungen zu einer sozietalen Steuerungstheorie. Königstein: Athenäum-Verlag.

Willke, H. (1994) Systemtheorie III: Steuerungstheorie. Stuttgart: Lucius & Lucius.

ZIT (2005) ZIT05 plus: Technologieförderungen für Wien 2005–2008 – Richtlinie. Wien: Zentrum für Innovation und Technologie.

Michael Ornetzeder

Nutzergruppen als Gestalter technischer Innovationsprozesse am Beispiel erfolgreicher ‚Nachhaltigkeitstechnologien'

1. Einleitung

Die Rolle von NutzerInnen bei der Einführung technischer Innovationen wird im Rahmen der sozialwissenschaftlichen Technikforschung seit vielen Jahren thematisiert. Der Erfolg technischer Neuheiten ist eng mit der aktiven Anwendung und Aneignung von Produkten durch NutzerInnen verknüpft. Erst dadurch wird das Neue mit Bedeutung und Sinn belegt und in die Praxis des Alltags der NutzerInnen integriert. Wie aktuelle Fallstudien jedoch zeigen, sind NutzerInnen nicht nur als KundInnen mit bestimmten Präferenzen oder als Betroffene der Auswirkungen neuer Technologien von Bedeutung, in einer Reihe von bemerkenswerten Fällen haben NutzerInnen aktiv und weit reichend die Nutzungsoptionen und das Design technischer Innovationen beeinflusst und damit einen entscheidenden Einfluss auf den Durchsetzungserfolg dieser Technologien ausgeübt.

Der folgende Beitrag thematisiert vor diesem Hintergrund die Rolle von NutzerInnen bei der Entwicklung und Verbreitung von Nachhaltigkeitstechnologien, d. h. von technischen Innovationen, die wesentlich zu einer ökologisch nachhaltigen Entwicklung unserer Gesellschaft beitragen. Empirisch ist die Arbeit in drei Technologiefeldern angesiedelt, in denen wesentliche Impulse für die Entwicklung und Verbreitung der Technologien von künftigen NutzerInnen ausgegangen sind: (1) thermische Solartechnik, (2) automatische Biomasseheizanlagen und (3) ökologisches Bauen.

In diesen drei Fällen waren spätere NutzerInnen unmittelbar und selbstorganisiert in die Planung von Gebäuden bzw. die Herstellung der technischen Anlagen als Mitglieder temporärer Baugruppen involviert. Der äußerst große gestalterische Einfluss von NutzerInnen in den untersuchten Fällen lässt sich weitgehend mit dem ‚Baugruppenprinzip' erklären. In dieser

Michael Ornetzeder

Gemeinsamkeit der drei Fälle liegt aber auch ihre innovationstheoretische Relevanz begründet, und zwar insofern, als es durchaus den Versuch lohnt, verallgemeinerungsfähige Aspekte dieses Baugruppenprinzips herauszuarbeiten und auf diese Weise für die Weiterentwicklung partizipativer Technikentwicklungsansätze fruchtbar zu machen.

Der Beitrag basiert weitgehend auf einer im Jahr 2003 fertig gestellten Studie zum Thema „Partizipative Technikgestaltung und nachhaltige Entwicklung" im Auftrag des Jubiläumsfonds der Österreichischen Nationalbank (Ornetzeder/Rohracher/Suschek-Berger 2003). Das empirische Material für die hier präsentierten Fallstudien geht allerdings auf einige zum Teil bereits ältere Vorarbeiten zurück (Hackstock et al. 1992, Rohracher et al. 1997, Ornetzeder und Buchegger 1999). Dieses Material wurde unter dem Gesichtspunkt „partizipativer Technikentwicklung" neu aufbereitet und gezielt durch eine Reihe von weiteren qualitativen Interviews ergänzt. Insgesamt wurden für alle drei Fallstudien mehr als 30 leitfadengestützte Interviews mit VertreterInnen der jeweiligen Nutzergruppen geführt. Zusätzlich stützen sich die hier präsentierten Fallstudien auf schriftliche Dokumente, wie Broschüren, Informationsblätter, Zeitschriften, Tagungsbeiträge, statistische Aufzeichnungen, weitere Projektberichte und Buchpublikationen.

Mit der – relativ kurzen – Liste jener Organisationen, die an den Vorarbeiten beteiligt waren, ist bereits zu einem Großteil jene äußerst überschaubare „Forschungs-Community" markiert, die sich in Österreich mit nachhaltigen Technologien unter einem spezifisch techniksoziologischen Gesichtspunkt theoretisch wie auch empirisch auseinander setzt: das Interuniversitäre Forschungszentrum für Technik, Arbeit und Kultur (IFZ) in Graz, die Gruppe Angepasste Technologie (GRAT) und das Zentrum für Soziale Innovation (ZSI), beide in Wien.

Am Beginn dieses Beitrags wird die Rolle von NutzerInnen in Innovationsprozessen aus zwei unterschiedlichen Perspektiven betrachtet. Zunächst wird die verstärkte Einbeziehung von NutzerInnen aus Sicht der Nachhaltigkeitsdebatte argumentiert und danach gefragt, welchen Einfluss die unterschiedlichen Vorstellungen von nachhaltiger Entwicklung auf die konkrete Gestaltung von Technik ausüben können. Im Anschluss daran geht es um die Rolle von NutzerInnen bei technischen Entwicklungen. Dazu werden einige theoretische und praktische Erkenntnisse der sozialwissenschaftlichen Technikforschung kurz vorgestellt.

Danach folgt im zweiten Teil eine Darstellung der drei bereits erwähnten Fallstudien. Wir fragen dabei insbesondere nach den Entstehungsbedingungen für die verschiedenen Baugruppen, den Organisationsprinzipien, die rund um die Herstellung und Weiterentwicklung der Technologien entstanden sind, den spezifischen Nutzergruppen und sonstigen Akteuren und ihren jeweiligen Rollen in diesen Prozessen, nach den technologischen Veränderungen und Verbreitungserfolgen und danach, ob es einen technischen *spillover* zwischen Selbstbauaktivitäten und kommerziellem Sektor gab.

Im abschließenden dritten Teil werden auf Basis der theoretischen Konzepte und empirischen Befunde Strategien zur gezielten Unterstützung der Bewertung und Entwicklung neuer bzw. bereits bekannter Umwelttechnologien unter Einbeziehung von spezifischem Nutzer-Know-how diskutiert. Wir gehen dabei insbesondere der Frage nach, ob sich selbstbauorientierte Gruppenprozesse als Strategie zur verstärkten Nutzereinbeziehung eignen und welche Erfahrungen und Prinzipien sich aus den Fallstudien auf andere Technologien übertragen lassen könnten.

2. Nachhaltigkeit und Partizipation

In allen gängigen Konzepten des Leitbildes der Nachhaltigen Entwicklung (vgl. z. B. Bund für Umwelt und Naturschutz und MISEREOR 1996, Böhm et al. 1996, Brand 1997, Kopfmüller et al. 2001) wird die Notwendigkeit einer Integration ökologischer, ökonomischer und sozialer Belange hervorgestrichen, d. h. die Nicht-Reduzierbarkeit dieses Begriffs auf rein technische oder ökologische Problemlösungsansätze. Eine Strategie zur Einlösung der sozialen Dimension dieses Leitbilds besteht in der verstärkten Anwendung partizipativer Verfahren bei der Lösung ökologischer Probleme – wie dies etwa im Rahmen konkreter Programme wie der Agenda 21 auf kommunaler Ebene ausformuliert und erprobt wird. Innovationstätigkeit dient in diesem Kontext nicht ausschließlich wirtschaftlichen, sondern in einem breiteren Sinne gesellschaftlichen Zielen. Für die Entwicklung neuer Technologien bedeuten solche Anforderungen, dass Zielsetzungen wie Sozialverträglichkeit und Umweltschutz frühzeitig integriert und berücksichtigt werden sollen.

Wie Studien im Bereich des ökologischen Wohnbaus gezeigt haben, findet man unter den frühen NutzerInnen durchaus den Wunsch, zu einer ‚ökologischen Innovationselite' zu gehören. Vor allem im Bereich des Neubaus geht es vielen NutzerInnen – gerade weil Bauen eher als ökologisch bedenklich eingestuft wird – auch darum, wenn überhaupt neu, dann zumindest so umweltfreundlich wie möglich zu bauen. Aus dieser Haltung kann ein Elitebewusstsein resultieren, dass die ökologisch aufgeklärten ÖkohausbewohnerInnen vom *unmotivierten Rest der Welt* abgrenzt

(Gestring et al. 1997: 131). Es geht dabei aber nicht nur um soziale Distinktionsbedürfnisse, die mit solchem Verhalten bedient werden, sondern auch um das aktive Ausfüllen der bewusst gewählten Vorreiterrolle in punkto Ökotechnik. Solche NutzerInnen fühlen sich als Pioniere, die wertvolle Praxiserfahrungen sammeln und damit den Weg für eine breitere Anwendung innovativer Lösungen aufbereiten.

Unter Nachhaltigkeitsaspekten verändern sich außerdem die Rahmenbedingungen für die Gestaltung von Technik grundlegend. Die technische Entwicklung wird zu einem offenen gesellschaftlichen Lernprozess, in dem, wie Armin Grunwald anmerkt, „über Gestaltungsziele und Realisierungsoptionen diskutiert wird, in den wissenschaftliches Wissen und ethische Orientierungen eingehen und in dem sich das Bild einer ‚nachhaltigen' Technik allmählich, Schritt für Schritt, herausbildet" (Grunwald 2002: 282). Die hier beschriebenen empirischen Beispiele nutzerinduzierter Innovationen stellen eine solche neue Form von gesellschaftlichem Lernprozess dar. NutzerInnen beteiligen sich in selbst organisierter Form nicht nur an den Diskussionen darüber, was als nachhaltige Technik zu gelten hat, sondern leisten in Teilbereichen substanzielle technische Entwicklungsarbeit. Einige der im Rahmen unserer Fallstudien beschriebenen technischen Lösungen wären ohne enge Anbindung an den Nutzungskontext und die konkreten Erfahrungen, die frühe NutzerInnen mit den Technologien gesammelt hatten, kaum vorstellbar.

3. Der Nutzungskontext als Quelle technischer Innovation

Solange Technik und deren Entstehung in den Sozialwissenschaften als *black-box* behandelt wurde, erübrigte sich auch die Frage nach den Akteuren der technischen Entwicklung. Mit zunehmender politischer Relevanz von Technik Ende der 1960-er Jahre trat die gesellschaftliche Gestaltbarkeit von Technik verstärkt in den Mittelpunkt der Diskussion. Richtungweisend für die sozialwissenschaftliche Auseinandersetzung mit Technik waren WissenschaftssoziologInnen wie Bloor, Knorr-Cetina, Collins oder Latour und Woolgar, die maßgeblich für die Formulierung eines empirischen Programms des Konstruktivismus verantwortlich waren. Wissenschaftliche Erkenntnisse gelten aus konstruktivistischer Sicht nicht als objektive Tatsachen, sondern sind als Ergebnisse von Prozessen der sozialen Konstruktion und damit etwa abhängig von den personellen, organisatorischen und finanziellen Situationen in Labors und Forschungseinrichtungen zu sehen.

Wissenschaftliche Erklärungen von Phänomenen werden nicht mehr fraglos als Erklärung akzeptiert, sondern als selbst erklärungsbedürftig dekonstruiert (vgl. Knorr-Cetina 1984 oder Latour und Woolgar 1979).

Übertragen auf die Entstehung von Technik bedeutete dieser grundlegende Perspektivenwechsel, dass technikdeterministische Vorstellungen zugunsten der sozialen Bedingtheit technischer Innovationen weitgehend zurückgedrängt wurden. Und damit gelangten auch NutzerInnen von Technik als potenzielle Akteure der technischen Entwicklung ins Blickfeld. Pinch und Bijker (1987) zeigen in ihrem längst als Klassiker der sozialkonstruktivistischen Technikforschung geltenden Text zur Entstehung des Fahrrades, dass in einer frühen Phase der Entwicklung neben Mechanikern und Ingenieuren auch ganz andere „relevante soziale Gruppen" wie Radfahrerclubs oder Frauenverbände das Artefakt Fahrrad maßgeblich beeinflusst haben. Das technische Design des Fahrrades wird bei Pinch und Bijker vor allem als Ergebnis von Verhandlungs- und Auswahlprozessen betrachtet. Von zentraler Bedeutung ist dabei die – ebenfalls aus der Wissenschaftssoziologie übernommene – Annahme der *interpretativen Flexibilität*, d. h. in diesem Fall, was als technische Lösung gelten kann, wird nicht durch objektivierbare Kriterien bestimmt, sondern vielmehr durch die Definitionsmacht relevanter sozialer Gruppen.

Anhand von sozial-historischen Fallstudien lässt sich zeigen, dass erstaunlich viele Technologien, die sich letztlich am Markt durchgesetzt haben, in frühen Entwicklungsphasen entscheidend von NutzerInnen geprägt wurden. Der amerikanische Soziologe Claude Fischer (1992) etwa beschreibt in seinem Buch „America Calling", wie sich heute noch gültige Nutzungsformen und damit indirekt auch technische Konzepte für das Telefonsystem zu einem Gutteil erst nach der Aneignung der neuen Technik durch Privathaushalte in den 1920-er Jahren herausgebildet haben. In noch größerem Ausmaß waren frühe NutzerInnen an der Entwicklung des Personal Computers beteiligt. Die grundlegenden technischen Konzepte und ersten Realisierungen für eine *persönliche Rechenmaschine* entstanden vornehmlich in einer elektrotechnisch versierten Bastlerszene *(homebrew)* vor mehr als 30 Jahren – ebenfalls in den USA (Allerbeck und Hoag 1989). Selbst der erste kommerzielle PC (Apple) gilt als direktes Ergebnis solcher privater Entwicklungsarbeiten. Die Hobbyelektronikbastler aus dem Silicon Valley haben aber nicht nur die ersten funktionsfähigen Geräte selbst gebaut. Von entscheidender Bedeutung ist, dass im Zuge der Auseinandersetzung mit den technischen Möglichkeiten der Halbleitertechnik auch erste einigermaßen sinnvoll erscheinende Nutzungsformen entwickelt wurden, eine zentrale Voraussetzung für den späteren kommerziellen Erfolg des PC.

Tuomi (2002) hat in einer Studie über das Innovationsverhalten der Linux-Community darauf hingewiesen, dass technische Innovationen stets eng mit den bereits existierenden sozialen Praktiken einer Gemeinschaft verknüpft sind. TechniknutzerInnen sind demzufolge nicht als Individuen, sondern als Mitglieder von Gemeinschaften, in denen die betreffende Technik genutzt wird, von Bedeutung. Die vorhandenen Praktiken der Gemeinschaft bilden gewissermaßen den Hintergrund, vor dem neuen Technologien Sinn zugeschrieben wird. Die sinnhafte Aneignung und Modifikation von Technik wird als ein Akt sozialen Lernens gesehen. Die Idee, dass soziales Lernen wiederum als Veränderung innerhalb einer *community of practice* begriffen werden kann, geht auf die Arbeiten von Lave und Wenger (1991) zurück. Eine community of practice umfasst wesentlich mehr als technisches Wissen und praktische Fertigkeiten zur Lösung bestimmter Aufgaben. Solche Gemeinschaften entwickeln sich rund um spezifische Gegenstände oder Themen, die für die meisten Mitglieder von Relevanz sind. Auf Grund gemeinsamer Zielsetzungen und Interessen wird die Identifikation der einzelnen Mitglieder mit der Gemeinschaft verstärkt. Zur Stabilisierung einer community of practice ist es notwendig, dass ein gemeinsames Repertoire von Ideen, Regeln und Verpflichtungen sowie eine Reihe von Ressourcen in Form von Dokumenten, Werkzeugen, Routinen, Symbolen und Begriffen geschaffen werden, die dazu geeignet sind, das akkumulierte Wissen der Gemeinschaft zu tragen. In anderen Worten, die Mitglieder teilen zu einem signifikanten Ausmaß eine gemeinsame Praxis.

4. Selbstbau von Solaranlagen als soziale Bewegung

Die thermische Nutzung der Sonnenenergie hat gerade in den letzten zehn Jahren erheblich an Bedeutung gewonnen. Wurden im Jahr 1994 europaweit etwa 480.000 m^2 Kollektorfläche installiert, waren es 1999 bereits rund 890.000 m^2 (vgl. Stryi-Hipp 2000: 16 f.). In Summe waren Ende 1999 in der gesamten europäischen Union ca. 8,5 Millionen Quadratmeter Kollektorfläche installiert. Das Erstaunliche dabei ist, dass rund drei Viertel dieser Fläche (ca. 6,4 Mio. m^2) auf nur drei Länder entfallen: Deutschland, Griechenland und Österreich (Stand 1999). Österreich nahm dabei absolut gesehen mit rund 1,5 Mio. Quadratmeter installierter Kollektorfläche den dritten Rang ein. Bezogen auf die jährlich installierte Kollektorfläche pro Einwohner lag Österreich in den 1990-er Jahren regelmäßig an erster Position. In keinem anderen Land der EU ist relativ gesehen zur Zeit mehr Solarkollektorfläche zur Erzeugung von Niedertemperaturwärme installiert als in Österreich. Knapp 13% aller österreichischen Ein- und Zweifamilienhäuser verfügen über eine Solaranlage zur Warmwasserbereitung, in weiteren 2% wird die Solaranlage neben der Erzeugung von Warmwasser zusätzlich für Heizungszwecke eingesetzt. Ein wesentlicher Grundstein für diese außergewöhnliche Situation wurde schon in den 1980-er Jahren gelegt, und zwar durch eine in Europa einzigartige Selbstbauinitiative zur Herstellung von Solarkollektoren.

Wie in vielen europäischen Ländern kamen auch in Österreich die ersten Solaranlagen zur Warmwasserbereitung als Folge der ersten Ölkrise von 1973 auf den Markt. Die ersten Produkte waren jedoch teuer, gleichzeitig aber technisch noch nicht ausgereift und in der Praxis oft mangelhaft geplant und ausgeführt. Auf Grund kleiner Stückzahlen fehlten den Herstellern praktische Erfahrungen mit der Anwendung dieser Technik. Als Reaktion auf diese wenig zufrieden stellende Situation entstanden in der Steiermark bereits Anfang der 1980-er Jahre die ersten privat organisierten Gruppen zur Herstellung von Solarkollektoren. Das Interesse an selbst gebauten und damit relativ kostengünstigen Solaranlagen war groß. Weitere Gruppen entstanden und führten zu einer starken Verbreitung dieser neuen Technik in der Region. Bereits im Jahr 1986 produzierten die Selbstbaugruppen in der Oststeiermark mehr Solarkollektorfläche als alle gewerblichen Anbieter im selben Zeitraum österreichweit verkaufen konnten.

Entgegen anfänglicher Befürchtungen kommerzieller Anbieter von Solartechnik zeigte sich bald, dass sich die Aktivitäten dieser Selbstbaubewegung nicht negativ, sondern insgesamt sogar positiv auf die Verbreitung gewerblicher Solaranlagen auswirkten. Insbesondere die jahrelange Vortragstätigkeit einiger Exponenten des Solaranlagenselbstbaus trug wesentlich zur Bekanntheit der Technik bei. Zudem erreichten die Selbstbaugruppen im Gegensatz zu den meisten gewerblichen Anbietern ein völlig neues Marktsegment. Viele der damaligen Selbstbauer kamen aus dem landwirtschaftlichen Bereich. Diese Zielgruppe verfügte nicht nur über die notwendigen handwerklichen Fertigkeiten für den Selbstbau, in vielen Fällen lagen ganz praktische Gründe vor, die für eine Solaranlage sprachen. Da die meisten Haushalte in der betreffenden Region mit manuell zu bedienenden Holzheizungen ausgestattet waren und gerade in landwirtschaftlichen Betrieben ein überdurchschnittlich hoher Warmwasserbedarf bestand, versprach eine Solaranlage neben ökologischen Vorteilen einen beträchtlichen Komfortgewinn.

Nach einigen Jahren intensiver Selbstbautätigkeit und mehr als 50 Baugruppen gründeten einige ehemalige Baugruppenleiter im Juni 1988 die

Michael Ornetzeder

Arbeitsgemeinschaft Erneuerbare Energie (AEE) als gemeinnützigen Verein. Mit diesem Schritt wurde eine institutionelle Basis zur Bündelung der bisherigen Aktivitäten, aber auch zur Ausweitung der Aktivitäten auf andere Formen erneuerbarer Energien geschaffen. Die gewählte Vereinsform bot den Selbstbauern erstmals die Möglichkeit, als öffentlich anerkannte Vertretung der bislang nur lose kooperierenden Baugruppen aufzutreten. Mit finanzieller Unterstützung durch die öffentliche Hand konnten Referentenschulungen finanziert und damit der weiter gestiegenen Nachfrage nach Informationsveranstaltungen und Beratungen entsprochen werden. Bereits ein Jahr nach Gründung des Vereins erhielt die AEE für ihre Aktivitäten den Österreichischen Umweltschutzpreis, den European Conservation Award und gemeinsam mit zwei anderen steirischen Initiativen den Österreichischen Staatspreis für Energieforschung. Eine Reihe von weiteren Auszeichnungen folgte.

Bereits im Zuge der ersten Selbstbaugruppe im Jahr 1983/84 wurden einige zentrale Vorteile des Gruppenselbstbaus offensichtlich, die für den enormen Verbreitungserfolg dieses Systems von großer Bedeutung waren:
● Durch den gemeinsamen Einkauf größerer Stückzahlen des benötigten Materials konnten sehr günstige Preise erzielt werden. In Verbindung mit Eigenleistungen beim Kollektorbau und der Installation kosteten die ersten Selbstbauanlagen im Vergleich zu gewerblichen Angeboten nur rund ein Drittel.
● Durch die Kooperation jeweils mehrerer Personen mit unterschiedlichen handwerklichen Fähigkeiten war es möglich, dass auch technisch weniger versierte Personen an einer Baugruppe teilnahmen.
● Die größere Anzahl an Personen und Stückzahlen rechtfertigte außerdem die Herstellung von einfachen Werkzeugen, die die Standardisierung der Bauweise und die Bildung weiterer Baugruppen begünstigten (anfänglich handelte es sich um sehr einfache Lötvorrichtungen aus Holz, später um einen mehrteiligen *Werkzeugsatz*).

Bemerkenswert ist zum einen die enorme Wirkung des organisierten Selbstbaus auf die Verbreitung thermischer Solaranlagen. Im Zeitraum von 1984 bis 1997 wurden österreichweit mehr als 400.000 m^2 Kollektorfläche in solchen privat organisierten Selbstbaugruppen hergestellt und installiert (Faninger 2000). Bei einer durchschnittlichen Anlagengröße von rund 10 m^2 kann man davon ausgehen, dass sich österreichweit an die 40.000 Personen an einer der unzähligen Selbstbaugruppen beteiligt haben. Trotz hoher Wachstumsraten bei kommerziellen Anlagen in den 1990-er Jahren geht noch heute beinahe jede vierte Solaranlage in Österreich auf die Aktivitäten des Selbstbaus zurück.

In den Baugruppen entstanden aber auch eine Reihe von technischen Innovationen, die nicht nur für den Erfolg des Selbstbauprinzips relevant waren, sondern generell einen großen Einfluss auf die Entwicklung der Solartechnik in Österreich ausübten. Einige wesentliche Innovationen im Bereich der Solarthermie stehen in enger Verbindung mit den Aktivitäten des organisierten Solaranlagen-Selbstbaus:

- Nutzer-Innovatoren entwickelten einen technisch zuverlässigen und kostengünstigen Kollektortyp, der auf Grund praktischer Erfahrungen mit der Anwendung der Technik über einen Zeitraum von mehr als 10 Jahren kontinuierlich weiterentwickelt wurde.
- Die Selbstbaukollektoren wurden bereits Mitte der 1980-er Jahre direkt in die Hausdächer integriert *(Indachkollektor)*. Kein gewerblicher Anbieter hatte zur damaligen Zeit ein solches Produkt im Programm. Diese Einbauvariante wurde im Selbstbau vor allem deshalb forciert, weil es wesentlich leichter und kostengünstiger war, ein Kollektorgehäuse aus Holz als eines aus Metall zu fertigen. So entstand eine architektonisch sehr ansprechende Montageart, die wesentlich zur allgemeinen Akzeptanz und Verbreitung der Solartechnik beitrug und später von kommerziellen Solarkollektorherstellern übernommen wurde. Heute kommt auch bei gewerblichen Installationen fast ausschließlich diese Einbauart zur Anwendung.
- Auch die ersten praktischen Versuche mit solaren Wohnraumheizungen sind eng mit den Aktivitäten der Selbstbaubewegung verknüpft. Mit den daraus entstandenen Kombisystemen zur Brauchwassererwärmung und Raumheizung konnte in den 1990-er Jahren ein neues Marktsegment für die Solarthermie erschlossen werden. Schätzungen zufolge wurde in den letzten Jahren bereits bis zu 50% der jährlich neu installierten Kollektorfläche in solchen Kombianlagen eingesetzt (Haas et al. 2001: 41). Durch den hohen Marktanteil bei Kombianlagen kommt Österreich im europäischen Umfeld auch in diesem Segment eine bemerkenswerte Vorreiterrolle zu (Fink 2002: 4).

Die Solaranlagen-Selbstbaubewegung ist auf Grund ihrer vielfachen Erfolge sicherlich ein ganz außergewöhnliches Beispiel für einen von NutzerInnen getragenen Innovationsprozess. Dass das zugrunde liegende Baugruppenprinzip doch in bestimmten Grenzen auch auf andere Technologien übertragbar ist, soll anhand unseres zweiten Beispiels gezeigt werden.

Michael Ornetzeder

5. Moderne Biomasseheizungen im Selbstbau

Ähnlich wie im Fall der Solaranlagen gab es in Österreich auch zur Herstellung von modernen Biomasse-Heizanlagen einige Selbstbaugruppen. Diese Gruppen entstanden im Umfeld des Solaranlagenselbstbaus und nutzten die dort entwickelten Organisationsprinzipien. Auch wenn sich daraus keine Massenbewegung, wie im Fall der Solaranlagen entwickelte, sind die dabei gesammelten Erfahrungen doch von großer Bedeutung für ein erweitertes Verständnis der möglichen Rolle von NutzerInnen bei technischen Innovationsprozessen.

Österreich deckt traditioneller Weise einen nicht unerheblichen Teil seines Energiebedarfs mit Biomasse. Im Jahr 1998 waren es rund 10% des österreichischen Primärenergiebedarfs. Mit einem Anteil von 57% stellte Brennholz dabei den maßgeblichsten Anteil an der Biomassenutzung für Energiezwecke. Hinter diesen im internationalen Vergleich doch bemerkenswerten Zahlen verbirgt sich allerdings eine Reihe von Problemen für die zukünftige Nutzung von Bioenergie im Gebäudebereich. Die Gesamtzahl der Haushalte mit Holzheizungen nimmt nämlich schon seit mehreren Jahren ab. Während 1990 noch etwa 608.000 Haushalte oder 21% mit Brennholz heizten, ist diese Zahl bis 1997 auf 514.000 Haushalte oder 16,3% zurückgegangen (Energieverwertungsagentur 2002). Um den relativ hohen Anteil an Holzheizungen annähernd halten zu können, muss von den traditionellen Feuerungsanlagen auf moderne Biomasseverbrennungstechnologien umgestiegen werden, die bezüglich Komfort und Zuverlässigkeit zu anderen modernen Zentralheizungssystemen wie Öl- oder Gasheizungen konkurrenzfähig sind. Das ist der spezifische Kontext, in den die Diskussion um die Entwicklung und Verbreitung moderner Biomasseheizanlagen eingebettet ist.

Die ersten automatischen Biomasse-Heizanlagen wurden nicht in Österreich entwickelt, sondern gegen Ende der 1970-er Jahre vor allem aus Skandinavien importiert. Dabei handelte es sich um technisch sehr einfache Systeme mit Vorofen, Wärmetauscher und Brennstoffbehälter. Diese frühen Fabrikate wurden vor allem im kommerziellen Bereich eingesetzt, etwa in Sägewerken oder Tischlereien, wo Holzabfälle (Rinden, Sägemehl) thermisch verwertet wurden. Der erste Sprung in der Verbreitung erfolgte mit der zweiten Ölpreiskrise im Jahr 1978. Damals begannen auch einige österreichische Firmen solche Anlagen anzubieten, meist Landmaschinen- oder Kesselhersteller.

Um das Jahr 1985 formierte sich die erste Selbstbaugruppe mit etwa 10 Mitgliedern. Ein wesentlicher Impulsgeber waren die Erfahrungen und

Erfolge aus dem Selbstbau von Solaranlagen, der um einige Jahre früher begonnen hatte. Vielfach waren die Teilnehmer und Initiatoren für den Biomasseanlagen-Selbstbau sogar identisch mit den frühen Solaranlagenselbstbauern. Ein Ausgangspunkt war die Überlegung, was man nun anderes im Selbstbau herstellen könnte, nachdem man bereits mit der Solaranlage positive Erfahrungen gesammelt hatte. Diese Überlegungen wurden auch von der Österreichischen Arbeitsgemeinschaft für Regionalentwicklung (ÖAR) aufgegriffen, die unter anderem in Leutschach in der Steiermark ein Büro hatte. Der dortige ÖAR-Regionalentwickler, ein HTL-Ingenieur, traf sich über einen längeren Zeitraum hinweg mit interessierten Leuten aus der Solarenergieszene, um gemeinsam an einem Konzept für eine selbstbautaugliche Biomasse-Heizanlage zu arbeiten. Technisch gesehen entschied man sich letztlich für eine Vorofenfertigung. Dabei befindet sich der so genannte Vorofen mit Brennkammer und Zuführschnecke außerhalb des Kessels. Der Grund für diese Konstruktionsvariante waren Vorteile für die Selbstbaufertigung, insbesondere die Möglichkeit, den Vorofen in einheitlicher Bauweise an unterschiedliche Kessel anschließen zu können und dadurch auch die bereits bestehenden Kessel nutzen zu können.

Aufbauend auf den Designentwurf der ÖAR wurden die Anlagen dann in der ersten Baugruppe mit einem sehr hohen Selbstfertigungsgrad zusammengebaut. Dabei war es von zentraler Bedeutung, dass im ländlichen Raum die dafür notwendigen handwerklichen Fertigkeiten, vor allem in Bezug auf die Metallverarbeitung, noch weit verbreitet sind. Sogar technisch komplizierte Teile, wie die Steuerung, wurden in den Baugruppen selbst angefertigt. Im Wesentlichen handelte es sich bei den TeilnehmerInnen um Landwirte und andere Personengruppen mit entsprechenden mechanischen Fertigkeiten (Handwerker, Eisenbahner etc.). Wie schon im Fall der Solaranlagen war der potenzielle Komfortgewinn einer der wesentlichen Antriebe für die Aktivitäten. Mit dem selbst gebauten Vorofen konnte der alte manuell zu bedienende Heizkessel ersetzt werden. Dazu kommt noch, dass der benötigte Brennstoff, in der Regel in Form von Holzabfällen, in den meisten Fällen beinahe kostenlos zur Verfügung stand.

Auch wenn die Anzahl der Selbstbaugruppen bei weitem nicht an das Vorbild im Bereich der Solaranlagen heran kommt, so hatten die Baugruppen – besonders in Relation zu den damals insgesamt verkauften Biomasseanlagen – doch einen nicht unbedeutenden Effekt. Von der ÖAR wird die Anzahl der seit 1985 organisierten Gruppen auf etwa 10 geschätzt, mit jeweils 10–15 TeilnehmerInnen, d. h., dass in Summe etwa 100 Anlagen gebaut wurden. Nachdem die ÖAR die Betreuung von Baugruppen auf Grund von Finanzierungsproblemen einstellte, wurden von der steirischen Land-

Michael Ornetzeder

wirtschaftskammer weitere Baugruppen organisiert – nach Schätzungen eines LWK-Vertreters wurden ca. 50 Anlagen in etwa 10–12 Baugruppen über einen Zeitraum von zwei bis drei Jahren gebaut. 1989/90 wurden die Aktivitäten endgültig eingestellt, nachdem sich – so der LWK-Vertreter – die Qualität der kommerziellen Anlagen bei gleichzeitig sinkenden Kosten stark zu verbessern begann und die LWK keinen Grund mehr zur Fortsetzung dieser Aktivitäten sah. Insgesamt wurden in den etwa 5 Jahren Selbstbaugruppentätigkeit in der Steiermark zwischen 100 und 150 Hackschnitzelheizungen in Baugruppen selbst gefertigt.

Wie bereits beim Solaranlagenbau zeigen auch die Erfahrungen aus dem Biomasseanlagenbau, dass – trotz wesentlich geringerer Verbreitung des Bauprinzips – eigenständige Innovationen stattfanden, die dem kommerziellen Bereich zum Teil überlegen waren. In der Frühphase der Verbreitung der Biomasseanlagen, in die die Selbstbauaktivitäten fielen, waren kommerzielle Hackschnitzelanlagen generell noch nicht sehr ausgereift. Die Selbstbaugruppen stellten für die Weiterentwicklung dieser eher primitiven Anlagen eine Art Ideenpool dar – wenn auch offen bleiben muss, ob die Innovationen aus dem Selbstbau von Firmen nachgeahmt wurden oder ob es sich bei den kommerziellen Anlagen um unabhängige Parallelentwicklungen handelte. Für die Entwicklung von zumindest zwei bedeutenden technischen Elementen automatischer Biomasseanlagen haben die Selbstbaugruppen aber offensichtlich einen wichtigen Beitrag geleistet:

- Die Sicherheitsfrage war über den ganzen Verlauf der Selbstbauaktivitäten präsent, und es wurden verschiedene Versuche unternommen, damit umzugehen. Technische Vorrichtungen waren dabei nur eine Komponente, mindestens ebenso wichtig waren bestimmte organisatorische und rechtliche Fragen. Technisch gesehen waren die Selbstbauanlagen mit einer dreifachen Rückbrandsicherung, einer Kombination aus Fallschacht, Sprinkleranlage und optischer Flammenüberwachung, ausgestattet. Erst im Laufe der Zeit setzten sich diese Sicherheitstechniken auch bei kommerziellen Anlagen durch.
- Die zweite Komponente, bei der die Selbstbauanlagen den kommerziellen Anlagen Ende der 1980-er Jahre weit überlegen waren, war die Steuerungstechnik. Im Gegensatz zu den damals noch üblichen elektromechanischen Schaltkästen verwendeten die Selbstbauer eine ebenfalls selbst konstruierte und gebaute elektronische Steuerung, die sich durch hohen Nutzerkomfort und einfache Bedienung auszeichnete. Die technischen Sicherheitsvorrichtungen wurden ebenfalls mit Hilfe dieser Steuerung überwacht.

Auch wenn die Verbreitung des Biomasseanlagenselbstbaus regional beschränkt blieb und die Aktivitäten nach einigen Jahren wieder eingestellt wurden, zeigen auch diese Erfahrungen, dass besonders in frühen Phasen der Entwicklung und Verbreitung von Technologien vom Selbstbau – also die Herstellung bzw. der Zusammenbau von Produkten durch ihre künftigen NutzerInnen – bedeutende Impulse für die Weiterentwicklung und Marktdurchdringung von Umwelttechnologien ausgehen können.

6. Betreute Wohnbaugruppen in Freiburg-Vauban

Die dritte Fallstudie beschäftigt sich im Gegensatz zu den beiden technikzentrierten Beispielen mit der gemeinschaftlichen Planung von ökologischen Gebäuden. In der süddeutschen Stadt Freiburg wird bis zum Jahr 2006 auf einem 38 Hektar großen Gelände der ehemaligen französischen Vauban-Kaserne ein sozial-ökologischer Modellstadtteil mit Wohn- und Lebensraum für rund 5.000 Menschen entstehen. Die Planungsarbeiten für den neuen Stadtteil waren in ein breit angelegtes Bürgerbeteiligungsverfahren eingebettet, das von einem gemeinnützigen Verein, dem Forum Vauban, im Auftrag der Stadt Freiburg konzipiert und organisatorisch betreut wurde. Von besonderer Bedeutung für unsere Fragestellung ist jedoch die in Vauban praktizierte Form der *betreuten Baugruppe* (vgl. Sperling 1999: 130 ff.). Das in Freiburg entwickelte Konzept weist eine Reihe von strukturellen Ähnlichkeiten zu den beiden vorangehenden Beispielen auf (vgl. Ornetzeder und Buchegger 1999: 33 ff.).

Die Entstehung der erweiterten BürgerInnenbeteiligung für den Stadtteil Vauban ist eng mit einem älteren Freiburger Stadtentwicklungsprojekt verknüpft. Bereits bei diesem ebenfalls großen Neubaugebiet („Rieselfeld") wurde eine extern organisierte Form von Bürgerbeteiligung eingesetzt. Die Planungsbeteiligung erfolgte dabei allerdings erst so spät, dass von den im Beteiligungsprozess erarbeiteten Ideen und Ergebnissen so gut wie nichts in die Planung einfließen konnte. Für die in diesem Prozess engagierten BürgerInnen war dies eine äußerst enttäuschende Erfahrung. Um das Problem der zu späten Beteiligung im Fall des Stadtteils Vauban zu vermeiden, gründeten einige der schon am Projekt Rieselfeld beteiligten BürgerInnen im Jahr 1994 auf eigene Initiative den Verein Forum Vauban e. V. Im Anschluss an die erste öffentliche Projektvorstellung wurde das Forum Vauban von der Stadtverwaltung mit der organisatorischen Durchführung einer so genannten erweiterten BürgerInnenbeteiligung (über das Bundesbaugesetz hinausgehend) beauftragt.

Michael Ornetzeder

Um den selbst gesetzten Ansprüchen für den nachhaltigen Modellstadtteil gerecht zu werden, sollte in Vauban nicht nur im Zuge der Erstellung des Bebauungsplans die Möglichkeit zur Bügerbeteiligung bestehen, auch die Planung und Errichtung der Wohnungen sollte unter weitgehender Mitwirkung der zukünftigen BewohnerInnen erfolgen. Aus diesem Grund unterstütze das Forum Vauban von Beginn an das aus dem Ökosiedlungsbau bekannte Baugruppenkonzept.

Aufbauend auf Erfahrungen aus privaten Ökosiedlungen entstand in Vauban das Modell der *betreuten Baugruppe* (vgl. Sperling 1999, 130 ff.). Mit diesem Konzept war es möglich, technisch und städtebaulich innovative Lösungen zu vertretbaren Kosten zu realisieren und gleichzeitig den einzelnen Baugruppenmitgliedern relevante Mitsprachemöglichkeiten zu garantieren. Der entscheidende Unterschied zu herkömmlichen Gruppenwohnprojekten lag in der organisatorischen Unterstützung und fachlichen Begleitung im Rahmen des Beteiligungsprozesses in Vauban, wodurch die Erfolgsaussichten im Vergleich zu völlig selbst organisierten Baugruppen wesentlich gesteigert werden konnten. In Vauban waren zudem jeweils mehrere Baugruppen zur selben Zeit aktiv, durch die Koordination und Vernetzung dieser Aktivitäten entstand eine Reihe von Synergieeffekten.

Bauen in der Gruppe bedeutet vereinfacht dargestellt, dass sich mehrere Haushalte zu einer Baugemeinschaft zusammenschließen und gemeinsam ein oder mehrere Wohngebäude realisieren. Die Baugruppe erwirbt dazu ein Grundstück, wählt einen Architekten, plant mit diesem gemeinsam das Projekt und beauftragt Baufirmen mit der Errichtung der Gebäude. Die Baugruppe übernimmt damit Aufgaben, die im großvolumigen Wohnbau üblicherweise von professionellen Bauträgern durchgeführt werden. Bauen in der Gruppe bedeutet für die TeilnehmerInnen einerseits einen hohen Planungs- und Organisationsaufwand (vergleichbar mit dem Bau eines Eigenheimes) und setzt andererseits ein hohes Maß an Diskussions- und Kompromissbereitschaft voraus. Der Gruppenprozess eröffnet aber einen weiten Raum für soziales Lernen und bietet für alle Beteiligten die Chance, die notwendige Verantwortung für ein umweltfreundliches Wohnen selbst zu übernehmen (vgl. Gestring et al. 1997: 176 ff.).

Die Baugruppen in Vauban wurden von MitarbeiterInnen des Forums sowohl inhaltlich als auch organisatorisch betreut. Das Forum vertrat die Interessen der Baugruppen gegenüber der Stadtverwaltung und organisierte die fachliche Beratung und Vernetzung der einzelnen Gruppen. Finanziert wurden diese Tätigkeiten zum Teil aus den Mitteln eines LIFE-Projekts der Europäischen Union. Hatte sich eine Kerngruppe etabliert, wurde jedem

Gruppenmitglied ein Verantwortungsbereich zugewiesen (z. B. Finanzierung, rechtliche Grundlage, Architektur, Haustechnik). Eine Person übernahm die Rolle des/der AnsprechpartnerIn und vertrat die Gruppe in den monatlich stattfindenden Koordinationstreffen, an denen alle Baugruppen teilnahmen.

Bei diesen Koordinationstreffen wurden aktuelle Entwicklungen besprochen, Tipps und Erfahrungen ausgetauscht und der jeweils erforderliche Bedarf an fachlichen Inputs erhoben. „Über die Baugruppenkoordination war es möglich", berichten Sperling et al., „auf die Wünsche und Anregungen der Bauleute einzugehen. So konnte eine gezielte und fachkundige Informations- und Beratungsarbeit durch das Forum Vauban geleistet werden, welche den hohen ökologischen und sozialen Zielen des Modellstadtteils entsprach. Es wurde versucht, die Beratungsangebote nach den Stadien zu richten, in denen sich die Baugemeinschaften gerade befanden. Dabei wurden Themen rund ums ökologische Bauen aufgegriffen und in inhaltlich fundierter Form den Bauinteressenten nähergebracht" (Sperling 1999, 135). Bei diesen Informationsbörsen, die für alle Bauinteressierten offen waren, ging es um ökologisch verträgliche Baustoffe, Passiv- und Niedrigenergiehäuser, soziale Architektur, Begrünungskonzepte oder die Frage der Regenwassernutzung. Die Inhalte wurden von firmenunabhängigen FachexpertInnen vermittelt. Parallel dazu wurden aber auch kommerzielle Anbieter eingeladen, ihre Produkte und Dienstleistungen im Rahmen dieser Veranstaltungen zu präsentieren. Darüber hinaus organisierte das Forum Exkursionen zu bereits bewohnten Ökosiedlungen, wo die TeilnehmerInnen Gelegenheit hatten, mit BewohnerInnen und ArchitektInnen über ihre Erfahrungen zu diskutieren.

In den beiden ersten mittlerweile fertig gestellten Bauabschnitten haben sich mehr als 400 Familien und Einzelpersonen zu insgesamt 45 Baugruppen zusammengeschlossen. Rund ein Drittel aller Wohnungen in Vauban wurde damit von betreuten Baugruppen geplant und errichtet. Die Größe der Gruppen lag zwischen 3 und 20 Haushalten. Realisiert wurden sowohl kleinere Reihenhäuser als auch mehrgeschossige Wohnbauten mit Wohnungsgrößen zwischen 50 und 200 Quadratmetern.

In sämtlichen Baugruppen wurden ökologisch fortschrittliche Gesamtkonzepte umgesetzt. Die Liste der innovativen technologischen Lösungen reicht von Vakuumtoiletten in Kombination mit einer Biogasanlage über Fotovoltaik- und solarthermischen Anlagen bis hin zum ökologisch optimierten Passivhaus. Auch im Mobilitätsbereich wurden, etwa mittels Car-Sharing, ökologisch verträgliche Konzepte umgesetzt. Ein Großteil der BewohnerInnen in Vauban lebt ohne eigenen Pkw (vgl. Forum Vauban 2002). Das

Beispiel Vauban zeigt damit, dass weitgehende Partizipation nicht – wie oft von ökologisch engagierten Architekten und Planern befürchtet wird – zu technisch weniger anspruchsvollen Lösungen führt, sondern unter entsprechenden Rahmenbedingungen technologisch sehr fortschrittliche Konzepte umgesetzt werden.

7. Aus den Fallstudien lernen: Soziale Organisationsprinzipien nutzerinduzierter Innovationen

In allen drei Fallbeispielen waren zukünftige NutzerInnen auf vielfältige Weise – wenn auch in zum Teil sehr unterschiedlicher Intensität – an der Entwicklung und Verbreitung von Nachhaltigkeitstechnologien beteiligt und lieferten wertvolle Beiträge zu deren Verbesserung. Die Bandbreite dieser nutzerinduzierten Innovationen reicht von
- Neu-Konstruktionen (z. B. selbstbaufähiger Kollektortyp, Indachkollektor),
- dem Entdecken und Erproben neuer Nutzungsformen (z. B. teilsolare Raumheizung) über
- inkrementelle Verbesserungen (z. B. Steuerung und Sicherheitsvorrichtungen im Fall der Biomassefeuerungen) bis hin zur
- Aneignung unkonventioneller und zum Teil riskanter Gebäudetechnologien und alternativer Baukonzepte im Rahmen gemeinschaftlicher Planungsprozesse.

Analysiert man die hier vorgestellten Beispiele nutzerinduzierter Innovationsprozesse unter organisationssoziologischen Gesichtspunkten, so zeigen sich einige interessante strukturelle Parallelen. In allen drei Technologiefeldern waren NutzerInnen in autonomen, zeitlich befristeten Gruppen organisiert, wobei sich die Gruppen um eine gemeinsame Zielsetzung der einzelnen Mitglieder konstituierten (die Herstellung eines technischen Gerätes, die Planung eines Wohngebäudes). Die Gruppen waren aber gleichzeitig in umfassendere Netzwerkstrukturen integriert, die einen Informationsaustausch zwischen den Gruppen und damit die Nutzung und Verbreitung des für den Selbstbau notwendigen Wissens sicherstellten. Die Weitergabe von Informationen in diesen Netzwerken erfolgte, und das ist ein weiteres gemeinsames Merkmal der drei Beispiele, frei, d. h. ohne Kosten auf Basis generalisierten Austausches. Die Zielsetzungen der zentralen Organisationseinheiten waren längerfristig ausgerichtet und orientierten sich zum Teil am Leitbild der Nachhaltigen Entwicklung.

Baugruppen: In allen drei Fallbeispielen waren Personen in autonome Baugruppen organisiert. In Gruppen mit durchschnittlich bis zu 40 Personen wurden Solarkollektoren und Biomasse-Feuerungen gebaut oder gemeinsam umweltfreundliche Gebäude geplant. Im Gegensatz zu herkömmlichen Do-it-yourself-Aktivitäten, wurde in unseren Beispielen bewusst auf die Leistungsvorteile der Gruppe gesetzt und dafür der mit der Gruppenbildung einhergehende Mehraufwand für Abstimmung und Koordination der Gruppenmitglieder in Kauf genommen. Ausgangspunkt zur Bildung der Baugruppen waren in allen drei Fällen bereits bestehende soziale Kontakte im Bekannten- und Freundeskreis. Von diesen Kerngruppen ausgehend wurden weitere Mitglieder dazu gewonnen. Die Kerngruppen lieferten bereits einige für Gruppen im soziologischen Sinn wichtige Voraussetzungen, wie psychologisch-geistige Verbundenheit, Wir-Gefühl, Kohäsion sowie eine gemeinsame Sprache, gemeinsame Interessen und Auffassungen. Auf dieser Basis entstanden Gruppen mit eigener Identität, selbst im Fall des Solarkollektorenselbstbaus, wo die einzelnen Gruppen nach Fertigstellung der Kollektoren – in der Regel nach drei bis vier Monaten – wieder aufgelöst wurden. Alle Baugruppen wurden von den TeilnehmerInnen größtenteils selbst organisiert, waren arbeitsteilig strukturiert und orientierten sich in ihrer Struktur am Vereins-Modell (BaugruppenleiterIn bzw. Gruppensprecher als Obmann bzw. Obfrau, Kassier).

Das (Bau-)Gruppenprinzip dürfte auch einer der wesentlichen Gründe für die Innovationskraft der NutzerInnen in den ausgewählten Technologiefeldern sein. Ohne die Interaktionen in den Gruppen und ohne das Zusammenwirken von Personen mit unterschiedlichen Ideen, beruflichen Voraussetzungen und der Rückkopplung der Erfahrungen mit der Nutzung der Technologien wäre es vermutlich nicht möglich gewesen, eine derart große Anzahl (v. a. beim Beispiel Solaranlagen) an technischen Verbesserungen und neuen Anwendungsfeldern zu generieren. Wie im Bereich der Kleingruppenforschung wiederholt festgestellt werden konnte, liegt die gemeinsame Leistung von sozialen Gruppen bei Aufgaben vom Typus des Bestimmens, Suchens, Beurteilens sowie des Tragens und Hebens in der Regel deutlich über dem Niveau der Summe der Einzelleistungen der Gruppenmitglieder (vgl. Hofstätter 1986: 35 ff.). Verantwortlich für diese generelle Gruppeneffektivität sind der gegenseitige Austausch und die wechselseitige Ergänzung der einzelnen Mitglieder. Zudem erzeugt die flexible zweckorientierte Gruppe – Kommunikation innerhalb der Gruppe vorausgesetzt – bei Bestimmungs- und Bewertungsaufgaben auch fehlervermeidende Effekte.

Michael Ornetzeder

Zentrale Trägerstrukturen und soziale Netzwerke: In neueren Ansätzen der sozialwissenschaftlichen Technikforschung wird die Notwendigkeit einer Ko-Evolution von Technik und Gesellschaft betont. Innovationsprozesse verlaufen diesen Konzepten zufolge dann erfolgreich, wenn es gelingt, soziale Institutionen parallel mit den jeweiligen Technologien zu entwickeln bzw. zu verändern. Dies trifft auch weitgehend auf unsere Fallbeispiele zu. In allen drei Fällen waren die einzelnen Baugruppen in längerfristig bestehende soziale Netzwerke eingebettet, zum Teil wurden diese Strukturen sogar von den NutzerInnen erst selbst geschaffen.

Die Grundstruktur dieser Netzwerke bestand aus zeitlich befristeten Baugruppen und einer zentralen Unterstützungs- und Beratungsinstitution, die die Aktivitäten der autonom agierenden Baugruppen koordinierte und als Ansprechpartner für alle Kooperationspartner fungierte. Im Fall der Solaranlagen entstand diese zentrale Organisation quasi eigendynamisch aus dem Baugruppenprozess (zunächst regelmäßig stattfindende Treffen ehemaliger Baugruppenleiter, später der Verein AEE), bei den beiden anderen Beispielen übernahmen bereits bestehende Organisationen diese Vermittlungsrolle. In Hinblick auf die beobachteten technischen Innovationen konnte mit Hilfe der zentralen Trägerorganisationen sichergestellt werden, dass

- Wünsche, Verbesserungsvorschläge und Erfindungen aus den autonom agierenden Baugruppen sowie Nutzererfahrungen mit bereits realisierten Anlagen an einer zentralen Stelle gesammelt wurden;
- diese Nutzer-Innovationen einer kritischen Diskussion und Bewertung unterzogen und gegebenenfalls ausgewählt bzw. für auftretende Probleme aus dem Bereich der Nutzung neue Lösungen erarbeitet wurden;
- das über einem Zeitraum von mehreren Jahren gesammelte Wissen kontinuierlich ausgebaut, erweitert und in Form von Publikationen und Schulungen an neue Gruppen und sonstige Interessierte weitergegeben werden konnte.

Die Existenz solcher zentraler Trägerstrukturen bildete auch die Basis für den weiteren Ausbau der Netzwerke. So wurden beispielsweise, vor allem im Fall der Solaranlagen, zu den wichtigsten Lieferanten der Baugruppen stabile Kooperationsbeziehungen aufgebaut. Gemeinsam mit Herstellern von Systemkomponenten wurde an der Weiterentwicklung der Technik gearbeitet. Oder, wie im Beispiel Freiburg-Vauban, es wurden die Interessen der Baugruppen von der Koordinationsstelle gegenüber Dritten, vor allem gegenüber der Stadtgemeinde als Baubehörde, vertreten.

8. Baugruppen als innovationsorientierte Strategie?

NutzerInnen von nachhaltigen Technologien können unter bestimmten Voraussetzungen – das zeigen nicht nur unsere Beispiele – wertvolle Beiträge sowohl zur Entwicklung als auch zur Verbreitung von Technologien leisten. Aus einer technologiepolitischen Perspektive, die sich zum Ziel gesetzt hat, nachhaltige Technologien bewusst zu forcieren, soll nun abschließend gefragt werden, ob und in welchem Ausmaß sich Prozesse der aktiven Nutzereinbeziehung für technische Innovationsprozesse auf systematische Weise planen und gewinnbringend anwenden lassen.

Im Zusammenhang mit Konzepten wie *Constructive Technology Assessment* (z. B. Schot und Rip 1996, Schot 1999) oder *Innovationsorientierter Technikfolgenabschätzung* (Bröchler und Simonis 1998) wird bereits seit längerem über die Notwendigkeit einer stärkeren Vernetzung zwischen TechnikproduzentInnen und TechnikanwenderInnen diskutiert. Und obwohl eine Reihe von zum Teil ganz konkreten Umsetzungsvorschlägen für eine aktive Einbeziehung von zukünftigen NutzerInnen in Innovationsprozessen entwickelt wurde (Petermann 2000, Bröchler und Simonis 1998, Weyer et al. 1997), findet man praktische Beispiele, bei denen potenzielle NutzerInnen nicht nur punktuell, sondern über längere Zeiträume als ExpertInnen systematisch in Innovationsprozesse eingebunden werden, aber nach wie vor selten. Bei den wenigen dokumentierten Beispielen hat sich zudem gezeigt, dass die Übertragung von Wissen und Anforderungen aus dem Nutzungskontext in den Bereich der Technikentwicklung nicht unproblematisch ist (vgl. Meyer 1999: 5 f.). Ein möglicher Grund dafür ist, dass bislang praktizierte Beteiligungsverfahren sowohl zeitlich als auch hinsichtlich ihrer sozialen Reichweite begrenzt sind. Die beteiligten Akteure haben nicht die Möglichkeit längere Nutzererfahrungen zu sammeln, die Bewertungsprozesse bleiben punktuell, es entwickeln sich keine längerfristigen, interaktiven Lernprozesse zwischen Herstellern und NutzerInnen.

Ein möglicher Ausweg aus dieser Situation lässt sich auf Basis unserer Fallstudienergebnisse skizzieren. In allen drei untersuchten Fällen haben sich NutzerInnen aus eigener Motivation über längere Zeiträume hinweg an technischen Entwicklungen beteiligt oder haben solche Entwicklungen entscheidend vorangetrieben. Durch diese Kontinuität kam es zu Lernprozessen auf Nutzer- und später auch auf Herstellerseite, die sowohl die technische Gestaltung der Technologien als auch ihre soziale Aneignung entscheidend beeinflussten. Wie wir sehen konnten, waren NutzerInnen imstande,

spezifische technische Stile zu kreieren, die die Marktakzeptanz der Technologien erstaunlich positiv beeinflussten.
Unser Vorschlag zielt daher auf eine methodische Ergänzung bzw. Erweiterung vorhandener partizipartiver Technikentwicklungsstrategien um Selbstbau- und Gruppenprinzipien. In Gruppen organisierte Selbstbauaktivitäten lassen sich allerdings keineswegs voraussetzungslos auf andere Technologiefelder übertragen. Die folgenden Überlegungen sollen daher einen ersten Überblick über jene Bedingungen geben, die den gezielten Einsatz von Selbstbauaktivitäten als innovationspolitische Strategie begünstigen bzw. beschränken:

- *Technische Charakteristika:* Schon im Unterschied von Solar- und Biomasseanlagen zeigt sich, dass sich technische Charakteristika sehr wohl auf die Machbarkeit von Selbstbaugruppen auswirken können. Am ehesten scheinen Technologien geeignet zu sein, die technisch nicht zu komplex sind, zur Herstellung keine teuren Spezialwerkzeuge benötigen und von den beteiligten NutzerInnen keine zu hohe technische Kompetenz erfordern. Allerdings gibt es durchaus Möglichkeiten, mit einzelnen dieser Probleme umzugehen. So könnten manche Fertigungsschwierigkeiten bei komplexeren Technologien durch einen höheren Vorfertigungsgrad und eine intensivere Zusammenarbeit mit Herstellerfirmen umgangen werden.
- *Lebenszyklus der Technologie:* Offenbar ist der Selbstbau von Technologien durch NutzerInnen vor allem in der Frühphase einer Technik von Interesse. In dieser Phase können leichter innovative Lösungen gefunden werden, die vergleichbaren kommerziellen Produkten überlegen sind. Auch kann der potentielle Kostenvorteil hoher Stückzahlen in der Produktion bei geringer Marktentwicklung noch nicht ausgespielt werden und gerade die erhöhte Arbeitsintensität kann im Selbstbau leichter erbracht werden, da der eigene Arbeitsaufwand meist nicht monetär bewertet wird. Bei Verfügbarkeit besserer und billigerer kommerzieller Produkte für einen größeren Markt sind Selbstbauaktivitäten oft stark rückläufig (in unseren Fällen sowohl bei Biomasse als auch in einer späteren Phase bei Solaranlagen).
- *Spezifische Nutzermotivation:* Es kann angenommen werden, dass es ganz spezifischer Motivationen bedarf, damit SelbstbauaktivistInnen die erforderliche Energie und Arbeitszeit investieren. Neben der bereits angeführten Kostenersparnis durch Eigenleistung und preisgünstigen Einkauf scheinen – gerade in unseren Beispielen – die Themen *Umweltschutz, Energiesparen* und *Nutzung heimischer Energieträger oder Materialien* eine große Rolle gespielt zu haben. Auf diese Weise kann die Arbeit in der Gruppe auch mit einer *Mission*, einem gemeinsamen gesellschaftlichen Ziel zugeordnet werden. Gerade die Organisatoren und Träger solcher Gruppen, die

selbst nicht mehr unmittelbar von den Vorteilen des gefertigten Produkts profitieren, bedürfen wahrscheinlich einer solchen Orientierung (und hatten diese in unseren Fallbeispielen auch).

- *Spezifische communities of practice oder soziokulturelle Milieus:* Schließlich scheint auch eine Reihe von soziokulturellen Voraussetzungen technikorientierte Gruppenbildungsprozesse zu begünstigen: Faktoren, wie die Tradition der Nachbarschaftshilfe und der gemeinsamen Ernte bzw. sonstige Erfahrungen mit Gruppenarbeit, etwa im Rahmen der universitären Ausbildung, sind sicherlich von Vorteil; das Vorhandensein von bereits existierenden Kerngruppen, ausgestattet mit den für Gruppen notwendigen emotionalen Voraussetzungen wirkt sich ebenfalls förderlich aus; von großer Bedeutung sind zudem Kompetenzen zur Selbstorganisation von Gruppen, wie Moderation- und Organisationsfähigkeiten.

9. Ausblick

Die Bedeutung von NutzerInnen wird bei der Ausformulierung von Strategien und der Anwendung von Instrumenten zur Innovationsförderung häufig unterschätzt. Die Rolle von NutzerInnen bei der Entwicklung und Verbreitung nachhaltiger Technologien besser zu verstehen, bedeutet auch, adäquatere Unterstützungsinstrumentarien für diese Technologien entwickeln zu können, die schon in frühen Designphasen die Einbeziehung von Nutzerperspektiven ermöglichen.

Selbstverständlich gibt es keine Garantie dafür, dass sich die Erfahrungen aus unseren Beispielen auch auf andere Technologiefelder übertragen lassen und von solchen Versuchen auch entsprechend positive Wirkungen ausgehen würden. Unbestreitbar haben jedoch viele Technologien, speziell solche, die sich direkt an Endkunden richten, auch ein hohes Selbstbaupotenzial (wie die vielfältigen Do-it-yourself-Aktivitäten beweisen). Wenn es in solchen Fällen in frühen Entwicklungsphasen gelingt, zukünftige NutzerInnen – zumindest teilweise – in die Herstellung und Planung der Technik zu involvieren, könnten Innovationsprozesse durch die Perspektive und Kenntnisse von NutzerInnen profitieren. Besonders große Effekte sind in solchen Fällen zu erwarten, wenn sich die Aktivitäten in Gruppen organisieren lassen und das entstehende Wissen von zentralen Trägerorganisationen gesammelt und über ein größeres soziales Netzwerk weitergegeben wird. Unter solchen Bedingungen könnte sichergestellt werden, dass Innovationsideen aus dem Nutzungskontext herausgelöst, aufgegriffen, diskutiert, bewertet und gegebenenfalls tatsächlich in Produktform realisiert werden.

Literatur

Akrich, Madeleine (1992): "The de-scription of technical objects." In: W. E. Bijker/J. Law (Eds.), *Shaping Technology/Building Society. Studies in Sociotechnical Change*, Cambridge/London: The MIT Press, pp. 205–224.

Akrich, Madeleine (1995): "User representations: practices, methods and sociology." In: A. Rip/T. J. Misa/J. Schot (Eds.), *Managing Technology in Society: The Approach of Constructive Technology Assessment*, London: Pinter, pp. 167–184.

Allerbeck, K. and Hoag, W. (1989): "'Utopia is around the Corner': Computerdiffusion in den USA als soziale Bewegung", *Zeitschrift für Soziologie 18 (1)*, S. 35–53.

Böhm, Hans-Peter/Helmut Gebauer/Bernhard Irrgang (eds.) (1996): *Nachhaltigkeit als Leitbild für Technikgestaltung*, Dettelbach: Röll.

Brand, Karl-Werner (ed.) (1997): *Nachhaltige Entwicklung. Eine Herausforderung an die Soziologie*, Opladen: Leske + Budrich.

Bröchler, Stephan/Georg Simonis (1998): "Konturen des Konzepts einer innovationsorientierten Technikfolgenabschätzung und Technikgestaltung", *TA-Datenbank-Nachrichten 7 (1)*, S. 31–40.

Bund für Umwelt und Naturschutz (BUND)/MISEREOR (eds.) (1996): *Zukunftsfähiges Deutschland: Ein Beitrag zu einer global nachhaltigen Entwicklung*. Studie des Wuppertal Institutes für Klima-Umwelt-Energie, Basel, Boston, Berlin: Birkhäuser.

Energieverwertungsagentur (2002): *Small and medium scale biomass-boilers and stove manufacturers. Country Picture Austria* [Web Page]. Accessed 2002. Available at: http://www.eva.wsr.ac.at/(en)/opet/bioboiler/aut_cp.htm.

Faninger, Gerhard (2000): *Der Solarmarkt in Österreich 2000 Kurzfassung*, Klagenfurt/Wien: Bundesverband Solar in der Wirtschaftskammer Österreich.

Fink, Christian (2002): *Eine Analyse des österreichischen Solarmarktes innerhalb des ALTENER Projektes „Soltherme Europe Initiative"*, unveröffentlichter Bericht des Projekts SolTherm Europe Initiative, Gleisdorf: AEEE INTEC.

Fischer, Claude S. (1992): *America Calling. A Social History of the Telephone to 1940*, University of California Press: Berkeley.

Forum Vauban (Hg.): *Geschichte – Überblick* [Web Page]. Abgerufen am 12. Nov. 2004. verfügbar unter: http://www.forum-vauban.de/geschichte.shtml.

Freeman, Chris/Luc Soete (1997): *The Economics of Industrial Innovation*, 3rd Ed., London, Washington: Pinter.

Gestring, Norbert/Hartwig Heine/Rüdiger Mautz/Hans-Norbert Mayer/Walter Siebel (1997): *Ökologie und urbane Lebensweise*, Braunschweig, Wiesbaden: Vieweg.

Haas, R./M. Berger/L. Kranzl (2001): *Strategien zur weiteren Forcierung erneuerbarer Energieträger in Österreich unter besonderer Berücksichtigung des EU-Weißbuches für Erneuerbare Energien und Campaign for Take-off*, Wien: BMWA und BMLFUW.

Hackstock, Roger/Kurt Könighofer/Michael Ornetzeder/Willi Schramm (1992): *Übertragbarkeit der Solarkollektor-Selbstbautechnologie*, Projektbericht, Wien: BMWF.

Hajer, Maarten A. (1995): *The Politics of Environmental Discourse. Ecological Modernization and the Policy Process,* Oxford: Clarendon Press.

Hofstätter, P. R. (1986): *Gruppendynamik,* Hamburg: Rowohlt.

Latour, Bruno (1987): *Science in Action. How to Follow Scientists and Engineers through Society,* Cambridge, MA: Harvard University Press.

Lie, Merete/Knut H. Sørensen (eds.) (1996): *Making technology our own? Domesticating technology into everyday life,* Oslo: Scandinavian University Press.

Lundvall, Bengt-Åke (1988): „Innovation as an interactive process: from user-producer interaction to the national system of innovation." In: G. Dosi/C. Freeman/R. Nelson/G. Silverberg/L. Soete (Eds.), *Technical Change and Economic Theory,* London/New York: Pinter, pp. 349–369.

Ornetzeder, Michael/Barbara Buchegger (1999): *Soziale Innovationen für eine nachhaltige Entwicklung,* Berichte aus Energie- und Umweltforschung, Schriftenreihe des Wissenschaftsministeriums, Wien: BMVIT.

Ornetzeder, Michael/Harald Rohracher/Jürgen Suschek-Berger (2003*): Partizipative Technikgestaltung und nachhaltige Entwicklung,* Studie im Auftrag des Jubiläumsfonds der Österreichischen Nationalbank, Wien.

Petermann, Thomas (2000): *Technikfolgen-Abschätzung und Diffusionsforschung ein Diskussionsbeitrag,* TAB-Diskussionspapier Nr. 8 , Berlin: Büro für Technikfolgen-Abschätzung beim Deutschen Bundestag.

Pfaffenberger, Bryan (1992): „Technological dramas", *Science, Technology, & Human Values* 17 (3), pp. 282–312.

Rogers, Everett M. (1995): *Diffusion of Innovations,* 4th Ed., New York: The Free Press.

Rohracher, Harald/Jürgen Suschek-Berger/Günther Schwärzler (1997): *Verbreitung von Biomasse-Kleinanlagen. Situationsanalyse und Handlungsempfehlungen,* Berichte aus Energie- und Umweltforschung 9/97, Wien: Bundesministerium für Wissenschaft und Verkehr.

Schot, Johan (1999): „Constructive technology assessment comes off age. The birth of a new politics of technology." In: *Proceedings of the International Summer Academy on Technology Studies. Technology Studies and Sustainability,* Deutschlandsberg, Austria, Graz: IFZ.

Schot, Johan/Arie Rip (1996): „The past and future of Constructive Technology Assessment", *Technological Forecasting and Social Change* 54, pp. 251–268.

Sclove, Richard E. (1995): *Democracy and Technology,* The Conduct of Science, Hg. von Fuller, Steve, New York/London: The Guilford Press.

Sperling, Carsten (Hg.) (1999): *Nachhaltige Stadtentwicklung beginnt im Quartier. Ein Praxis- und Ideenhandbuch für Stadtplaner, Baugemeinschaften, Bürgerinitiativen am Beispiel des sozial-ökologischen Modellstadtteils Freiburg-Vauban,* Freiburg: Öko-Institut.

Stryi-Hipp, G. (2000): „The European Solar Thermal Market." In: Arbeitsgemeinschaft Erneuerbare Energie (Ed.), *Proceedings der Tagung Gleisdorf Solar 2000*, Gleisdorf: Arbeitsgemeinschaft Erneuerbare Energie, pp. 16–24.

Von Hippel, Eric (1986): „Lead users: a source of novel product concepts", *Management Science* 32 (7), pp. 791–805.

Von Hippel, Eric (1988): *The Sources of Innovation*, Oxford/New York: Oxford University Press.

Von Hippel, Eric (1998): „Economics of Product Development by Users: The Impact of ‚Sticky' Local Information", *Management Science* 44 (5), pp. 629–644.

Weyer, Johannes/U. Kirchner/L. Riedl/J. F. K. Schmidt (1997): *Technik, die Gesellschaft schafft*, Berlin: Edition Sigma.

Ulrike Felt, Maximilian Fochler, Annina Müller

Sozial robuste Wissenspolitik?
Analyse partizipativ orientierter Interaktionen zwischen Wissenschaft, Politik und Öffentlichkeit im österreichischen Kontext[1]

1. Einleitung: Wissenschaft, Politik und Bürgerpartizipation

In zahlreichen europäischen Ländern laufen seit geraumer Zeit mehr oder weniger lebhafte Auseinandersetzungen über die Notwendigkeit der Entwicklung bzw. Einführung von Verfahren der BürgerInnenpartizipation im Bereich politischer Entscheidungsfindung im Zusammenhang mit technowissenschaftlichen Themen. Ausgelöst werden sie vor allem durch regelmäßig auftretende öffentliche technowissenschaftliche Kontroversen und dem dabei deutlich werdenden Verlust an öffentlichem Vertrauen sowohl in politische Institutionen wie auch in die von ihnen getroffenen Weichenstellungen. Klassische politische Entscheidungsstrukturen gestützt von Expertensystemen scheinen nicht mehr auszureichen, um in solchen Bereichen stabile Entscheidungs- und Entwicklungszusammenhänge sicherzustellen.[2] Gleichzeitig wird aber gerade durch die Omnipräsenz wissensökonomischer Gesellschaftsmodelle der Ruf nach einem Mehr an Innovation laut, welche Garant für Wohlstand und Fortschritt sein soll.[3]

Während eine solch eher generelle Aussage in Bezug auf den immer wichtiger werdenden europäischen Politikraum durchaus angebracht erscheint, muss gleichzeitig auf die wichtige Rolle der grundlegend unterschiedlichen nationalen Kontexte verwiesen werden[4], in denen wissenschaftlich-technische Entwicklungen zu verorten sind. Die Unterschiedlichkeit der nationalen Ausgangspunkte zu vielen Debatten lässt auf differente Geschichten des Umgangs mit und der Positionierung von Wissenschaft und Technik im öffentlichen Raum schließen, aber auch auf sich verschieden entwickelnde politische Konstellationen („Kulturen"), in denen wissenschaftlich-technische Entscheidungen eingebettet sind. So kann man für Österreich feststellen, dass Auseinandersetzungen mit der Beziehung zwischen Wissenschaft und Öffentlichkeit im internationalen Vergleich erst sehr spät begonnen haben, sie vielfach noch in einem Aufklärungsdiskurs verweilen und man erst in den letzten Jahren erste Versuche unternimmt, eine eigenständige Positionierung in diesem Bereich zu entwickeln.[5]

Das vorliegende Papier macht sich auf eine Spurensuche nach auf BürgerInnenpartizipation basierenden Modellen der Auseinandersetzung mit breiter angelegten wissenschaftlich-technischen Fragestellungen im österreichischen Kontext. Spurensuche deshalb, weil Österreich in diesen Zusammenhang ein relativ zögerliches Verhalten an den Tag legt und man solche Verfahren keineswegs als verankertes politisches Instrumentarium beschreiben kann. Daher stellt sich die Frage, wie die wenigen bisher durchgeführten Experimente in Zusammenhang mit der wissenschaftlich-technischen Entscheidungskultur stehen, und es gilt aufzuzeigen, was eine Öffnung hin zu einem Mehr an gesellschaftlicher Einbindung an Veränderung mit sich bringen könnte. Um uns diesem Themenfeld und seiner österreichischen Realisierung zu nähern, werden wir in drei Schritten vorgehen. Zum Ersten erscheint eine grundlegende Reflexion der Bedeutung solcher Verfahren angebracht: Kann durch solche Verfahren eine neue Form der Wissenspolitik, die wir als sozial robust charakterisieren wollen, möglich gemacht werden, und was würde dies bedeuten? Gelangt man durch die Öffnung des Entscheidungsprozesses für neue Akteure tatsächlich zu politischen Entscheidungsfindungsprozessen, deren Lösungen stabiler, den gesellschaftlichen Kontexten und Realitäten angepasster und damit akzeptabler sind?

In einem zweiten Schritt werden wir uns den im internationalen Umfeld anzutreffenden unterschiedlichen partizipativen Verfahren widmen. Dabei wird es einerseits darum gehen, eine Typologie solcher Verfahren zu entwerfen, die das Spektrum an Zugangsweisen sichtbar macht und vor deren Hintergrund die österreichische Situation auch strukturell besser verstanden werden kann. Andererseits wird die Frage der Anbindung solcher Verfahren an politische Kontexte zu hinterfragen sein, ebenso wie die Herstellung von Glaubwürdigkeit durch eine „geeignete" Auswahl derer, die gleichsam „im Namen der Gesellschaft sprechen".

Der dritte Teil dieses Beitrags widmet sich dann der österreichischen Situation[6]. Nach einer kurzen Skizze der politischen Rahmenbedingungen sollen die wenigen bisher stattgefundenen partizipativen Verfahren kurz beschrieben und diskutiert werden. Dies führt uns dann zur Frage nach der Leistungsfähigkeit solcher Modelle im österreichischen Kontext.

In unseren abschließenden Überlegungen wollen wir dann einige generellere Beobachtungen zu Möglichkeiten und Grenzen solcher Verfahren anbieten, welche bei weiteren Versuchen in Österreich Berücksichtigung finden sollten.

2. Sozial robuste Wissenspolitik: Eine Begriffsklärung

Hinter dem Titel dieses Beitrages „sozial robuste Wissenspolitik" steckt eine Reihe sehr unterschiedlicher Überlegungen, die zusammengedacht die Komplexität der Wechselwirkung zwischen Wissenschaft, Politik und Öffentlichkeiten deutlich werden lassen.

Zunächst geht es um *Wissenspolitik*[7], wobei dieser Begriff hier aus zumindest viererlei Perspektiven betrachtet werden muss. Erstens soll er auf die zentrale Bedeutung und maßgeblich legitimatorische Funktion von technisch-wissenschaftlichem Wissen im Feld politischer Entscheidungen hinweisen, welche in den letzten Jahrzehnten stark gewachsen ist. Dabei ist das interessante Paradox zutage getreten, dass einerseits immer mehr Zweifel an Expertise in ihrer klassischen Form formuliert wird[8], während gleichzeitig eine Proliferation von Expertensystemen und wissenschaftlichen Beratungsstrukturen auszumachen ist. Politische Entscheidungsinstanzen gehen dabei weiterhin davon aus, dass durch die Wissensbasis ihrer Entscheidungen eine stabilere Form des Vertrauens begründet werden kann. Die Diskussion im Bezug auf Wissenschaft und Technik im Entstehungszusammenhang des *White Paper on Governance*, welches ganz zentral auf das Thema der Expertise und der damit einhergehenden Schaffung von Legitimität abstellt, ist hierfür ein sehr anschauliches Beispiel.[9]

Zweitens soll der Wettstreit zwischen unterschiedlichen Wissensformen angesprochen werden, die in einer Gesellschaft zur Verfügung stehen und die versuchen, in gesellschaftlichen Entscheidungsprozessen ihren respektiven Platz zu behaupten bzw. zu erhalten. Dies gilt sowohl für wissenschaftliches als auch für lokal gesellschaftlich produziertes Wissen. Wir schließen hier an eine Diskussion an, die von Helga Nowotny, Michael Gibbons und anderen seit Mitte der 90er Jahre begonnen und weitergeführt wurde.[10] Der Begriff des *sozial robusten Wissens*, der von den AutorInnen entwickelt wurde, verweist dabei auf eine Reihe fundamentaler Veränderungen in der Produktionsweise, in den Grundcharakteristiken sowie in der gesellschaftlichen Positionierung wissenschaftlichen Wissens. Wissenschaft, so unterstreichen die AutorInnen, sieht sich mit der expliziten Aufforderung konfrontiert, „eine größere Sensitivität für den gesellschaftlichen Kontext", in dem sie wirkt, zu entwickeln und diesen bereits bei der Wissensproduktion mit einzubeziehen. Die Zuverlässigkeit von wissenschaftlichem Wissen – bislang *das* Grundkriterium zur Beurteilung der Qualität dieses Wissens – wird als einziges Kriterium der Beurteilung als nicht mehr hinreichend angesehen, wenn dieses Wissen auch im gesellschaftlichen Kontext aufgenommen werden und Akzeptanz finden soll. Die Anforderungen an die Qualität wissenschaftlichen Wissens müssten demnach erweitert und verstärkt werden, es müsste gewissermaßen nicht nur mehr auf innerwissenschaftliche Validität, sondern auch auf „soziale Robustheit" verweisen können.[11]

Bei Wissenspolitik geht es immer auch um eine Politik der Positionierung von unterschiedlichen Wissensformen zueinander, um eine Hierarchisierung zwischen ihnen, sowie um den Stellenwert nicht-wissenschaftlichtechnischer Expertise. Es steht also maßgeblich die Frage im Zentrum, ob und in welcher Weise es zu einer *Erweiterung des Expertenraumes*[12] kommt/kommen kann, also auch das Wissen von nicht wissenschaftlich ausgebildeten BürgerInnen einen legitimen Platz in Zusammenhang mit wissenschaftlich-technischen Entscheidungen erhalten kann – und auf diese Weise eine „sozial robuste Wissenspolitik" möglich wird.

Drittens ist Politik in ihren Entscheidungszusammenhängen mit immer schnelleren wissenschaftlich-technischen Entwicklungen und deren weit reichenden Auswirkungen konfrontiert. Daher stellt sich zunehmend die Frage des Zeitpunktes wissenschaftspolitischer Entscheidungen – und damit in Zusammenhang stehend auch die Frage des geeigneten Moments für dialogische/partizipative Verfahren. Soll es sich eher um eine so genannte „downstream"-Partizipation handeln, in der bereits „fertiges" wissenschaftliches und technologisches Wissen zur Diskussion gestellt wird, oder geht es vielmehr um „upstream"-Partizipation, bei der schon im Laufe des Forschungsprozesses auch Dialog und Austausch mit gesellschaftlichen Foren besteht? In der rezenten Diskussion wird darauf verwiesen, dass „downstream" gesellschaftliche und institutionelle Positionierungen oft bereits so festgefahren sind, dass ein wechselseitiger Lernprozess und ein Austausch über grundlegende Fragen kaum mehr möglich erscheinen. Während in solchen Fällen „sozial robuste Wissenspolitik" oft vor allem im Aufzeigen und Sichtbarmachen von Konfliktlinien bestehe, soll es in „upstream"-Verfahren auch möglich werden, die Frage nach Werten, Visionen und involvierten Interessen, welche das technowissenschaftliche Projekt vorantreiben, zu stellen.[13]

Viertens muss aber auch noch reflektiert werden, wie in solchen Verfahren die jeweiligen eingebundenen Öffentlichkeiten konzeptualisiert/gedacht werden. Für wen und durch wessen Mitwirkung soll Politik „sozial robust" werden? „Soziale Robustheit" impliziert die Repräsentation wesentlicher gesellschaftlicher Interessen, wenn nicht von „Gesellschaft an sich" in der Produktion und Diskussion solchen Wissens. Aber wie kann diese/r „imaginierte normale BürgerIn" aussehen, der/die in einem solchen Verfahren Stimme erhalten soll?[14] Wer repräsentiert „Gesellschaft" zu einem Zeitpunkt immer stärker werdender Individualisierung? Welche Vorstellungen über Rollen, politische Handlungsmöglichkeiten, Verpflichtungen, Rechte und das Konzept der Expertise werden dadurch zum Ausdruck gebracht? Die Bedeutungszuweisungen, die hinter der Operrationalisierung von Begriffen wie „Öffentlichkeit" oder „Gesellschaft" in konkreten Settings stehen, sowie die darin implizierten Modelle von Gesellschaft verdienen daher nähere analytische Beachtung.[15]

3. Partizipative Verfahren der Technikfolgenabschätzung

Bevor im Folgenden die wenigen österreichischen Erfahrungen näher betrachten werden, soll in diesem Kapitel eine Analyse partizipativer Verfahren auf drei Ebenen stattfinden. In einem ersten Schritt werden wir eine Typologie dieser Verfahren vorstellen, die auf Basis einer Studie in sieben europäischen Ländern entwickelt wurde.[16] Eine zweite, im Grunde quer zu allen Typen liegende Ebene bildet die Anbindung an den politischen Kontext. Diese wird daher in der darauf folgenden Sektion getrennt diskutiert. In einem letzten Schritt werden wir unsere Aufmerksamkeit auf die Herstellung von „glaubwürdigen Öffentlichkeiten" in solchen Verfahren richten.

3.1 Versuch einer Typologie eingesetzter Verfahren

Die folgenden Beschreibungen zu den Verfahrenstypologien (siehe Abb. 1, S. 108) sind idealtypisch zu verstehen. Innerhalb der einzelnen Typen gibt es sowohl unterschiedliche Schwerpunkte als auch Abweichungen von dieser Idealform. Dennoch werden dadurch grundlegende Unterschiede zwischen Verfahren und den dahinter stehenden Modellen der Teilnahme deutlich. Die heterogene Fülle an unterschiedlichen Verfahren wurde dabei in fünf größere Kategorien aufgespalten, die jeweils nach zwei variablen Eigenschaften – grundlegende Orientierung des Verfahrens und Intensität der Laienbeteiligung – in ein Koordinatensystem eingeordnet wurden.

Verfahren mit aktiver Laienpositionierung stellen vor allem auf die aktive Auseinandersetzung einer Gruppe von Laien mit einer technowissenschaftlichen Fragestellung ab. Ziel ist es, BürgerInnen zu ermöglichen, eine Position zu entwickeln und diese auch selbst – meist gegenüber dem politischen System – zu formulieren.

Kennzeichnend für diese Verfahren ist, dass sich die BürgerInnen anhand von Materialien, die sie zur Verfügung gestellt bekommen, mit dem Thema

Abb. 1: Typologie der betrachteten partizipativen Verfahren

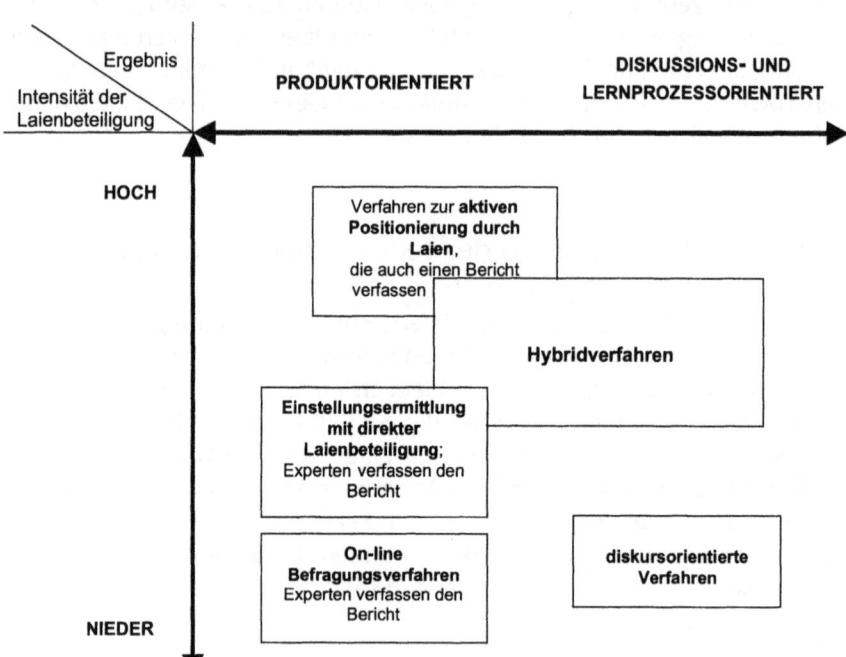

vertraut machen können. Die konkret zu diskutierenden Fragestellungen werden meist innerhalb eines Rahmenthemas von den TeilnehmerInnen selbst festgelegt. Anhand dieser Fragestellungen werden die Problemfelder definiert, zu denen ExpertInnen befragt werden sollen.

Das Hauptelement dieser Verfahren ist in der Regel eine öffentliche Abschlusskonferenz, bei der die BürgerInnen die ExpertInnen befragen und in eine Diskussion treten können. Dadurch entsteht idealerweise eine Plattform des Austausches zwischen Laien und ExpertInnen und das Thema wird einer breiteren Öffentlichkeit vorgestellt. Nach Anhörung und Debatte mit den ExpertInnen ziehen sich die Laien zurück, um einen Bericht bzw. ein Statement zu verfassen. Dieser wird medial inszeniert öffentlich präsentiert, in der Hoffnung, damit in der Folge eine breitere Diskussion und Auseinandersetzung zu initiieren. Dadurch findet gewissermaßen eine Ausweitung des Laienpanels in den gesellschaftlichen Raum statt. In einigen Fällen, z. B. in Norwegen und Dänemark, übergeben die Laien ihren Bericht persönlich einem Mitglied der Regierung oder des Parlaments.

Sozial robuste Wissenspolitik?

Neben Verfahren wie dem Schweizer Publiforum ist als Beispiel dieser Verfahrensgruppe vor allem das Modell der „Konsensuskonferenz" zu erwähnen. Von ihrer Verbreitung her betrachtet kann man sie ohne Zweifel als dänisches „Erfolgsmodell" bezeichnen, das innerhalb Europas, aber auch in Nordamerika oder Australien fast zum Paradigma partizipativer Verfahren wurde.[17] Der Erfolg ist wohl in der Tatsache zu suchen, dass das Design dieser Verfahren ein direkt von Laien verfasstes Statement ermöglicht, das durch die vorangegangene Interaktion mit ExpertInnen den Stand der aktuellen wissenschaftlichen Diskussion berücksichtigt. Dieses informierte Laienurteil wird in manchen politischen Kulturen als qualitativ höherwertig gesehen als etwa die Ergebnisse einer Meinungsumfrage.

Als zweiten Typus haben wir die *einstellungsorientierten Verfahren mit einer direkten Bürgerbeteiligung* (kurz: *Konsultationsverfahren*) identifiziert. Diese Verfahren haben als konkreten Output einen Bericht, der die Einstellung der BürgerInnen in Bezug auf wissenschaftlich-technische Probleme erfassen soll. In diesem Fall liegt der Schwerpunkt allerdings weniger darauf, die BürgerInnen diese Einstellung selbst artikulieren zu lassen. Vielmehr haben diese Verfahren große Ähnlichkeiten mit Methoden der sozialwissenschaftlichen Forschung, wie etwa der Fokusgruppe.

Das Verfahren ist konkret in den meisten Fällen so konzipiert, dass den TeilnehmerInnen Informationen geboten werden, die sie in das Thema einführen. Die BürgerInnen treffen sich einmalig, wobei die verschiedenen Meinungen durch Rapporteure in einem Bericht festgehalten werden. Einstellungsorientierte Verfahren mit direkter Bürgerbeteiligung schließen die beiden Ziele eines medialen Impacts und der Anregung differenzierter öffentlicher Diskussion fast per Definition aus, zielen sie doch vor allem auf einen Informationstransfer von der Öffentlichkeit in das politische System ab und weder auf eine kontroversielle Diskussion noch auf einen Konsens. Durch ihre Orientierung an gängigen sozialwissenschaftlichen Methoden und ihr im Vergleich einfaches Design sind sie relativ schnell und kostengünstig zu organisieren. Einstellungsorientierte Verfahren werden daher vielfach zu enger gesteckten Themenfeldern eingesetzt als etwa Verfahren der aktiven Laienpositionierung. Sie wurden wie etwa der Publifocus der TA-Swiss[18] explizit entwickelt, um kleinere Fragestellungen schnell und günstig untersuchen zu können. Die BürgerInnen haben nur eine beschränkte Zeit zur Verfügung, sich mit dem Thema auseinander zu setzen und eine Meinung zu bilden. Die Interaktion zwischen Laien und ExpertInnen ist, insofern ExpertInnen eingesetzt werden, weit geringer als etwa bei Verfahren der aktiven Laienpositionierung. Die erhaltenen Ergebnisse sind daher entsprechend weniger „informiert". Dies ist nicht unbedingt nur als

Nachteil zu sehen, denn man könnte auch argumentieren, dass die Interaktion mit ExpertInnen auch zur Übernahme einer wissenschaftlich geprägten Problemperspektive führen kann und dass die in einstellungsorientierten Verfahren erhaltenen Ergebnisse daher der Alltagswahrnehmung der Menschen näher kommen.

Im Vergleich zum eher exklusiven Charakter der *Konsultationsverfahren* stehen *Online-Befragungsverfahren* prinzipiell allen offen, die über einen Internetzugang verfügen. Klar ist allerdings, dass die Beherrschung der nötigen Fähigkeiten nicht für alle sozialen Gruppen gleichermaßen vorausgesetzt werden kann. Die Intensität der Interaktion ist eher gering, es gibt insbesondere keinen direkten Kontakt und somit auch nicht die Möglichkeit einer direkten Auseinandersetzung mit verschiedenen TeilnehmerInnen. Diese virtuellen Verfahren dienen vor allem dazu, den verschiedenen Akteuren (ExpertInnen, Betroffenen, der Öffentlichkeit) eine Plattform für Fragen, Kommentare, aber auch zum „Deponieren" von Einschätzungen, Ängsten und Hoffnungen zur Verfügung zu stellen.

Onlineverfahren wurden bisher vor allem eingesetzt, um Meinungen und Erfahrungsberichte einer bestimmten Gruppe zu sammeln oder einen Diskurs zu initiieren, der im Rahmen präsenzbasierter Methoden nicht möglich wäre[19]. Eine offene Frage bleibt weiters, wie hoch die Qualität der Interaktion in dieser Form der Kommunikation sein kann.

Der vierte von uns gebildete Typus sind *die diskursorientierten Verfahren*, welche durch eine offene Teilnahme gekennzeichnet sind. Die Etablierung einer öffentlichen Diskussion, das wechselseitige Kennenlernen unterschiedlicher Positionen sowie das Initiieren eines Lernprozesses sind dabei die primären Ziele. Die Interaktion zwischen Öffentlichkeit und ExpertInnen geschieht meist im Format einer Podiumsdiskussion mit einleitenden Statements bzw. Kurzvorträgen. Weiters stehen in der Regel mehrere Subthemen zur Diskussion. Diese werden teilweise im Plenum oder aber in einzelnen Subworkshops wie z. B. beim National Forum of Science im UK behandelt. Es ist zu beachten, dass der Begriff der ExpertInnen ziemlich weit gefasst wird, so können neben wissenschaftlichen ExpertInnen auch InteressenvertreterInnen, Betroffene, BeamtInnen des Öffentlichen Dienstes, FirmenvertreterInnen oder PolitikerInnen involviert sein.

Diskursorientierte Verfahren zeichnen sich in ihrer Offenheit durch eine vergleichsweise geringe Ergebnisorientierung aus. Dadurch wird es möglich, die Breite an Standpunkten zu einem Thema abzudecken, ohne auf ein gemeinsames Endprodukt kommen zu müssen. Dieses Fehlen eines Endprodukts kann sich jedoch für die Anschlussfähigkeit an weitere politische oder mediale Diskurse als problematisch erweisen.[20] Im besten Fall verfügen diskursorientierte Veranstaltungen über eine Form der „Tagungsdokumentation", die die wesentlichen geäußerten Standpunkte zusammenfasst.

Der fünfte und letzte Typus, der ebenfalls auf die Etablierung eines Diskurses ausgerichtet ist, trägt die Bezeichnung *Hybridverfahren*, da unterschiedliche Elemente in einer Initiative mit einander verwoben zum Einsatz gelangen. Sie verbinden etwa Verfahren zur Bürgerbeteiligung mit Aktivitäten zur Wissenschaftskommunikation. So wurden z. B. bei den niederländischen *Public Debates* neben BürgerInnenpanels auch Theaterstücke an Schulen inszeniert oder klassische Informationskampagnen durchgeführt.[21] Im Fokus dieser Initiativen steht sowohl die Meinungen und Ansichten der Bevölkerung zu erheben und in einem Abschlussbericht zusammenzufassen als auch einen Lernprozess in der Öffentlichkeit auszulösen. Zu diesem Zweck werden zum Teil qualitative Verfahren mit quantitativen Umfragen verbunden, um sowohl repräsentative Aussagen machen zu können, als auch einen tieferen Einblick in die unterschiedlichen im öffentlichen Raum vertretenen Positionen zu bekommen. In der Folge ist der Output dieser Verfahren ebenso vielschichtig wie das Verfahren selbst.

Die Teilnahmebedingungen sind für die verschiedenen Elemente unterschiedlich: Ein Teil der Aktionen ist offen für alle, bei einigen werden die BürgerInnen ausgewählt, wie dies bei den Bürgerpanels der Fall ist. Diese Auswahl geschieht in der Regel nach einem ähnlichen Muster wie bei den Verfahren zur aktiven Laienbeteiligung.

Ein weiteres Kennzeichen dieser Verfahren ist der Versuch, möglichst viele Menschen mit einzubeziehen, um so auch eine gewisse Repräsentativität zu erreichen. Bei der „GM NATION" Public Debate in Großbritannien 2003 nahmen z. B. geschätzte 20.000 Personen teil.[22]

3.2 Partizipation und politische Anbindung:
Einschätzung einer komplexen Beziehung

Quer liegend zur eben beschriebenen Typologie lassen sich vier Arten der institutionellen Anbindung partizipativer Verfahren an das politische System unterscheiden, wobei die Stellung des durchführenden Akteurs zum politischen System und die Frage, ob der Auftrag zur Durchführung des Verfahrens aus diesem kam, von zentraler Bedeutung sind. Diese Typen haben unterschiedliche Implikationen, was auf der einen Seite die Wiedererkennbarkeit für das politische System und die Möglichkeiten, auf Gestaltung und Themenwahl Einfluss zu nehmen, und auf der anderen Seite ihre Wahrnehmung durch das gesellschaftliche Umfeld betrifft.

Kennzeichen des ersten Typus ist die Organisation durch eine unabhängige staatliche Körperschaft mit öffentlichem Auftrag zur Durchführung dialogischer und partizipativer Verfahren im Bereich Wissenschaft und Technik. Die klassischen Beispiele wären etwa das niederländische Rathenau-Institut, das Danish Board of Technology oder TA-Swiss. Ein wichtiges Element dieser Form der institutionellen Anbindung ist, dass diese Organisationen, obwohl sie über eine direkte institutionelle Verbindung zur Politik verfügen, dennoch vor allem finanziell, aber auch in der Auswahl ihrer Themen über eine gewisse Unabhängigkeit verfügen. Diese wird auch aus einer gesellschaftlichen Außenperspektive wahrgenommen und führt zu einem größeren Vertrauen von Seiten der Gesellschaft. Der Input des politischen Systems betreffend der Auswahl der zu behandelnden Themen und der Umgang mit den Ergebnissen sind national unterschiedlich geregelt, im Allgemeinen gibt es aber für beide Punkte eine institutionalisierte Form des Ablaufs, durch die eine gewisse Synchronität mit dem politischen System gewährleistet wird.

Als zu einem zweiten Typus der institutionellen Anbindung an das politische System gehörig lassen sich jene Initiativen beschreiben, die direkt von einer staatlichen Stelle durchgeführt werden. Allerdings liegt bei diesen kein expliziter Auftrag zur Durchführung partizipativer Verfahren vor, und es besteht eine gewisse institutionelle Abhängigkeit von den Kerninstitutionen des politischen Systems. Gemeinsam ist den hier zusammengefassten Verfahren daher eine starke Nähe zum politischen System, die aus der Perspektive einer guten Wiedererkennbarkeit und Verwendbarkeit für die Politik als Vorteil gesehen werden kann, aus einer kritischen gesellschaftlichen Perspektive aber auch als mangelnde Unabhängigkeit ausgelegt werden kann.

Als dritter Typus wären jene Verfahren zu nennen, zu deren Durchführung ein expliziter Wunsch und Auftrag seitens der Politik zu verzeichnen ist, die jedoch von einer privaten Institution, die keine institutionelle Verbindung zum politischen System aufweist, oder von einem eigens zu diesem Zweck ins Leben gerufenen Komitee veranstaltet werden. Die Politik tritt hier explizit als Auftraggeber in Erscheinung, wodurch es ihr möglich wird, ihre Präferenzen in das Design des Verfahrens einzubringen. Als Beispiel wären hier etwa die von der niederländischen Regierung beauftragten Hybridverfahren zu nennen. Gleichzeitig kann jedoch aus einer Außenperspektive aber der Eindruck entstehen, die beauftragte Institution sei (vor allem finanziell) abhängig und würde daher das Verfahren in Richtung eines vom Auftraggeber gewünschten Ergebnisses lenken. Dies wurde etwa bei den eben erwähnten Hybridverfahren regelmäßig recht massiv kritisiert.

Als vierter Typus sind schließlich jene Verfahren zu beschreiben, die von einer Institution ohne jede formelle institutionelle Anbindung an und ohne

Initiative von Seiten des politischen Systems durchgeführt wurden. Als Beispiele seien etwa die erste in Großbritannien durchgeführte Konsensuskonferenz des Science Museum oder die vom deutschen Hygienemuseum initiierte Bürgerkonferenz zum Thema Gendiagnostik zu nennen. Während in diesen Fällen die wahrgenommene Unabhängigkeit des Veranstalters in den meisten Fällen hoch ist, gestaltet sich die Wahrnehmung und die Integration des Verfahrens für das politische System meist schwierig.

Welche Form der politischen Anbindung eine zentrale Rolle einnimmt, scheint vor allem aus kontingenten nationalen Entwicklungen zu resultieren. Gibt es eine zentrale Institution, die die für den ersten Typ beschriebenen Kriterien erfüllt, so ist meist dieser Typ der Anbindung dominant, andere Formen bleiben dagegen marginal. So kann man etwa im Falle Dänemarks sehen, dass sich neben dem Danish Board of Technology und dem von ihnen entwickelten Modell der Konsensuskonferenzen kaum andere Versuche oder andere Akteure ausmachen lassen. Fehlt eine solche Institution, ist meist eine Mischung unterschiedlicher Anbindungsformen zu beobachten, die von nationalen Gegebenheiten abhängig sind. Während es etwa in Großbritannien vor allem zu Beginn der Entwicklung aktive private Akteure waren, die die ersten Initiativen ins Rollen brachten, erhält bei einem Fehlen solcher Initiatoren, wie etwa in Österreich, das politischen Systems selbst eine quasi-exklusive Rolle.

3.3 Wer spricht im „Namen der Gesellschaft"? – Die Herstellung von Glaubwürdigkeit

Nachdem der Anspruch nahezu aller beschriebenen Verfahren ist, eine gesellschaftliche Position über die direkt involvierte Personengruppe hinaus zu ermöglichen, sind die Zugänge zur Repräsentation von Gesellschaft eine zentrale Frage, die es hier zu reflektieren gilt.

Es lassen sich idealtypisch zwei Modelle der Auswahl der BürgerInnen unterscheiden. Zentral sind dabei die verschiedenen Bilder von „den BürgerInnen" und der Gesellschaft, der sie angehören, die den unterschiedlichen Verfahren zugrunde liegen.

Das erste Modell basiert auf der Annahme, dass eine Gesellschaft aus einzelnen Individuen besteht, die sich nach den klassischen Variablen der Sozialstruktur wie Alter, Geschlecht oder Bildung beschreiben lassen. Letzten Endes geht es daher darum, eine möglichst ausgewogene Verteilung zu erreichen, die die Gesellschaft nach dem eben beschriebenen Modell möglichst gut repräsentiert. Da die ausgewählten BürgerInnen die „Gesellschaft als

Ganzes" vertreten sollen, dürfen sie im Allgemeinen keiner Interessengruppe, die eine klar definierte Position zum Thema hat, angehören. Die Zentralität der Unabhängigkeit und Unbeeinflusstheit des gesamten Verfahrens wird hier auch auf die Auswahl der BürgerInnen übertragen, die im Idealfall dem Thema möglichst unvoreingenommen gegenüberstehen sollen.

Das zweite Modell geht nicht von einer Gesellschaft einzelner Individuen mit recht ähnlicher Nähe oder Distanz zum gewählten Thema aus, sondern von einer Gesellschaft aus verschiedenen Gruppen, die je nach ihrer spezifischen Form der (potentiellen) Betroffenheit einen stärkeren oder schwächeren Bezug zum Thema haben. Ziel des Verfahrens ist es hier, ein möglichst breites Spektrum an Stimmen zum Thema einzufangen.

Zentral ist daher nicht eine möglichst unbeeinflusste Auswahl der BürgerInnen, sondern eine bewusste Balancierung verschiedener Stimmen zum Thema. Diese Form der Auswahl findet sich vor allem bei Konsultationsverfahren, die gar nicht den Anspruch haben, dass eine „ideal" repräsentierte Gesellschaft der Politik gegenüber treten soll. Ziel dieser Verfahren ist vielmehr die Abbildung des vorhandenen Meinungsspektrums und deren Übermittlung an die Politik.

Abschließend lässt sich daher zusammenfassend anmerken, dass sich die Beurteilungskriterien der beiden beschriebenen Modelle der BürgerInnenauswahl diametral unterscheiden. Ein Kriterium, dass in einem Modell für den Erfolg der Auswahl als unerlässlich angesehen wird, kann im anderen Modell eben diesen Erfolg unmöglich machen.

4. Österreichische Erfahrungen mit partizipativen Verfahren zur Technikfolgenabschätzung auf nationaler Ebene

Nach den vorangegangenen konzeptuellen Elementen werden wir im folgenden Abschnitt vor diesem Hintergrund die rezenten österreichischen Erfahrungen und Experimente im Bereich partizipativer Verfahren diskutieren. Dabei werden wir unseren Blick nicht nur auf die Verfahren selbst, deren Konzeptualisierung und Durchführung werfen, sondern vor allem auch die Anbindung an das politischen Feld und deren Bedeutung für das Verfahren hinterfragen. Es geht also nicht primär darum, die unterschiedlichen Modelle und Methoden der angewandten Partizipation oder des Dialogs aufzuzeigen, sondern vor allem um die Frage, wie die konkreten politischen Einbettungen und die Verschiebungen im Verhältnis Politik – Öffentlichkeit im österreichischen Kontext verstanden werden können.

Konkret wurde in der vorliegenden Arbeit der Fokus auf Verfahren der letzten Jahre gelegt, da ein etwas größeres Interesse an partizipativen Experimenten auszumachen war/ist. Wir haben nur jene Verfahren berücksichtigt, die nicht auf das Finden von lokalen Lösungen ausgerichtet waren[23], sondern größer angelegte nationale Diskussionen in Bezug auf wissenschaftlich-technische Problemstellungen zum Ziel haben. Erstere Verfahren unterscheiden sich so grundlegend bezüglich ihrer Anbindung an das politische System sowie bezüglich einer Reihe weiterer Dimensionen, dass ihre Diskussion im Rahmen dieses Artikels nicht zielführend erscheint.

4.1 Nationaler politischer Kontext

Das österreichische politische System, traditionell eine repräsentative parlamentarische Demokratie mit starken föderalistischen und korporatistischen Elementen[24], ist im Moment in einem gravierenden Wandlungsprozess begriffen. Die Realverfassung der österreichischen politischen Kultur wurde seit dem zweiten Weltkrieg im Wesentlichen durch ein konsensuell geprägtes Governance-Modell, in dem die in den Sozialpartnern organisierten zentralen, mächtigen Interessenorganisationen gemeinsam mit den eng mit ihnen verknüpften Großparteien alle wichtigen Entscheidungen „hinter verschlossenen Türen" trafen, geprägt. Dieses System der korporatistischen Konkordanzdemokratie, auch „Austrokorporatismus" genannt[25], entwickelt sich in den letzten Jahren mit zunehmender Geschwindigkeit zu einer eher von Konflikt geprägten politischen Landschaft, in der sich nicht nur die Allianz zwischen Arbeitgeber- und Arbeitnehmerseite, sondern auch die engen Bindungen zwischen den Parteien und den ihnen nahe stehenden Interessenorganisationen aufzulösen beginnen.

Die österreichische Verfassung kennt drei wesentliche Elemente direkter Demokratie, zum einen das Volksbegehren, zum anderen die Volksabstimmung und die Volksbefragung. Dennoch sind diese partizipativen Elemente keineswegs als zentrales Element der österreichischen politischen Kultur zu bezeichnen. Einer eher obrigkeitsstaatlichen Kultur entsprechend wurden viele Volksbegehren der zweiten Republik von Parteien initiiert[26], erst in den 1990er Jahren ist hier ein Wandel zu verzeichnen, der sich vor allem in zwei großen Volksbegehren zu Frauenrechten und zum Verbot grüner Gentechnik äußert. Letzteres Thema bildet gemeinsam mit der Debatte über Atomkraft, die mittlerweile allerdings mit und vor allem über die osteuropäischen Nachbarländer stattfindet, die zwei wesentlichen Themen öffentlicher Diskussion zu Wissenschaft und Technik der letzten Jahre.

In Bezug auf den weiteren Kontext in der österreichischen politischen Kultur ist somit anzumerken, dass partizipative Verfahren auf nationaler Ebene, vor allem im Bereich Wissenschaft und Technik, zunächst eher neue und unbekannte Elemente im Rahmen des politischen Systems darstellen. Ihr verstärkter Einsatz ist vor dem Hintergrund eines Wandels des politischen Systems einerseits und eines parallelen diskursiven Trends zu mehr Partizipation im Rahmen der Europäischen Union anderseits[27] zu verorten.

4.2 Verfahren und ihre Akteure

Im Folgenden werden wir uns auf zwei Gruppen von rezenten partizipativen Ereignissen in Österreich beziehen. Zum einen geht es um BürgerInnenkonferenzen, wobei wir vor allem auf die 2003 abgehaltene bundesweite BürgerInnenkonferenz „Genetische Daten – woher, wohin, wozu" fokussieren werden, die als Begleitung des Innovationsprogramms „Innovatives Österreich"[28] vom Rat für Forschung und technologische Entwicklung gefördert wurde. Die regionale Konsensuskonferenz der östlichen Bundesländer zum Thema troposphärisches Ozon aus dem Jahr 1997 wird hier nicht mit einbezogen. Es sei nur in wenigen Sätzen erwähnt, dass dieser erste Versuch vor allem durch sein Scheitern immer wieder Aufmerksamkeit erhält. Vor allem das Fehlen eines unabhängigen Organisators, Kommunikationsprobleme zwischen ExpertInnen und Laien sowie das subjektive Empfinden des Panels, man wolle eine heikle politische Entscheidung auf sie übertragen, führten zum Scheitern der Konferenz.[29] Insofern könnte diese Veranstaltung als eines der wenigen Beispiele für eine „zu starke" politische Anbindung ohne gleichzeitigen politischen Impact gesehen werden.

Zum anderen sollen hier die beiden dialogisch orientierten Initiativen, „Diskurstag Gendiagnostik" (Wien, 2002) und „Diskurstag Genomforschung und Medizin – Was habe ICH davon?" (Graz, 2004) welche als Begleitung zum großen österreichischen Genomforschungsprogramm GEN-AU[30] ins Leben gerufen wurden, näher betrachtet werden.

Beide Initiativen wurden also jeweils als Begleitprogramm zu Forschungs- und Innovationsprogrammen gestartet, die Initiative ging daher zwar von staatlicher Seite aus, allerdings eher von der administrativen Ebene, als von Regierung oder Parlament selbst. Die eigentliche Organisation übernahmen thematisch spezialisierte Kommunikationsplattformen und, bei der abgehaltenen Bürgerkonferenz, eine PR-Agentur.

4.2.1 Die Bürgerkonferenz zu „Genetische Daten" – Methodentransfer mit Hindernissen

Ziel der Bürgerkonferenz „Genetische Daten. Woher, wohin, wozu", die 2003 in Wien abgehalten wurde, war es ein bislang in Österreich relativ wenig aufgegriffenes Thema, nämlich den Umgang mit genetischen Daten und den damit verbundenen Risiken, breit zu diskutieren. Initiiert von einer PR-Agentur und Vertretern des Bildungsministeriums wurde die Bürgerkonferenz im Rahmen der „Awareness Campaign" des Rates für Forschung und Technologieentwicklung finanziert. Wesentlich ist hier anzuführen, dass diese Maßnahmen zur Hebung des Bewusstseins für Innovation in der Bevölkerung weitgehend vom Duktus der Information und Aufklärung getragen waren und das Format der Bürgerkonferenz eine gewisse Sonderstellung im Spektrum der sonstigen Projekte innehatte.

Vom Design her orientierte man sich stark an der vorhandenen Methodik der Konsensuskonferenzen im Allgemeinen und der deutschen Bürgerkonferenz im Speziellen.[31] Ziel war keine „wirkliche" Entscheidung durch diese BürgerInnenkonferenz herbeizuführen, sondern das Unternehmen verstand sich vielmehr als eine Art Methodentest im österreichischen Kontext ebenso wie als eine Möglichkeit für die Kommunikationsagentur, Erfahrungen zu sammeln.[32]

Dies hatte auch Auswirkungen auf das gewählte Thema – genetische Daten –, welches eigentlich nicht auf der politischen Agenda war und zu dem es auch kaum öffentliche Diskussion gab. Dennoch war das Thema „im Raum", da ja 2001 in Österreich ein groß angelegtes Genom-Forschungsprogramm angelaufen war, in dessen Rahmen ähnliche Fragen bereits ein Jahr zuvor bei einem „Diskurstag" diskutiert wurden. Man ging also davon aus, dass es hier bereits ein Thema gab, an das man anschließen könnte. Externe Expertise über das wissenschaftliche Feld einerseits, aber auch über die Methode der Konsensuskonferenzen andererseits wurde für die erste Phase des Designs hinzugezogen.[33] Darüber hinaus wurde ein „Advisory board" eingerichtet, welches ExpertInnen aus den Bereichen Medizin, Ethik, Technikfolgenabschätzung, Genetik und Recht umfasste.

Die Auswahl der BürgerInnen erfolgte über eine Aussendung von Einladungen an eine zufällige Stichprobe von 4000 Personen, von denen sich dann schließlich 105 für eine Teilnahme bewarben. Zwölf von ihnen wurden schließlich nach demographischen Kriterien ausgewählt.

Dem klassischen Modell der Konsensuskonferenz folgend gab es zwei Workshops im Frühjahr 2003, bei denen sich die BürgerInnen im Detail mit den damit in Zusammenhang stehenden Themen auseinander setzen konnten, Fragen formulierten und entsprechende ExpertInnen auswählten. Die ExpertInnen-Hearings fanden dann etwas mehr als ein Monat nach dem zweiten Workshop an zwei Tagen statt, aus denen heraus dann entsprechende Empfehlungen von Seiten der Laien formuliert wurden. Am Tag danach wurden diese dann sowohl in einer Pressekonferenz vorgestellt als auch dem Vorsitzenden des Rates für Forschung- und Technologieentwicklung sowie dem Nationalratspräsidenten überreicht.

4.2.2 Diskurstage zu Themen der Gentechnik – Versuch einer forschungsbegleitenden öffentlichen Diskussion

Die Diskurstage 2002 und 2004 stellten ein im österreichischen Kontext neues dialogisches Verfahren dar[34]. Die Grundidee bestand darin, parallel zur Förderung der Genomforschung im Rahmen des GEN-AU-Programms des bm:bwk auch einen Raum zu schaffen, in dem gesellschaftlich relevante Themen, die in Verbindung zur Genomforschung stehen, unter öffentlicher Beteiligung mit verschiedenen ExpertInnen diskutiert werden können. Ziel war daher vor allem die Anregung einer breiteren öffentlichen Diskussion zu den sozialen, ethischen und rechtlichen Fragen der Genomforschung.

Bei beiden Diskurstagen war die Organisation in den Händen des Programmbüros Gen-Au (Leitung und Koordination), von Science Communication (Presse- und Öffentlichkeitsarbeit) und von dialog<>gentechnik (Design der Veranstaltung und z. T. Durchführung).

Im Vorfeld der Diskurstage war es möglich, schriftliche Diskussionsbeiträge einzureichen, wobei das Themenfeld abgesteckt war. Diese wurden dann auf der GEN-AU-Homepage positioniert, um so den TeilnehmerInnen eine gewisse Vorbereitung zu ermöglichen. Unklar bleib, welche Stellung diese Beiträge im Verhältnis zu vor Ort vorgebrachten Ad-hoc-Diskussionsbeiträgen haben würden.[35] Im Schnitt langten pro Veranstaltung etwa 20 solcher Kurzbeiträge ein, wurden aber – so die entsprechenden Evaluierungen – von den TeilnehmerInnen kaum gelesen.

Gemäß der Offenheit des Verfahrens wurde das Zielpublikum nicht näher definiert, es sollten prinzipiell alle an dem Thema interessierten Personen angesprochen werden. Bedingt durch die Abhaltung der Veranstaltung an einem Wochentag kam es aber dennoch zu einer Selektion in Richtung beruflich involvierter Personen. Schüler wurden bei beiden Events als Zielpublikum anvisiert und stellten auch einen wesentlichen Prozentsatz der TeilnehmerInnen, die in beiden Fällen 130–150 Personen waren.

Strukturiert waren die Tage entlang thematischer Einheiten, die mit einem Inputreferat begannen und dann zur moderierten Diskussion geöffnet wurden. Somit blieb man im Grunde bei einem recht klassischen Format der Diskussionsveranstaltung. Beim ersten Diskurstag wurden zur Sicherung der Nachhaltigkeit der Auseinandersetzung auch Arbeitskreise ins Leben gerufen, die jenseits der einmaligen Veranstaltung die Diskussion wesentlicher Themen vorantreiben sollten.

4.3 Die Realität partizipativer Verfahren in Österreich

Eine wichtige Frage bei der Betrachtung partizipativer Verfahren ist die nach der Leistungsfähigkeit für die BürgerInnen und PolitikerInnen, also: Inwieweit kann man die durchgeführten Verfahren als gelungen im Sinne einer BürgerInnenpartizipation sehen? Auf einer praktisch-pragmatischen Ebene kann man diese Frage wahrscheinlich bejahen. Die Verfahren wurden durchgeführt, die TeilnehmerInnen waren bis zu einem gewissen Grad mit dem Ablauf zufrieden und die formalen Erwartungen an einen Output wurden, wie etwa der Bericht der BürgerInnen im Rahmen der Bürgerkonferenz, erfüllt. Wenn man allerdings die Hypothese, dass solche Verfahren einen Beitrag zu einer sozial robusteren Wissenspolitik leisten können, ernst nimmt, so ist ein differenzierter Blick notwendig. Hierzu werden wir die beiden Verfahrenstypen getrennt betrachten, da sie sehr unterschiedliche zugrunde liegende Erwartungen haben und daher auch ein ganz unterschiedlicher Output zu erwarten ist.

Die Einschätzung der BürgerInnenkonferenz zu genetischen Daten ist entlang sehr unterschiedlicher Achsen vorzunehmen. Zum ersten geht es um die Frage der Repräsentativität der ausgewählten Personen. Dies kann man paradoxerweise auf einer Ebene als gelungen, auf einer anderen jedoch als prinzipiell problematisch einschätzen. Gelungen deshalb, weil durch ein sorgfältiges Auswahlverfahren durchaus ein breites Meinungsspektrum in der Gruppe vertreten war. Dadurch konnte man von einem gewissen Grad an Repräsentativität ausgehen. Die grundlegende Frage des Mandats der ausgewählten Gruppe sowie der Legitimität eines solchen Verfahrens im Rahmen des österreichischen politischen Systems blieb undiskutiert und unbeantwortet.

Eine weitere wichtige Dimension in der Diskussion der BürgerInnenkonferenz ist das im Rahmen der Veranstaltung performierte Verhältnis von ExpertInnen und Laien. Ein möglichst wenig hierarchisches Verhältnis zwischen den beiden Seiten ist für das Gelingen eines partizipativen Dialogs von entscheidender Bedeutung. In der Literatur wurde wiederholt darauf hingewiesen, dass dieses Verhältnis stark kulturell geprägt ist und gerade die „Herkunftsländer" der Konsensuskonferenz wie Dänemark hier eine sehr spezielle kulturelle Konfiguration aufweisen.[36] Ein wenig hierarchisch geprägtes Verhältnis in der jeweiligen nationalen Kultur zu Wissenschaft im Allgemeinen und zwischen ExpertInnen und Laien im Speziellen erleichtert die kritisch-reflexive Interaktion während des Verfahrens. Eine Akzeptanz „gebildeter Laien", wie sie etwa in der dänischen Grundtvig-Bewegung verwurzelt ist[37], stützt zudem die Position der Laien als SprecherInnen gegenüber dem politischen System eher, als eine nationale Kultur in der der Begriff Laie vor allem mit „Unwissen" assoziiert wird. Die Diskussion im Rahmen der abschließenden Veranstaltung der österreichischen Bürgerkonferenz kann nur als sehr zurückhaltend und die Experten-Laien-Hierarchie performierend beschrieben werden. Dadurch gelang es den Laien nicht wirklich, ein diskursives Gegengewicht zu den geladenen ExpertInnen zu bilden. Diese offensichtliche Kluft wurde auch durch die Moderation keineswegs ausreichend wahrgenommen und entsprechend gegengesteuert. Dies spiegelte sich dann gewissermaßen auch in einer sehr „zahmen" Stellungnahme der Laien wider, die eher aufzeigt, dass sie im BürgerInnenpanel Erfahrungen gesammelt und Wissen erworben, aber nicht, dass sie klar Position bezogen haben.

Drittens kann man nicht umhin, den Erfolg eines solchen Verfahrens auch an einer breiteren gesellschaftlichen Sichtbarkeit zu messen. Hierbei ist allerdings zu bedenken, dass die Einführung einer neuen Methode nicht nur auf eine nationale Kultur trifft, sondern nach einer gewissen Zeit auch in diese eingreift und sie verändert. Dies gilt sowohl für das Verhältnis von ExpertInnen und Laien als auch für die Einbettung partizipativer Demokratie in die jeweilige politische Kultur. Während es einleuchtend erscheint, dass partizipative Verfahren in einer politischen Kultur, die eine ähnlich lange Tradition der Bürgerbeteiligung aufweist wie die dänische[38], leichter integriert werden können, so zeigen etwa die Beispiele der Niederlande und Großbritanniens[39], dass diese auch ein wesentlicher Teil einer Bewegung zur Etablierung einer solchen Kultur werden können.

Führt man diese Überlegungen fort, so wird deutlich, dass für eine nachhaltige Wirkung eines solchen Verfahrens nicht nur die Veranstaltung selbst von Bedeutung ist, sondern auch eine breite, qualitativ gute mediale Berichterstattung als Begleitung – besonders zu einem Zeitpunkt, an dem Politik immer stärker auf medial verbreiteten symbolischen Handlungen beruht. Dadurch könnte der Dialog zwischen ExpertInnen, BürgerInnen und Politik auch über den engeren Kreis hinaus vermittelt und so greifbarer gemacht werden. Diese mediale Präsenz konnte im Fall der BürgerInnenkonferenz zu genetischen Daten keineswegs erreicht werden. Die Printmedien verhielten sich weitgehend schweigend, eine kurze Fernsehpräsenz und Radiosendungen waren wohl zu wenig, um die notwendige Sichtbarkeit des Verfahrens und der Ergebnisse sicherzustellen sowie seine Bedeutung zu vermitteln.

Wohl am enttäuschendsten ist als weiterer Punkt die politische Resonanz einzuschätzen. Die Ergebnisse partizipativer Verfahren stellen eine qualitative Auseinandersetzung von BürgerInnen zu einem bestimmten Thema dar. Im Gegensatz zu quantitativ orientierten Umfragen, bei welchen die Befragten ohne Hintergrundwissen zu und Auseinandersetzung mit einem bestimmten Thema eine Meinung abgeben, ermöglichen es partizipative Verfahren den BürgerInnen, eine gewisse Zeit der Analyse des jeweiligen Themas zu widmen. Dies ist angesichts der immer größer werdenden Anzahl immer komplexerer technowissenschaftlicher Themen, die aus einer Alltagsperspektive nicht mehr überblickbar scheinen, zentral. Doch scheint weder das Thema – welches durchaus als brisant gelten kann – noch das Verfahren selbst oder die präsentierten Ergebnisse auf weitere politische Resonanz gestoßen zu sein.

Schließlich ist die institutionelle Positionierung des veranstaltenden Akteurs von großer Bedeutung, wobei die Wichtigkeit der wahrgenommenen Unabhängigkeit vielfach unterschätzt wird. Im hier diskutierten Fall stellt sich das Problem in zweifacher Natur. Zum einen wurde die Veranstaltung im Rahmen einer „Awareness campaign" mit dem Ziel der Innovationsförderung finanziert und durchgeführt. Dadurch schien der Rahmen in gewisser Weise bereits vorgegeben und die Ergebnisoffenheit wurde immer wieder bezweifelt. Zum anderen waren die Veranstalter eine PR-Agentur, die bis zu diesem Zeitpunkt keinerlei Erfahrungen in diesem Bereich aufweisen konnte und auch nicht als unabhängiger Akteur wahrgenommen wurde.

Wenden wir uns nun den beiden Diskurstagen, welche 2002 und 2004 durchführt wurden, zu, so können auch hier ähnliche Beobachtungen angestellt werden. Allerdings ist die Ausgangslage etwas anders, denn für dieses Verfahren gibt es kaum dominante Vorbilder wie im Fall der Konsensuskonferenz. Hier war es also an den Veranstaltern, Einfallsreichtum zu entwickeln und „ihr" Verfahren zur dialogischen Einbindung der BürgerInnen in der politischen Landschaft zu positionieren.

Was die Einschätzung der TeilnehmerInnen betrifft[40], so wurden die Veranstaltungen eher als Informationsveranstaltungen mit Diskussion wahrgenommen, denn als eine wirkliche Möglichkeit zum Dialog oder zur Auseinandersetzung. Vor allem beim ersten Diskurstag wurden Raumanordnung (großes Podium und Sesselreihen für das Publikum), ein Teil der Vorträge sowie der Moderationsstil kaum als Einladung zur Teilnahme gewertet. Dies bedeutet nicht, dass die Veranstaltung global als schlecht bewertet wurde, allerdings sah man sie nicht als Ort der Interaktion und des Austausches. Während bei der zweiten Veranstaltung zwar die Erfahrungen der ersten integriert wurden, fand auch dort keine wirkliche Auseinandersetzung über das Thema statt. Im Wesentlichen könnte man dies dadurch erklären, dass die anwesenden Personen in zwei große Gruppen mit unterschiedlichen Motivationen für ihr Kommen geteilt werden können. Während ForscherInnen oder involvierte Fachpersonen eigentlich gekommen waren, um das Bild über ihre Forschung zurechtzurücken und zu informieren, kamen die BürgerInnen oder SchülerInnen eher um Informationen zu erhalten. Dadurch reproduzierte sich die klassische Laien-ExpertInnen-Trennung, die auch durch das Setting vor Ort und die Durchführungsmodalitäten nicht wirklich aufgebrochen wurde.

Auch die Wahrnehmung der Veranstaltung von Seiten der Politik wurde von den TeilnehmerInnen als kaum vorhanden eingestuft. Dies brachte ein Bürger treffend auf den Punkt: *„Der Einfluss auf die Politik ist eher gering, weil der Rahmen der Veranstaltung klein ist, es wird eher als Tagung für Spezialisten angesehen. Für einen Einfluss auf die Öffentlichkeit müsste der Diskurstag breiter, reißerischer angelegt sein."*[41] Schwache TeilnehmerInnenzahlen und eine überwiegende Präsenz von organisierten Formen von Öffentlichkeit (z. B. VertreterInnen von Selbsthilfegruppen oder SchülerInnengruppen) sowie fehlende gesellschaftliche Multiplikation des Events durch die Medien wurden immer wieder als Schwachstelle identifiziert.

Insgesamt wird hier deutlich – und dies bestätigten beide Evaluierungen der Diskurstage –, dass es kaum zu Dialog kam und – was noch viel erstaunlicher ist – dass dies auch kaum von den TeilnehmerInnen ernsthaft erwartet wurde. Gemeinsame Weiterentwicklung dieses Themenfeldes oder Öffnung neuer Themen waren nicht auf der Tagesordnung. Es handelt sich hierbei um eine unausgesprochene Übereinstimmung aller Beteiligten, ein „Faktum", welches man in der österreichischen Kultur öffentlicher Auseinandersetzungen verorten könnte.

Bezüglich der Frage der Glaubwürdigkeit der Organisatoren kamen bisweilen Zweifel auf. So formulierte dies ein Teilnehmer des ersten Diskurstages:

> „Ich sag meine Hypothese auch ganz klar, (. . .) nachdem ich ja natürlich schon auch gehört hab, dass das das Ministerium sponsert und forciert; dass das Ganze als Augenauswischerei gedacht ist, so zu tun, (. . .) als würde man demokratisch da über etwas sehr Heikles diskutieren, von dem im Übrigen die meisten Menschen eh nichts verstehen (. . .)."[42]

Dies bedeutet, ähnlich wie bei der BürgerInnenkonferenz, dass die notwendige Distanz zu Politik auf Seiten der Veranstalter nicht vorhanden war. Dies bedeutet nicht, dass tatsächlich politische Intervention stattgefunden hat, aber diese Wahrnehmung trägt dazu bei, dass der mögliche Diskursraum von Seiten der TeilnehmerInnen nur sehr zögerlich oder gar nicht ausgeschöpft wird.

5. Abschließende Überlegungen für zukünftige Ausrichtungen im Bereich partizipativer Verfahren

Welche grundlegenden Schlussfolgerungen können aus der bisherigen Analyse im Zusammenhang mit dem Einsatz partizipativer Verfahren im österreichischen Kontext getroffen werden?

Wir möchten zu Anfang der Conclusio nochmals argumentieren, warum es wichtig wäre, partizipative Verfahren im Sinne einer sozial robusten Wissenspolitik in den politischen Kontext einzubauen.

In der Tat scheint es – folgt man einer ganzen Reihe von Indizien – eine gesellschaftliche Wahrnehmung einer wachsenden Kluft zwischen Politik und Gesellschaft zu geben. Der Grund hierfür liegt sicherlich zu einem nicht unwesentlichen Teil in einer steigenden Komplexität der Gesellschaft bedingt durch Verwissenschaftlichung und Technisierung. Dadurch entstand im politischen Raum zunehmend eine Expertenkultur, welche eine legitimierte Form der Politik möglich machen sollte und in der Folge sukzessive andere gesellschaftliche Stimmen in den Hintergrund drängte. Die so formulierten Probleme, aber auch die Lösungsansätze wurden damit für breitere gesellschaftliche Schichten nicht mehr als „die ihren" erkennbar und damit auch die angebotenen Lösungen nicht mehr in breitem Rahmen akzeptabel. Dies manifestiert sich in den in der Folge immer häufiger auftretenden Kontroversen in Zusammenhang mit wissenschaftlich-technischen Entwicklungen.

Die Einführung partizipativer Verfahren stellt einen Versuch dar, diesen Tendenzen ein Stück weit entgegenzuwirken. Sie kann allerdings nur unter bestimmten Voraussetzungen, wie etwa einem aktiven Empowerment der BürgerInnen sowie der Etablierung der Verfahren als relevante politische Objekte, einen qualitativen Beitrag zu einer engeren Verschränkung von Politik und Gesellschaft in konkreten technowissenschaftlichen Problemfeldern leisten – und damit zu einer sozial robusten Wissenspolitik beitragen. Darunter kann allerdings nicht eine Vermeidung von Kontroversen verstanden werden, sondern vielmehr ein Sichtbarmachen der auftretenden Positionen und die Anregung eines Lernprozesses. Ziel ist also nicht Konsens um jeden Preis, sondern eine Form von kreativem Dissens.

Der Begriff Partizipation sollte dabei eine explizite Klärung erfahren. Partizipation bedeutet für uns idealtypisch eine Beteiligung an der Erarbeitung von Problemstellungen *und* entsprechenden Lösungsansätzen, ohne dass es darum geht, politische Entscheidungsfindungs- und Verantwortungsstrukturen zu ersetzen. In den von uns hier diskutierten Verfahren fehlt insbesondere eine Beteiligung der BürgerInnen an der Problemdefinition. Ebenfalls wurden im Vorfeld gewisse Erwartungshaltungen bezüglich einer politischen Umsetzung der Ergebnisse geweckt, die vom politischen Feld keineswegs eingelöst wurden. Die Etablierung solcher BürgerInnenpartizipationsverfahren verstehen wir auch nicht als Ersatz oder als Gegensatz zu ExpertInnen-/Stakeholderberatung, sondern eher als eine Methode zu deren Ergänzung. Sozial robuste Wissenspolitik in einem breiteren Sinn wird erst durch die Verschränkung der beiden Erkenntnisperspektiven möglich.

Der Beitrag partizipativer Verfahren zu einer neuen Form der Wissenspolitik liegt dann im Grunde in zwei wesentlichen Elementen. Zum einen soll ein möglichst breites Spektrum an Betrachtungsperspektiven in Problemdefinitionen und potentielle Lösungen mit einfließen, um so informierte, politisch und gesellschaftlich kontextualisierte Entscheidungen treffen zu können. Zum anderen sollen diese dadurch für breitere Teile der Gesellschaft differenziert wahrnehmbar und politische Entscheidungen auch anders beurteilbar werden.

Vor diesem Hintergrund möchten wir, basierend auf unseren Beobachtungen im Bereich partizipativer Verfahren im europäischen Kontext, im Folgenden auf drei wesentliche Dimensionen eingehen, die aus unserer Sicht in der österreichischen Diskussion zu wenig Beachtung erfahren.

5.1 Politische Anbindung

Um den politisch erfolgreichen Einsatz eines solchen Verfahrens – und damit auch eine sozial robustere Wissenspolitik – zu ermöglichen, muss dieses im konkreten Anwendungskontext als legitimes „politisches Objekt" identifiziert und anerkannt werden. Eine aktive Auseinandersetzung mit dem Verfahren in Bezug auf die vorherrschende politische Kultur und die institutionelle Konstellation ist daher von größter Wichtigkeit. In diesem Rahmen ist vor allem das politische Feld herausgefordert, ein entsprechendes Umfeld für ein solches Erkennen und Anerkennen von BürgerInnenbeteiligungsverfahren zu schaffen.

Auf Grund der unterschiedlichen politischen Kulturen in den von uns betrachteten Ländern war der Erfolg, von aus anderen Kontexten importierten Erfahrungen und Verfahren sehr stark von der Bereitschaft und der Kompetenz abhängig, die transferierte Methode auch entsprechend zu hinterfragen, zu adaptieren und in eine für den eigenen Kontext gesellschaftlich und politisch klar erkennbare Form zu bringen. Wie aus einigen Fallbeispielen ersichtlich, ist es hierfür wesentlich, dass die veranstaltenden Akteure in enger Kooperation mit dem politischen Feld vorgehen und von Seiten der Politik klares Interesse an der Etablierung solcher Verfahren vorhanden ist und signalisiert wird.

Einige erfolgreiche Beispiele (z. B. im Falle der Niederlande) zeigen, dass es von Vorteil ist, mittelfristig finanzierte institutionelle Räume zu schaffen, in denen ein der nationalen politischen Tradition entsprechendes Verfahrensspektrum experimentell erarbeitet werden kann. Weiters ist empfehlenswert, die Aktivitäten dieser Institutionen durch Evaluierungen der Verfahren und ihrer Einbindungen ins politische System zu begleiten. So wird ein kontinuierlicher Prozess des Erfahrung-Sammelns möglich. Von ausschließlich punktuell orientierten Zugängen ohne Integration in eine politische Kultur ist abzuraten.

Genau ein solcher punktueller Zugang ohne eine Koordination der unterschiedlichen Verfahren oder eine institutionelle Reflexion des Orts dieser Verfahren im Rahmen der österreichischen politischen Landschaft kennzeichnet aber die von uns beschriebene Situation in Österreich. Für eine nachhaltige Etablierung partizipativer Elemente in der österreichischen Wissenschafts- und Technologiepolitik wäre eine solche Reflexion daher dringend erforderlich.

5.2 Partizipation ja, aber welche BürgerInnen?

Wie eingangs erwähnt ist dies eine der Schlüsselfragen, die eng mit der Glaubwürdigkeit der politischen Beratung und damit auch mit einer möglichen sozial robusteren Wissenspolitik in Zusammenhang steht.

Zum Ersten muss die klassische Vorstellung, Gesellschaft durch solche Verfahren „repräsentieren" zu können, aufgegeben werden. Durch kein noch so ausgeklügeltes Auswahlverfahren scheint es möglich, Gesellschaft in ihren vielfältigen Facetten und Positionen in einen solchen Prozess einbinden zu können. Vielmehr ist die Stärke solcher partizipativer Verfahren, eine differenzierte Vielzahl von Stimmen in den Entscheidungsprozess einfließen zu lassen und diesen dadurch besser an das Umfeld, auf den er Auswirkungen hat, anzupassen. Es ist allerdings zentral, das Auswahlverfahren transparent zu gestalten und zu dokumentieren.

Die Aushandlung zwischen Politik und Gesellschaft beginnt nicht erst im Verfahren selbst, sondern bereits zum Zeitpunkt, an dem entschieden werden muss, die Einbindung welcher Perspektiven für welche Art von Fragestellung zentral ist. Damit in engem Zusammenhang steht auch ein entsprechendes Design des BürgerInnenauswahlverfahren. Während in einem Fall direkt betroffene BürgerInnen den zentralen Input liefern werden, wird es in anderen Fällen sinnvoll sein, „normale BürgerInnen" – ohne eindeutiges Bezugsprofil zum Thema – als BeratungspartnerInnen auszuwählen.

Die Auseinandersetzung mit der Repräsentation von Gesellschaft im Rahmen des partizipativen Verfahrens muss für die diskutierten österreichischen Fälle ebenfalls als eher gering eingeschätzt werden. Während man im Fall der Bürgerkonferenz dem klassischen vorgegebenen Rekrutierungsmodell dänischer oder deutscher Bürgerkonferenzen folgte, gab es im Fall des Diskurstags nur wenig Auseinandersetzung mit der Frage des zu inkludierenden Publikums. Vielmehr konnte man im Fall des Diskurstages eine Fokussierung auf organisierte BürgerInnen und Stakeholdergruppen feststellen. Eine aktive Auseinandersetzung damit, wer Gesellschaft in welcher Form widerspiegeln sollte und wer durch diese Repräsentationsformen unbeachtet bleibt, erscheint für zukünftige Verfahren in diesem Bereich notwendig.

5.3 Partizipationsverfahren: ein Prozess, nicht ein transferierbares Produkt

Zusammenfassend verweisen viele der eben angeführten Argumente darauf, dass der Prozess der gesellschaftlichen Auseinandersetzung mit der Rolle partizipativer Verfahren und ihrem Ort im Rahmen nationaler kultureller Gegebenheiten bedeutend ist. Partizipative Verfahren bauen auf einer Reihe von Voraussetzungen auf, sowohl in Bezug auf die politische Kultur als auch auf die Rolle von Wissenschaft und Expertise in einer Gesellschaft. Daher können partizipative Methoden nicht einfach als „standardisierte Methodenpackages" problemlos zwischen unterschiedlichen nationalen Kontexten ausgetauscht werden. Die viel verbreitete Idee der „best practice", die man für den europäischen Raum definieren könnte, scheint hier nicht ohne Tücken zu sein.

Vielmehr ist dem Prozesscharakter der „Anpassung" von partizipativen Verfahren an eine nationale Kultur höchste Aufmerksamkeit zu schenken, denn nur durch eine Ko-Evolution von partizipativen Zugängen und kulturellen Rahmenbedingungen ist die nachhaltige Etablierung solcher Verfahren und dadurch eine sozial robustere Wissenspolitik möglich. Hier sei allerdings nochmals in Erinnerung gerufen, dass die Etablierung von partizipativen Entscheidungsfindungsformen nicht ein Ende von Kontroversen über wissenschaftlich-technischen Themen bedeutet, sondern dass vielmehr eine kreative Integration dieser unterschiedlichen Sichtweisen in die Entscheidungsfindung gefragt ist.

Eine solche Ko-Evolution kann jedoch nicht alleine im politischen Feld stattfinden. Sie benötigt eine nachhaltige Erweiterung des Diskursraumes, bei dem einerseits den Medien und andererseits dem akademischen Feld eine bislang nicht wahrgenommene bedeutende Rolle zukommt.

Anmerkungen

1 Das vorliegende Papier entstand aus einem Gutachten für das Büro für Technikfolgenabschätzung (TAB) beim Deutschen Bundestag, Felt/Fochler/Müller 2003; darüber hinaus wurden zahlreiche andere am Institut für Wissenschaftsforschung durchgeführte Studien/Evaluierungen zur Wissenschaftskommunikation in Österreich herangezogen. Für die Projektberichte siehe www.univie.ac.at/virusss/projects.
2 Weingart 2001; Nowotny et al. 2001.
3 Siehe dazu European Commission 2000.
4 Für eine Diskussion der unterschiedlichen nationalen Rahmungen der Wechselwirkungen zwischen Wissenschaft, Technik und Öffentlichkeit siehe den Abschlussbericht des EU Projektes OPUS, Ulrike Felt (Hg.) 2003.
5 Für eine ausführlichere Diskussion zu der österreichischen Wissenschaftskommunikationslandschaft siehe Felt/Müller/Schober 2003.
6 Wir werden unsere Diskussion zu Fragen von Wissenschaft und Technik auf nationaler Ebene beschränken. Konkret bedeutet dies, dass wir nicht auf lokale Beteiligungsverfahren etwa im Bereich von Umweltfragen (Bau von Mülldeponien, etc.) eingehen werden. Diese, so unsere These, beruhen auf einem ganz anderen Prinzip der Involviertheit und eröffnen daher grundlegend andere Fragestellungen.
7 Der Begriff der Wissenspolitik bzw. der *Politics of knowledge* wird in der Literatur zu Wissenschaft und Gesellschaft in sehr unterschiedlicher Weise verwendet. Siehe z. B. Stehr 2000; 2003; Weingart 2001.
8 Limoges 1993; Weingart 2001.
9 Vgl. Gerold/Liberatore 2001.
10 Vgl. Nowotny/Scott/Gibbons 2001; Gibbons et al. 1994.
11 Vgl. Nowotny/Scott/Gibbons 2001, S. 117.
12 Vgl. Chavot/Felt/Masseran 2001.
13 Vgl. Wilsdon/Willis 2004.
14 Vgl. Felt 2002; Felt 2003.
15 Vgl. Irwin 2001.
16 Vgl. Felt/Fochler/Müller 2003. Für die Studie wurden folgende Länder herangezogen: Dänemark, Deutschland, Frankreich, Großbritannien, Niederlande, Norwegen, Österreich, Schweiz; dadurch wurden sehr unterschiedliche politische Kulturen und

Erfahrungen in Sachen Partizipation und Wissenschaftskommunikation abgedeckt. Rezente Experimente trans-nationaler partizipativer Verfahren, wie etwa die europäische BürgerInnenkonferenz „Meeting of Minds", wurden weder für die Studie noch für diesen Artikel berücksichtigt.

17 Vgl. Einsiedel/Jelsoe/Breck 2001.
18 Vgl. Rey 2002.
19 Ein Beispiel hierzu wäre der Onlinediskurs der Public Debate on GM Food in den Niederlanden, der die internationalen Dimensionen, speziell in der Nord/Süd-Frage, des Themas abdecken sollte und daher Teilnehmer aus allen Kontinenten hatte.
20 Vgl. Felt/Fochler/Strassnig 2003; zum österreichischen Diskurstag Gendiagnostik.
21 Vgl. Dutch Consumer and Biotechnology Fundation 2001.
22 Vgl. Department of Trade and Industry 2003.
23 Z. B. lokale Mediationsverfahren im Bereich urbaner Gestaltungen, Umweltverträglichkeitsverfahren.
24 Vgl. Pelinka/Rosenberger 2000.
25 Vgl. Bischof/Pelinka 1996.
26 Vgl. Pelinka/Rosenberger 2000 Kapt. 4.2.
27 Vgl. EU White Paper on Governance 2001 oder EU Science and Society Action Plan 2002.
28 Vgl. www.innovatives-oesterreich.at.
29 Für eine detaillierte Beschreibung vgl. Grabner/Peissl/Torgersen 2002.
30 Vgl. www.gen-au.at.
31 Menasse 2003; Bogner 2004.
32 Vgl. Menasse 2003, S. 68.
33 Eine der AutorInnen war in der Anfangsphase als externe Expertin involviert.
34 Vgl. Felt/Fochler/Strassnig 2003.
35 http://www.gen-au.at/artikel.jsp?id = 175.
36 Vgl. Klüver 2002.
37 Vgl. Klüver 2000; Andersen/Jäger 1999.
38 Vgl. Andersen/Jaeger 1999.
39 Vgl. Kass 2000.
40 Felt/Fochler/Strassnig 2003; Meili/Hellmann-Grobe/Luchsinger 2004.
41 Teilnehmender Bürger; zitiert nach Meili/Hellmann-Grobe/Luchsinger 2004, S. 19.
42 Felt/Fochler/Strassnig 2003, S. 31.

Literaturliste

Andersen, Ida Elisabeth, Jaeger, Birgit; 1999: Scenario workshops and consensus conferences: towards more democratic decision making. In: Science and Public Policy 26/5, S. 331–340.

Bischof, Günter, Anton Pelinka (Hg.); 1996: Austro-Corporatism. Past, Present, Future. Contemporary Austrian Studies. Bd. 4. New Brunswick.

Bogner, Alexander; 2003: Partizipative Politikberatung am Beispiel der BürgerInnenkonferenz 2003 (Analyse). Endbericht, Institut für Technikfolgen-Abschätzung, im Auftrag des Rats für Forschungs und Technologieentwicklung und des Wiener Wissenschafts- und Technologiefonds.

Sozial robuste Wissenspolitik?

Chavot, Philippe, Ulrike Felt, Anne Masseran; 2001: (Re)^n positionner la science dans l'espace public: Le cas de la crise de la vache folle. (Manuskript).

Department of Trade and Industry; 2003: GM Nation? The findings of the public dabate.

Dutch Consumer and Biotechnology Foundation; 2001: Xenotransplantation: Is and should it be possible? Final report in respect of the public debate on xenotransplantation. Den Haag, Dutch Consumer and Biotechnology Foundation.

Einsiedel, Edna F., Erling Jelsoe, Thomas Breck; 2001: Publics at the technology table: the consensus conference in Denmark, Canada and Australia. In: Public Understanding of Science 10/1, S. 83–98.

European Commission; 2000: The Lisbon European council – an agenda of economic and social renewal for Europe DOC/00/7.

European Commission; 2001: European Governance: A White Paper. Brussels, 25. 7. 2001: COM(2001) 428 final.

European Commission; 2002: Science and Society – Action Plan. Luxemburg: Office for Official Publications of the European Communities.

Felt, Ulrike; 2002a: Wissenschaft und Technik für welche Öffentlichkeit? Überlegungen zum Wandel des Verhältnisses zwischen Technik, Wissenschaft und Öffentlichkeit. In: Soziale Technik, Zeitschrift für sozial- und umweltverträgliche Technikgestaltung. 3/2002, S. 3–5.

Felt, Ulrike (Hg.); 2003: Optimizing Public Understanding of Science, Network in the 5th Framework Programme/Raising Public Awareness of Science and Technology. Final report.

Felt, Ulrike, Maximilian Fochler, Annina Müller; 2003: Sozial robuste Wissenspolitik. Analyse des Wandels von dialogisch orientierten Interaktionen zwischen Wissenschaft, Politik und Öffentlichkeit. Gutachten für das Büro für Technikfolgenabschätzung (TAB) beim Deutschen Bundestag.

Felt, Ulrike, Maximilian Fochler, Michael Strassnig; 2003: Evaluierung des Diskurstages „Gendiagnostik". Abschlussbericht eines Forschungsprojektes im Auftrag des bm:bwk.

Felt, Ulrike, Annina Müller, Sophie Schober; 2003: (Techno)Wissenschaften und Öffentlichkeiten: Strukturanalyse und Standortbestimmung der Wissenschaftskommunikation in Österreich. Abschlussbericht eines Forschungsprojekts im Auftrag des bm:bwk.

Gerold, Rainer, Angela Liberatore; 2001: Democratising Expertise and Establishing Scientific Reference Systems: Report of the Working Group 1b for the White Paper on Governance. Brussels: European Commission.

Grabner, Petra, Walter Peissl, Helge Torgersen; 2002: Austria: Methodological Innovations from a Latecomer. In: Joss, Simon, Sergio Bellucci (Hg.): Participatory Technology Assessment: European Perspectives, London, Centre for the Study of Democracy.

Gibbons, Michael et al.; 1994: The new production of knowledge: The dynamics of science and research in contemporary societies. London: Sage.

Irwin, Alan; 2001: Constructing the scientific citizen: science and democracy in the biosciences. In: Public Understanding of Science 10, S. 1–18.

Joly, Pierre Benoit, Gerald Assouline (Hg.); 2001: Assessing Public Debate and Participation in Technology Assessment in Europe. FINAL REPORT.

Joss, Simon, Sergio Bellucci (Hg.): Participatory Technology Assessment – European Perspectives, London, CSD/TA Swiss, 2002.

Kass, Gary; 2000: Recent Developments in Public Participation in the United Kingdom. In: TA-Datenbank-Nachrichten 9/3, S. 22–28.

Klüver, Lars; 2000: The Danish Board of Technology. In: Vig, Norman J., Herbert Paschen: Parliaments and Technology. The Development of Technology Assessment in Europe, New York, State University of New York Press.

Klüver, Lars; 2002: Denmark: Participation – A Given in Danish Culture. In: Joss, Simon, Sergio Belucci (Hg.): Participatory Technology Assesment: European Perspectives. London, Centre for the Study of Democracy.

Limoges, Camille; 1993: Expert Knowledge and Decision-Making in Controversy Contexts. In: Public Understanding of Science 2/93, S. 417–426.

Meili, Christoph, Antje Hellmann-Grobe, Nico Luchsinger; 2004: Diskurstag Genomforschung und Medizin – Was habe ICH davon? Evaluationsbericht im Auftrag des bm:bwk.

Menasse, Peter; 2003: Warum eine PR-Agentur eine BürgerInnenkonferenz organisiert. In: Communication Matters (Hg.): BürgerInnenkonferenz: Genetische Daten Woher, Wohin, Wozu? Wien, Communication Matters.

Nowotny, Helga, Peter Scott, Michael Gibbons; 2001: Re-Thinking Science. Knowledge and the Public in an Age of Uncertainty. Cambridge, Polity Press.

Pelinka, Anton, Sieglinde Rosenberger; 2000: Österreichische Politik: Grundlagen Strukturen Trends. Wien, WUV.

Rey, Lucienne; 2002: Publifocus zur Forschung an embryonalen Stammzellen. Bericht eines Mitwirkungsverfahrens. TA-P 3/2002d.

Seifert, Franz; 2006: Local steps in an international career: a Danish-style conference in Austria. In: Public Understanding of Science 15(2006), S. 73–88.

Stehr, Nico; 2000: Die Zerbrechlichkeit moderner Gesellschaften. Frankfurt a. M., Velbrück.

Stehr, Nico; 2003: Wissenspolitik. Frankfurt a. M. Suhrkamp.

Weingart, Peter; 2001: Die Stunde der Wahrheit? Zum Verhältnis der Wissenschaft zu Politik, Wirtschaft und Medien in der Wissensgesellschaft. Frankfurt a. M., Velbrück.

Wilsdon, James, Rebecca Willis; 2004: See-through Science: Why public engagement needs to move upstream. London, Demos. www.demos.co.uk.

Erich Grießler, Beate Littig

Neosokratische Dialoge zu ethischen Fragen der Xenotransplantation
Ein Beitrag zur Bearbeitung ethischer Probleme in partizipativer Technikfolgenabschätzung

Partizipative Technikfolgenabschätzung (PTA) wird in Europa seit den 1980er Jahren eingesetzt, um Stakeholder und/oder Laien in die Bearbeitung von Technikkonflikten einzubeziehen. Im Vordergrund steht dabei die Aushandlung von Stellungnahmen auf der Basis möglichst umfassenden Faktenwissens. Thematische Beispiele dafür sind PTA zu transgenen Pflanzen, Klonierung von Nutztieren und genetischen Tests (S. Joss/S. Bellucci 2002). Technikkontroversen lassen sich jedoch zumeist nicht auf Wissensfragen reduzieren, sondern sind mit ethischen Konflikten verbunden. Das Verhältnis zwischen Technikfolgenabschätzung (TA), die sich mit der Beschreibung der Voraussetzungen und Folgen von Techniken befasst, und Ethik, die die normative Bewertung von Technik fokussiert, ist jedoch nicht ohne Spannungen. Beide Richtungen werfen einander konzeptionelle Defizite vor (A. Grunwald 1999).

Dieser Beitrag beschäftigt sich mit der Frage, wie PTA um die Behandlung ethischer Fragestellungen erweitert werden kann. Er präsentiert Ergebnisse des österreichischen Teils eines Projekts, in dem das Potenzial des Neosokratischen Dialogs (NSD) zur Bearbeitung technikethischer Fragestellungen am Beispiel der Xenotransplantation (XTP) erprobt wurde.[1]

Im ersten Teil des Beitrags diskutieren wir die Konzepte TA, PTA und Ethik. Danach analysieren wir, wie in Österreich verwendete Verfahren der Technikbewertung ethische Probleme verhandeln. Ausgehend von den Defiziten dieser Ansätze stellen wir den NSD vor. Der zweite Teil führt in die Thematik XTP ein und umreißt die diesbezügliche österreichische Diskussion. Der dritte Teil stellt die beiden NSD zu ethischen Problemen der XTP vor, die im vierten Teil im Kontext österreichischer und internationaler PTA-Erfahrungen diskutiert werden.

Erich Grießler, Beate Littig

1. Ausgangspunkte

1.1 Partizipative Technikfolgenabschätzung

Kontroversen um Risiken und Nebenfolgen von Wissenschaft und Technologie waren in vielen Ländern seit den 1970er Jahren Anlass dafür, TA zu betreiben.[2] Aufgabe von PTA als wissenschaftlicher Politikberatung ist es, die Wissensbasis politischer Entscheidungen durch umfassende Analyse der sozioökonomischen Bedingungen für sowie der möglichen sozialen, ökonomischen und ökologischen Auswirkungen von neuen Technologien zu verbreitern (L. Hennen 1999a: 304). Begründet wird dies mit der alten, oft kritisierten Vermutung, dass wissenschaftliche Expertise politische Entscheidungen verbessern könne.[3] Dieser Prämisse folgend orientierte sich das US-amerikanische Office of Technology Assessment in seinem für viele TA-Organisationen beispielgebenden Verfahren am Ideal objektiver, wertneutraler, wissenschaftlicher Politikberatung (A. Grunwald 1999: 174).

Dieses expertenorientierte Konzept wird seit etwa 20 Jahren aus normativen und pragmatischen Gründen kritisiert (S. Joss/H. Torgersen 2002: 157). Die Kritik ist eingebettet in einen grundlegenden Prozess sozialen Wandels, in dem die Überzeugung, dass technologische Innovationen die Probleme der Industriegesellschaft automatisch lösen können – zumindest zum Teil –, infrage gestellt wurde (L. Hennen 1999a; U. Beck 1986). Einige Elemente dieses Wandels sind: Kontroversen um Risikotechnologien, die sich in breiten sozialen Bewegungen und lokalen Protesten ausdrückten (F. Fischer 1999), Ergebnisse der neuen Wissenschafts- und Technikforschung, die die soziale Gestaltung von Technik betonten (z. B. B. Latour 1987; J. Law/ M. Callon 1988), der Vertrauensverlust von ExpertInnen bei Teilen der Öffentlichkeit (F. Fischer 1999: 294), Ernüchterung über die Lösungsmöglichkeiten des technokratischen TA-Ansatzes und der impliziten Annahme, dass solides wissenschaftliches Wissen über zukünftige Entwicklungen und damit letztgültige Beratung für politische Entscheidungen möglich sei (L. Hennen 1999a: 304), Steuerungsprobleme des Staats in einer Situation steigender Problemkomplexität und gleichzeitig sinkender Steuerungskapazität (L. Hennen 1999b: 565).

An diesen Entwicklungen ansetzend fordern BefürworterInnen von PTA aus demokratietheoretischer Sicht, die Öffentlichkeit als Nutzerin von Technologien und Trägerin ihrer Risiken stärker an technologiepolitischen Entscheidungen zu beteiligen (F. Fischer 1999). Aus pragmatischer Perspektive hat PTA den Vorteil, Wissen von Laien berücksichtigen zu können, das ExpertInnen kaum zugänglich ist (ebd.: 299 ff.). Das betrifft die Definition von Problemen und Fragestellungen, das Berücksichtigen lokalen Wissens, das Erfassen von Chancen und Risiken einer Technologie sowie die Erarbeitung innovativer Lösungsansätze. Mit anderen Worten verbessert Partizipation die „analytische Durchdringungstiefe" der TA (L. Hennen 1999a: 566). Zusätzlich kann die Einbeziehung der Betroffenen die Akzeptanz technologiepolitischer Entscheidungen erhöhen und PTA-Arenen schaffen, in denen konkurrierende Forderungen verhandelt und Lösungen entwickelt werden können (S. Joss/S. Bellucci 2002: 21).

PTA ist ein Verfahren, „in dem Experten und Laien, Entscheider und Betroffene, Gegner und Befürworter versuchen, gemeinsam zu einem begründeten Urteil darüber zu kommen, ob eine umstrittene neue Technik eingeführt werden soll oder nicht und wie sie gegebenenfalls reguliert werden müsste" (A. Bora/W. van den Daele 1997: 124). Wie TA ist auch PTA ein Instrument der Politikberatung (ebd.; L. Hennen 1999b: 565, 568 ff.).[4] Sie ist ein Versuch, „die Öffentlichkeit im politischen System zu repräsentieren oder die Standpunkte und Problemsichten der öffentlichen Technikkontroversen strukturiert in die politische Entscheidungsprozesse einzuspeisen" (L. Hennen 1999b: 569).[5] Dabei kann und soll PTA Entscheidungsprozesse repräsentativer Demokratien nicht ersetzen, sondern sie ergänzen.[6]

In Österreich wurde PTA relativ spät und nur vereinzelt umgesetzt (P. Grabner et al. 2002: 61; A. Bogner 2004). In den Jahren 1995/96 veranstaltete die Stadt Salzburg ein an Mediation angelehntes Verkehrsforum, das Lösungen der Verkehrsprobleme der Landeshauptstadt erarbeiten sollte. 1996 führte das Institut für Technikfolgenabschätzung ein Delphi-Verfahren zu technologiepolitischer Schwerpunktsetzung durch, das in seiner Themenfindung Aspekte von PTA beinhaltete (Grabner et al. 2002). 1997 organisierten die Umweltbehörden von Wien, Niederösterreich und dem Burgenland eine – am Modell des dänischen Technologierats (DTB) orientierte – Konsenskonferenz zu bodennahem Ozon (ebd.: 61 ff.). Im Jahr 2003 beauftragte der Rat für Forschung und Technologieentwicklung eine ebenfalls am Konsenskonferenzmodell des DTB angelehnte BürgerInnenkonferenz zur sehr breiten Fragestellung „Genetische Daten – woher, wohin, wozu?" (A. Bogner 2004). Die Bewertungen dieser PTA-Prozesse fallen sehr unterschiedlich aus. Sie reichen von Fehlschlag (Ozonkonferenz) über teilweises Gelingen (Verkehrsforum, genetisches Testen) bis Erfolg (Delphi). Die dabei offenkundig gewordenen Probleme gleichen denen anderer Länder (S. Joss/H. Torgersen 2002: 176): Neben Finanzierungs- und Zeitproblemen, Problemen, TeilnehmerInnen zu finden, gruppendynamischen Prozessen innerhalb des Laienpanels und der schwierigen Kommunikation zwischen ExpertInnen und Laien bereitete insbesondere die Anbindung an die breitere Öffentlichkeit und die politischen Entscheidungsprozesse Schwierigkeiten.

1.2 Moral, Ethik und Technik

Auseinandersetzungen um Wissenschaft und Technik sind häufig mit ethischen Kontroversen verbunden. Technikkonflikte sind „im Kern Wert- und Zielkonflikte" (A. Bora/W. van den Daele 1997: 143; vgl. auch A. Grunwald 2000: 184), in ihnen „konkurrieren die wesentlichen Zukunftsmodelle der Gesellschaft" (C. F. Gethmann 1999a: 6). Moderne Technik ist aber auch deshalb mit ethischen Konflikten verbunden, weil sie durch „Handeln unter Unsicherheit und Ungleichheit" gekennzeichnet ist (C. F. Gethmann 1999b: 142). Ersteres meint, dass moderne Technik ihren Zweck nur mehr mit einer gewissen Wahrscheinlichkeit erfüllt. Letzteres bedeutet, dass Personen oder Gruppen, die vom Risiko moderner Technik betroffen sind, oft nicht deren NutznießerInnen sind. Dies impliziert unter anderem folgende ethischen Fragen: Darf man anderen ein Risiko zumuten, das sie, erstens, nicht frei gewählt haben, von dem sie, zweitens, nicht einmal mit Sicherheit profitieren werden, und von dem, drittens, unklar ist, ob es überhaupt zur Erfüllung seines Zwecks beitragen wird.

Ethik als wissenschaftliche Disziplin befasst sich mit „Sollenssätzen für jedermann", die, anders als Moralen, der Handlungsbeurteilung und nicht der Handlungsanleitung dienen (C. F. Gethmann 1999c: 150; z. B. die so genannte Goldene Regel: „Was du nicht willst, das man dir tu, das füg auch keinem anderen zu.").

Aufgabe ethischer Reflexion ist es, „Moralen auf die in ihnen implizierten Regeln hin zu rekonstruieren, und diese moralischen Regeln anhand ethischer Beurteilungsinstanzen zu überprüfen, schließlich diese Beurteilungsinstanzen nach allgemeinen Gesichtspunkten wie Funktionalität und Konsistenz zu untersuchen. In der Ethik werden also Regeln zur Beurteilung des Handelns erfunden und – unter dem Gesichtspunkt der Verallgemeinerbarkeit – überprüft" (C. F. Gethmann 2000: 63). Ethische Reflexion ist ein methodologisches Unterfangen, das mit eigenen Methoden, Prozessen und Instrumenten Konflikte diskursiv[7] lösen will, die in Ermangelung allgemein akzeptierter Regeln oder moralischer Systeme aus unterschiedlichen moralischen Annahmen entspringen (A. Grunwald 2000: 183). Voraussetzung für ethische Reflexion ist somit das Bestehen eines moralischen Konflikts, d. h. einer Kontroverse um konkurrierende Moralen (ebd.).

Ethik tritt für einen funktionell und nicht metaphysisch begründeten praktischen Universalismus ein. Da sie moralische Konflikte bearbeitet, ist es zweckmäßig, alle einzuschließen, die Ansprüche erheben können (C. F. Gethmann 1999b: 140 ff.).[8]

1.3 Wie werden ethische Probleme in der Technikbewertung diskutiert?

Die Beziehung zwischen TA und Technikethik ist nicht ohne Spannungen. Der zentrale Vorwurf der TA an die Technikethik lautet, sie erhebe normative Postulate, die wenig konkrete Umsetzungschancen hätten, da Ethik praxisfern sei und zu wenig über die Entstehungsbedingungen von Technologie wisse (A. Grunwald 1999: 171). Umgekehrt lautet der Vorwurf, dass eine rein deskriptive TA aufgrund ihrer normativen Defizite keine Orientierung geben könne (ebd.), denn „was de facto sozial gebilligt oder missbilligt wird, hat für sich genommen keine normative Kraft" (C. F. Gethmann 1999c: 149).

Wie geht nun Technikbewertung aber in der Praxis mit ethischen Problemen um? Wir diskutieren dazu Bioethikkommissionen und PTA[9] als zwei in Österreich genutzte und international übliche Verfahren.[10] Hierbei können wir an die bereits eingeführte Unterscheidung „expertenzentriert versus partizipativ" anschließen.

Da PTA im Wesentlichen ein kommunikatives Verfahren ist, ist es sinnvoll, zudem eine weitere Unterscheidung zu berücksichtigen, die sich auf die Formen der Konfliktbewältigung bezieht. Dies lässt sich mit der Unterscheidung zwischen „arguing" und „bargaining" thematisieren. Unter „arguing" verstehen wir das „Erreichen von transsubjektivem Konsens durch den Austausch von Argumenten" (A. Grunwald 1999: 175, im Anschluss an S. Toulmin 1958, Übersetzung d. A.). Im Unterschied dazu werden bei „bargaining" „die eigenen Forderungen kraft materieller Ressourcen (Drohungen oder Versprechungen) durchgesetzt" (A. Bogner/W. Menz 2005: 3). „Arguing" bezieht sich also auf die Lösung von Wissens- oder Wertkonflikten, „bargaining" auf die Lösung von distributiven Problemen bzw. Interessenkonflikten (ebd.).

1.3.1 Ethische Defizite von Bioethikkommissionen

Bioethikkommissionen werden international häufig dazu genutzt, ethische Fragen der Biomedizin zu bearbeiten (S. Kelly 2003). In Österreich wurde im Jahr 2001 eine offizielle Bioethikkommission einberufen (R. Gmeiner/ U. Körtner 2002). Diese folgt dem expertenzentrierten Ansatz und setzt sich –

mit Ausnahme eines Pharmamanagers – aus WissenschaftlerInnen zusammen.[11] Sie versteht sich als Expertengremium, in das die Mitglieder qua wissenschaftlicher Kompetenz berufen werden.[12] Die Kommission tagt nicht-öffentlich, die Sitzungen sind vertraulich, Betroffene werden nur von Fall zu Fall einbezogen. Die Beratungen sind nicht nur am „arguing" orientiert, sondern aufgrund ihres institutionellen Kontextes[13] deutlich von „bargaining" geprägt (A. Bogner/W. Menz 2005: 3). „Ethik findet in nationalen Ethikkommissionen nicht statt. Anstelle theoretischer Kontroversen über konkurrierende normative Begründungsweisen treten komplexe Aushandlungsprozesse" (ebd.: 5).

Auch J. Moreno verweist in seiner Analyse von Ethikkommissionen auf den „mehrdeutigen moralischen Status des Konsens'". Dieser kann nicht nur inhaltlich, sondern auch taktisch oder verfahrensmäßig begründet sein (J. Moreno 1996: 181 ff.). Daraus, dass „eine Anzahl von Individuen die eine oder andere Proposition für moralisch stimmig hält, (kann) die moralische Stimmigkeit dieser Position nicht gefolgert werden" (ebd.: 195). Moreno betont den Unterschied zwischen „dynamischem" und „statischem Konsens" (ebd.: 197 ff.), wobei sich ersterer z. B. als typische Einstellung auf Basis einer Meinungsumfrage ergibt und letzterer in „dynamischen Prozessen der Konsensbildung" in beratenden Kleingruppen wie Kommissionen und Ausschüssen resultiert (ebd.: 198). Moreno bewertet dynamischen Konsens aus pragmatischen Gründen als überlegen, weil „eine Unterredung weit wahrscheinlicher eine einigermaßen sorgfältige Überprüfung der moralisch relevanten Betrachtungen hervorbringen wird" als Meinungsumfragen (ebd.: 199). Damit rückt Moreno die Qualität des Entscheidungsfindungsprozesses in den Mittelpunkt der Beurteilung der moralischen Autorität und Gültigkeit von Konsensentscheidungen (S. Kelly 2003: 349, 360 FN 13). Allerdings weist er auch auf die in Bioethikkommissionen wirksamen Kleingruppendynamiken hin, die Ergebnisse verzerren können. Beispiele sind dominierende Persönlichkeiten, straff organisierte Führungsgruppen oder der Ausschluss von zahlenmäßig bedeutenden Gruppen im Entscheidungsfindungsprozess. Solche Konstellationen könnten jedoch mit soziometrischen Methoden erkannt und durch Interventionen bearbeitet werden (J. Moreno 1996: 189 ff.).

1.3.2 PTA: Konflikteinhegung durch „Halbierung" des diskursiven Verfahrens

Bei den bislang in Österreich durchgeführten PTA wurde die Diskussion ethischer Fragestellungen nicht dokumentiert bzw. ausgeschlossen. So lenkte das Laienpanel in der BürgerInnenkonferenz zu genetischen Daten die Diskussion mit Hinweis auf die Konfliktträchtigkeit ethischer Fragestellungen auf einen Faktendiskurs (A. Bogner 2004: 30, 52, 57).

Im Unterschied dazu wurden in PTA-Verfahren anderer Länder auch ethische Fragen angesprochen. Ein Beispiel ist das „diskursive Verfahren"[14], in dem Stakeholder[15] das Thema herbizidresistenter transgener Pflanzen bearbeiteten (W. van den Däle 2001). Van den Däle zeigt, dass Moralisierungen[16], die technologische Konflikte häufig kennzeichnen, in diskursiven Verfahren selten vorkommen (ebd.: 8). Erstens lassen die Interaktionsregeln diskursiver Verfahren Strategien nicht zu, die den Gegner als Person diskreditieren sollen („diskursiver Takt"). Zweitens werde im Verfahren ein bestehender gesellschaftlicher Minimalkonsens über grundlegende normative Regeln hinsichtlich der Risikoverantwortung reproduziert. Was selbstverständlich sei, werde nicht problematisiert. Drittens müssten Individual- oder Gruppenmoralen, die über gesellschaftliche Minimalwerte hinausgehen, mit dem bestehenden Wertepluralismus der Gesellschaft rechnen. Sie würden zwar als individuelle Meinung gewürdigt, jedoch individualisiert und damit marginalisiert (ebd.: 18).

Damit führen diskursive Verfahren aber lediglich zur Einhegung von Konflikten. Die TeilnehmerInnen sprechen darüber, wie die Gesellschaft mit unterschiedlichen Moralen umgehen soll, erarbeiten aber keine gemeinsame Position. Sie verbleiben dabei festzustellen, dass unterschiedliche moralische Standpunkte bestehen. Diskursive Verfahren trifft damit die gleiche Kritik „technisch halbierter Vernunft", die A. Grunwald gegenüber PTA äußert (1999: 174 ff., in Anlehnung an J. Habermas 1991). Demnach könne Rationalität nicht auf deskriptiv bearbeitbare Fakten beschränkt bleiben. Auch normative Aussagen und Ziele könnten analysiert werden, indem gefragt werde, ob die Ziele rational gerechtfertigt seien oder nicht. In den meisten PTA-Ansätzen bleibe die Unterscheidung zwischen kognitiven Elementen, die rational bearbeitet werden können, und normativen Elementen, die nur durch „bargaining" gelöst werden können, aufrecht. Mit dem klassischen TA-Ansatz teile PTA die Vorstellung, dass Bewertungen und normative Aussagen nur subjektiv gerechtfertigt seien und es keinen Raum für Transsubjektivität gäbe. Wenn aber „arguing" auf den Bereich der Deskription von Fakten beschränkt würde, bleibe kein Raum für ethische Argumentation. Dann nehme „bargaining" die vorhandenen Präferenzen und Werte der beteiligten Parteien einfach deshalb für gültig an, weil sie in der Realität auffindbar seien. Dies sei eine Art naturalistisches Missverständnis, das die Notwendigkeit negiere, Handlungen und Entscheidungen argumentativ zu begründen (ebd.).

Erich Grießler, Beate Littig

1.4 Primat von „arguing". NSD als Verfahren zur ethischen Reflexion?

Fassen wir die Diskussion in der Literatur zusammen, so haben Technikkontroversen neben Wissens- auch ethische Dimensionen. Um dem Vorwurf „technisch halbierter Vernunft" zu entgehen, sollte TA sowohl ethische Konflikte als auch Wissensfragen behandeln. Dies ist in TA und PTA bisher wenig geschehen. BefürworterInnen von PTA fordern, dass technologische Kontroversen aus normativen und pragmatischen Gründen partizipativ behandelt werden, d. h. Stakeholder und/oder Laien einbinden sollten. Dies gilt auch – und insbesondere – für ethische Fragestellungen. Dabei sind gruppendynamische Prozesse sowie die Form des erreichten Konsenses im Auge zu behalten. Weiters sollten Verfahren verwendet werden, die „arguing" in den Vordergrund stellen. Die skizzierten Verfahren Bioethikkommission und PTA werden diesen Ansprüchen nur teilweise gerecht. Während die österreichische Bioethikkommission nichtpartizipativ und stark von „bargaining" geprägt ist, klammern die bisherigen österreichischen PTA ethische Fragestellungen weitgehend aus. Mögliche Gründe dafür sind Konfliktvermeidung und der Mangel an Verfahren zur Bearbeitung ethischer Fragestellungen.

Ein Verfahren, das erlaubt ethische Fragestellungen in Gruppen systematisch zu diskutieren, stellt der Neosokratische Dialog (NSD) dar. Die Bezeichnung Neosokratischer Dialog steht in der Tradition der deutschen Philosophen Leonard Nelson und Gustav Heckmann, die im letzten Jahrhundert die antiken sokratischen Dialoge zu einem Gruppenverfahren weiterentwickelt haben, das inzwischen in unterschiedlichen Kontexten eingesetzt wird (im Überblick: D. Birnbacher/D. Krohn 2002).

Als konsensorientiertes Gespräch leitet es dazu an, Erfahrungen zielgerichtet und systematisch zu reflektieren. Der Reflexionsprozess findet in einer Gruppe von sechs bis zwölf Personen statt, deren Verständigung durch eine/n ModeratorIn unterstützt wird. Er zielt auf die Verständigung über den normativen Rahmen konkreter Handlungen, über die Kriterien und Maßstäbe, Werte und Prinzipien, die einer vernunftgeleiteten Entscheidungsfindung zugrunde liegen. Weiters soll er die kommunikative Kompetenz der TeilnehmerInnen erhöhen, d. h. ihre Fähigkeit verbessern, schlüssig zu argumentieren, einander zuzuhören, sich aufeinander zu beziehen und zu versuchen, Argumente anderer zu verstehen.

Ausgangspunkt eines NSD ist eine grundlegende ethische oder philosophische Frage, die nicht empirisch, sondern durch Reflexion zu beantworten ist. Die Frage muss für die TeilnehmerInnen persönlich relevant sein und so formuliert werden, dass sie Beispiele aus ihrem Alltagsleben finden können, in der die Fragestellung des NSD eine zentrale Rolle spielt. Der Dialog selbst bezieht sich in der Anfangsphase auf eine konkrete Erfahrung eines/einer der TeilnehmerInnen, die für alle anderen zugänglich und verständlich ist. Die systematische Reflexion dieser Erfahrung wird begleitet von einer Suche nach gemeinsamen Urteilen und den Begründungen dieser Urteile. Die TeilnehmerInnen benötigen kein spezielles Expertenwissen über die Frage des Dialogs, denn das empirische Material der sokratischen Untersuchung – die Beispiele und Urteile der TeilnehmerInnen – formt die Basis der gemeinsamen Reflexion über implizite Werturteile, Prinzipien und Vorbedingungen von Alltagshandeln.

Aus epistemologischer Perspektive ist die systematische Untersuchung von Argumenten im NSD von der Idee der regressiven Abstraktion geleitet, wonach individuelle Einsichten von konkreten Urteilen und persönlicher Erfahrung abgeleitet werden können (L. Nelson 1965/1922). Gemäß argumentationstheoretischer Überlegungen müssen konkrete Urteile durch generellere Regeln oder Prinzipien gestützt werden, die wiederum von einer höheren argumentativen Ebene stammen als das Urteil selbst (S. Toulmin 1958; J. Kessels 1997/2001: 205). Im Prozess des NSD bedeutet dies: Die allgemeine Frage stellt den Beginn und den Fokus des gesamten Dialogs dar. Das Beispiel stellt die notwendigen Tatsachen, Umstände und Handlungen/Entscheidungen zur Verfügung, die in dem Einzelfall gegeben waren. Das Urteil vertritt einen moralischen Standpunkt, der während des Dialogs untersucht werden soll. Die Regeln begründen das Urteil. Prinzipien wiederum begründen die Regeln. Ziel des NSD ist es, die Regeln und Prinzipien herauszufinden und ihre Gültigkeit in Bezug auf das Beispiel zu diskutieren.

Zumindest dem konzeptuellen Anspruch nach ist NSD also eine vielversprechende Erweiterung zu den beiden diskutierten Verfahren der Technikbewertung, wenn es darum geht, ethische Aspekte zu berücksichtigen. Fraglich ist nun, ob sich der NSD auch in der Praxis als geeignet erweist. Hierzu stellen wir die Ergebnisse eines Forschungsprojekts dar, das zum Ziel hatte, Stakeholderdialoge zu ethischen Problemen der Xenotransplantation zu organisieren. Das Projekt wurde in Deutschland, Spanien und Österreich durchgeführt. Die Darstellung beschränkt sich auf die österreichischen Ergebnisse.

2. Xenotransplantation

2.1 Was ist XTP?

XTP bezeichnet die Transplantation von Zellen, Gewebe und Organen von einer Spezies in eine andere (Council of Europe 2003: 5) und ist ein medizinischer Eingriff, dessen Grundlagen und praktische Erprobung derzeit weltweit beforscht werden. Wie viele technologische und wissenschaftliche Entwicklungen sind mit XTP Chancen, aber auch Risiken und ethische Probleme verbunden (E.-M. Engels, 2002; S. Schicktanz 2002; M. Sykes et al. 2003). Sollte XTP trotz derzeit bestehender immunologischer und physiologischer Hindernisse (J. Beckmann et al. 2000) als Therapie zur Verfügung stehen, könnte sie den in vielen Ländern konstatierten Mangel an implantierbaren Organen (OECD 1999: 15 ff.) reduzieren und damit dazu beitragen, Leben zu retten. Anderseits besteht das – zumeist als Sicherheits- und nicht ethisches Problem diskutierte – Risiko, dass in den „source animals"[17] vorhandene, bekannte oder unbekannte Viren die EmpfängerInnen infizieren und sich eventuell in der Bevölkerung ausbreiten.

International werden daneben grundsätzliche ethische Fragen der XTP diskutiert. Beispiele dafür sind: Ist es aufgrund religiöser Überzeugungen und/oder ethischer Überlegungen vertretbar, Tiere als Organ-, Zell- und Gewebe-„Lieferanten" für Menschen zu nutzen? Unter welchen Bedingungen? Welche Rolle spielen tierethische Einwände z. B. für die genetische Modifikation, Klonierung, Zucht und Haltung der „source animals"? Bedeutet XTP ein „Überschreiten" der Speziesgrenzen und wie wäre dies zu bewerten? Was würde XTP für die Identität von PatientInnen bedeuten? Ist es vertretbar, individuelle Freiheiten von PatientInnen und Angehörigen – etwa durch Quarantäne, Monitoring – einzuschränken, um ein Infektionsrisiko einzugrenzen?

XTP gehört damit zu einem Technologietyp, der – bei hoher Unsicherheit hinsichtlich der Realisierbarkeit – in einer frühen Entwicklungsphase steht und aufgrund seiner Risiken und/oder ethischen Probleme Thema öffentlicher Debatte ist oder werden könnte (vgl. J. van Eijndhoven/R. van Est 2002: 213).

2.2 Die österreichische „Nichtdebatte" zu Xenotransplantation

Gegenwärtig haben internationale Organisationen[18] und offizielle sowie inoffizielle Beratungsgremien in einigen Ländern[19] TA zu XTP erarbeitet. Die öffentliche Debatte zu XTP dagegen war zu Projektbeginn im Jahr 2002 international nur wenig entwickelt,[20] eine Beobachtung, die auch für Österreich gilt (E. Grießler 2005). Wie die empirischen Ergebnisse dieses Projekts, in dem eine Reihe von Interviews mit Stakeholdern durchgeführt wurden, deutlich machen, hat bislang keine politische Partei und kein zuständiges Ministerium zu XTP Position bezogen.[21] Auch die Bioethikkommission hat sich noch nicht mit XTP befasst. Als wesentliche Gründe für diese geringe Beschäftigung mit dem Thema nannten die Stakeholder, dass XTP ein zu fernes Thema ist[22], es in Österreich fast keine XTP-Forschung gibt, Organmangel als weniger drückend als anderswo thematisiert wird und andere biomedizinische Themen intensiver und kontroverser diskutiert werden. Darüber hinaus ist in Österreich die öffentliche Debatte von Wissenschaft und Technik – mit einigen Ausnahmen – wenig ausgeprägt.[23]

Auch die österreichischen Medien berichten nur wenig über XTP (E. Grießler/A. Bogner 2003). Sie stellen sie als akzeptable, technisch schwierige, in der Zukunft mögliche, aber derzeit nicht reife Therapieform vor, konzentrieren sich auf die technisch-wissenschaftlichen Aspekte und behandeln ethische Fragestellungen nur am Rande.

In den Stakeholderinterviews werden weitaus mehr Fragen und Probleme der XTP angesprochen, als von den Medien transportiert werden. Diese fallen in drei Bereiche: Die Versprechen – vor allem Lösung des Organmangels, Rettung von Menschenleben, Verbesserung der Lebensqualität – gehören zu den Antriebskräften der XTP. Sie sind verbunden mit den Themen Zukunft, Fortschritt, Forschung, einer positiven Einstellung zu Risiko und Skepsis gegenüber der Regulierbarkeit von Forschung. Argumente der Machbarkeit stellen XTP nicht grundsätzlich infrage, bezweifeln aber deren Realisierbarkeit. Sie enthalten physiologische und immunologische Gegenargumente. Vor allem aber fragen sie, ob XTP nicht mit zu großen Infektionsrisiken verbunden ist. Ethisch argumentierende Einwände stellen XTP grundsätzlich infrage. Sie fragen nach der Vertretbarkeit des Überschreitens der Grenze zwischen Tier und Mensch, der prinzipiellen Nutzung von Tieren für XTP, der genetischen Modifikation und der Haltungsbedingungen von Tieren, der klinischen XTP-Forschung an Menschen, der Forschung angesichts nationaler und internationaler Ungleichheit und begrenzter Ressourcen sowie den Grenzen der Medizin. In den Interviews dominieren Argumente des „Versprechens". Aber auch Zweifel an der Machbarkeit und Sicherheitsaspekte sind wichtige Positionen. Im Gegensatz dazu spielen ethisch motivierte Einwände nur eine untergeordnete Rolle.

3. Die Neosokratischen Dialoge zu ethischen Problemen der Xenotransplantation

Ausgehend vom Stand der internationalen und österreichischen Diskussion zu XTP waren es die Ziele eines internationalen Forschungsprojekts, ethische Probleme der XTP zu thematisieren und in einem Stakeholderansatz strukturiert zu diskutieren. Im Jahr 2002 organisierte das Institut für Höhere Studien zwei NSD zu ethischen Problemen der XTP.[24] Im darauf folgenden Jahr führten die ProjektpartnerInnen je zwei Dialoge in Spanien und Deutschland durch.

Da sich bei der Analyse der Interviews und der Medien in den drei Ländern das Infektionsrisiko als dominantes Thema herausstellte, behandelten die NSD die Frage „welches Risiko eingehen?". Im Rahmen des Projekts wurde das Design des NSD erweitert. Dem eigentlichen NSD wurde eine Phase nachgeschaltet, in der die Ergebnisse des Dialogs auf die ethische Problematik von XTP angewandt werden sollten.

3.1 NSD 1

Am NSD 1 nahmen ein Transplantationschirurg, ein Gesundheitspolitiker, ein Forscher zu Alternativen zu Tierversuchen, zwei VertreterInnen einer Selbsthilfegruppe, je eine Vertreterin christlicher Kirchen und einer Tierschutzgruppe sowie eine Patientenanwältin teil.

Die Gruppe konkretisierte die Fragestellung auf den Satz „Welches Risiko dürfen wir eingehen?" und wählte „riskantes Autofahren" als Beispiel. Die Argumente für die Wahl dieses Beispiels waren Häufigkeit und Alltäglichkeit der Situation und der Umstand, dass riskantes Autofahren in Zwangssituationen manchmal in Kauf genommen würde.

Die Argumentationsphase begann damit, dass die Beispielgeberin ihr damaliges riskantes Autofahren beurteilte. Sie sei das Risiko eingegangen, weil ihr das Ziel – ihr Glück, ihre Liebesbeziehung – das Risiko wert gewesen wäre, und erklärte, dass sie dem Risiko weniger Aufmerksamkeit geschenkt habe als dem Ziel. Die meisten TeilnehmerInnen teilten ihre Beurteilung, auch wenn die Beispielgeberin selbst ihr riskantes Autofahren im Rückblick als nicht mehr gerechtfertigt ansah.

Im Anschluss daran versuchte die Gruppe mit Bezug auf diese Einschätzung Kriterien für die Legitimation riskanten Verhaltens zu finden. Dabei fand die Idee, dass riskantes Verhalten durch ein eventuelles positives

Neosokratische Dialoge zu ethischen Fragen der Xenotransplantation

Ergebnis nachträglich legitimiert werden könne, keine Unterstützung. Die Gruppe stimmte nach längerer Diskussion darin überein, dass ein Risiko eingegangen werden könne, wenn der mögliche Schaden reversibel sei.

Diese Idee wurde durch die folgenden Überlegungen weiterentwickelt: Ein Risiko kann dann eingegangen werden, wenn die Anzahl der Menschen, für die das Ziel nützlich ist, größer ist als die, die von potenziellen negativen Effekten in Mitleidenschaft gezogen werden. Um das Risiko zu minimieren, müssten die Handlungen, die gesetzt werden, um das Ziel zu erreichen, evaluiert und kontrolliert werden.

Dieser Standpunkt provozierte eine längere Diskussion über das gerechtfertigte Verhältnis von quantitativen und qualitativen Effekten von Nutzen und Schaden in riskantem Verhalten. Die Gruppe untersuchte, ob dieses Verhältnis überhaupt quantifiziert werden könne, insbesondere in Fällen, in denen die negativen Effekte nur sehr grob statistisch quantitativ abgeschätzt werden könnten. Es wurde infrage gestellt, ob – wie im Falle der XTP – eine niedrige Eintrittswahrscheinlichkeit von Infektionen es rechtfertigen würde, das Risiko von ernsten – die ganze Bevölkerung betreffenden – Schäden in Kauf zu nehmen. Am Ende des Dialogs formulierte die Gruppe folgenden Konsens zur Ausgangsfrage: „Die Verhältnismäßigkeit des möglichen Schadens zum zu erwartenden Nutzen muss deutlich zugunsten des Nutzens liegen."

In der Transferphase des Dialogs wandte die Gruppe die allgemeine Regel auf drei Risiken von XTP an: (1) das Risiko, die medizinische Grundversorgung zugunsten von Spitzenmedizin zu vernachlässigen, (2) das Risiko von Infektionen und Epidemien, (3) das Risiko eines vollständig instrumentellen Verhältnisses von Gesellschaft und Natur.

Die Gruppe kam in diesen Fragen zu vorläufigen und impliziten Übereinstimmungen. Diese waren implizit, weil die Gruppe nicht formal abstimmte, sondern der jeweiligen Formulierung durch zwei ihrer Mitglieder nicht widersprach. Die Übereinstimmungen waren vorläufig, weil zusätzliches Wissen als notwendig erachtet wurde, um die vorläufige Übereinstimmung in eine abschließende Übereinkunft zu verwandeln.

Zur Frage der Ressourcenallokation meinte die Gruppe, dass XTP nicht gerechtfertigt wäre, wenn es damit zu gravierenden Einschnitten in der medizinischen Grundversorgung käme. Zur Entscheidung dieser Frage wurden Informationen über Preise für XTP-Organe, medizinische Indikationen für XTP, die allgemeine Entwicklung der Gesundheitsausgaben und die öffentliche Bereitschaft, diese zu erhöhen, als notwendig erachtet. Die Gruppe hielt XTP hinsichtlich des Infektionsrisikos für tolerierbar, weil vorhandene

Studien auf eine niedrige Wahrscheinlichkeit eines Infektionsrisikos deuten würden. Sie wies aber darauf hin, dass weitere unbekannte Risiken bestünden und in diesem Bereich zusätzliche, vertrauenswürdige Forschung notwendig sei. Zum Mensch-Natur-Verhältnis meinte die Gruppe, XTP wäre akzeptierbar, wenn bestimmte Aufzucht- und Haltungsbedingungen der Tiere erfüllt würden.

3.2 NSD 2

Am NSD 2 beteiligten sich ein Virologe, ein Immunologe, eine mit TransplantationspatientInnen arbeitende Psychologin, ein Transplantationspatient, zwei BeamtInnen zuständiger Ministerien, eine Wissenschaftsjournalistin und je ein Mitarbeiter einer Tierschutzorganisation, einer Versicherung und eines Pharmaunternehmens.

Das gewählte Beispiel betraf das Risiko einer beruflichen Beratung. Der Beispielgeber hatte einem Tierhalter geraten, seine in Laufstallhaltung gehaltenen Rinder nicht zu enthornen, da dies für die Tiere einen schwerwiegenden Eingriff darstellt und er das Verletzungsrisiko für den Tierhalter im konkreten Fall als niedrig einschätzte. Nach einiger Zeit wurde der Tierhalter von einem Rind verletzt.

Die Argumentationsphase des Dialogs begann mit der Aussage des Beispielgebers, dass er das Risiko einer möglichen Verletzung des Tierhalters eingegangen sei, weil er das „Wohl der Tiere über das des Menschen gestellt" habe. Aus heutiger Perspektive hielt er seine Entscheidung für nicht gerechtfertigt. Alle TeilnehmerInnen teilten diese Beurteilung. Die Gründe dafür kreisten um folgende Themen:

- die Notwendigkeit, Wahrscheinlichkeiten in der Risikobewertung zu berücksichtigen (Wahrscheinlichkeit des Auftretens negativer Effekte, Schwere der Schäden, erwarteter Nutzen),
- die Legitimität von Ideologien oder idealistischer Haltungen in Entscheidungen,
- die Frage, ob das Ergebnis einer riskanten Handlung die vorangegangene Entscheidung, das Risiko einzugehen, rechtfertigt oder infrage stellt.

Die Gruppe entschied sich dafür, die Frage der Risikobewertung näher zu untersuchen, und begann damit, eine allgemeine Regel für die Annehmbarkeit von Risiko auszuarbeiten. Diese vorläufige, allgemeine Regel lautete: „Von mehreren Optionen muss die gewählt werden, die mit einem vertretbaren Risiko einen optimalen Nutzen erzielt."

Die Gruppe arbeitete jedoch nicht an der Definition dieser Regel weiter, sondern kehrte zur Idee zurück, Entscheidungsprobleme bei riskanten Technologien mittels quantitativer Risikoabschätzung zu lösen. In der Gruppe dominierte die Meinung, dass systematische ethische Überlegungen, wie im NSD vorgeschlagen, nicht dazu geeignet wären, zur Entscheidungsfindung im Bereich der XTP beizutragen. Stattdessen wollte sie das Thema XTP ohne den „Umweg" des NSD diskutieren und kehrte nicht zur Analyse des gewählten Beispiels zurück. Daher erarbeitete die Gruppe keine Endaussage auf die Frage „Welches Risiko dürfen wir eingehen?", die sie auf die Frage der ethischen Probleme der XTP anwenden hätte können. Ergebnisse des NSD waren eine ausführliche Metadiskussion über die Eignung des NSD, „wirkliche Fragen" von XTP zu beantworten, und eine Liste von Punkten, die nach Ansicht der Gruppe bei einer Bewertung von XTP berücksichtigt werden müssten.[25]

3.3 Bewertungen durch die TeilnehmerInnen

Beide Dialoge wurden begleitend evaluiert (E. Grießler et al. 2004a).[26] In der Darstellung der Ergebnisse konzentrieren wir uns auf die Bewertung der Veranstaltung und der Methode des NSD.

Die TeilnehmerInnen des NSD 1 bewerteten den Dialog stark positiv. Die Erwartungen wurden zum Großteil mehr als erfüllt oder erfüllt.[27] Eine große Mehrheit beurteilte den durchgeführten Dialog positiv.[28] Ebenso würde eine große Mehrheit die Veranstaltung einem Kollegen/einer Kollegin empfehlen.[29] Die Bewertung der Ergebnisse war nahezu durchwegs positiv,[30] und eine große Mehrheit schätzte die Methode des NSD positiv ein.[31]

Im Vergleich dazu beurteilte die zweite Gruppe den NSD und seine Ergebnisse deutlich negativer und uneinheitlicher. Eine Mehrheit verneinte, dass ihrer Erwartungen eingetreten seien.[32] Die Bewertung der Veranstaltung nach Schulnoten fiel deutlich schlechter und uneinheitlicher aus.[33] Die Mehrheit der TeilnehmerInnen (sechs Personen) würde die Veranstaltung „mit Einschränkungen empfehlen", und eine Person würde sie „empfehlen".[29] Allerdings gaben auch drei Personen an, dass sie die Veranstaltung „eher nicht empfehlen" würden. Die Bewertung der Resultate des NSD war deutlich negativ[34] und die Methode des NSD wurde skeptischer und uneinheitlicher eingeschätzt als in der ersten Gruppe.[35]

4. Diskussion

Wir schließen in der Diskussion unserer Frage, ob der NSD eine Methode ist, mit dem PTA um ethische Fragen erweitert werden kann, an das Zwischenfazit an und stellen den NSD in den Kontext internationaler und österreichischer Erfahrungen mit PTA.

4.1 Diskussion ethischer Aspekte

Nahezu alle internationalen TA zu XTP sprechen ethische Fragestellungen an, ihre Behandlung nimmt allerdings unterschiedlich breiten Raum ein. Dies gilt auch für die PTA, die in Kanada (E. F. Einsiedel 2002), den Niederlanden (The Dutch Consumer & Biotechnology Foundation 2001) und Deutschland (A. Haniel 2002) durchgeführt wurden.

Das dargestellte Projekt fokussiert ausschließlich auf ethische Probleme einer Technologie und stellt damit eine Neuerung im Kontext österreichischer PTA dar. Die aus Interviews mit Stakeholdern generierte ethische Fragestellung „Welches Risiko dürfen wir eingehen?" war Ausgangspunkt der Dialoge.

Die Konzentration auf die ethische Perspektive warf allerdings spezifische Probleme auf. Die Konzeption des NSD in diesem Projekt – einen Dialog ethischer Laien über ethische Probleme riskanten Handelns zu führen – machte eine Trennung zwischen ethischer Diskussion und Anwendung auf XTP notwendig. Ausgangspunkte des NSD waren von TeilnehmerInnen selbst erlebte Situationen, die für alle nachvollziehbar sein sollten. Diese wurden im Verlauf des Dialogs mit Hinblick auf ihre ethischen Implikationen analysiert. Da solche empirischen Fälle für XTP allerdings derzeit fehlen, musste die ethische Problematik anhand analoger, der Lebenswelt der TeilnehmerInnen entnommener Beispiele diskutiert werden. Erst danach erfolgte die Anwendung der erarbeiteten Prinzipien auf die Ausgangsproblematik. Der Transfer der im NSD diskutierten ethischen Prinzipien auf den Anwendungsfall XTP konnte allerdings aufgrund zeitlicher Restriktionen nur in Ansätzen geleistet werden. Es stellte sich heraus, dass dafür ein zusätzlicher Workshop notwendig gewesen wäre.

Darüber hinaus bedarf es im Falle ethischer Laien, d. h. nicht akademisch ausgebildeter EthikerInnen, zumeist auch der Sensibilisierung für eine systematische ethische Argumentation. Ein Grundverständnis für diese Argumentationsweise kann im NSD erlernt werden. Die Balance zwischen ethischem Dialog und Diskussion von Wissensfragen war ein Kritikpunkt im NSD 2.

Das Ziel des Forschungsprojekts und des NSD war allerdings nicht eine umfassende Evaluierung von XTP, sondern eine Konzentration auf ethische Fragen dieser Technologie. Dennoch empfiehlt es sich, den NSD in Zukunft in ein umfassendes TA-Konzept einzubinden.

4.2 Partizipatives Verfahren

Einige internationale TA zu XTP waren expertenorientiert (z. B. OECD 1996; Council of Europe 1997), andere beteiligten Interessengruppen und NGOs (z. B. Nuffield Council on Bioethics 1996; B. Hüsing et al. 1998) oder ParlamentarierInnen (z. B. Swedish Committee on XTP 1999). Die meisten Studien orientierten sich am klassischen TA-Ansatz. Nur wenige versuchten, verschiedene „Öffentlichkeiten" einzubinden (The Dutch Consumer & Biotechnology Foundation 2001; Canadian Public Health Association 2001; E. F. Einsiedel 2002; A. Haniel 2002).

Bei den durchgeführten NSD handelte es sich um ein partizipatives Verfahren. Allerdings richteten sie sich nicht – wie in Kanada und den Niederlanden – an die allgemeine Bevölkerung oder – wie in Deutschland – an eine Gruppe von SchülerInnen, sondern an Stakeholder (J. van Einndhoven/ R. van Est 2002: 211). Die Zusammensetzung der Gruppe zielte nicht auf Repräsentativität, sondern darauf, alle relevanten – insbesondere oftmals marginalisierten – Gruppen abzudecken (S. Joss/S. Bellucci 2002: 39). Die NSD sind aber auch eine Kombination von Stakeholder- und Laienpartizipation (S. Joss/H. Torgersen 2002: 172). Alle TeilnehmerInnen hatten als Stakeholder unterschiedliche Expertisen bezüglich XTP, in Hinblick auf Ethik waren sie aber fast ausschließlich kompetente Laien.[36]

Stakeholderansätze, wie der im Projekt gewählte, dürften hinsichtlich ihres möglichen Impacts von Vorteil sein: Zum einen gelten sie als anschlussfähig an die österreichische politische Kultur (Grabner et al. 2002: 74). Zum anderen können ihre Ergebnisse leichter in die Planung und Entscheidungsprozesse von Technikentwicklung Eingang finden (A. Grunwald 1999: 173).

4.3 „Arguing"/„bargaining"

Die Dokumentationen der internationalen PTA zu XTP bleiben vage hinsichtlich des Verfahrens, in denen die Gruppen zu ihren Urteilen gekommen sind. In den kanadischen „citizens juries" werden mit dem „discoursive ethics" (L. Klüver 2002: 180 ff.) vergleichbare „process criteria" erwähnt

(E. F. Einsiedel 2002: 320). Die Rolle der Moderatorin beschränkte sich auf die Leitung des Diskussionsprozesses. Im niederländischen Beispiel werden im Endbericht die Argumente pro und kontra XTP aufgelistet, die in den Gruppendiskussionen angeführt wurden. Wie diese Einschätzungen gewonnen wurden und ob sie Produkt einer argumentativen Verhandlung waren, führt der Bericht nicht aus. Auch die Dokumentation des deutschen BürgerInnenforums lässt keine Rückschlüsse auf den Entscheidungsprozess innerhalb der Gruppe zu. Wie erwähnt, weisen A. Bogner und W. Menz darauf hin, dass die Verhandlungen in Bioethikkommissionen sehr stark von „bargaining"-Aspekten geprägt sind.

Im Gegensatz dazu ist der NSD ein diskursives Verfahren, das explizit „arguing" betont. Die TeilnehmerInnen erarbeiten – geleitet von der Idee der regressiven Abstraktion – systematisch und über Argumentation eine gemeinsame Position zu einer Fragestellung („Welches Risiko dürfen wir eingehen?"). Im Rahmen des Projekts sollte die Gruppe diese Position am Ende des Dialogs auf ethische Fragestellungen der XTP anwenden. Dieser Ansatz ist im NSD 1 gelungen. Im NSD 2 blieb der Prozess des Erarbeitens einer gemeinsamen Position und der Übertragung auf die ethischen Probleme von XTP unvollendet.

Die Frage, ob der NSD ein angemessenes Verfahren sei, ethische Probleme der XTP zu diskutieren, wurde in beiden Dialogen von TeilnehmerInnen thematisiert. Allerdings waren das Ausmaß, in dem dieses Thema zum Konflikt wurde, die Anzahl der involvierten TeilnehmerInnen und die Auswirkungen auf den Dialog unterschiedlich.

Eine Teilnehmerin des NSD 1 artikulierte ihre Kritik an der Methode – dass der NSD zu zeitintensiv sei – im späteren Evaluuierungsinterview. Die anderen sieben TeilnehmerInnen teilten diesen Kritikpunkt nicht, wie sich auch in den Bewertungen von Methode und Resultaten deutlich zeigt (vgl. 3.3).

Im Gegensatz dazu standen im NSD 2 mehrere und gerade die aktivsten TeilnehmerInnen der Methode kritisch gegenüber. Die Kritik wurde im letzten Viertel des Dialogs von einem Teilnehmer artikuliert, dominierte danach die Veranstaltung und beeinflusste somit das Ergebnis des NSD. Die KritikerInnen beurteilten den NSD als „methodenverliebt" und als Umweg, der die Gruppe davon abhalte, die wirklichen Themen von XTP zu diskutieren. Aber auch im NSD 2 stand eine Gruppe von TeilnehmerInnen dem NSD positiv gegenüber. In den Telefoninterviews meinte eine Teilnehmerin, dass sie dem Ansatz des NSD gegenüber „enthusiastisch" war. Ein anderer sah seine Erwartung erfüllt, das Thema mit einem philosophischen Ansatz zu diskutieren. Ein Dritter äußerte sich an der Methode interessiert, und ein Teilnehmer zeigte sich ambivalent, weil er die Methode interessant fand, aber mit den Ergebnissen unzufrieden war.

Partizipative PTA sind „group methods" (M. van Asselt/N. Rijken-Klomp 2002: 168). Dementsprechend sind sie von gruppendynamischen Prozessen begleitet, über die auch österreichische (P. Grabner et al.: 65, 68; A. Bogner 2004) und internationale Evaluationen berichten (L. Klüver 2002: 195 ff.; für Bioethikkommissionen vgl. J. Moreno 1996). Beispiele für Probleme sind schwer einzubindende TeilnehmerInnen, zu starke Konsensorientierung der Gruppe, die die inhaltliche Auseinandersetzung erschwert (A. Bogner 2004) oder Kritik an der Methode (L. Klüver 2002: 197 ff., 202 ff.).

Auch in den beiden durchgeführten NSD waren Verlauf und Ergebnis zum Teil von Gruppenprozessen abhängig. Als problematisch stellte sich im NSD 2 heraus, dass die aktivsten TeilnehmerInnen der Methode kritisch gegenüber standen, eine Risikoabschätzung bevorzugten und in der Gruppe Unklarheiten über den Stellenwert ethischer Probleme bestanden. Die Ablehnung der Methode durch eine starke Gruppe von TeilnehmerInnen war jedoch innerhalb der sechs im Projekt durchgeführten NSD einmalig (E. Grießler et al. 2004b).

Zusammenfassend haben wir in dem Projekt versucht, PTA um ethische Aspekte zu erweitern und diese in einem strukturierten, diskursiven Stakeholderverfahren zu diskutieren. Wir betrachten diesen Versuch trotz der unterschiedlichen Verläufe und Resultate von NSD 1 und NSD 2 – auch im Hinblick auf die positiven Ergebnisse der vier parallelen NSD in Spanien und Deutschland (ebd.) – insgesamt als gelungen. Allerdings hat das Projekt einige Probleme aufgezeigt, die für den NSD im Kontext von PTA bestehen.

Erstens ist es wichtig zu betonen, dass der NSD keine Methode zur Risikoanalyse, sondern zur Diskussion ethischer Fragestellungen ist. Es ist daher notwendig, vor dem NSD zu klären, was ethische Fragen von Wissensfragen unterscheidet und wo Unterschiede im Zugang zu den beiden Fragetypen liegen. Zweitens bleiben auch im NSD gruppendynamische Prozesse zu beachten, denen durch Intervention gegengesteuert werden muss. Drittens erschöpfen sich Entscheidungen über Technologien selbstverständlich nicht in ethischen Fragestellungen, weshalb eine Einbindung in bestehende PTA-Konzepte notwendig ist.

Erich Grießler, Beate Littig

Anmerkungen

1 Der Arbeit liegen die Projekte „Increasing Public Involvement in Debates on Ethical Questions of Xenotransplantation" (Europäische Kommission, Contract Nr. HPRP-CT-2001-00013) und „Multi-Level-Governance in der Forschungs- und Technologiepolitik" (Österreichischen Nationalbank, Projekt Nr. 11213) zugrunde. Wir danken den Finanziers für ihre Unterstützung und den KollegInnen Alexander Bogner, Paolo Dordoni, Horst Gronke, Bärbel Hüsing, Margit Leuthold, Emilio Muñoz, David Santos, Rene Zimmer für die Zusammenarbeit. Besonders danken wir den InterviewpartnerInnen, den TeilnehmerInnen an den Dialogen, den anonymen GutachterInnen sowie Michael Jonas, Marita Kampshoff und Christine Grießler für ihre wertvollen Anregungen und ihre hilfreiche Kritik.
2 Zu TA in verschiedenen Ländern vgl. J. van Eijndhoven 1997; St. Bröchler et al. 1999: 387–535.
3 Zur Kritik an dieser vereinfachenden Annahme vgl. E. Albaek 1995.
4 Weitergehend in der Funktionszuschreibung von PTA in Richtung „decision-making" vgl. z. B. S. Joss 1999: 290.
5 Einen Überblick über PTA-Verfahren bieten u. a. ein Sonderband der Zeitschrift Science and Public Policy (S. Joss 1999); St. Bröchler et al. 1999; M. van Asselt/ N. Rijkens-Klomp 2002; A. Grunwald 2002. Konsenskonferenzen sind eingehend beforscht (S. Joss/J. Durant 1995). Zu positiven Befunden ihres internationalen Transfers vgl. E. F. Einsiedel et al. 2001; kritischer: J. Goven 2003. Zu international vergleichender Evaluation von PTA siehe u. a. S. Joss/S. Bellucci 2002.
6 Als Beispiel für scharfe Kritik an PTA vergleiche C. F. Gethmann 2001.
7 Im Unterschied zu nondiskursiven Formen der Konfliktbewältigung, die „von der Liquidation der Opponenten bis zu einfachen Überreden der anderen Konfliktpartei (. . .) reichen" (C. F. Gethmann 1999b: 139).
8 Skeptisch hinsichtlich der Einlösbarkeit dieses Anspruchs z. B. J. Moreno 1996: 185 ff.
9 Zur Kritik an der willkürlichen Trennung von Technikbewertung in TA und Bioethikkommissionen vgl. Gethmann 1999b: 136.
10 In Österreich bislang nicht angewandt wurden z. B. die Wertbaumanalyse (O. Renn 1999) und Rationale Technikfolgenbeurteilung (C. F. Gethmann 1999a).
11 In der Kommission dominieren zahlenmäßig NaturwissenschaftlerInnen und MedizinerInnen, es sind aber auch einige Theologen und ein Soziologe eingebunden.
12 Bei Kommissionsmitgliedern, die in relevanten naturwissenschaftlichen Gebieten forschen oder Pharmafirmen leiten, ist die Grenze zwischen „interessenlosen ExpertInnen" und „Stakeholdern" nicht trennscharf, ein Interessenkonflikt scheint zumindest möglich, wenn nicht wahrscheinlich.
13 Dazu gehören u. a. Zeitdruck der Kommission, Orientierung an den Bedürfnissen der Politik hinsichtlich Zeithorizonten und Darstellungsform, Einigungsdruck bei gleichzeitigem Wissen um die Unwahrscheinlichkeit einer Einigung aufgrund fundamentaler Auffassungsunterschiede, gemeinsame Interessen der Kommissionsmitglieder in Bezug auf Politikrelevanz der Ergebnisse und Sicherung der wissenschaftlichen Autorität der Kommission.

14 Eine Kommunikation ist im Kontext diskursiver Verfahren dann ein Diskurs, „wenn in ihr Themen, Positionen, Interessen unter Rekurs auf Gründe zur Sprache gebracht werden" (W. van den Däle 2001: 7). Diskursive Verfahren sind „organisierte Diskurse", in denen die Beteiligten nach Regeln agieren. Diese sind freiwillige Teilnahme und Prozesskontrolle durch die Beteiligten, soziale und inhaltliche Repräsentativität der Zusammensetzung des Verfahrens, gleiche Rechte aller Beteiligten, Kommunikation unter Anwesenden, Handlungsentlastung und formalisierte Gesprächsführung durch Moderation, Tagesordnung, Wortmeldung (ebd.; vgl. auch „discourse ethics", L. Klüver 2002: 180 ff.).

15 Unter Stakeholder verstehen wir Organisationen oder Personen, die sich aufgrund ihres Berufs, ihrer Aufgabe, ihrer Interessen oder ihrer Betroffenheit zu einem bestimmten Thema geäußert haben oder von denen sinnvoll angenommen werden kann, dass sie das in Zukunft tun werden (zur Definition von Stakeholdern vgl. M. van de Kerkhof 2001: 4).

16 Hier im Sinne des Moralverständnisses N. Luhmanns: „Ich verstehe unter Moral eine besondere Art von Kommunikation, die Hinweise auf Achtung oder Missachtung mitführt. Dabei geht es (...) um die ganze Person, soweit sie als Teilnehmer an Kommunikation geschätzt wird" (1990: 17 ff.).

17 So werden die Tiere bezeichnet, denen Organe für die Transplantation entnommen werden.

18 WHO (1998a; 1998b), OECD (1996; 1999; OECD/WHO 2001) Europarat (Council of Europe 2000; 2003).

19 Vergleiche z. B. für Deutschland: B. Hüsing et al. 1998; Th. Petermann, A. Sauter 1999; J. Beckmann et al. 2000; Großbritannien: Nuffield Council on Bioethics 1996; Kanada: Canadian Public Health Association 2001; Niederlande: Gezondheidsraad 1998; The Dutch Consumer and Biotechnology Foundation 2001; Schweden: Ministry of Health and Social Affairs 1999.

20 Mit Stand 2001 hatten in acht von 15 EU-Ländern nationale Ethikkommissionen einen Standpunkt zu XTP formuliert. In sechs Ländern hatte eine öffentliche Debatte zu dem Thema stattgefunden (European Commission 2001).

21 Die 34 teilstrukturierten „face-to-face"-Interviews mit ForscherInnen, TransplantationschirurgInnen, PatientInnen, PatientenanwältInnen, VertreterInnen von Ärztekammer, Gesundheits- und Krankenpflegeverband, Politik, Verwaltung, Pharmaindustrie, Tierschutzorganisationen, Kirchen, Versicherungen, Medien und einer Organisation zur Koordination des Transplantationswesens wurden im Sommer 2002 durchgeführt. Sie dauerten zwischen 20 und 90 Minuten.

22 Diese Haltung steht im Gegensatz zur internationalen Debatte, in der die frühe Entwicklungsstufe von XTP und die damit verbundenen höheren Möglichkeiten der Steuerung als zentrale Begründung für die derzeitige XTP-Diskussion genannt wird.

23 Vergleiche z. B. P. Grabner et al. 2002: 62; zu Biotechnologie in der Medizin U. Felt et al. 2003: 15 ff.; zu Transplantation E. Grießler 2005.

24 Von den 34 identifizierten und interviewten Stakeholdern nahmen 18 an einem der beiden Dialoge teil. Die Dialoge fanden in Wien statt, begannen mit einer Abendveranstaltung und dauerten daran anschließend jeweils einen Tag.

25 Diese waren: verbesserte Lebensqualität nach der Behandlung, Länge des Überlebens nach der Operation, Anzahl der NutznießerInnen, Verbesserungen der Methode durch Anstieg der Lernkurve, verbesserte medizinische Versorgung durch Erweiterung bestehender Behandlungsmöglichkeiten. Parameter auf Seite des Schadens waren: Trauma bei Operation oder anschließender Behandlung, Infektionen, höhere Kosten für das Gesundheitssystem, psychologische Aspekte (Akzeptanz des Organs, Identitätsproblem), sinkendes Gesundheitsbewusstsein aufgrund Wissen um mögliche Therapie.

26 Dazu beantworteten die TeilnehmerInnen zwei Fragebogen. Im ersten Fragebogen wurde Teilnahmemotivation, Erwartungen an den NSD, Wissensstand und Standpunkt zu XTP erfragt. Im zweiten Fragebogen wurden die TeilnehmerInnen um Auskunft über ihre Erfahrungen und ihre Einschätzung der Methode gebeten. Zusätzlich wurden zwischen Oktober und Dezember 2002 mit 16 der 18 TeilnehmerInnen Telefoninterviews geführt.

27 Vier TeilnehmerInnen meinten, ihre Erwartungen seien „übertroffen" worden, und drei TeilnehmerInnen, dass sie „getroffen" wurden. Nur eine Teilnehmerin gab an, dass ihre Erwartungen „nicht getroffen wurden".

28 Vier Gruppenmitglieder beurteilten ihn mit „sehr gut" und drei Personen mit „gut". Eine Person machte keine Angaben.

29 Sechs Personen gaben an, dass sie ihn „empfehlen", eine, dass sie dies „mit Einschränkungen" tun würden. Nur eine Person meinte, dass sie eine solche Veranstaltung „nicht empfehlen würde".

30 Drei TeilnehmerInnen schätzten die Ergebnisse des Dialogs für ihr berufliches Umfeld als „sehr nützlich" und vier als „eher nützlich" ein. Eine Person machte keine Angaben.

31 Die Hälfte der TeilnehmerInnen hielt sie für „sehr nützlich", um ethische Probleme in ihrer beruflichen oder ehrenamtlichen Arbeit zu besprechen und drei für „eher nützlich". Nur eine Person hielt den NSD für „nicht nützlich".

32 Drei TeilnehmerInnen gaben an, dass ihre Erwartungen „nicht" und weitere drei, dass sie „eher nicht getroffen" wurden. Anderseits meinten zwei TeilnehmerInnen, dass ihre Erwartungen „eher getroffen" wurden. Eine Person gab an, dass ihre Erwartungen „getroffen", und eine weitere, dass sie „übertroffen" wurden.

33 Eine Person beurteilte die Veranstaltung mit „nicht genügend", zwei mit „genügend". Zwei TeilnehmerInnen vergaben die Note „befriedigend". Drei TeilnehmerInnen bewerteten die Veranstaltung mit „gut". Zwei TeilnehmerInnen machten keine Angaben.

34 Sechs Personen hielten die Ergebnisse für „nicht nützlich" und zwei Personen für „eher nicht nützlich". Eine Minderheit von zwei Personen hielt die Resultate für „eher nützlich".

35 Eine Person hielt den NSD als Methode für die eigene Arbeit für „nützlich", vier für „eher nützlich", zwei für „eher nicht nützlich" und drei für „nicht nützlich".

36 Aufgrund seiner neokantianischen Tradition richtet sich der NSD insbesondere an Personen, die, wie die meisten Menschen, keine fachspezifische Ethikkenntnisse besitzen. Der NSD geht davon aus, dass durch systematische regressive Abstraktion ein kollektives Verständnis ethischer Grundprinzipien erzielt werden kann.

Literatur

Albaek, Erik (1995): Between knowledge and power: Utilisation of social science in public policy making. In: Policy Sciences. Vol. 28. 79–100.

Beck, Ulrich (1986): Risikogesellschaft. Auf dem Weg in eine andere Moderne. Frankfurt/Main: Suhrkamp.

Beckmann, Jan. P./Brem, Gottfried/Eigler, Friedrich W./Günzburg, Walter/Hammer, Claus/Müller-Ruchholtz Wolfgang/Neumann-Held Eva M./Schreiber, Hans-Ludwig (2000): Xenotransplantation von Zellen, Geweben oder Organen. Wissenschaftliche Entwicklung und ethisch-rechtliche Implikationen. Berlin: Springer.

Bogner, Alexander (2004): Partizipative Politikberatung am Beispiel der BürgerInnenkonferenz 2003. Endbericht. Institut für Technikfolgen-Abschätzung der Österreichischen Akademie der Wissenschaft.

Bogner, Alexander/Menz, Wolfgang (2005): Konfliktlösung durch Dissens? Bioethikkommissionen als Mittel der Bearbeitung von Wissens- und Wertekonflikten. Vortragsmanuskript für die gemeinsame Tagung der Arbeitskreise „Umweltpolitik/Global Change" und „Politik und Technik" der Deutschen Vereinigung für Politische Wissenschaft. Hamburg, 22.–23. 4. 2005.

Birnbacher, Dieter/Krohn, Dieter (Hrsg.) (2002): Das sokratische Gespräch. Stuttgart: reclam.

Bora, Alfons/Van den Däle, Wolfgang (1997): Partizipatorische Technikfolgenabschätzung. Das Verfahren des Wissenschaftszentrum Berlin zu transgenen herbizidresistenten Kulturpflanzen. In: Köberle, Sabine/Gloede, Fritz/Hennen, Leonhard (Hrsg.) (1997): Diskursive Verständigung? Mediation und Partizipation in Technikkontroversen. Baden-Baden: Nomos.124–148.

Bröchler, Stephan/Simonis, Georg/Sundermann, Karsten (Hrsg.) (1999): Handbuch Technikfolgenabschätzung. Berlin: edition sigma.

Canadian Public Health Association (2001): Animal-to-human transplantation: Should Canada proceed? A public consultation on Xenotransplantation. Ottawa.

Council of Europe (1997): Xenotransplantation – State of the Art. Strasbourg.

Council of Europe (2000): State of the Art Report on Xenotransplantation (CDBI/CDSP-XENO (2000)12). Strasbourg.

Council of Europe (2003): Report on the State of the Art in the Field of Xenotransplantation (CDBI/CDSP-XENO (2003)1). Strasbourg.

Einsiedel, Edna F./Jelsoe, Erling/Breck, Thomas (2001): Publics at the technology table: the consensus conference in Denmark, Canada, and Australia. Public Understanding of Science. Vol. 10. 83–98.

Einsiedel, Edna F. (2002): Assessing a controversial medical technology: Canadian public consultations on xenotransplantation. Public Understanding of Science. Vol. 11. 215–331.

European Commission (2001): Survey on opinions from national ethics committees or similar bodies, public debates and national legislation in relation to xenotransplantation. Quality of Life Programme, Manuskript. Ohne Ort.

Engels, Eva-Marie (2002): Xenotransplantation aus ethischer Perspektive. In: Haniel, Anja (Hrsg.) (2002): Tierorgane für den Menschen. Dokumentation eines Bürgerforums zur Xenotransplantation. Akzente. Band 16. Institut Technik – Theologie – Naturwissenschaften. München: Herbert Utz Verlag. 43–85.

Felt, Ulrike/Fochler, Maximilian/Strassnig, Michael (2003): Evaluierung des „Diskurstag Gendiagnostik". Analyse der dialogischen Wechselwirkung zwischen Wissenschaft und verschiedenen Öffentlichkeiten. Institut für Wissenschaftstheorie und Wissenschaftsforschung. Arbeitsgruppe Wissenschaftsforschung.

Fischer, Frank (1999): Technological deliberation in a democratic society: the case for participatory inquiry. Science and Public Policy. Vol. 26. No. 5. 294–302.

Gethmann, Carl Friedrich (1999a): Rationale Technikfolgenbeurteilung. In: Grunwald, Armin (Hrsg.) (1999): Rationale Technikfolgenbeurteilung. Konzeption und methodische Grundlagen. Berlin: Springer. 1–10.

Gethmann, Carl Friedrich (1999b): Die Rolle der Ethik in der Technikfolgenabschätzung. In: Petermann, Thomas/Coenen, Reinhard (Hrsg.) (1999): Technikfolgen-Abschätzung in Deutschland. Bilanz und Perspektiven. Frankfurt/New York: Campus Verlag. 131–145.

Gethmann, Carl Friedrich (1999c): Die Ethik technischen Handelns im Rahmen der Technikbeurteilung. Am Beispiel der bemannten Raumfahrt. In: Grunwald, Armin/Sax, Hartmut (Hrsg.) (1999): Technikbeurteilung in der Raumfahrt. Anforderungen, Methoden, Wirkungen. Berlin: edition sigma. 146–159.

Gethmann, Carl Friedrich (2000): Ethische Probleme der Verteilungsgerechtigkeit beim Handeln unter Risiko. In: Gethmann-Siefert, Annemarie/Gethmann, Carl Friedrich (Hrsg.) (2000): Philosophie und Technik. München: Fink. 61–74.

Gethmann, Carl Friedrich (2001): Participatory Technology Assessment. Some Critical Questions. In: Decker, M. (Hrsg.) (2001): Interdisciplinarity in Technology Assessment. Implementation and its Chances and Limits. Berlin: Springer. 3–13.

Gezondheidsraad: Commissie Xenotransplantatie (1998): Standpunt op advies Gezondheidsraat inzake xenotransplantatie (CSZ/ME/9817647). Rijswijk.

Gmeiner, Robert/Körtner, Ulrich (2002): Die Bioethikkommission beim Bundeskanzleramt – Aufgaben, Arbeitsweise, Bedeutung. Recht der Medizin. 2002/06. 164–173.

Goven, Joanna (2003): Deploying the consensus conference in New Zealand: democracy and de-problematization. In: Public Understanding of Science. Vol. 12. 423–440.

Grabner, Petra/Peissl, Walter/Torgesen, Helge (2002): Austria: Methodological Innovations from a Latecomer. In: Joss, Simon/Bellucci, Sergio (Hrsg.) (2002): Participatory Technology Assessement. European Perspectives, Centre for the Study of Democracy. London. 61–74.

Neosokratische Dialoge zu ethischen Fragen der Xenotransplantation

Grießler, Erich (2005): Die Diskussionen von Transplantation und Xenotransplantation in Österreich: Zwei Nicht-Debatten. In: Manzei, Alexandra/Schneider, Werner (Hrsg.) (2005): Transplantationsmedizin – Kulturelles Wissen und Gesellschaftliche Praxis. Frankfurt/Main: agenda verlag. (Im Erscheinen.)

Grießler, Erich/Bogner, Alexander (2003): Increasing Public Involvement in Debates on Ethical Questions of Xenotransplantation. National Report Baseline Evaluation – Austria. Manuskript. Wien.

Grießler, Erich/Leuthold, Margit/Littig, Beate (2004a): National Evaluation Report Neo-Socratic Dialogue: Austria. Manuskript. Wien.

Grießler, Erich/Littig, Beate/Hüsing, Bärbel/Zimmer, René/Santos, David/Muñoz, Emilio/ Ponce, Gloria/Gronke, Horst/Dordoni, Paolo (2004b): Increasing Public Involvement in Debates on Ethical Questions of Xenotransplantation. Final Report. Manuskript. Wien.

Grunwald, Armin (1999): Technology Assessment or Ethics of Technology. Ethical Perspectives. Vol. 2. 170–182.

Grunwald, Armin (2000): Against Overestimating the Role of Ethics in Technology Development. In: Science and Engineering Ethics. Vol. 6. 181–196.

Grunwald, Armin (2002): Technikfolgenabschätzung – Eine Einführung. Berlin: edition sigma.

Habermas, Jürgen (1991): Erläuterungen zur Diskursethik. Frankfurt/Main: Suhrkamp.

Haniel, Anja (Hrsg.) (2002): Tierorgane für den Menschen. Dokumentation eines Bürgerforums zur Xenotransplantation. In: Akzente. Band 16. Institut Technik – Theologie – Naturwissenschaften. München: Herbert Utz Verlag.

Hennen, Leonard (1999a): Participatory technology assessment: a response to technical modernity? In: Science and Public Policy. Vol. 26. No. 5. 303–312.

Hennen, Leonard (1999b): Partizipation und Technikfolgenabschätzung. In: Bröchler, Stephan/Simonis, Georg/Sundermann, Karsten (Hrsg.) (1999): Handbuch Technikfolgenabschätzung. Berlin: edition sigma. 565–571.

Hüsing, Bärbel/Engels, Eve-Marie/Frick, Thomas/Menrad, Klaus/Reiß, Thomas (1998): Xenotransplantation. Technology Assessement, TA 30/1998. Schweizerischer Wissenschaftsrat. Program TA. Bern.

Joss, Simon/Durant, John (Hrsg.) (1995): Public Participation in Science: The Role of Consensus Conferences in Europe. London: Science Museum.

Joss, Simon (1999): Public participation in science and technology policy – and decision making – ephemeral phenomenon or lasting change. In: Science and Public Policy. Vol. 26. No. 5. October. 290–294.

Joss, Simon/Bellucci, Sergio (Hrsg.) (2002): Participatory Technology Assessment. European Perspectives. London: Centre for the Study of Democracy.

Joss, Simon/Torgersen, Helge (2002): Implementing Participatory Technology Assessment – from Import to National Innovation. In: Joss, Simon/Bellucci, Sergio (Hrsg.) (2002): Participatory Technology Assessment. European Perspectives London: Centre for the Study of Democracy. 157–178.

Kessels, Jos (1997/2001): Socrates op de markt. Filosofie in bedrijf. Boom, Meppel/Amsterdam (Deutsch 2001: Die Macht der Argumente. Weinheim: Beltz).

Kelly, Susan F. (2003): Public Bioethics and Publics: Consensus, Boundaries, and Participation in Biomedical Science Policy. In: Science, Technology and Human Values. Vol. 28. No. 3. 339–364.

Klüver, Lars (2002): Project Management – a Matter of Ethics and Robust Decisions. In: Joss, Simon/Bellucci, Sergio (Hrsg.) (2002): Participatory Technology Assessment. European Perspectives. London: Centre for the Study of Democracy. 179–208.

Latour, Bruno (1987): Science in Action. Open University Press, Milton Keynes.

Law, John/Callon, Michel (1988): Engineering and Sociology in a Military Aircraft Project: A Network Analysis of Technological Change. In: Social Problems. Vol. 35. No. 3. June. 284–297.

Luhmann, Niklas (1990): Paradigm lost: Über die ethische Reflexion der Moral. Frankfurt/Main: Suhrkamp.

Moreno, Jonathan D. (1996): Konsens durch Kommissionen: Philosophische und soziale Aspekte von Ethik Kommissionen. In: Bayertz, Kurt (Hrsg.) (1996): Moralischer Konsens: technische Eingriffe in die menschliche Fortpflanzung als Modellfall. Frankfurt/Main: Suhrkamp. 179–202.

Nelson, Leonard (1965): The Socratic Method. In: Nelson, Leonard (1965): Socratic Method and Critical Philosophy. Selected Essays by Leonard Nelson. New York: Dover. 1–40. (Original: Die sokratische Methode (1922). In: Nelson, Leonard (1970): Gesammelte Schriften. Vol. 1. Hamburg: Meiner 1970. 269–316).

Nuffield Council on Bioethics (1996): Animal-to-Human Transplants: The Ethics of Xenotransplantation. London.

OECD (1996): Advances in Transplantation Biotechnology and Animal to Human Organ Transplants (Xenotransplantation). Paris.

OECD (1999): Xenotransplantation. International Policy Issues. Paris.

OECD/WHO (2001): Consultation on Xenotransplantation Surveillance: Summary. Paris.

Petermann, Thomas/Sauter, Arnold (1999): TA-Monitoring „Xenotransplantation". TAB-Arbeitsbericht Nr. 64. Büro für Technikfolgen-Abschätzung beim Deutschen Bundestag.

Renn, Ortwinn (1999): Die Wertbaumanalyse. In: Bröchler, Stephan/Simonis, Georg/Sunderhmann, Karsten (Hrsg.) (1999): Handbuch Technikfolgenabschätzung. Berlin: edition sigma. 617–624.

Schicktanz, Silke (2002): Organlieferant Tier. Medizin- und tierethische Probleme der Xenotransplantation. Frankfurt/New York: Campus.

Swedish Committee on Xenotransplantation (1999): From one species to another – transplantation from animals to humans. Swedish Government Official Report No. 1999: 120. Stockholm: Ministry of Health and Social Affairs.

Sykes, Megan/D'Apice, Anthony/Sandrin, Mauro (2003): Position Paper of the Ethics Committee of the International Xenotransplantation Association. In: Xenotransplantation. Vol. 10. 194–203.

The Dutch Consumer & Biotechnology Foundation (2001): Xenotransplantation. Is and should it be possible? Final report in respect of the public debate on Xenotransplantation. The Hague.

Toulmin, Stephen (1958): The Uses of Argument. Oxford: Oxford University Press.

Van Asselt, Marlein/Rijkens-Klomp, Nicole (2002): A look in the mirror: reflection on participation in Integrated Assessment form a methodological perspective. In: Global Environmental Change. Vol. 12. 167–184.

Van de Kerkhof, Marleen (2001): A Survey on the Methodology of Participatory Integrated Assessment. International Institute for Applied Systems Analysis. Interim Report IR-01-014. Manuskript. Laxenburg.

Van den Däle, Wolfgang (2001): Von moralischer Kommunikation zu Kommunikation über Moral. Reflexive Distanz in diskursiven Verfahren. In: Zeitschrift für Soziologie. Vol. 1. 4–22.

Van Eijndhoven, Josée (1997): Technology Assessment: Product or Process? In: Technological Forecasting and Social Change. Vol. 54. 269–286.

Van Eijndhoven, Josée/Rinie van Est (2002): The Choice of Participatory TA Methods. In: Joss, Simon/Bellucci, Sergio (Hrsg.) (2002): Participatory Technology Assessment. In: European Perspectives. London: Center for the Study of Democracy. 209–234.

WHO (1998a): Xenotransplantation: Guidance on Infectious Disease Prevention and Management (WHO/EMC/ZOO/98.1). Geneva.

WHO (1998b): Report of WHO Consultation on Xenotransplantation. Geneva.

Gerit Götzenbrucker

net_working: Fallbeispiele zu Veränderungspotenzialen elektronischer Kommunikationsangebote in einem österreichischen IT-Unternehmen

1. Soziale Netzwerke und Kommunikation

Ideenfindung und Problemlösungen in Unternehmen lassen sich maßgeblich durch die Gestaltung von Kommunikationsprozessen fördern, wobei die Einbindung von Mitarbeitern in unternehmensinterne und externe soziale Netzwerke als eine der wesentlichsten Grundlagen gilt. Diese Offenheit der Unternehmensgrenzen für neue Ideen und alternative Sichtweisen zeigt sich vorzugsweise in der Vernetzung der beteiligten Akteure. Ergebnissen empirischer Netzwerkstudien zufolge erhöhen weite und/oder große Netzwerke die Chancen auf Informationsinput und *knowledge sharing* (vgl. u. a. Granovetter 1982; Burt 1992; Weyer et al. 1997; Brown/Duguid 1999; Jansen 2000), wobei elektronische Kommunikationssysteme den Aufbau ebensolcher *weak ties* unterstützen können (vgl. u. a. Ahuja/Carley 1998; Wellman 2001). Diese Effekte wurden bislang vorwiegend in Internet-Netzwerken mit freiwilliger Teilnahme beobachtet, lassen sich jedoch auch für nicht routinebedingte Problemlösungsprozesse in Arbeitszusammenhängen vermuten (Haythorntwaite/Wellman/Garton 2000).

Vier Fallstudien zu abteilungsübergreifender Teamarbeit in einem österreichischen und national operierenden IT-Unternehmen sollten klären, in welcher Weise und mit welchen Effekten E-Mail und andere elektronische Werkzeuge für die Zusammenarbeit, Problemlösung und Pflege sozialer Kontakte eingesetzt werden.

Da bislang in Österreich die Veränderungspotenziale computervermittelter Kommunikationsangebote auf die Konstitution sozialer Netzwerke nur unzureichend untersucht wurde[1], stellt diese Arbeit den Versuch einer Adaption und Erweiterung der angloamerikanischen empirischen Netzwerkforschung dar, die durch die Integration von Aktionsforschungselementen über rein quantitative Beschreibungen hinausreicht.

1.1 Elektronische Kommunikation im Spannungsfeld von Informationsüberlastung und Vernetzungseffekten

Wenn an einem durchschnittlichen Arbeitstag im Januar 2002 exakt 112.617 unternehmensinterne und externe E-Mails[2] prozessiert werden, enthüllt dies nicht nur die Unverzichtbarkeit der Kommunikationstechnologie für das betrachtete IT-Unternehmen[3], sondern auch damit verbundene technische sowie soziale Problemlagen. Das E-Mail-Aufkommen pro Person beträgt demnach täglich 75 (ohne automatisierte Reminder, Out of office replies etc. 48) versendete oder empfangene Botschaften bei einem unternehmensinternen Anteil von 70%.[4]

Auf die Nachteile der Informationsüberflutung und sinkenden Effektivität elektronischer Kommunikationsvarianten (vgl. unter anderem Parnell 2001; Stenmark 1998; Whittaker/Sidner 1996; Stegbauer 1995) soll hier nur insofern eingegangen werden, als die ca. 1500 Mitarbeiter des österreichischen IT-Unternehmens zwar eine hohe Akzeptanz des E-Mail-Tools zeigen, jedoch gleichzeitig nur marginale Eigeninitiativen zur persönlichen Adaption dieser Technologie starten (vgl. auch Ducheneaut/Bellotti 2002; Venolia et al. 2002): So werden E-Mail-Filter oder Organisationshilfen kaum angewendet und das Terminmanagement unhinterfragt dem elektronischen Outlook-Kalender überantwortet.

Fest zu stehen scheint jedenfalls, dass E-Mail-Applikationen mehr als nur Kommunikationsvehikel im Arbeitsleben darstellen, vielmehr bereits zu Habitaten von Arbeitnehmern geworden sind (vgl. Ducheneaut/Bellotti 2001).

Jener Problematik der Informationsüberlastung stehen die Vernetzungspotenziale gegenüber: So lassen sich anhand von E-Mail-Kommunikation Dynamiken der Informationsverteilung innerhalb von Organisationen verfolgen und versteckte Muster der Zusammenarbeit und Führung aufdecken (Tyler/Wilkinson/Hubermann 2003), als auch – darüber hinausgehend – die Entstehung von Firmenkulturen und sozialen Austauschprozessen unterstützen (vgl. Appel 2000).

Einer der wichtigsten Effekte der sozialen Vernetzung stellt jedoch das aus Beziehungen generierte soziale Kapital zur Verbesserung von Handlungsmöglichkeiten dar (vgl. Burt 2000): So können elektronische Kommunikationssysteme in Abhängigkeit von der Kompetenz der Nutzer durchaus für die Steigerung von Beziehungsressourcen eingesetzt werden und etablierte Strukturen der Kommunikation und Informationsverteilung aufbrechen.

Dabei unterscheiden sich grundsätzlich Solidaritätsnetzwerke (enge, kohäsive, wechselseitige Beziehungen) von Tauschnetzwerken (losen, diskontinuierlichen, heterogenen „ad hoc"-Beziehungen). Diese Netzbeschaffenheiten können auf Arbeits- und Kooperationsprozesse maßgeblichen Einfluss haben, da sie je nach spezifischen Interessen und Bedürfnissen aktivierbar sind.

Ziel der vorliegenden Studie ist die Auslotung der Veränderungspotenziale computervermittelter Kommunikation für Mitarbeiterkooperationen mit besonderem Augenmerk auf die (Re)strukturierung hierarchischer Ordnungen und alternative Beteiligungschancen in Teamarbeitsprozessen.

1.2 Forschungs-Fokus: Auswirkungen elektronischer Kommunikation auf Arbeitsbeziehungen

„Postbürokratisches" Management versucht, mit dem Durchbrechen von Routinen und dem Aufbrechen von Handlungspraxen die Unsicherheiten des Marktes zu kompensieren und sowohl das eigene Unternehmen als auch die Mitarbeiter in einem *network* zu positionieren, das sich in flexiblen und „schlanken" *Projekten* oder *Prozessen* ausdrückt. Die Mitarbeiter sollen in Arbeitsteams ihre Stärke vor allem in Ausnahmezuständen zeigen – wenn hohe Risiken normale Beziehungen und Routinen außer Kraft setzen.

Dabei kann die *Aktivierung sozialer Beziehungen von Mitarbeitern in flexiblen Projekt- und Prozessteams die Problemlösungskapazitäten steigern*: Grundsätzlich basiert erfolgreiche Teamarbeit auf dem Vertrauen der Mitglieder zueinander *(strong ties)*, zugleich jedoch von der losen *(weak ties)*, *aber* wirkungsvollen Einbindung in größere Einheiten wie z. B. ein Department oder das Unternehmen. Dabei muss eine Balance zwischen „sozialer Schließung" von Teams und genereller struktureller Autonomie von Teammitgliedern gefunden werden, was die Problematik der Dualität vertrauensvoller Beziehungen offen legt:

• Längerfristige und kontinuierliche Zusammenarbeit fördert zwar Vertrautheitsanteile, führt jedoch zur sozialen Schließung von Teams: eigene Regulative, Normen und „Grenzobjekte" behindern die Aufnahme neuer Ideen oder Innovationen (vgl. Brown/Duguid 1999).

• Teamarbeit benötigt jedoch ein Mindestmaß an Vertrauen, da Integration in Gruppen u. a. auf starken, vertrauensfördernden sozialen Bindungen beruht[5], wodurch sich „Wir"-Gefühl entwickelt und Sinnzusammenhänge definiert werden können (vgl. Schenk 1983). Da Teamerfolge jedoch auch auf der Integration in größere Einheiten beruhen, verhelfen lose, weit reichende Beziehungen auch zu höherer Akzeptanz von Arbeitsergebnissen.

Die hiermit angesprochenen Dimensionen der Integration *in* Gruppen auf der Basis starker Beziehungen und der Integration *von* Gruppen in größere Organisationseinheiten mit Hilfe schwacher Bindungen implizieren „multiforme Heterogenität" (Wegener 1987: 284). Zwei ursprünglich als widersprüchlich interpretierte Thesen der Netzwerkforschung, nämlich die „Stärke schwacher Beziehungen" (Granovetter 1982) und die „Stärke enger Beziehungen durch soziale Schließung" (vgl. Rammert 1997 nach Weyer 2000: 22) verweisen auf die Wirkungen strategischer Vernetzung sowohl mittels *strong ties* und Koppelung von Ressourcen als auch mittels der Reichweite und Heterogenität der eingebrachten *weak ties*.

Neue Kommunikationstechnologien können den Aufbau und Erhalt dieser sozialen Beziehungen maßgeblich unterstützen. Insbesondere E-Mail scheint geeignet, neben Schnelligkeit und Dokumentierbarkeit von Kommunikation auch interne und externe soziale Kontakte von Mitarbeitern zu fördern und Anschlussfähigkeit an die Unternehmensumwelt zu gewährleisten. Zudem wurde der Einfluss von elektronischen Kommunikationstechnologien auf den Zugang zu und die Verteilung von Informationen und Wissen mehrfach nachgewiesen (vgl. u. a. Sproull/Kiesler 1991; Stegbauer 1995; Brown/Duguid 1999; Fadden/Battles 2000; Goll 2002; Venolia et al. 2002).[6] In virtuellen Arbeitsverhältnissen können sich zudem alternative Wissens- resp. Kompetenzzuschreibungen mit *enthierarchisierender Wirkung* auf Arbeitsbeziehungen ausbilden (vgl. Ahuja/Carley 1998).

Eine der größten Stärken des E-Mail-Tools liegt in der Einfachheit des Kontaktaufbaus und Kontakterhalts: Im Zuge von Problemlösungsprozessen können wenn nötig eine Vielzahl elektronischer Kontakte relativ problemlos mobilisiert werden, da sie nur mit relativ geringen sozialen Kosten belastet sind (vgl. u. a. Reif-Mosel 1999; Koch/Möslein/Wagner 2001; Ogata et al. 2001). E-Mail kann somit helfen, Kommunikationsdefizite auszugleichen und darüber hinaus sogar „elektronische" Nähe zwischen Kommunikationspartnern auch in professionell-beruflichem Umfeld fördern (vgl. Walther 1995; Haythornthwaite/Wellman/Garton 2000).

Unternehmerische Handlungskontexte können demnach durch die Etablierung alternativer Strukturen und Kooperationskulturen – quer zu existierenden Hierarchien und Rollengefügen – als „elektronisch modulierbar" gelten. Das Ausmaß ist jedoch von der Komplexität der Aufgabenstellungen und Routinisierung der Tätigkeiten abhängig und drückt sich am ehesten in alternativen Kompetenzzuschreibungen aus. Ahuja/Carley (1998) bezeichnen dies als Entkoppelung von Macht- und Kommunikationsstrukturen: „that in virtual organisations the decoupling of the authority structure and the communication structures results in a decoupling of power and information".

Problematisch werden elektronische Kooperationen allerdings im Zuge verschärfter Konkurrenzlagen, in denen Propaganda oder Machtspiele die Kommunikationsbeziehungen dominieren. Hier helfen (neben Sanktionen) möglichst hohe (elektronische) Vertrauenswerte, wobei diese wiederum an die Einbettung in soziale Netzwerke (negativ: Seilschaften) gekoppelt sind.

Kurzum: E-Mail als Kommunikationstool kann (da die sozialen Kosten der Kontaktaufnahme und Beziehungspflege eher niedrig sind) den Aufbau neuer und die Pflege bestehender sozialer Beziehungen in privaten und beruflichen Situationen wesentlich unterstützen. Diese sozialen Netzwerke sind im Zuge von Problemlösungsprozessen aktivierbar und stellen wesentliche Informations- und Kommunikationsressourcen dar. Sie können sogar das Aufbrechen hierarchischer Strukturen zur Folge haben.

2. Methodenmix: Vier Fallstudien zu den elektronischen Dimensionen von Teamarbeit

Vier Teams eines österreichischen IT-Unternehmens[7] wurden ein Jahr lang bei der Lösung ihrer Aufgabenstellungen wissenschaftlich begleitet (teilnehmende Beobachtung repräsentativer Teammeetings) und zu Arbeitsprozessen, Technologienutzung sowie Beschaffenheit ihrer sozialen Netzwerke befragt. Ergänzend wurden die Konstellationen der teaminternen und externen E-Mail-Vernetzungen im Rahmen einer quantitativen E-Mail-Strukturanalyse untersucht. Insgesamt sollten sich reaktive und nonreaktive Methoden (Befragung, Beobachtung, Diskussion, Strukturanalyse) verzahnen, um detaillierte Erkenntnisse über das Zusammenspiel von realweltlichen und elektronisch gestützten Beziehungen zu gewinnen.

Die Teamauswahl wurde in Zusammenarbeit mit dem CD-Department als Expert-Sampling organisiert und an die Kriterien Interdisziplinarität, Größe und Statusäquivalenz geknüpft. Die Teammitglieder entstammen der dritten Managementebene (und darunter) und sind nicht mit Sekretariaten oder Assistenten ausgestattet. Das Prozessteam 1 ist ein relativ autonomer „think tank" zu Problemen der Kundenaquise und eine dauerhafte Einrichtung, die nur einem Qualitätsausschuss untersteht. Projektteam 2 ist ein fix installiertes Abteilungsteam mit relativ enger Aufgabenstellung und weniger Autonomie, da zudem die Marketingleitung Einfluss hat. Die beiden anderen Projektteams sind temporär zur Aufgabenlösung eingesetzt und weit entfernt von autonomem Handeln: Die Projekte werden sowohl vom Qualitätsausschuss als auch der CD-Abteilung beaufsichtigt, wobei Projektteam 3 kaum, Projektteam 4 viel Unterstützung „von oben" erfährt. Da aufgrund einer laufenden Restrukturierungsmaßnahme nur wenige abteilungsübergreifende Teams zur Verfügung standen, ergaben sich unvermeidliche personelle Teammitgliedschafts-Überschneidungen.

Grafik 1: Teamzusammensetzungen und personelle Überschneidungen

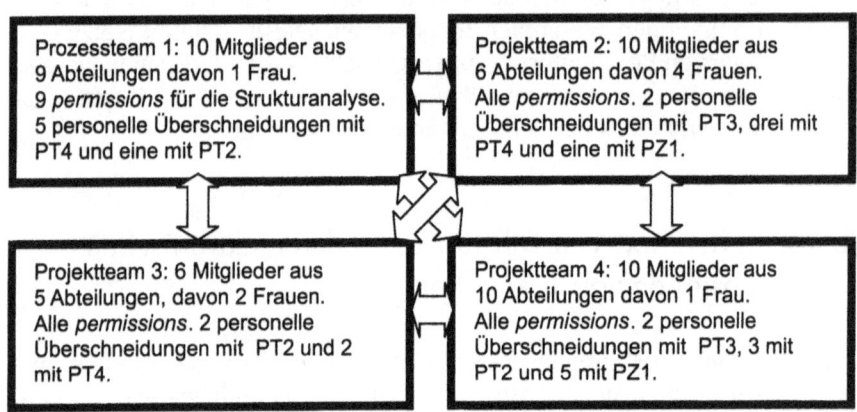

So sind 25 Personen in insgesamt 36 Teamrollen vertreten. Nach Breiger (1988: 83 ff.) sind im Sinne der „Dualität von Personen und Gruppen" die Beziehungen der Personen von den Beziehungen der Gruppen prinzipiell zu unterscheiden, obwohl sie gleichzeitig „stattfinden".

25 qualitativ-quantitative Interviews liefern die Basis der gewählten Methodenkombination, indem neben Aspekten der Technikaneignung, -nutzung und deren Einschätzung für den Arbeitsprozess auch die *Einbindung in soziale Netzwerke* (privat und unternehmensintern) mittels Namensgeneratoren, die zur quantitativen Erfassung persönlicher Beziehungen von Einzelpersonen/Ego dienen, abgefragt wurden. Dabei kommt ein Set von Fragen zum Einsatz, das auf unterschiedliche Dimensionen sozialer Kontakte abzielt. Im Fischer-Generator (nach Fischer 1982) sind dies die Dimensionen „Hilfestellung", „Vertrautheit" und „Geselligkeit", die je nach Überschneidung als uni-, du- oder triplex-multiplex definiert werden. Durch die Erhebung der Ego-Netzwerke aller 25 Teammitglieder ergibt sich eine Matrix, die sowohl alle privaten als auch beruflichen Beziehungen in ihren einzelnen Dimensionen beinhaltet und neben Netzwerkgrößen und Multiplexitäten auch die Kontaktkapazitäten einzelner Teammitglieder vergleichbar macht.

Ego-Netzwerkanalysen erfassen im Gegensatz zu Gesamtnetzwerkanalysen nur die Beziehungen der einzelnen Befragten, nicht der gesamten Teams, sind jedoch ergänzendes Interpretationsmaterial für die Typisierung der Teammitglieder nach ihrem elektronischen Kommunikationsaufkommen.

Die Stichprobe der *Gesamtnetzwerkanalyse* resp. E-Mail-Strukturanalyse umfasst 19 Arbeitstage im Jänner 2002, an denen n = 22.043 E-Mails[8] von 24 Teammitgliedern[9] versendet und empfangen wurden. Das bedeutet, dass im Durchschnitt jedes Teammitglied täglich 48,3 E-Mails prozessiert.

Wichtige Parameter zur Bestimmung von Beschaffenheiten der E-Mail-Netzwerke sind neben der Dichte, Größe und dem Durchmesser auch unterschiedliche Zentralitäts- und Hierarchiewerte.[10] Zentralität verweist auf das Prestige und die Integrationswerte einzelner Akteure, kann aber auch als Maßzahl für das gesamte Netzwerk herangezogen werden. Zentralität ist gekoppelt an die Annahme, dass *strong ties* in sog. Einfluss- und Kommunikationsnetzwerken Macht verheißen. (Freeman 1979) In dieser Studie werden die Freeman'schen Zentralitäts- und Machtparameter *Degree*, *Closeness* und *Betweenness* berechnet[11], obwohl dieses Verständnis von „Macht als Funktion von Zentralität in Netzwerken" kritisch betrachtet wird (vgl. Windeler 2001: 106 f.), da die einflussreichsten Beziehungen in einem Netzwerk nicht unbedingt auch die profitabelsten repräsentieren müssen. Aufgrund der rein quantitativen Logfile-Daten und der Unmöglichkeit der Anwendung eines dafür nötigen experimentellen Settings (wie z. B. in der Studie von Cooc et al. 1983) liegt jedoch der Freeman-Ansatz nahe.

Um diese Einschränkungen des Zusammenhanges von Zentralität und Macht auszugleichen, wurde auf ein alternatives Konzept der Machtkonstruktion im Sinne der strukturellen Autonomie von Akteuren (Burt 1982) zurückgegriffen. Dabei geht es nicht allein um die Zahl der Beziehungen und deren Stärke, sondern um die konkrete Position von Akteuren im sozialen Netzwerk: nämlich inwieweit sich auf der Basis nicht-redundanter Beziehungen möglichst vielfältige Kontaktchancen zu anderen Personen ergeben. Am idealsten ist ein Akteur positioniert, wenn dieser möglichst viele Akteure exklusiv an sich bindet oder das einzige Verbindungsglied zwischen ansonsten unverbundenen Cliquen darstellt – und so beispielsweise in Tauschsituationen keine Absprachen zwischen den Cliquen möglich sind. Darüber hinaus vergrößern sich der Informationsinput und die Kommunikationschancen für diesen sog. „Brückenakteur".

Die Ergebnisse der qualitativen und quantitativen Erhebungsschritte wurden im Anschluss zusammengeführt, um ein dynamisches Bild der Teamkommunikationsprozesse entstehen zu lassen. Bei der Diskussion und Validierung der Ergebnisse in den anschließenden Team-Workshops bildeten visuelle Verfahren (vgl. Freeman 1996) – nämlich die grafische Darstellung von einzelnen Teamnetzwerken – neben deren mathematischer Berechnung die wesentliche Grundlage.

3. Kooperationschancen durch weit reichende, lose Beziehungen

Die vier Teamanalysen bestätigen, dass einerseits sozialer Zusammenhalt und Teamvertrauen wichtige Größen der produktiven Zusammenarbeit im IT-Unternehmen darstellen, andererseits die positive Teammotivation signifikant an die Einschätzung der Teamwirksamkeit gekoppelt ist: d. h. inwieweit die Arbeitsergebnisse wirksam in die Unternehmensumwelt eingebracht werden können. Dieser Aspekt ist nachweislich von den sozialen Kontakten der Teammitglieder im Unternehmen abhängig.

● Der Annahme folgend, dass Mitarbeiter mit guter Einbindung in große, weniger dichte und multiplexe soziale Netzwerke Informations- und Kommunikationsvorsprünge haben und somit zugänglicher für Innovationen sind, verwandeln sich schwache Beziehungen innerhalb des Unternehmens in „starke Beziehungen", da sie den Informations- und Kommunikationsfluss (d. h. die Durchlässigkeit) fördern.

● Die soziale Integration der Mitarbeiter ist insofern gewährleistet, als durchschnittlich 17 Kontaktpersonen im Fischer-Namensgenerator genannt werden, was auf sehr große egozentrierte Netzwerke verweist.[12] Die Befragten stehen auch mit durchschnittlich 28 Arbeitskollegen in persönlichem Kontakt. Diese Arbeitsbeziehungen dürfen jedoch als eher „professionell" gelten, da zu knapp 39% kein näherer Kontakt (im Sinne von Geselligkeit, Vertrautheit oder Hilfestellung) besteht.

● Die aus den Daten zudem erkennbare *Autonomie gegenüber Vorgesetzten und strategisch wichtigen Mitarbeitern* ist für positive Problemlösungsprozesse förderlich. Wenn Abhängigkeitsverhältnisse vermieden werden und weniger Druck auf den Mitarbeitern lastet, steht die Freiwilligkeit von Problemlösungen im Zentrum – was Weyer et al. (1997) zufolge Innovationen begünstigt. Aus anteilsmäßig (66%) weniger engen Beziehungen zu „wichtigen" Mitarbeitern des Unternehmens resultiert bei den Befragten Teammitgliedern demnach auch Handlungsspielraum.

4. Skepsis gegenüber E-Mail als Arbeitswerkzeug

Generell fällt auf, dass E-Mail im untersuchten IT-Unternehmen ein von den Systemadministratoren voreingestelltes, standardisiertes Informations-, Kommunikations- und Terminmanagementsystem ist, das nur in den seltensten Fällen persönlich moduliert wird und kaum zu weiterführender Verwendung von z. B. Messenger Systemen, Chats oder Bulletin Boards führt. Dies zeigt sich in mangelhafter Kontrolle des E-Mail-Flusses durch Filter, Organisationshilfen oder strukturierende Maßnahmen (wie z. B. einheitlicher Projekt-*subjects* als Vorbedingung für den *search*-Modus oder Strategien für das Abarbeiten von hunderten E-Mails).

Ganz allgemein überwiegen für die Teammitglieder die Vorteile von E-Mail-Kommunikation – allerdings nur knapp. Als größte Errungenschaften werden die gute Verfügbarkeit und Handhabbarkeit der Technologie für Zusammenarbeit gesehen, aber auch die Möglichkeit, Verbindlichkeiten herzustellen. Als gravierendste Nachteile stechen pathologische Veränderungen des Verhaltens und Handelns wie auch der allgemeine von dieser Technologie ausgehende Kontrollverlust hervor. Auch Venolia et al. (2002) befinden die negative arbeitsunterbrechende Wirkung von E-Mails, insbesondere wenn sie von Vorgesetzten kommen.

Hauptsächliche Zwecke der E-Mail-Kommunikation im IT-Unternehmen sind allgemeiner Informationsaustausch weit vor Terminkoordination und Beratungs-Funktionen. Die eigentliche Skepsis gegenüber E-Mail als unterstützendem Arbeitstool artikuliert sich erst in den Diskussionen der Forschungsergebnisse: E-Mail wird für inhaltliche Zusammenarbeit weniger günstig beurteilt, da befürchtet wird, „. . . dass die Authentizität der vorgetragenen Ideen verloren geht", was elektronische „Reputationssysteme" generell fragwürdig erscheinen lässt; vor allem „. . . wenn ‚Jede/r' eine Idee einsehen und verändern kann". Die Existenz gravierender Copyright-Probleme, die generell mit der Veröffentlichung und Reproduzierbarkeit von (Geheim-)Wissen verbunden sind, bilden so gesehen Barrieren für die uneingeschränkte Verwendung von E-Mail auch in Brainstorming-, Kreativitäts- und operativen Arbeitsphasen.[13]

So werden die (sozialen und technologischen) Vorteile elektronischer Kommunikationsformen in den untersuchten Teams des IT-Unternehmens nur unzureichend ausgeschöpft: Obwohl eine Verringerung der Durchlaufzeiten von Information gegeben ist, macht die Vielzahl der prozessierten E-Mails bei gleichzeitig mangelnder Organisation den Mitarbeitern Probleme.[14] Es fehlen strukturierende Elemente wie z. B. die Wartung des persönlichen Archivsystems oder die Verhandlung einer gemeinsamen Handlungspraxis im Team *(policy)* resp. die Arbeit an einer gemeinsamen Kommunikationskultur. Wahrgenommene Chancen der E-Mail-Kommunikation sind das „Corporate" Memory System und die prinzipiell mögliche one-to-many-Kommunikation. Der Abbau von Hemmungen durch „Teilanonymität" ebenso wie die wahrgenommene „Entschärfung" von Arbeitsbeziehungen gelten als weitere Vorteile.

Von virtueller Projektarbeit sind die Teams weit entfernt: Die befragten Mitarbeiter geben zwar im Netzwerkgenerator an, einen relativ hohen Anteil an persönlichen abteilungsübergreifenden (auch elektronischen) Beziehungen zu haben, doch mit den jeweiligen Teammitgliedern nur zu 15% in regelmäßigem E-Mail Kontakt zu stehen.

5. E-Mail Strukturanalyse: elektronische Netzwerke in Teamarbeitsprozessen

5.1. Elektronische Teamkommunikation als Umkehrung realweltlicher Verhältnisse?

Die Untersuchung der kleinen Teamnetzwerke – d. h. der elektronischen teaminternen Beziehungen – führt zu bemerkenswerten Ergebnissen:
- Die zwei realweltlich streng formal organisierten Teams (von demselben Teamleiter unter Zuhilfenahme von Projektmanagement-Tools geführt) präsentieren sich elektronisch eher egalitär. Die beiden locker „geleiteten" Teams zeigen stark zentralisierte elektronische Beziehungen: Dies könnte ein Hinweis auf den Ausgleich realweltlich erlebter Defizite sein. Beispielsweise sind die Teamleiter der beiden „lockeren" Teams nur peripher in den elektronischen Kommunikationsfluss eingebunden.
- Elektronische Kommunikationsvarianten fördern *Change Agents* (prestigeträchtige Kommunikatoren mit hohem Integrationspotenzial und vielen, starken Beziehungen im Netzwerk) auch abseits der etablierten Hierarchien. Im Zuge dessen entstehen alternative Machtverteilungen durch Kommunikationsbeteiligungen, die sich bisweilen in sehr exklusiven Maklerpositionen ausdrücken. Dabei gelingt es einigen Akteuren, gleichzeitig „elektronisches Prestige" innerhalb der Teamnetzwerke aufzubauen und Brückenpositionen zu bekleiden, indem sie viele nicht-redundante elektronische Außenbeziehungen pflegen. In einigen Fällen scheinen höherrangige Mitarbeiter von den Kommunikationsprozessen nahezu ausgeschlossen zu sein. Darauf verweist auch der

Umstand, dass die Teamleiter nicht zwingend als Change Agents der elektronischen Kommunikation anzusehen sind. (Nur dem Leiter der Projektteams 3 und 4 gelingt es in einem Fall, sich in die elektronische Kommunikation der Teammitglieder relevant einzuklinken.)
Bei der Erlangung einer „beherrschenden" Position im elektronischen Netz spielen der vorurteilsfreie persönliche Zugang zu E-Mail und die gezielte Annahme sowie Nutzung der Vorteile des Mediums eine entscheidende Rolle.

- Die *stärksten Beziehungen sind überwiegend Department-intern*, was die These zu bestätigen scheint, wonach intensive Kommunikation und Mediennutzung zu einer weiteren Steigerung derselben führt: Umso häufiger und intensiver Personen miteinander kommunizieren, desto mehr und unterschiedliche Kanäle benutzen sie für ihr gesteigertes Kommunikationsbedürfnis („the more the more").

Auch Haythornthwaite (2001) kommt zu ähnlichen Ergebnissen, wonach die Häufigkeit des E-Mail-Kontaktes von der realweltlichen Verbundenheit der Personen und ihrem Kommunikationsverhalten abhängig ist: je besser bekannt, desto häufiger und intensiver die Kommunikation. Auch scheint die Kommunikation in elektronischen Meetings nur dann zu funktionieren, wenn die Teammitglieder einander persönlich kennen (Yates/Orlikowski/Okamura 1999). Tyler/Wilkinson/Huberman (2003) verweisen zudem auf elektronische „Neuauflagen" bestehender Strukturen in Organisationen, da gegenseitige Abhängigkeiten im Arbeitsablauf bestehen (z. B. Reporting-Strukturen).

Eine vergleichende Betrachtung der vier kleinen Teamnetzwerke zeigt, dass Prozessteam 1 (siehe Grafik 2) einen sehr zentralen Akteur der elektronischen Kommunikation besitzt (110), der jedoch keine starken Beziehungen unterhält, vielmehr als einziger Akteur mit allen im Team elektronisch verbunden ist. Mit einem All-Degree von 15 hat er um ein Drittel mehr ein- und ausgehende Beziehungen als (112). Die 90 E-Mail umfassende starke Beziehung zwischen [(112) und (113)] verweist auf einen Department-internen Austauschprozess. Dieses Team präsentiert sich elektronisch eher hierarchisch, da zwei Akteure gewissermaßen zentrale Schaltpunkte des Informationsflusses sind, bei deren Wegfall vier Teammitglieder elektronisch unverbunden wären. Die Teamleitung (101) steht hier eher am Rande des elektronischen Kommunikationsgeschehens, dieser hat jedoch zumindest Kontakte zu den beiden zentralsten Akteuren. Der Hierarchie-Level von (110) beträgt 0,56; dieser Akteur ist im kleinen Teamnetzwerk strukturell auch am autonomsten: drei Akteure sind sogar sehr stark (0,8) von ihm abhängig.[15]

Gerit Götzenbrucker

Grafik 2: Relativ zentralisierte teaminterne elektronische Kommunikationsbeziehungen in Prozessteam 1 (neun Mitglieder)

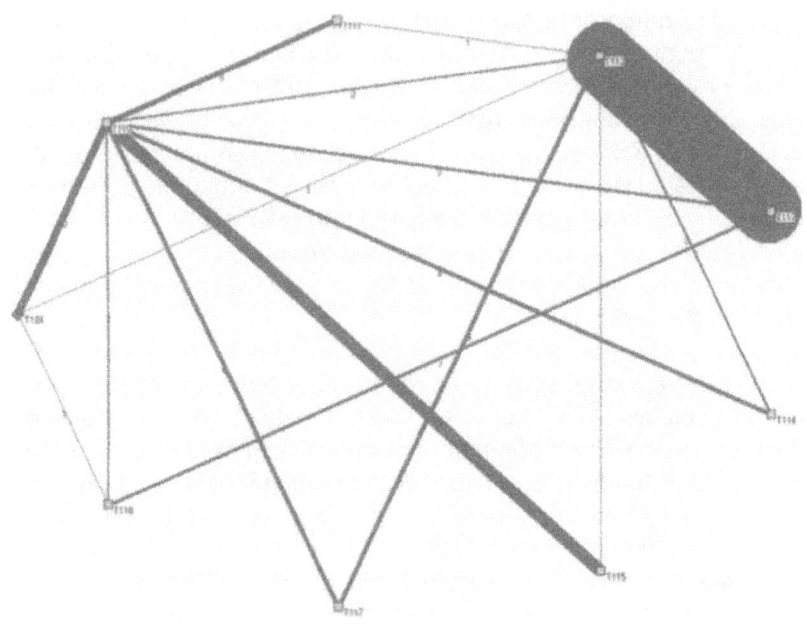

Noch deutlicher ist die Macht und Zentralität eines einzelnen Akteurs (104) im elektronischen Projektnetzwerk 2 mit einem All-Degree von 15 und dem höchsten Hierarchie-Level (0,63) aller Teams: ohne seine Existenz wären vier der zehn Teammitglieder vom elektronischen Informationsfluss abgeschnitten. Überdies ist dieser Akteur auch zentraler Bestandteil des vier Mitglieder umfassenden, stark kohäsiven Abteilungsteams [(102), (103), (104), (105)]. In diesem Team zeigt sich auch deutlich, dass die „Schweiger" (104) (103) (122) und (107), drei davon Frauen, ihre realweltlich eher stille in eine elektronisch aktive Teilnahme am Informationsfluss umwandeln.

Anders in den restlichen Projektteams: Die Mitglieder des Projektteams 3 sind relativ gut (Dichte 0,43), jene des Projektteams 4 sehr gut miteinander verbunden. Dies äußert sich auch in einer höheren Gesamtdichte des Netzwerks, die sich mit 0,51 als bestem Wert aller vier untersuchten Teams darstellt[16], was bedeutet, dass ein beträchtlicher Anteil der möglichen Beziehungen im Netzwerk ausgeschöpft wird. Vergleichsweise haben die – neun resp. zehn Personen umfassenden – Netzwerke des Prozessteams 1 mit 0,38 und des Projektteams 2 mit 0,26 wesentlich schlechtere Werte.

Die Struktur der Netzwerke der Projektteams 3 und 4 liegt näher an der Vollstruktur, zeigt bessere Reziprozitätswerte und lässt auch keine separaten Cliquen erkennen (vgl. Grafik 3). Kein Akteur besitzt annähernd die strukturelle Autonomie der beiden zentralen Figuren aus Prozessteam1 und Projektteam 2. Die Mitglieder des Projektteams 4 sind außerordentlich zufrieden mit ihrer Teamleistung, was nicht nur an der guten internen Kommunikation, sondern auch der Einbindung der Mitarbeiter in das Unternehmen liegt: Sie können ihre Teamergebnisse gut kommunizieren.

Grafik 3: Projektteam 4 liegt näher an einer egalitären Vollstruktur (10 Mitglieder)

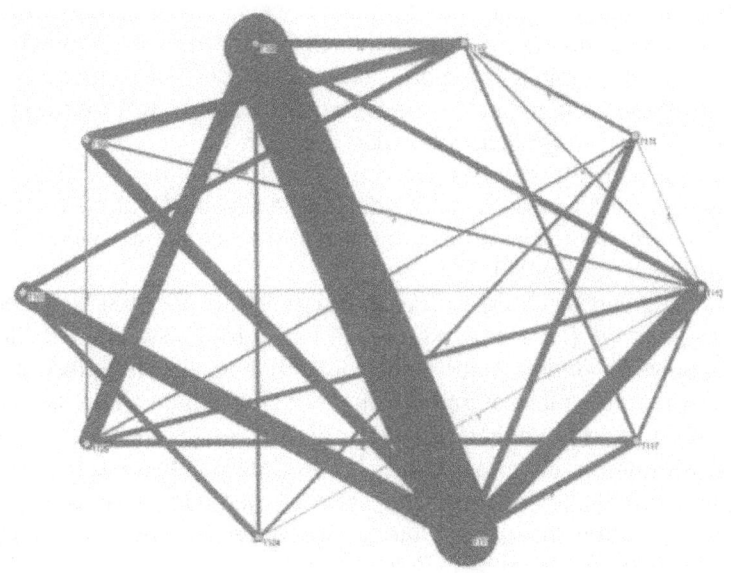

5.2 Elektronische Macht und alternative Hierarchien

Die elektronischen Beziehungen aller 24 Personen betrachtet, gibt es in den kleinen E-Mail-Teamnetzwerken vier hervorstechende *Change Agents* [(104) (110) (112) (119)], wovon nur ein einziger auch eine offizielle Teamleiter-Rolle bekleidet.

Der augenscheinlichste *Change Agent* (prestigeträchtigste Kommunikator) der elektronischen Kommunikation ist (112) sowohl in den großen als auch kleinen Netzwerken[17]. Dieser hat – als Doppelmitglied in Team 1 und 4 – zu 21 der 24 beobachteten Personen elektronischen Kontakt (All-Degree 289) und schätzt nach eigenen Angaben an E-Mail v. a. das „Überbrücken von Distanzen". Akteur (110) aus den Teams 1 und 4 ist mit 16 der 24 Personen elektronisch verbunden, hat gute Degree-Werte im kleinen und auch großen Netzwerk (All-Degree 202) und schätzt die „Teilanonymität des Mediums". Solcherart Brückenakteure (mit hoher struktureller Autonomie, d. h. relativer Unabhängigkeit von anderen und v. a. einflussreichen Mitarbeitern) haben besonders hohes soziales Kapital, da sie Cluster oder andere Personen miteinander verbinden. Sie sind vor allem in den teamübergreifenden Netzwerken hervorstechend, da sie viele elektronische Kommunikationsalternativen haben und dem Team so (prinzipiell) zusätzliche Kontakte verschaffen (Grafik 5, S. 174). Interessanterweise scheinen beide Akteure damit ihre realweltlich eher kleinen sozialen Netzwerke[18] auszuweiten.

(119) ist trotz geringen Kommunikationsaufwandes (All-Degree 26) teamintern gut verbunden, teamextern jedoch nicht präsent – was ihn von potenziellem Informationsinput abschneidet.

In den großen externen Netzwerken ist (114) mit einem All-Degree von 453 der Aktivste: Er prozessiert auch die meisten E-Mails (2.830), tritt jedoch in der teaminternen Kommunikation kaum in Erscheinung (weder in den Meetings noch per E-Mail).

Diese Netzwerkergebnisse zusammenfassend fällt auf, dass sich vier dieser *Change Agents* [(104) (110) (112) (114)] zwar im Cluster mit den kleinen Ego-Netzwerken finden, aber ihre realweltlichen „Kommunikationsdefizite" offensichtlich elektronisch wettmachen. Außerdem sind vier der fünf identifizierten *Change Agents* Mitglieder des Prozessteams 1, was bedeutet, dass sich in diesem Team besonders hohes Kommunikationspotenzial bei insgesamt geringer Beziehungsdichte sammelt: demnach ist hinsichtlich der internen als auch teamexternen Informationsdiffusion eine „soziale Schließung" des Teams nicht zu befürchten.

Grafik 4 (S. 173) zeigt die departmentinterne Häufung elektronischer Kommunikationsaktivitäten: [(104), (102), (103), (105)] sowie [(112), (113)] und [(120), (121)]. Die Akteure (108) und (119) sind aus verschiedenen Departments und versuchen, Arbeitsergebnisse über Lesebestätigungen – die das E-Mail-Aufkommen verdoppeln können – abzusichern, sind jedoch in den untersuchten Teams die Ausnahme.

Grafik 4: interne Kommunikation der 24 Mitglieder der vier untersuchen Prozess- und Projektteams.

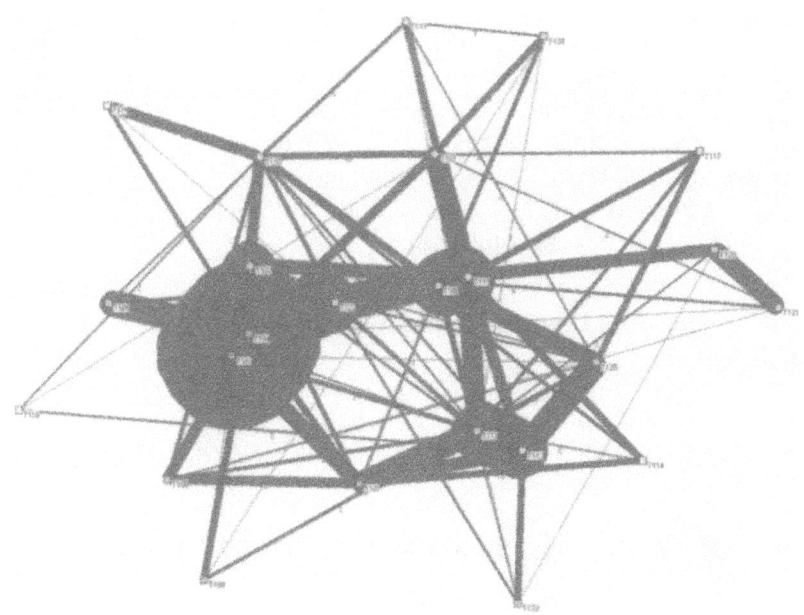

5.3 Kompensation realweltlicher Defizite

Einem Teil der Teammitglieder verhilft die elektronische Kommunikation zum Ausgleich persönlicher Unsicherheiten oder Schwächen. Die elektronisch aktiveren Kommunikatoren sind (laut Beobachtungsergebnissen) in den Teams entweder in „Warteposition", resp. der zweiten/dritten Reihe der Teamhierarchie, was ihre realweltliche Kommunikationsbeteiligung einschränkt. Andere wiederum sind eher gehemmt, vor anderen Personen ihre Meinung vorzutragen oder ihr Wissen unter Beweis zu stellen. Das kann zum einen als Ausdruck von Persönlichkeitsfacetten gewertet werden oder aber auch Resultat der Repression im jeweiligen Team sein. So wurde in einigen Interviews angemerkt, dass aufgrund des starken Gruppendrucks jene, die einen Vorschlag machen, zumeist für dessen Umsetzung zeichnen müssen.

Die Einbindung dieser „schweigenden" Akteure in Entscheidungssituationen kann auf elektronischem Weg unbelasteter erfolgen und den Vorteil der

Gerit Götzenbrucker

Qualitätsverbesserung mit sich bringen. Da Entscheidungen unter der Einschränkung von Kommunikationsrestriktionen zwar weniger konsensuell, aber unter den Bedingungen entsprechender Meinungsvielfalt fallen, bringen sie erhöhtes Committment hervor und steigern die Zufriedenheit.

Die Betrachtung der großen Team-Netzwerke – die neben teaminterner auch unternehmensinterne und externe elektronische Beziehungen beinhalten – zeigt, dass Akteur (114) als stiller elektronischer Teilnehmer im Prozessteam 1 teamextern äußerst aktiv ist; Teamleiter (101) punktet eher in der unternehmens- als teaminternen Kommunikation, wohingegen die beiden *Change Agents* (110) und (112) sowohl intern als auch extern viele heterogene elektronische Kontakte pflegen.

Grafik 5: Interne und externe Kommunikation der Prozessteam 1 Mitglieder

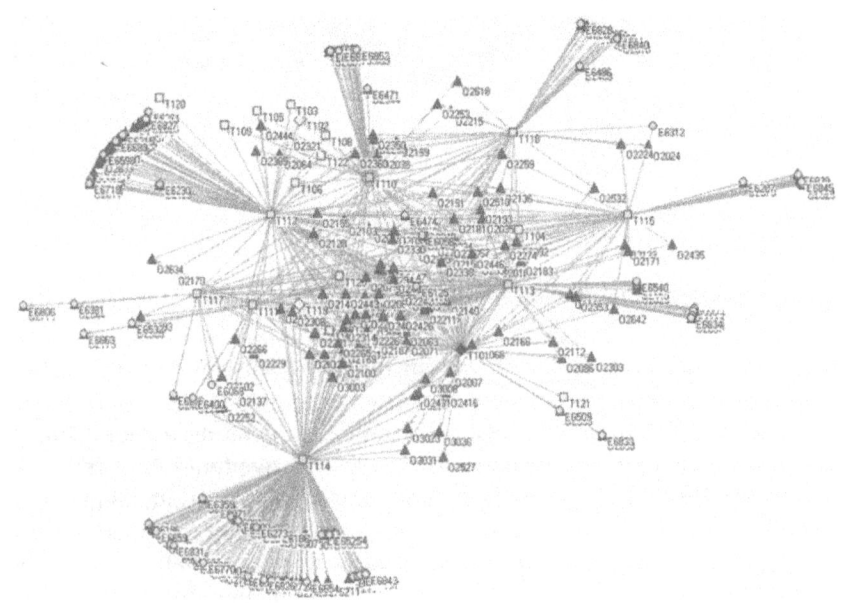

5.4 Unterschiedliche Stile im Umgang mit E-Mail

Eine Clusteranalyse (7 Iterationen, hoch sign.) der E-Mail-Strukturdaten auf der Basis der Zentralitätswerte und Größe der Ego-Netzwerke zeigt unterschiedliche persönliche Stile im Umgang mit E-Mail-Kommunikation: Insgesamt ergeben sich fünf Typen, die nach E-Mail-Aufkommen und egozentrierter Netzwerkgröße der einzelnen Teammitglieder in ihrer Rolle (n = 35) differenzieren. Die Mitglieder des Prozessteams 1 finden sich in allen Typen.

Wenig Integrierte (Typ 1) sind die größte Gruppe (15 Teammitglieder), die hinsichtlich ihrer Sozialkontakte unterdurchschnittlich abschneiden.

Teaminterne Kommunikatoren (Typ 2) sind im kleinen Teamnetzwerk besonders Aktive.

Passiv teamexterne Kommunikatoren (Typ 3) können als auffallend häufige Empfänger von unternehmensinternen und externen E-Mails gelten.

Intern und extern Agierende (Typ 4) sind sowohl im kleinen als auch großen Teamnetzwerk aktive Kommunikatoren.

Aktiv teamextern Orientierte (Typ 5) senden auffallend häufig E-Mails an unternehmensinterne und externe Adressen.

Es fällt auf, dass *Wenig Integrierte* vorwiegend kleine Ego-Netzwerke haben (bis 14 Kontaktpersonen). Zu dieser Gruppe zählen eher Personen, die keine Leitungsfunktionen übernehmen und E-Mail auch für „unpopuläre" Zwecke wie das Versenden von Arbeitsaufgaben *(tasks)* einsetzen. Sie empfangen auch häufiger elektronische Lesebestätigungen *(mail-notifications)* und arbeiten eher im technischen Bereich. Anders als die fünf Change Agents, die elektronische Kommunikation als Chance begreifen, ist diese Gruppe eher weniger bereit oder in der Lage, mehr in den elektronischen Kontaktaufbau zu investieren.

Allerdings muss im Falle der Change Agents auf die bereits oben erwähnte Ausgleichsfunktion realweltlich erlebter Defizite durch elektronische Kommunikationstechnologien hingewiesen werden: Sie ergänzen die Kontaktchancen in ihren kleinen Ego-Netzwerke mittels erhöhter elektronischer Kommunikationsaktivität.

Die *Passiv Teamexternen* sind durch 7 Teammitglieder(-Rollen) repräsentiert und generell von den Aspekten geringen Teamvertrauens und geringer Teammotivation gekennzeichnet. Auch diesen Akteuren widerstrebt es nicht, elektronische Arbeitsaufgaben zu verschicken und Lesebestätigungen einzufordern. Sie geben per E-Mail auch eher keinen Rat und sind dem (jeweiligen) Team kommunikationstechnisch eher unverbunden.

Anders die *Teaminternen Kommunikatoren* und *Intern/Extern Orientierten*: Diese versenden Arbeitsaufgaben keinesfalls elektronisch und glauben auch daran, direktes Feedback aus dem Team zu bekommen. Sie zeigen jedenfalls erhöhte Sensibilität in der elektronischen teaminternen Kommunikation und vermeiden Unpersönliches oder vertrauensmindernde Maßnahmen (wie z. B. Lesebestätigungen). Diese beiden Cluster sind jedoch nur mit 2 resp. 3 Teammitglieder-Rollen besetzt und zahlenmäßig weniger maßgeblich.

Soziodemographisch gesehen hat eher die mittlere Altersgruppe der 26- bis 35-jährigen große Ego-Netzwerke und somit höheres soziales Kapital als die jüngeren oder älteren Arbeitnehmer. Ebenso scheinen Frauen und Akademiker prädestiniert für große Ego-Netzwerke zu sein. Techniker sind beziehungstechnisch weniger gut ausgestattet wie ihre Kollegen aus dem Marketing- oder Finanzbereich.

6. Mögliche Effekte der Virtualisierung von Arbeitsprozessen

Die Vorteile elektronischer Arbeitsunterstützung werden zwar häufig diskutiert (vgl. u. a. Sproull/Kiesler 1991; Appel 2000; Bartsch-Beuerlein/Klee 2001; Goll 2002; Tyler et al. 2003), doch bedürfen sie weiterer empirischer Überprüfungen. So wird in unterschiedlichen Settings und Arbeitszusammenhängen unter genauer Dokumentation der Rahmenbedingungen aufzuklären sein, in welchem Ausmaß Neue Informations- und Kommunikationstechnologien zu

- alternativer Machtverteilung,
- Aufwertung von Wissen gegenüber Status,
- Reduktion von Gruppen- und Konformitätsdruck,
- Bewahrung der Teams vor „sozialer Schließung" und
- Dokumentierbarkeit der Kommunikation und Abläufe beitragen.

Obwohl im untersuchten IT-Unternehmen keine virtuell kooperierenden Teams existieren, lässt die Struktur der E-Mail-Kommunikation die Potenziale zur Steigerung der Kooperationsleistungen von Arbeitsteams erkennen: Die zentralsten Ergebnisse und Diskussionspunkte der vier Fallstudien verweisen auf die Restrukturierung sozialer Verhältnisse in virtuellen Räumen, was Vorteile wie die vermehrte Einbindung von Akteuren und Forcierung von Informations-Tausch-Systemen und Kommunikationsströmen aufzeigt. Die Faktoren Macht/Zentralität, Vertrauen und soziale wie elektronische Nähe können als Ankerpunkte für zukünftige CSSN *(computer supported social network)*-Forschung herausgearbeitet werden.

6.1 Zentralität, Macht und strukturelle Autonomie

Obwohl im Rahmen vorliegender Studie die strukturelle vor der inhaltlichen Bewertung der Machtstrukturen in den Teamnetzwerken liegt, kann eine Umkehrfunktion in elektronischen Kommunikationsverhältnissen vermutet werden: Akteure, die (laut Beobachtungsergebnissen in Meetings sowie der Analyse von Teamarbeitsunterlagen) in weniger zentralen oder untergeordneten Teampositionen verweilen, tendieren dazu, sich elektronisch stärker Ausdruck zu verschaffen. Hierbei ist anzumerken, dass in den Teams relative Statusäquivalenz herrscht und keine Mitglieder – außer die Teamleiter – a priori mit Macht und Einfluss ausgestattet sind.

Entscheidend für die Machtposition in Netzwerken ist sowohl die Zentralität als auch die Außenanbindung der Akteure. Einige Teammitglieder schaffen diesen elektronischen Machtausgleich, indem sie beispielsweise ihre realweltlich eher kleinen Ego-Netzwerke via E-Mail ausdehnen. Denn: Macht im elektronischen Raum stellt sich weniger als Autoritätskonzept im Sinne der Durchsetzung von Zielvorstellungen dar, sondern vielmehr als Statuskonzept, wonach Positionen in sozialen Netzwerken Einfluss verheißen und so die Etablierung kollaborativer Handlungen ermöglichen.

Ob diese Verschiebungen der Kommunikationsbeteiligungen und strategischen Positionen auch alternative Kompetenzzuschreibungen und Wissenshierarchien – wie Ahuja/Carley (1998) vermuten – zur Folge haben, kann aufgrund der Strukturdaten nur vermutet werden. Zur Klärung dieser Punkte wäre eine (datenschutzrechtlich allerdings problematische) Kombination mit inhaltsanalytischen Daten zielführend.

6.2 E-Mail und Teamvertrauen

Die Dimension des Vertrauens wurde von Thiedeke (2003) als wesentliches Steuerungsmedium elektronischer Gruppen herausgearbeitet. Da in elektronischen Situationen bewährte Kontrollmechanismen wie gesetzliche Norm und Sanktion nur unzureichend greifen oder auch Probleme hinsichtlich der Authentizität und Wahrheit von Aussagen auftreten, ist die Vertrauensleistung gegenüber Teammitgliedern v. a. im elektronischen Raum unverzichtbar für erfolgreiche Kooperationen. Im untersuchten Sample scheinen einige Personen noch gröbere Ressentiments gegenüber elektronischer Veröffentlichung von Ideen zu haben – mit dem Verweis auf deren Flüchtigkeit im Intranet des Unternehmens. Die Angst vor Ideenklau und Plagiaten mindert jedoch eine der größten Chancen des E-Mail-Tools, nämlich kollaborative Entwicklung, Diskussion und Verbreitung von Ideen zu befördern. Am ehesten funktioniert „ungehemmte" E-Mail-Kommunikation unter gut Bekannten des selben Departments nach dem „the more the more"-Prinzip: je eher bekannt, desto mehr Kommunikation auf den unterschiedlichsten Kanälen – auch auf dem E-Mail-Kanal.

6.3 Ausgleich sozialer Schwächen und autoritärer Strukturen

Einige Akteure pflegen in den Teammeetings einen (u. a. persönlichkeitsbedingten) sozialen resp. kommunikativen Rückzug. Mittels E-Mail lässt sich die Beteiligung jedoch einfacher gestalten, weshalb sich auch hier die Verhältnisse (wie die E-Mail-Strukturdaten belegen) teilweise umkehren: aus Schweigern werden u. a. „Stars" der elektronischen Teamkommunikation.

Zusätzlich relativieren sich realweltliche Statusmerkmale und Symbole, woraus sich strukturelle Vorteile für statusniedrige Personen entwickeln können und Hierarchieebenen durchbrochen werden. E-Mails von „Unten" nach „Ganz Oben" oder technische Features wie z. B. „an Alle" sorgen für eine Art Demokratisierung des unternehmerischen Informationshaushaltes (vgl. Jäckel/Lenz/Zillien 2002).

6.4 Diffusionssteigerung durch locker geknüpfte Netzwerke

Die Steigerung des Informationsinputs und der Wissensdiffusion in großen, locker geknüpften Netzwerken (Granovetter 1982) lässt sich auch auf Arbeitsprozesse umlegen. Eine Vielzahl von Kontakten erhöht automatisch die Diffusionsleistung und fördert die Annahmebereitschaft alternativer Konzepte und die Offenheit für Ideen. Die untersuchten Teammitglieder haben zum Großteil sowohl in den Ego- als auch in den elektronischen Netzwerken enge und lose soziale Kontakte, die sie in spezieller Weise in die Kommunikationsleistungen der jeweiligen Teams einbringen können: So ist beispielsweise entscheidend, wie gut ein Team seinen Output im Unternehmen platzieren kann, d. h. über ausreichende und heterogene Unternehmenskontakte verfügt, und inwieweit die Problemlösungsressourcen durch das Ego-Netzwerk und elektronische Kontakte ausgeweitet werden. Dies geht von der Diskussion über Probleme und Sorgen im Arbeitsalltag bis hin zum einfachen Austausch von Neuigkeiten (vgl. die Dimensionen „Hilfe", „Vertrauen" und „Geselligkeit" des Fischer-Generators).

Das bedeutet, Kooperation funktioniert nicht ausschließlich institutionell gesteuert, sondern auch mittels informeller – zunehmend auch elektronisch unterstützter – Netzwerke, die durch Vergabe/Verweigerung sozialer Anerkennung für informelle Normen, Reputationssysteme und Regeln in der Mitarbeitergemeinschaft sorgen.

Dank

Mein Dank gilt dem Management-Board und CD-Department des IT-Unternehmens für die Forschungsmöglichkeiten sowie den Mitgliedern der vier Arbeitsteams für ihre Teilnahmebereitschaft und das entgegengebrachte Vertrauen.

Die statistische Analyse verdankt ihre Qualität der Beratung von Bernd Löger und dem Netzwerkanalyseprogramm PAJEK 0.8.

Anmerkungen

1 Forschungsergebnisse finden sich vorwiegend in der wirtschaftswissenschaftlichen Diffusionsforschung insb. der Verbreitung von Standards/Netzwerkeffektgütern.
2 Inklusive systemgenerierter Informationen wie automatisierte Terminkoordinationen, Out of office replies und Reminder.
3 Amerikanische Studien wie jene von Kraut/Attewell (1997) oder Cunnings/Butler/Kraut (2000) bescheinigen der E-Mail-Kommunikation zumindest dieselbe Wertigkeit wie der Telefonkommunikation; Whittaker/Sidner (1996) sprechen sogar von jener Technologie, mit Hilfe der am häufigsten Arbeitsaufgaben verteilt und delegiert werden.
4 Ducheneaut/Bellotti (2002) berichten in ihrer vergleichenden Untersuchung dreier Unternehmen von durchschnittlich 42 ein- und ausgehenden E-Mails pro Tag und Person.
5 Zusätzlich gelten die Reziprozität der Beziehungen, Gleichrangigkeit der Teilnehmer, Freiwilligkeit der Teilnahme, Heterogenität der Kontakte, Soziale Nähe der Teilnehmer, Informalität der Beziehungen, geringe (soziale) Kosten, persönlicher Nutzen und gemeinsam geteilte Handlungspraxis als teambindende Faktoren.
6 Positives Szenario dieser Entwicklung ist die Egalisierung des Gebrauchs von Wissensbeständen sowie die Vernetzung von Wissensarbeitern in Arbeitsteams zur Bildung von Kompetenz-Clustern.
7 Das österreichische IT-Unternehmen folgt in seiner Struktur und Nomenklatur den Standards internationaler Konzerne resp. dem state of the art betriebswirtschaftlich innovativer Programme (Projekt- und Prozessmanagement, Total Quality Management) und laufender Restrukturierungen (Change-Management) bei eher flachen Hierarchien. Alle Mitarbeiter arbeiten in diversen Gebäuden auf einem Firmengelände – was bedeutet, dass keine großen Entfernungen zu überbrücken sind.
8 Insgesamt waren es 22.959 E-Mails, die jedoch um systemgenerierte Adressen und E-Mails von Nachrichtendiensten bereinigt wurden.
9 Insgesamt willigten 24 der 25 Untersuchungspersonen in die Speicherung und Analyse ihrer E-Mail-Strukturdaten (Logfiles ohne Inhalte der E-Mails) ein.

Gerit Götzenbrucker

10 Mit dem Programm PAJEK 0.8. wurden für die Netzwerke die Werte Density, Degree of Hierarchy und Centralisation berechnet sowie der Diameter und Values of Lines (Beziehungsstärken); für die Akteure In-, Out- und All-Degree, Closeness, Betweenness, Hierarchy Levels sowie k-neighbours und Structural Holes nach Erreichbarkeits- und Pfaddistanzmatrix.
11 Degree und Closeness sind dyadenbasiert und beziehen sich auf die Zahl der Beziehungen und die effiziente Erreichbarkeit eines Akteurs, während Betweenness als triadenbasierter Wert dessen Potenzial berechnet, den Ressourcenfluss zwischen zwei Punkten (Akteuren) des Netzwerks zu beeinflussen.
12 In Fischers San Francisco Area-Studie (1982) betrug die durchschnittliche Netzwerkgröße 12,5 Personen. ZUMA kam 1985 in einer deutschen Repräsentativstudie auf lediglich 7,5 Personen im egozentrierten Netzwerk. Pfenning (1996) testete den Fischer-Generator ebenfalls an einer repräsentativen Population und erhob in Deutschland einen Durchschnittswert von 7,8 Personen. Schenk (1997) verweist auf durchschnittlich 6,8 Personen im Ego-Netzwerk von Studienteilnehmern hinsichtlich der Annahmebereitschaft Neuer I&K-Technologien. Die Netzwerke von Online-Spielern (Götzenbrucker 2001) jedoch waren mit 16,5 Kontaktpersonen ebenso groß wie jene der IT-Mitarbeiter. Erklären lässt sich dieser Umstand mit der Jugendlichkeit und Berufstätigkeit sowie guten Ausbildung der Befragten in einem städtischen Lebensraum.
13 Im Zuge der Erhebung von Einstellungen zu E-Mail-Kommunikation wurde zwischen koordinativen und sog. inhaltlichen Arbeitsaufgaben unterschieden. Von den Befragten Teammitgliedern wurde der Einsatz von E-Mail für Koordination (wie z. B. das Aushandeln von Abläufen, Reihenfolgen, Aktivitäten und Zuständigkeiten) sinnvoller beurteilt als für inhaltlich anspruchsvollere Tätigkeiten wie z. B. Kreativitätsaufgaben (erzeugende Tätigkeiten), Analysen und Interpretationen (auswählende Tätigkeiten) sowie verhandelnde oder operative Tätigkeiten (siehe Differenzierung nach Appel 2000; Reif-Mosel 1999). Auch Ducheneaut/Bellotti (2002) stellten einen weniger erfolgreichen Nutzen des E-Mail-Kanals für die Verarbeitung komplexer Probleme fest.
14 Ducheneaut/Bellotti (2001) erhoben, dass selbst das Ordnen verbleibender E-Mails problematisch ist: Aufgrund kurzfristiger Informationsbedürfnisse bleibt die nachhaltige Organisation der Informationen auf der Strecke, was sich in flachen Folder-Hierarchien und Unübersichtlichkeit ausdrückt.
15 Der Wert 1 bedeutet die vollständige Abhängigkeit.
16 Die höchste Dichte 1 ist erreicht, wenn alle Akteure des Netzwerkes miteinander in Kontakt stehen. Eine Dichte von 0,4 in nichtverwandtschaftlichen Beziehungen kann bereits als guter Wert angesehen werden (vgl. Jansen 1999).
17 Kleine Netzwerke sind jene der Kommunikation der Teammitglieder untereinander. Große Netzwerke sind alle elektronischen Kommunikationen der Teammitglieder inklusive unternehmensinternen und externen Kontakten.
18 Eine Cluster-Analyse der Ego-Netzwerke ergibt drei Typen: jene mit kleinen Ego-Netzwerken (bis 14 Personen), mittleren (bis 20 Personen) und großen Ego-Netzwerken (bis 26 Personen).

Literatur

Ahuja, Manju K./Carley, Kathleen. M. (1998): Network Structure in Virtual Organizations. *Journal of Computer Mediated Communication* 4/1998. http://www.ascusc.org/jcmc/vol3/issue4/ahuja.html, Download 12. 7. 2001.

Appel, Wolfgang (2000): Effektivität PC-gestützter Kommunikationssysteme. Empirische Ergebnisse zur Nutzung von E-Mail und Videoconferencing. Frankfurt/Wien: Peter Lang.

Batageli, Vladimir/Mrvar, Andrej (1997): PAJEK – Program for Large Network Analysis. University of Ljubljana. http://vlado.fmf.uni-lj.si/pub/networks/pajek, Download 2. 10. 2002.

Bartsch-Beuerlein, Sandra/Klee, Oliver (2001): Projektmanagement mit dem Internet. Konzepte und Lösungen für virtuelle Teams. München/Wien: Hanser.

Breiger, Ronald L. (1988): The Duality of Persons and Groups. In: Wellman, Barry/Berkowitz, S. D. (Eds.) (1988): *Social Structures: a network approach.* Cambridge: Univ. Press, 83–98.

Brown J. S./Duguid P. (1999): Dem Unternehmen das Wissen seiner Menschen erschließen. *Harvard Business Manager* 3/99, 76–88.

Burt, Ronald S. (1982): Towards a structural Theory of Action. New York: Academic Press.

Burt, Ronald S. (1992): Structural Holes. The Structure of Competition. Cambridge Mass.: Harvard University Press.

Burt, Ronald S. (2000): The Network Structure of Social Capital. Preprint for a chapter in *Research in Organizational Behaviour,* Volume 22, edited by Sutton, Robert I./Staw, Barry M. Greenwich CT: JAI Press.

Cummings, Jonathan/Butler, Brian/Kraut, Robert (2002): The quality of online social relationships. In: *Communications of the ACM* Vol. 45 (7), 49–74.

Ducheneaut, Nicholas/Bellotti, Victoria (2001): Email as a Habitat. An exploration of embedded personal information management. *Interactions* 9/10.

Ducheneaut, Nicholas/Bellotti, Victoria (2002): A Study of E-Mail Work Processes in Tree Organisations. Submitted to the *Journal of CSCW.* Nicholas@sims.berkely.edu.

Fadden, Karen/Battles, Sheryl (2000): Messaging for Innovation: Building the Innovation Infrastructure through Messaging Practices. Pitney Bowes. kfadden@cunningham.com.

Fischer, Claude S. (1982): To Dwell Among Friends. Personal Networks in Town and City. Chicago: Univ. Press of Chicago.

Freeman, Linton C. (1979): Centrality in Social Networks. Conceptual Classification. *Social Networks* 1, 215–239.

Freeman, Linton C. (1996): Visualizing Social Networks. http://zeeb.library.cmu.edu:7850/JoSS/article.html, Download 21. 1. 2003.

Götzenbrucker, Gerit (2001): Soziale Netzwerke und Internet Spielewelten. Eine empirische Analyse der Transformation virtueller in realweltliche Gemeinschaften am Beispiel von Multi User Dimensions. Opladen/Wiesbaden: Westdeutscher Verlag.

Goll, Michaela (2002): Arbeiten im Netz. Wiesbaden: Westdeutscher Verlag.

Granovetter, Mark (1982): The Strength of weak Ties: A network Theory revisited. In: Marsden, Peter/Lin, Nan (Eds.): *Social Structures and Network Analysis*. Beverly Hills: Sage, 105–130.

Haythornthwaite, Caroline (2001): Tie Strength and the Impact of New Media. Published in the *Proceedings of the Hawaii International Conference On System Sciences*, January 3–6, 2001, Maui, Hawaii. http://alexia.lis.uiuc.edu/~haythorn/HICSS01_tiestrength.html, Download 21. 1. 2002.

Haythornthwaite, Caroline/Wellman, Barry/Garton, Laura (2000): Arbeit und Gemeinschaft bei computervermittelter Kommunikation. In: Thiedeke, Udo (Hg.): Virtuelle Gruppen. Charakteristika und Problemdimensionen. Opladen/Wiesbaden: Westdeutscher Verlag, 355–392.

Jäckel, Michael/Lenz, Thomas/Zillien, Nicole (2002): „Vor Outlook sind wir alle gleich" – Egalisierungs- und Hierarchisierungstendenzen im Zuge der E-Mail Nutzung. *kommunikation@gesellschaft* (3) 7. http://www.uni.frankfurt.de/fb03/K.G/B7_2002_Jaeckel_Lenz_Zillien.pdf

Jansen, Dorothea (1999): Einführung in die Netzwerkanalyse. Grundlagen, Methoden, Anwendungen. Opladen: Leske + Budrich.

Jansen, Dorothea (2000): Netzwerke und soziales Kapital. Methoden zur Analyse struktureller Einbettung. In: Weyer, Johannes (Hg.): Soziale Netzwerke. Konzepte und Methoden der sozialwissenschaftlichen Netzwerkforschung. München, Wien: Oldenbourg, 35–62.

Koch, Michael/Möslein, Kathrin/Wagner, Michael (2001): Vertrauen und Reputation in Online Anwendungen und virtuellen Gemeinschaften. http://www.telekooperation.de/tibid, Download: 2. 10. 2001.

Kraut Robert/Attewell P. (1997): Media use in global corporation: Electronic mail and organizational knowledge. In: Kiesler, Sara (Ed.): *Culture of the Internet*. Mahwah, New York: Erlbaum, 323–342.

Lipnack Jessika/Stamps Jeffrey (1998): Virtuelle Teams. Projekte ohne Grenzen. Wien: Ueberreuter.

Ogata, A./Yano, Y./Furugori, N./Jin, Q. (2001): Computer Supported Social Networking For Augmenting Cooperation. *Computer Supported Cooperative Work* Vol. 10/01, 189–209.

Parnell, Nick (2001): Managing Information Overload. *Business Information Review* Vol. 18/1, 45–50.

Pfenning, Uwe (1995): Soziale Netzwerke in der Forschungspraxis. Darmstadt: DDD.

Rammert, Werner (1997): Innovation im Netz. Neue Zeiten für technische Innovationen: heterogen, verteilt und interaktiv vernetzt. In: *Soziale Welt* 49, 397–416.

Reif-Mosel, Ane-Christin (1999): Computergestützte Kooperation im Büro: Gestaltung und Berücksichtigung der Elemente Aufgabe, Struktur, Technik und Personal. Frankfurt/Wien: Peter Lang.

Schenk, Michael/Dahm, Hermann/Dezideiro, Sonje (1997): Die Bedeutung sozialer Netzwerke bei der Diffusion Neuer Kommunikationstechniken. *Kölner Zeitschrift für Soziologie und Sozialwissenschaft* 49/1, 35–52.

Schenk, Michael (1983): Das Konzept des Sozialen Netzwerkes. In: Neidhardt, Friedhelm (Hg.) (1983). Gruppensoziologie. *KZfSS* Sonderheft 25, Opladen: Westdeutscher Verlag, 88–104.

Sproull, Lee/Kiesler, Sara (1991): Connections. New ways of working in the networked organisation. Cambridge, Massachusetts: The MIT Press.

Stegbauer, Christian (1995): Die virtuelle Organisation und die Realität elektronischer Kommunikation. In: Jg. 47 *Kölner Zeitschrift für Soziologie und Sozialwissenschaft* 3/95, 535–549.

Stenmark, Dick (1998): Identifying Problems with Email-based Information Sharing. *Proceedings of IRIS21*. http://w3.informatik.gu.se/~dixi/publ/mail.htm Download 10. 4. 2003.

Thiedeke, Udo (Hg.) (2003): Virtuelle Gruppen. Charakteristika und Problemdimensionen. Opladen/Wiesbaden: Westdeutscher Verlag.

Tyler, Joshua/Wilkinson, Dennis/Hubermann, Bernardo (2003): Email as Spectroscopy: Automated Discovery of Community Structure within Organisations. HP Labs. jtyler@hpl.hp.com.

Venolia, Gina D./Dabbish, Laura/Cadiz JJ./Gupta, Anoop (2002): Supporting Email Workflow. Microsoft Research, Collaboration & Multimedia Group. ginav@microsoft.com

Walther, Joseph. B. (1995): Relational Aspects of computer-mediated-communication: Experimental Observations over time. *Organisation Science* 6 2/95, 186–203.

Windeler, Arnold (2001): Unternehmungs-Netzwerke. Konstitution und Strukturation. Opladen/Wiesbaden: Westdeutscher Verlag.

Wegener, Bernd (1987): Vom Nutzen entfernter Bekannter. In: *Kölner Zeitschrift für Soziologie und Sozialwissenschaft* 39, 278–302.

Whittaker, S./Sidner, C. (1996): Email Overload: Exploring personal Information Management of Email. *Proceedings of CHI'96*, ACM Press, 276–283 (nach: Tyler et al. (2003).

Wellman, Barry (2001): Computer Networks as Social Networks. *Science* Vol. 293, 2031–2034.

Wellman, Barry/Berkowitz, S. D. (Eds.) (1988): Social Structures: a network approach. Cambridge: Univ. Press.

Weyer, Johannes (Hg.) (2000): Soziale Netzwerke. Konzepte und Methoden der sozialwissenschaftlichen Netzwerkforschung. München, Wien: Oldenbourg.

Weyer, Johannes/Kirchner, Ulrich/Riedl, Lars/Schmidt, Johannes F. K. (1997): Technik, die Gesellschaft schafft. Soziale Netzwerke als Ort der Technikgenese. Berlin: Ed. Sigma.

Yates, J./Orlikowski, W. J./Okamura, K. (1999): Collaborative genres for collaboration: Genre systems in digital media. *Organisation Science* 10/99, 83–103.

Michael Nentwich

Neue Kommunikationstechnologien und Wissenschaft: Veränderungspotentiale und Handlungsoptionen auf dem Weg zur Cyber-Wissenschaft

1. Vom Füllen einer Forschungslücke[1]

Wissenschafts- und Technikforschung („Science and Technology Studies" – STS) ist ein vielgestaltiges und zugleich offenes Feld. Zumeist liegt der Fokus der STS-Studien entweder auf der Wissenschaft (wie kommen die Wissenschafter zu ihren Ergebnissen?) *oder* auf der Technik (wie reagiert die Gesellschaft auf eine neue Technologie oder wie wird die Technologieentwicklung durch ihr Eingebettetsein in der Gesellschaft beeinflusst?). Seltener geht es um beides gleichzeitig, also um Technologienutzung *in* der Wissenschaft. Die Beiträge der STS-Forschung zum Einsatz Internet-basierter Kommunikations- und Forschungstechnologien in den Wissenschaften sind daher zumeist sehr spezifisch und betreffen nur einzelne Aspekte des Gesamtthemas, etwa die technologiegestützte Zusammenarbeit auf Distanz (z. B. Finholt/ Brooks 1997; Walsh 1997; Olson et al. 2006), digitale Bibliotheken (z. B. Kilker/Gay 1998), Fachinformationssysteme (z. B. Fröhlich 1993), die Rolle elektronischer Medien für die Fachkommunikation (Kling/McKim 1999; Fry 2003), die Rolle von neuen Forschungstechnologien (Beaulieu 2001; Joerges/ Shinn 2001; siehe schon Bonitz 1979), E-mail-Listen (z. B. Matzat 2001) oder die Perspektiven für die Szientometrie (z. B. Harter 1996; Zelman 2002) und Indikatorenforschung (Leydesdorff/Scharnhorst 2003). Auch der jüngst erschienene Sammelband zu E-Science (Hine 2006) vereint vor allem Einzelbeiträge. Was bislang fehlte war eine umfassende Studie, die die vielen Lücken in der eher spärlichen STS-Literatur zum Thema *Einsatz von Informations- und Kommunikationstechnologien (IKT) in der Wissenschaft* füllt.

Überraschenderweise war bislang auch die sozialwissenschaftliche *Technikfolgenabschätzung* an der umfassenden Analyse der Folgen des IKT-

Einsatzes in der Wissenschaft wenig beteiligt. Zwar gibt es eine Reihe von Studien zu einzelnen Aspekten, etwa zur elektronischen Lehre (z. B. OTA 1988), zu Hochleistungsrechnern und Netzwerken (OTA 1991), zu elektronischen Büchern (Riehm et al. 1992; Böhle et al. 1997) und zu urheberrechtlichen Aspekten (Banse/Langenbach 1999; OTA 1986). In all den zitierten Projekten ging es jedoch nicht primär um die Wissenschaft im Speziellen.

Ein interdisziplinär angelegtes, mehrjähriges Forschungsprojekt zum Thema „Cyber-Wissenschaft – Der Einfluss der Informations- und Kommunikationstechnologien auf die Wissenschaft", durchgeführt am Institut für Technikfolgen-Abschätzung (ITA) der Österreichischen Akademie der Wissenschaften, hat sich der Aufgabe gestellt, beide Lücken zu füllen (Nentwich 2003)[2]. Da es sich bei diesem Forschungsthema freilich nicht um rein österreichische Fragestellungen handelt, erfolgte die Durchführung teilweise in internationaler Kooperation (mit dem Max-Planck-Institut für Gesellschaftsforschung in Köln), durch empirische Erhebungen im weltweiten Internet sowie durch Interviews auch mit internationalen ForscherInnen. Die insgesamt 50 Interviews wurden auf Basis eines halbstrukturierten Leitfadens durchgeführt. Das Gesamtprojekt und damit auch der vorliegende Artikel beruhen weiters auf einer breiten Literaturrecherche sowie auf Selbst- und teilnehmender Beobachtung.

Im Sinne des umsetzungsorientierten, auf die Beratung der Politik gerichteten Vorgehens der Technikfolgenabschätzung können die allgemeinen Aussagen hier auch in Hinblick auf Handlungsbedarf in Österreich spezifiziert werden (siehe unten 4). Zunächst wird jedoch kurz auf den Status Quo der Internet-basierten Kommunikationstechnologien in den Wissenschaften eingegangen (2), gefolgt von einer Diskussion der Folgen der Techniknutzung (3).

2. Internet-basierte Kommunikationstechnologien in den Wissenschaften

Die Entwicklung des Internet ist eng mit dem kreativen Potential der Wissenschaften verknüpft: So wurden wesentliche Elemente des heutigen Internet (z. B. E-Mail, WWW) von WissenschafterInnen für WissenschafterInnen entwickelt. Umgekehrt sind auch manche Entwicklungen in der Wissenschaft Ende des 20., Anfang des 21. Jahrhunderts nur verstehbar, wenn man die Auswirkungen der neuen IKT mitberücksichtigt (zu den Folgen unten 3.).

Elektronische Post hat heute in praktisch allen wissenschaftlichen Disziplinen andere Formen der schriftlichen Kommunikation (Fax, Brief) weitgehend überlagert. Auf E-Mail basierende elektronische Foren (also vor allem discussion lists, weniger verbreitet hingegen newsgroups, blogs und chat) variieren zwar in ihrer Bedeutung, doch kein Feld kommt ganz ohne diese neuartigen Kanäle des Austauschs von Informationen aller Art und der Diskussion von fachspezifischen Fragen aus. Elektronische Publikationsformen haben ebenfalls weite Verbreitung gefunden. Hier gibt es zwar große Unterschiede zwischen den einzelnen Fachbereichen, aber ein eindeutiger Trend ist überall auszumachen. Insbesondere elektronische Arbeitspapiere und die dazugehörigen so genannten E-Pre-Print-Archive haben in manchen Bereichen die traditionellen, papiergebundenen Formen weitgehend ersetzt (Nentwich 2003, 139 ff.). Das elektronische Zeitschriftenangebot und damit der direkte Zugang zu den aktuellen wissenschaftlichen Veröffentlichungen ist bereits unübersehbar, da die meisten großen Zeitschriftenverlage mittlerweile ihr gesamtes Angebot nicht nur drucken, sondern auch online zur Verfügung stellen. Dazu kommen noch mannigfache, meist von wissenschaftlichen Vereinigungen getragene Initiativen zur Herausgabe von reinen „E-Journalen", d. h. solchen, die überhaupt nur online erscheinen. Dementsprechend wurden weltweit hunderte generelle und fachspezifische digitale Bibliotheken aufgebaut, die die elektronisch verfügbaren Informationen, Dokumente und Veröffentlichungen strukturiert aufbereiten und nutzbar machen (z. B. Arms 2000). Weiters stellen fachspezifische Datenbanken, die auch auf Distanz über das Internet abfragbar sind und Primär- und Sekundärdaten zugänglich machen, in den meisten Feldern einen wesentlichen Bestandteil des Forschungsinstrumentariums dar. Wissenschaftliche Veröffentlichungen verwandeln sich auch in ihrer Form. Multimediale Elemente, wie z. B. kurze Video- oder Audiosequenzen oder Hypertextstrukturen, werden teilweise schon intensiv genutzt und eröffnen völlig neue Darstellungsformen.

In einigen Bereichen erfüllen verschiedene Formen des „verteilten Rechnens", d. h. der dezentralen Zurverfügungstellung von Computerleistung und deren zentrale Koordinierung und Auswertung, wesentliche Funktionen in der Forschung (z. B. Foster/Kesselman 1999). Auch die Zusammenarbeit auf Distanz von Forschenden, die zwar gemeinsam, aber nicht an einem physischen Ort vereint an kleineren und größeren Projekten arbeiten, wurde durch das Internet auf eine völlig neue Basis gestellt. Während E-Mail-basierte Dienste wie erwähnt zum Standardrepertoire gehören, sind fortgeschrittenere Anwendungen noch weniger verbreitet, haben aber vermutlich ein großes Potential. So beginnen sich langsam Groupware-Applikationen auch in der Wissenschaft durchzusetzen, um Zusammenarbeit auf

Distanz zu erleichtern. Internet-basierte elektronische Konferenzen mit synchroner Audio- und Videoübertragung werden zwar kaum je Zusammenkünfte an einem Ort zwischen WissenschafterInnen, sei es zum persönlichen Gespräch, sei es auf Konferenzen oder Arbeitstreffen, ersetzen. Es steht jedoch zu erwarten, dass Web-Konferenzen bald zum wissenschaftlichen Arbeitsalltag gehören werden. Vereinzelt gibt es bereits „virtuelle Forschungsinstitute", also dauerhafte organisatorische Zusammenschlüsse von Forschenden, die physisch über den Erdball verteilt sein können und zu einem hohen Grad nur über elektronische Medien in Austausch treten. Ebenso sind sog. „collaboratories" (Finholt 2001) bereits weit verbreitet, die interessierten WissenschafterInnen weltweit Zugang zu fachspezifischen Ressourcen bieten. Dies kann sogar so weit gehen, dass Laborgeräte und Messinstrumente auf Entfernung bedient werden können (Olson et al. 2006).

Generell lässt sich sagen, dass die Diffusion der Informations- und Kommunikationstechnologien in den Wissenschaften schon weit fortgeschritten ist (Nentwich 2003, Kap. 3). Gleichzeitig sind zum Teil große Unterschiede zwischen den einzelnen Fächern zu beobachten, wobei jedoch nicht unbedingt die naturwissenschaftlichen in jeder Hinsicht die sozial- oder geisteswissenschaftlichen Disziplinen in der Internetnutzung übertreffen (ibid.). So ist heute Papyrusforschung ohne weltweit vernetzte Datenbanken undenkbar, hat die nordamerikanische Geschichtswissenschaft eine Vorreiterrolle bei der Nutzung von Hypermedia-Publikationen und sind etwa einzelne medizinische Spezialgebiete in Hinblick auf die Internetnutzung unterdurchschnittlich innovativ.

3. Folgen der Technologienutzung

Dass die Nutzung des Internets den Arbeitsalltag der Forschenden über die letzten eineinhalb Jahrzehnte inkrementell und – so meine These – nachhaltig verändert, erscheint für alle in der Wissenschaft Tätigen auf den ersten Blick plausibel. Doch was bedeutet dieser Wandel konkret? Wie weitgehend sind die Folgen? Könnte es sein, dass die zunächst vor allem quantitativen Veränderungen (z. B. höhere Kommunikationsgeschwindigkeiten) auch eine neue Qualität haben? Werden vielleicht sogar die Inhalte der Forschung selbst berührt, werden wir andere Fragen stellen und andere Antworten geben?

Hier kann nur ein grober Überblick über die wichtigsten handlungsrelevanten Folgen der Internetnutzung in der Wissenschaft gegeben werden, wie sie sich aus der systematischen Analyse der ITA-Studie (Nentwich 2003) ergeben. Ich diskutiere zunächst zwei genuin soziologische Aspekte, nämlich die Auswirkungen auf die Rollenverteilung im wissenschaftlichen Betrieb (3.1) und die Wirkungen des verbesserten Zugangs zu Internetressourcen auf das wissenschaftliche Hierarchiesystem (3.2). Daran anschließend folgen drei wichtige, mit den Veränderungen des wissenschaftlichen Publikationswesens einhergehende Themenfelder: die Notwendigkeit der Archivierung der zunehmend digitalen Bestände (3.3), die Bedeutung des Urheberrechts in diesem Zusammenhang (3.4) und die Qualitätssicherung in jenem Teil des Internet, welches die Wissenschaften zu ihrer internen Kommunikation benutzen (3.5).

3.1 Rollen- und Funktionswandel

Der zunehmende Einsatz von IKT wirkt sich auf die Rollenverteilung in der Wissenschaft sowie auf die Anforderungen aus, die an einzelne Personengruppen gestellt werden. Man kann beobachten, dass die Forschenden eine Reihe von Aufgaben übernommen haben, die früher vom Sekretariatspersonal, von Bibliothekaren oder von Verlagen erledigt wurden. Dies betrifft vor allem den Schriftverkehr, die Informationsbeschaffung und das Formatieren von Publikationen (Grötschel/Lügger 1996; Mueller 2000). In Zukunft steht zu erwarten, dass noch weitere Tätigkeiten hinzukommen werden. Das bedeutet, dass die Rolle des/r Wissenschafters/in in Veränderung begriffen ist. Dazu kommt noch, dass auch deren zweites Tätigkeitsfeld, nämlich die Lehre, ebenfalls neu definiert wird. Nicht nur müssen neue Fertigkeiten erlernt werden, um die Erwartungen der Studierenden zu erfüllen, sondern möglicherweise wird der Schwerpunkt von traditionellen Unterrichtsformen (insbesondere Vorlesungen) in Richtung „Tutoring", also persönlicher Betreuung, Anleitung und Diskussion in Kleingruppen verschoben, während die Grundkurse in elektronischer Form wieder verwendet werden (Massy/Zemsky 1995). Auch die Anforderungen an akademische Bibliothekare wandeln sich grundlegend. Die Cyber-Bibliothekare („Cybrarians" – Okerson 1997a; Johnston 1998) wandeln sich zu Computerexperten und Aufbereitern von Informationen („Information Brokers") im digitalen Wissensraum, den sie federführend mitstrukturieren. Auch werden sie vermutlich grundlegende Aufgaben im akademischen Veröffentlichungswesen übernehmen und sogar unterrichten (nämlich Online-Informationssuche).

Überhaupt ist der Bereich der Veröffentlichungen aufgrund der neuen Möglichkeiten des elektronischen Publizierens und der finanziellen Krise des akademischen Marktes (z. B. Okerson 1997b) in grundlegendem Wandel begriffen. Die traditionelle Funktion der wissenschaftlichen Verlage, insbesondere der kommerziellen, könnte durch die Open-Access-Bewegung (z. B. Bullinger et al. 2003) zurückgedrängt zu werden. Deren Tätigkeitsfeld wird sich nach einer These auf aufwendige Nischenprodukte reduzieren (Nentwich 2001). Wissenschaftliche Gesellschaften, Universitäten, Bibliotheken und einzelne WissenschafterInnen übernehmen teilweise Verlagsaufgaben und verringern damit deren Einfluss. Die Rolle der (Zeitschriften-)Agenten wird zunehmend von den Verlagen selbst oder den Bibliotheken wahrgenommen.

3.2 Zum Verhältnis Zentrum-Peripherie: Zugangsfragen und soziales Kapital

Mit der wachsenden Bedeutung des Internet für die Wissenschaft (Informationen, Datenbanken, Publikationen, Rechenressourcen etc.; siehe oben 2), wird der möglichst ungehinderte Zugang zum Netz immer mehr zu einer wesentlichen Voraussetzung für das erfolgreiche Betreiben von Wissenschaft (wobei selbstverständlich die gravierenden Unterschiede zwischen den verschiedenen Disziplinen hinsichtlich des Informationsbedarfs etc. in Rechnung gestellt werden müssen). Während der rein physische Zugang (d. h. ein Internetanschluss) selbst in den Labors und Forschungsinstituten der sog. Entwicklungsländer heute zumeist vorhanden ist, stellt sich die Zugangsproblematik auf der nächsten Ebene. Zwar sind viele (auch hoch qualitative) Informationsangebote frei zugänglich, doch können viele Datenbanken, Publikationen und sonstige Ressourcen nur gegen Entrichtung teils hoher Gebühren benutzt werden. Neben den Kosten für die Aufrechterhaltung eines leistungsfähigen technischen Zugangs zum Netz fallen diese Lizenz- und Nutzungsgebühren stark ins Gewicht. Gerade die steigenden Lizenzgebühren für Zeitschriftenabonnements und Index-Datenbanken stellen oft eine große Zugangshürde dar (Walker 1998). Diese digitale Spaltung („digital divide") auf der zweiten Ebene ist im Übrigen nicht nur im Verhältnis zwischen den Forschungszentren der sog. Ersten und Dritten Welt zu beobachten, sondern auch innerhalb der Ersten: Es gibt etwa auch in Westeuropa „periphere" Institute, d. h. solche, die unterausgestattet sind und dementsprechend nicht aktiv an der Spitze der Forschung partizipieren können.

Es wurde diskutiert, ob der Einsatz von IKT die Perspektiven für periphere Institute verbessern könnte (z. B. Matzat 2001; Finholt/Olson 1997). Einerseits ist festzuhalten, dass die Kosten des Zugangs zu wissenschaftlichen Informationen durch Anschluss an das Internet geringer sind als jene für den Aufbau einer entsprechenden lokalen Infrastruktur. Ob steigende Lizenzgebühren diese Vorteile wieder aufheben werden, ist noch nicht endgültig zu beantworten. Dazu kommt noch, dass in vielen Fächern zumindest vorläufig bei weitem noch nicht alles Relevante digital und online verfügbar ist, was den Gesamteffekt derzeit noch einschränkt.

Zugang ist freilich nicht nur auf die formelle wissenschaftliche Kommunikation bezogen, sondern spielt auch im informellen Bereich eine Rolle. Internet-basierte Kommunikation ermöglicht in bislang unmöglichem Ausmaß Networking innerhalb wissenschaftlicher Gemeinschaften. Ebenso kann der Zugang zu bisher oftmals schwer zugänglichen, weil hierarchisch kontrollierten Informationsressourcen (etwa zu Calls for Papers) ebenso wie besonderes technisches Know-How (gepaart mit entsprechendem Engagement) zum Aufbau von sozialem Kapital führen, das in der Offline-Welt kaum akkumulierbar wäre.

Es stellt sich allerdings die Frage, welchen Stellenwert der Zugang zu Informationen insgesamt überhaupt hat. Offensichtlich haben der direkte, persönliche Kontakt mit den zentralen Akteuren, die Gespräche in den Korridoren und Teeküchen einen großen Anteil an der Positionierung einer Forschungseinrichtung (Walsh/Roselle 1999; Merz 1998). Partizipation in diesem informellen Prozess ist essentiell, und elektronische Medien könnten ungeeignet sein, diese in gleicher Weise zu unterstützen. Zwar zeigen empirische Untersuchungen, dass periphere Einrichtungen und Forschende verstärkt am Kommunikationsprozess teilnehmen (Matzat 1999), dies aber letztlich zu keiner Veränderung der Statushierarchie führt (Fröhlich 1996). Der Hauptgrund dafür ist, dass die Top-Institutionen parallel ebenso vom IKT-Einsatz profitieren, sodass es lediglich zu einer Niveauverschiebung kommen wird, nicht aber zu einer Verringerung oder gar Aufhebung der Abstände.

3.3 Digitale Reorganisation der Archivierung

Im Unterschied zur wohl etablierten Archivierung von Printpublikationen steckt die digitale Archivierung noch in den Kinderschuhen. Sowohl in technischer als auch in organisatorischer Hinsicht handelt es sich um kein einfaches Problem, da eine sehr langlebige, nachhaltige und sichere Lösung gefunden werden muss. Dennoch scheinen die technischen Schwierigkeiten (Vorsorge gegen das „Verschwinden" von Dateien, die Erhaltung der entsprechenden Soft- und eventuell auch der Hardware, um digitale Daten auch auf späteren Maschinen lesbar zu halten, die Vergänglichkeit der Speichermedien usw.) prinzipiell lösbar. Vorgeschlagen und teilweise implementiert wurden Spiegelserver, Sicherungskopien, zusätzliche Papierarchive, die Emulation von alter Software auf neueren Maschinen usw. (Rauber/Aschenbrenner 2001). Davon abgesehen stellen sich vor allem zwei Fragen: (1) Was soll überhaupt archiviert werden? (2) Wie kann das langfristig organisatorisch sichergestellt werden?

ad (1) Es scheint unmöglich und auch wenig sinnvoll, prinzipiell alles, was je im Internet veröffentlicht wurde, auch zu archivieren (Risak 2000). Es müssen somit Auswahlentscheidungen getroffen werden. Während bei den formellen wissenschaftlichen Publikationen kaum Zweifel aufkommen werden, gibt es einige weitere Kategorien, wo konkrete Entscheidungen anstehen: akademische Software samt den dazugehörigen Datensammlungen; Vorveröffentlichungen; Konferenzbeiträge; Arbeitspapiere; Beiträge zu akademischen E-Mail-Diskussionslisten; Homepages von Forschungseinrichtungen; frühere Fassungen von veröffentlichten Artikeln; akademische Linksammlungen; und Quellenarchive. Eine Richtschnur könnte es sein, jedenfalls all das dauerhaft zu erhalten, was an irgendeiner Stelle Eingang in den wissenschaftlichen Diskurs gefunden hat, also z. B. zumindest einmal zitiert wurde. Die Art der Realisierung dessen ist noch offen. Es kommen sowohl unspezifische Lösungen wie die periodische Gesamtarchivierung des gesamten Internetgehalts, als auch strukturiert gesammelte Online-Archive der großen wissenschaftlichen Bibliotheken in Frage.

ad (2) Weiters müssen Verantwortlichkeiten festgelegt werden, um auch organisatorisch sicherzustellen, dass die wissenschaftliche Gemeinschaft nicht Teile ihres verschriftlichten Erbes verliert. Während jene Dateien, die oft nachgefragt werden, vermutlich ohne organisatorische Vorkehrungen durch die NutzerInnen und Anbietenden archiviert und zugänglich gehalten werden, ist dies für selten genutzte Ressourcen nicht zu erwarten (Dementi 1998). Insbesondere haben die Verlage selbst kein langfristiges Eigeninteresse an der dauerhaften Archivierung „überholter" oder vergriffener Bücher und Zeitschriften. Dazu kommt noch, dass Verlage auch Marktbereinigungen zum Opfer fallen können. Demgegenüber gibt es weitgehend noch keine Verpflichtung zur Ablieferung von Pflichtexemplaren an besondere Bibliotheken. Andererseits sehen dies die wissenschaftlichen Bibliotheken als ihre Kernaufgabe (Atkinson 1996), ohne jedoch im digitalen Bereich über ausreichende Rechte zu verfügen. Das bei digitalen Publikationen übliche restriktive Lizenzsystem kann nämlich bedeuten, dass nach Ablauf der Lizenz das Produkt nicht mehr zugänglich gemacht werden darf. Jedenfalls besteht hier großer Koordinationsbedarf, damit es angesichts des ohnehin schon riesigen Aufwands nicht zu unnötigen Verdoppelungen kommt.

3.4 Reformbedarf im (Urheber-)Recht

Wissenschaft, insbesondere wissenschaftliches Publizieren findet nicht im rechtsfreien Raum statt. Die neuen Möglichkeiten elektronischer Veröffentlichungen trafen auf eine Rechtslage, die noch durch die nicht-digitale, offline-Welt der Druckwerke geprägt war. Mittlerweile sind mannigfache legistische Aktivitäten im Gange, um das Recht des intellektuellen Eigentums an die neuen Gegebenheiten anzupassen. Da hier auch gewichtige kommerzielle Interessen im Spiel sind (vor allem auch außerhalb der Wissenschaft – Stichwort Raubkopien), sind die Gesetzgeber auf der ganzen Welt geneigt, strenge Bestimmungen zu erlassen, die jedoch oftmals nicht im Interesse der Wissenschaft liegen. Diese benötigt nämlich möglichst freien Zugang zu den digitalen Wissensbeständen. Diesbezügliche Initiativen (Open Archives, Open Access, Public Library of Science, ELSSS, BiomedCentral etc.) aus der Wissenschaft, teilweise unter Beteiligung von NobelpreisträgerInnen und den großen wissenschaftlichen Organisationen, versuchen hier ein Gegengewicht zu schaffen.

Weiters stellte sich im Zuge unserer empirischen Erhebungen heraus, dass Rechtssicherheit für die meisten eine essentielle Voraussetzung für den Übergang zu elektronischen Publikationsformen darstellt. Auch wenn das Internet keineswegs als rechtsfreier Raum bezeichnet werden kann, seien hier von den zurzeit noch offenen Punkten einige herausgegriffen (genauer in Nentwich 2003, Kap. 9.2):

(1) Nicht einheitlich geregelt und offensichtlich teilweise unzulässig ist das ausführliche *Zitieren* von digitalen Quellen, ohne dafür lizenzpflichtig zu werden (Nentwich 2004). Müsste für jedes Zitat bezahlt werden oder auch nur die Genehmigung eingeholt werden, wäre Wissenschaft, wie wir sie bislang kennen, praktisch verunmöglicht. Insbesondere für Multimedia-Publikationen, die auch in der Wissenschaft immer häufiger werden, kann es zu Schwierigkeiten kommen, da diese mitunter aus vielen Elementen bestehen, für die nicht einmal das bisher gültige Recht des freien Zitats anwendbar ist.

(2) Die in vielen Fällen sinnvolle *Digitalisierung* von älteren Beständen (etwa von früheren Jahrgängen wissenschaftlicher Zeitschriften) stößt oft an die engen Grenzen der urheberrechtlichen Zulässigkeit, da es praktisch unmöglich sein kann, die entsprechenden Rechte einzuholen.

(3) Nicht restlos geklärt bzw. zu klären (weil es sich nicht zuletzt um individuelles Vertragsrecht handelt) ist die Frage der Zulässigkeit der *Selbstarchivierung* von bereits publizierten Texten durch die AutorInnen in öffentlichen Webarchiven. Deren Funktion ist es, den Zugang zu publizierten

ebenso wie zu (noch) nicht publizierten Forschungsergebnissen unabhängig von Verlagen und Bibliotheken auf Dauer sicherzustellen.

(4) Strenge Urheberrechtsbestimmungen könnten schließlich die wissenschaftliche Kreativität behindern, da wissenschaftliche Publikationen immer öfter in einem interaktiven, iterativ-sequentiellen Prozess entstehen. Hier sind neue Modelle gefragt, die verhindern, dass durch die Zuerkennung von *individueller Urheberschaft* an Bestandteilen des Ganzen, das Aufeinanderaufbauen und Fortentwickeln behindert wird.

(5) Ein besonders wichtiges Problem in diesem Zusammenhang ist die *mangelnde Transparenz*, da die AnwenderInnen (in der Forschung) in der Regel keine spezielle juristische Bildung haben. Insbesondere aufgrund der nur teilweisen internationalen Harmonisierung ist die Rechtslage jedoch komplex; aufklärerische Projekte wie Knowledge Base Copyright Law (KB:*Law*|©)[3] sollen hier Abhilfe schaffen (Nentwich 2006).

3.5 Qualitätssicherung im Internet als Herausforderung

Die Kontrolle der Qualität der veröffentlichten Forschungsresultate nimmt eine zentrale Stellung in der Wissenschaft ein. Die scheinbar unbegrenzten Möglichkeiten zur Eigenpublikation im Internet lassen diese Aufgabe noch bedeutender werden. Während es im Bereich der formellen Veröffentlichungen (insbesondere E-Zeitschriften, E-Bücher) problemlos möglich ist, die in der Papierwelt etablierten Verfahren des Peer Review zu übertragen, werden für neuartige digitale Publikationsformen neue Qualitätssicherungsmaßnahmen gesetzt, die zum Teil neben die herkömmlichen Formen treten können (Nentwich 2005). Unter dem Stichwort „Open Peer Review" werden zumeist nicht-anonyme Prozesse des öffentlichen Kommentierens über eingereichte Manuskripte, die zu diesem Zweck online gestellt wurden, verstanden. Dabei wird den HerausgeberInnen der Zeitschrift jedoch nach wie vor die Letztentscheidung auf Basis der eingetroffenen Kommentare überlassen (Sumner/ Shum 1997). Daneben gibt es die Qualitätskontrolle *nach* der Veröffentlichung in Form von öffentlichen Kommentaren und Benotungen, die den LeserInnen der ursprünglich nicht referierten Arbeiten eine Einschätzung der Qualität erlaubt (LaPorte et al. 1995). Im Unterschied zum traditionellen Zirkulieren und Kommentieren grauer Veröffentlichungen besteht in der Online-Welt das Potenzial zu etwas Neuem: Der Diskurs wird öffentlich geführt und dokumentiert, was bislang nur sehr eingeschränkt möglich war, und damit potenziell gestärkt. Aus quasi-einseitiger Publikation wird im digitalen Raum multilaterale Kommunikation (LaPorte et al. 1995).

Im Prinzip ähnlich, jedoch formaler, funktionieren Qualitätssicherungssysteme, die die Nutzung von Veröffentlichungen beobachten (z. B. Zahl der Zitierungen bzw. Links zu einem Artikel oder Anzahl derjenigen, die ihn aufgerufen haben). All diese Daten zu jedem Artikel können die Grundlage für selektive Datenbanken bilden, deren Filter die Lesenden so einstellen können, dass beispielsweise nur doppelt-blind referierte Artikel oder nur solche, die eine bestimmte Nutzungsfrequenz oder Anzahl von Zitaten erreicht haben, angezeigt werden (Nentwich 1999).

Weiters sind einfache Formen von Plagiaten in einem voll digitalisierten Veröffentlichungswesen automatisiert auffindbar (Harnad 1998). Damit würde der oft geäußerten Befürchtung, dass das Internet Plagiate durch die Erleichterung der Zugänglichkeit und des Kopiervorgangs unterstützt, in Zukunft die Grundlage entzogen. Ironischerweise erlaubt somit die Digitalisierung der wissenschaftlichen Veröffentlichungen unter bestimmten Rahmenbedingungen sogar mehr, nicht weniger Qualitätskontrolle (Nentwich 2005).

3.6 Zwischenresümee

Neben den oben diskutierten Konsequenzen der zunehmenden Internetnutzung in den Wissenschaften gibt es freilich noch weitere, die hier aus Platzgründen ausgeklammert werden müssen, etwa in Bezug auf die Kooperationsbeziehungen zwischen WissenschafterInnen, die universitäre Infrastruktur, das Wissensmanagement innerhalb von Forschungsinstitutionen oder generell die Zukunft von papiergebundenen Publikationen in der Wissenschaft (siehe Nentwich 2003). Dies alles trägt zu einem eindeutigen Gesamtbefund bei: Das wissenschaftliche System ist in einem tief greifenden Wandel begriffen. Der Einsatz von Informations- und Kommunikationstechnologien in der Wissenschaft kann nicht nur zu quantitativen Veränderungen (etwa Effizienzsteigerungen oder die Vergrößerung des Kreises an Kommunikationspartnern) führen, sondern hat auch strukturelle Auswirkungen zur Folge, die das Wissenschaftssystem insgesamt umgestalten. Auch wenn der Technologieeinsatz nicht als der einzige Faktor für diesen Wandel angesehen werden darf (so spielen unter anderem etwa auch Finanzierungsstrategien oder das generelle Anwachsen des Sektors eine Rolle), so bleibt doch festzuhalten, dass das Internet einen gestaltenden Einfluss auf die Art und Weise, wie Wissenschaft am Anfang des 21. Jahrhunderts betrieben wird, hat.

Im abschließenden Kapitel 4 werde ich im Sinne des Anspruchs von Technikfolgenabschätzung, handlungsorientiertes Wissen zu produzieren, Optionen und Notwendigkeiten für die Politik aufzeigen.

4. Handlungsoptionen und -notwendigkeiten

Die Entwicklung hin zur Cyber-Wissenschaft verläuft derzeit noch weitgehend ungesteuert und war bislang nur punktuell Gegenstand politischen Handelns, so etwa im Infrastrukturbereich (Stichwort: Grid-Computing). Abschließend soll daher die Frage nach den wichtigsten Themen für die Politik gestellt werden – verstanden in einem weiten Sinne, d. h. auch die Standespolitik oder die inneruniversitäre Politik einbeziehend. Die wichtigsten Themen, die sich unter anderem aus den oben diskutierten Folgen des Technologieeinsatzes in der Wissenschaft ergeben, können in drei Gruppen eingeteilt werden: (1) das Zurverfügungstellen einer adäquaten Infrastruktur, einschließlich eines sicheren und universellen Zugangs zu dieser; (2) die Gestaltung einer vertrauenswürdigen Umgebung für elektronisches Publizieren; und (3) die Einrichtung von akademischem Informationsmanagement und die dafür notwendige Ausbildung. Wir werden zunächst die Handlungsoptionen und -notwendigkeiten in diesen drei Bereichen darstellen und sie anschließend verschiedenen Akteuren zuordnen.

ad (1) Zunächst ist festzustellen, dass Cyber-Wissenschaft stark von einer leistungsfähigen und sicheren *Infrastruktur* abhängig ist. Daher gibt es weltweit Bemühungen um breitbandige wissenschaftliche Hochgeschwindigkeitsnetze, die sowohl verteiltes Rechnen auf höchstem Niveau und raschen Austausch von großen Datenmengen als auch gute Echtzeit-Videoverbindungen erlauben (OECD 1998; European Commission 2002). Viele Länder haben erkannt, dass manche wissenschaftliche Fächer ohne Anschluss an diese Netze nicht mehr wettbewerbsfähig sein können (und dass andere Fächer durch eine Art Sogwirkung ebenfalls profitieren könnten). Österreich hat etwa in Hinblick auf das europäische Hochgeschwindigkeitsnetz GÉANT noch Nachholbedarf.

In Hinblick auf den Aufbau der Cyber-Infrastruktur spielt auch die Abgrenzung des öffentlich finanzierten Wissenschaftsnetzes von den kommerziellen Netzen eine wichtige Rolle, sowohl in Hinsicht auf die Hardware als auch auf die Software (Stichwort: Open Source), um dessen Unabhängigkeit zu garantieren.

Abgesehen von der weltweiten Ungleichverteilung des Zugangs zum Internet ist auch der Zugang zu höherwertigen Diensten in der entwickelten Welt nicht gleich verteilt. Insbesondere der universelle Zugang zu Datenbanken (Tauss 2001; Arzberger et al. 2004; Wouters/Schröder 2003) und zur essentiellen Forschungsliteratur ist keineswegs gesichert, sondern aufgrund gravierender ökonomischer Interessen im Verlagswesen (sehr hohe und weiter steigende Preise für digitale Abonnements) gefährdet. Österreich ist hier keine Ausnahme. Selbst in großen außeruniversitären Forschungseinrichtungen ist der Zugriff auf alle relevanten Fachzeitschriften keineswegs selbstverständlich.

ad (2) Der nicht überall linear verlaufende, aber nichtsdestotrotz zügig fortschreitende Umbau des wissenschaftlichen *Publikationswesens* von Papier- zu elektronischen Medien gibt Anlass, sich mit dessen Folgen auch unter Steuerungsgesichtspunkten auseinander zu setzen. Aufgrund der überragenden Bedeutung des Publikationswesens für die Wissenschaften ist der Umstieg vom bewährten Papiersystem zum Internet vorsichtig umzusetzen. Das neue System muss sowohl stabil als auch vertrauenswürdig sein, um angenommen zu werden. Hier sind sowohl technische als auch rechtliche, ökonomische und organisatorische Aspekte zu beachten. Insbesondere das Urheberrecht und sonstige einschlägige Bestimmungen müssten den Erfordernissen des wissenschaftlichen Arbeitens im Internet angepasst werden. Hier ist notabene internationale Akkordierung (EU, OECD) notwendig, um das notwendige weltweit sichere Umfeld zu schaffen.

Um Vertrauen zu schaffen, müsste im elektronischen Bereich zumindest ein gleiches Maß an Qualitätskontrolle wie im traditionellen System sichergestellt werden (Atkinson 1996). Die bereits oftmals erfolgte Übertragung des Peer-Review-Systems auf die E-Journale kann als erster notwendiger Schritt betrachtet werden. Es liegt aber auch nahe, die neuen Möglichkeiten des öffentlichen Ex-ante- und Ex-post-Kommentierens sowie von Rating-Systemen etc. (oben 3.5) auszuschöpfen, um Lücken zu schließen (etwa in Hinblick auf Arbeitspapiere).

Da elektronische Publikationen neben den Vorteilen für die Wissensrepräsentation und den Zugriff auf Informationen ein großes Einsparungspotential bergen, ist die Bewertung dieser wie Papierpublikationen und die Schaffung von Anreizen für die neuen Formen ein Thema.

Erhebliche Anstrengungen sind schließlich im Bereich der Sicherstellung der langfristigen Archivierung vonnöten. Insgesamt könnte eine nachhaltige Strategie der Dekommodifizierung, d. h. der vorsichtigen Herauslösung des wissenschaftlichen aus dem kommerziellen Publikationssektor, zur Stabilisierung und Sicherstellung dieses wichtigen Eckpfeilers der Wissenschaft führen (Tehranian 1996).

ad (3) Informationsmanagement war immer ein wesentlicher Bestandteil wissenschaftlicher Tätigkeit. Jetzt, da Informationen zunehmend digital abgespeichert werden, stellen sich neue Herausforderungen, sowohl auf individueller als auch auf kollektiver Ebene. Während die Aufgaben prinzipiell gleich bleiben, ändern sich die Methoden, Arbeitsweisen und Optionen. Informations- bzw. Contentmanagementsysteme wurden bislang in der Wissenschaft noch kaum genutzt (Fröhlich 1996). Angesichts der primären Unübersichtlichkeit des Informationsangebots im Internet gibt es jedoch großes Potential, was nicht zuletzt in der Semantic-Web-Initiative des WWW-Konsortiums zum Ausdruck kommt (Berners-Lee 1998). Das betrifft sowohl die wissenschaftlichen Bibliotheken, die sich als Informationsmittler im digitalen Raum begreifen, als auch Aktivitäten auf der Ebene wissenschaftlicher Disziplinen, die über bloße Linksammlungen in Richtung thematischer Datenbanken hinausgehen. Schließlich muss betont werden, dass der Umgang mit digitalen Informationen auch Schulung und Beschäftigung mit dem Thema der Wissensstrukturierung auf der Metaebene erfordert (Grötschel/Lügger 1996). Auf diese Weise können nicht nur Ineffizienzen vermieden, sondern auch die dynamische Entwicklung des Informationsraums entsprechend den Bedürfnissen der Wissenschaft mitgestaltet werden. Die Möglichkeiten reichen hier von einschlägigen Pflichtlehrveranstaltungen bei der Universitätsausbildung bis zur Personalaufstockung in den unterstützenden Einheiten (Grötschel/Lügger 1996; Fröhlich 1992).

Nach diesem kursorischen Überblick über Handlungsoptionen muss die Frage gestellt werden, ob und in welcher Weise es geboten ist, eine „Cyber"-Wissenschaftspolitik ins Auge zu fassen. Da es sich um ein dynamisches, in Entwicklung befindliches Gebiet handelt, ist von statischer Regulierung abzuraten, nicht zuletzt um den schöpferischen Freiraum nicht einzuschränken (z. B. Dewar 1998). Vielmehr sollten Anreize geschaffen werden, diese Entwicklungen dort zu unterstützen, wo Verbesserungen des Status Quo zu erwarten sind. Dies betrifft zum einen Verbesserungen in der Zugänglichkeit der wissenschaftlichen Literatur und deren Qualität und Aktualität, zum anderen Ausbildungsmaßnahmen, die zu einem informierten, professionellen Umgang mit den neuen Medien führen sollten. Teilweise kann dieses Ziel freilich nur durch finanzielle Unterstützung erreicht werden, etwa im Bereich der Infrastruktur. Andererseits sollten Maßnahmen gesetzt werden, um mögliche negative Auswirkungen zu vermeiden. Hier ist insbesondere an die Qualitätssicherung, die Vermeidung von digitaler Spaltung und die Archivierung zu denken. Unterschieden nach den verschiedenen Akteuren einer umfassend verstandenen Wissenschaftspolitik kommen wir zu folgenden Schlussfolgerungen:

(i) Aufgrund der Größe der Aufgabe, der Einordnung derselben als Infrastrukturmaßnahme und der Tatsache, dass es hier weitgehend um grenzüberschreitende Projekte geht, liegt es nahe, die *öffentlichen Akteure* (Wissenschaftsverwaltungen, nationale und internationale Gesetzgeber) für die Finanzierung einer stabilen und leistungsfähigen IKT-Infrastruktur, sowohl auf Netzwerk- als auch auf Anwenderseite, verantwortlich zu erklären. Weiters könnten diese die weltweiten Aktivitäten in Hinblick auf die Interoperabilität der Infrastruktur und der offenen Gestaltung der Dateiformate unterstützen. Innerhalb der Wissenschaften sollte allgemeiner Zugang zur Cyber-Infrastruktur sichergestellt werden. Es wäre überlegenswert, dies eventuell sogar auf Basis von spezifischen Subventionen für Datenbanken zu unterstützen. Schließlich sind legistische Maßnahmen im Bereich des Urheberrechts notwendig, um die Wissenschaft so weit wie möglich von der Ausrichtung des Rechts auf kommerzielle Zwecke, die außerhalb der Wissenschaft bestimmend sind, abzuschirmen.

(ii) Das Ziel der *Fachgesellschaften* auf nationaler und internationaler Ebene sollte weiterhin in der Aufrechterhaltung der Qualitätskontrolle liegen, da davon die Reputation der neuen Medien entscheidend mit beeinflusst wird. Angesichts der Herausforderungen durch das digitale Publizieren wird vorgeschlagen, disziplinenspezifische Qualitätspolitiken für das elektronische Publizieren zu formulieren und zu implementieren. Bislang sind nur wenige derartige Politiken formuliert und implementiert worden, in Österreich fehlen sie soweit ersichtlich noch weitgehend. Weiters könnten die Gesellschaften durch die Herausgabe von referierten Open-Access-Journalen und durch eine aktive Digitalisierungs- und Archivierungspolitik zum Aufbau einer leistbaren und leistungsfähigen Infrastruktur beitragen. Hier gibt es bereits vereinzelte Beispiele (auch in Österreich), es besteht aber noch großes Potential.

(iii) Die wichtigsten Aufgaben von *Universitäten und Forschungseinrichtungen* im Zusammenhang mit der Entwicklung zur Cyber-Wissenschaft liegen im Bereich der Unterstützung der Einführung von Informationsmanagementwerkzeugen, der Digitalisierung und zumindest mittelfristigen Archivierung ihres eigenen digitalen Angebots, im Bereich der Schulung der Wissenschafter sowie bei der Einrichtung von leistungsfähigen Einheiten zur Unterstützung der Anwender der neuen Medien. Darüber hinaus könnten die Universitäten und sonstigen Träger von Forschung als Arbeitgeber auch eine wesentliche Rolle im Bereich der Honorierung von E-Publikationen bei Bewerbungen und Bestellungen spielen, insbesondere bei der Anerkennung von innovativen Formen. Freilich ist Reputation per se nicht verordenbar, aber solange massive Eingangshürden bestehen (wie etwa der kaum zu rechtfertigende Ausschluss von qualitativen E-Journals aus den einschlägigen Zitationsindices), kann Reputation gar nicht erst entstehen.

(iv) Die *Forschungsbibliotheken* schließlich werden auch im digitalen Raum eine wesentliche Funktion ausüben, insbesondere im Bereich der Koordinierung und Durchführung der weltweiten Archivierung der Forschungsliteratur, im Bereich der Digitalisierung älterer Bestände sowie generell beim Aufbau einer stabilen und vertrauenswürdigen Umgebung für akademische Publikationen.

Auch wenn sich einige dieser Empfehlungen auf die internationale Ebene beziehen, besteht primär Handlungsbedarf auf nationaler und somit auch österreichischer Ebene. Bislang ist die Entwicklung zur Cyber-Wissenschaft abgesehen von Unterstützungsleistungen im Bereich der Hardware-Infrastruktur durch die öffentlichen Hände (sowie teilweise im Bereich des digitalen Lehrangebots durch die Universitäten) weitgehend noch nicht als handlungsrelevant erkannt worden. Um Österreichs Forschung wettbewerbsfähig zu erhalten, sollten in diesem Bereich verstärkt Aktivitäten gesetzt werden. Das bedeutet nicht nur finanzielle Unterstützung. So wichtig diese selbstverständlich ist, sind daneben auch rechtliche Rahmenbedingungen zu adaptieren und wichtige organisatorische Leistungen zu erbringen.

Anmerkungen

1 Ich danke den beiden anonymen GutachterInnen, die mir wertvolle Hinweise zur Verbesserung dieses Manuskripts sowie Literaturtipps gegeben haben.
2 Das Projekt wurde teils vom ITA eigenfinanziert, teils vom österreichischen Wissenschaftsfonds (FWF-Projekt P 14042-INF) gefördert. Über die Projekt-Homepage können weitere Informationen zum Projekt gefunden werden, insb. eine umfassende Linksammlung sowie der Projektbericht und alle Publikationen im Rahmen des Projekts: http://www.oeaw.ac.at/ita/cyberscience.htm.
3 Siehe: http://kb-law.info.

Literatur

Arms, W. Y., 2000, *Digital libraries*, Cambridge, MA/London: MIT Press.

Arzberger, P., Schroeder, P., Beaulieu, A., Bowker, G., Casey, K., Laaksonen, L., Moorman, D., Uhlir, P. und Wouters, P., 2004, An International Framework to Promote Access to Data, *Science 303(5665)*, 1777–1778.

Atkinson, R., 1996, Library Functions, Scholarly Communication, and the Foundation of the Digital Library: Laying Claim to the Control Zone, *The Library Quarterly 66(3)*, 239–265.

Banse, G. und Langenbach, C. J. (Hg.), 1999, *Geistiges Eigentum und Copyright im multimedialen Zeitalter – Positionen, Probleme, Perspektiven – Eine fachübergreifende Bestandsaufnahme*; in Reihe: Graue Reihe, Bd. 13, hg. v. Europäische Akademie zur Erforschung von Folgen wissenschaftlich-technischer Entwicklungen, Bad Neuenahr-Ahrweiler.

Beaulieu, A., 2001, Voxels in the Brain: Neuroscience, Informatics and Changing Notions of Objectivity, *Social Studies of Science 31(5)*, 635–680.

Berners-Lee, T., 1998, *Semantic Web Road map*, [Aufgerufen am: 06-11-2002] http://www.w3.org/DesignIssues/Semantic.html.

Böhle, K., Riehm, U. und Wingert, B., 1997, *Vom allmählichen Verfertigen Elektronischer Bücher – Ein Erfahrungsbericht*, Frankfurt/New York: Campus, http://www.itas.fzk.de/deu/projekt/peb/proda_t.htm,

Bonitz, M., 1979, *Wissenschaftliche Forschung und wissenschaftliche Information*; in Reihe: Beiträge zur Forschungstechnologie, Berlin: Akademie-Verlag.

Bullinger, H.-J. et al., 2003, *Berlin Declaration on Open Access to Knowledge in the Sciences and Humanities* (2003-10-22), http://www.zim.mpg.de/openaccess-berlin/.

Dementi, M. A. E., 1998, Access and Archiving as a New Paradigm, *Journal of Electronic Publishing 3(3)* http://www.press.umich.edu/jep/03-03/dementi.html; auch veröffentlicht in: Paper at the Faxon Institute Colloquium „Electronic Publishing and the Scholarly Communication Process", 7–8 January 1998.

Dewar, J. A., 1998, *The information age and the printing press: Looking backward to see ahead*; RAND Online Papers, Washington: RAND Corp., http://www.rand.org/publications/P/P8014/.

European Commission (Information Society Directorate-General), 2002, *Research Networking in Europe – Striving for global leadership*; Glossy Report, 15.9., Luxembourg: Office for Official Publications of the European Communities, http://www.dante.net/pubs/ECbrochure.html.

Finholt, T. A., 2001, Collaboratories, in: Cronin, B. (Hg.): *Annual Review of Information Science and Technology*, (quoted from manuscript), http://intel.si.umich.edu/crew/Technical%20reports/Finholt_Collaboratories_10_06_00.pdf.

Finholt, T. A. und Brooks, J. M., 1997, Collaboratory for Research on Electronic Work – Analysis of JSTOR: The impact on scholarly practice of access to on-line journal archives, *Andrew W. Mellon Foundation Conference „Scholarly Communication and Technology"*, 1997-04-24/25, Emory Univ., http://www.arl.org/scomm/scat/finholt.html.

Finholt, T. A. und Olson, G. M., 1997, From Laboratories to Collaboratories: A New Organisational Form for Scientific Collaboration, *Psychological Science 8(1)*, 28–36, http://intel.si.umich.edu/crew/Technical%20reports/Finholt_From_laboratories_to_collaboratories_07_22_96.pdf.

Foster, I. und Kesselman, C. (Hg.), 1999, *The Grid: Blueprint for a New Computing Infrastructure*, San Francisco: Morgan Kaufmann Publishers.

Fröhlich, G., 1992, Die wissenschaftliche Informationsexplosion – eine Herausforderung für Lehre und Forschung – Zum Symposium ‚Mangel im Überfluß, Wissenschaftskommunikation im Zeitalter der Informationsexplosion' an der Johannes Kepler Universität Linz, *FDZ (3–4)*, 9–11.

Fröhlich, G., 1993, ‚Demokratisierung' der Wissenschaftskommunikation durch Fachinformationssysteme und Computernetze?, in: Institut für Höhere Studien (Hg.): *Information und Macht*, Wien.

Fröhlich, G., 1996, The (Surplus) Value of Scientific Communication, *Review of Information Science 1(II)*, http://www.inf-wiss.uni-konstanz.de/RIS/1996iss02_01/articles01/02.html.

Fry, J., 2003, *The cultural shaping of scholarly communication within academic specialisms*, Ph. D. thesis, University of Brighton.

Grötschel, M. und Lügger, J., 1996, Neue Produkte für die digitale Bibliothek: die Rolle der Wissenschaften, in: Börsenverein des Deutschen Buchhandels e. V. (Hg.): *Die unendliche Bibliothek – Digitale Information in Wissenschaft, Verlag und Bibliothek*, Wiesbaden: Harrassowitz, 38–67, http://www.zib.de/groetschel/pubnew/paper/groetschelluegger1996b_pp.ps.gz; auch veröffentlicht in: Konrad-Zuse-Zentrum für Informationstechnik Berlin (ZIB) Technical Report TR 96-05 (März 1996).

Harnad, S., 1998, On-line journals and financial fire walls, *Nature 395(9)*, 127–128 http://www.nature.com/cgi-taf/DynaFixer.taf?rqid = /395127A0.frameset.

Harter, S. P., 1996, The Impact of Electronic Journals on Scholarly Communication: A Citation Analysis, *The Public-Access Computer Systems Review 7(5)*, http://info.lib.uh.edu/pr/v7/n5/hart7n5.html.

Hine, C. (Hg.), 2006, *New Infrastructure for Knowledge Production: Understanding E-Science*, Hershey/London/Melbourne/Singapore: Information Science Publishing (Idea Group), http://www.idea-group.com/books/details.asp?id = 5558.

Joerges, B. und Shinn, T. (Hg.), 2001, *Instrumentation between science, state and industry*; in Reihe: Sociology of the sciences: a yearbook, Bd. 22, Dordrecht: Kluwer Academic Publishers.

Johnston, C., 1998, Electronic technology and its impact on libraries, *Journal of Librarianship and Information Science 30(1)*, 7–24.

Kilker, J. und Gay, G., 1998, The Social Construction of a Digital Library: A Case Study Examining Implications for Evaluation, *Information Technology and Libraries 17(2)*, 60–70.

Kling, R. und McKim, G., 1999, Scholarly Communication and the Continuum of Electronic Publishing, *Journal of the American Society for Information Science and Technology 50(9)*, 890–906, http://xxx.lanl.gov/ftp/cs/papers/9903/9903015.pdf.

LaPorte, R. E., Marler, E., Akazawa, S., Gamboa, C., Shenton, C., Glosser, C., Villasenor, A. und Maclure, M., 1995, The death of biomedical journals, *British Medical Journal online 310 (May)*, 1387–1390, http://www.bmj.com/cgi/content/full/310/6991/1387.

Leydesdorff, L. und Scharnhorst, A., 2003, *Measuring the Knowledge Base: A Program of Innovation Studies*; Report, im Auftrag von: Bundesministerium für Bildung und Forschung, Amsterdam: Berlin-Brandenburgische Akademie der Wissenschaften, http://www.sciencepolicystudies.de/Leydesdorff&Scharnhorst.pdf.

Massy, W. F. und Zemsky, R., 1995, Using Information Technology to Enhance Academic Productivity, *Enhancing Academic Productivity*, June 1995, Wingspread, http://www.educause.edu/nlii/keydocs/massy.html.

Matzat, U., 1999, Academic Communication and Internet Discussion Groups: Transfer of Information or Creation of Social Contacts?, *ISKO 99 "Globalisierung und Wissensorganisation"*, 23.–25.9.1999, Hamburg http://www.bonn.iz-soz.de/wiss-org/beitraege/Abstract.htm.

Matzat, U., 2001, *Social networks and cooperation in electronic communities: a theoretical-empirical analysis of academic communication and internet discussion groups*; in Reihe: ICS dissertation series, BDBd. 80, HG. hg. v. Interuniversitair Centrum voor Sociaal-Wetenschappelijke Theorievorming en Methodenontwikkeling, Amsterdam.

Merz, M., 1998, ‚Nobody Can Force You When You Are Across the Ocean' – Face to Face and E-Mail Exchanges Between Theoretical Physicists, in: Smith, C. und Agar, J. (Hg.): *Making Space for Science*, London: Macmillan, 313–329.

Mueller, M., 2000, *The library catalog, the word processor, and the digital archive: Three stages of information technology in humanities scholarship*; http://web.archive.org/web/20011231014038/http://faculty-web.at.nwu.edu/english/mmueller/ariadne/bibliography/threestagesframe.htm.

Nentwich, M., 1999, The European Research Papers Archive: Quality Filters in Electronic Publishing, *Journal of Electronic Publishing 5(1)*, http://www.press.umich.edu/jep/05-01/nentwich.html.

Nentwich, M., 2001, (Re-)De-commodification in academic knowledge distribution?, *Science Studies 14(2)*, 21–42, http://www.sciencestudies.fi/filestore2/download/230/Nentwich.pdf.

Nentwich, M., 2003, *Cyberscience: Research in the Age of the Internet*, Vienna: Austrian Academy of Sciences Press, http://hw.oeaw.ac.at/3188-7.

Nentwich, M., 2004, Wissenschaftliche Praxis im digitalen Zeitalter. Legistische Anmerkungen zum aktuellen österreichischen Urheberrecht, *Journal für Rechtspolitik 12(3)*, 171–176.

Nentwich, M., 2005, Quality control in academic publishing: challenges in the age of cyberscience, *Poiesis & Praxis. International Journal of Ethics of Science and Technology Assessment 3(3)*, 181–198, http://dx.doi.org/10.1007/s10202-004-0071-8.

Nentwich, M., 2006, Knowledge Base Law: Ein neuer Weg bei der Wissensvermittlung juristischer Information, in: Schweighofer, E. und Liebwald, D. (Hg.): *Tagungsband des 9. Internationalen Rechtsinformatik Symposions IRIS 2006*, Stuttgart et al.: Boorberg, im Erscheinen, http://epub.oeaw.ac.at/ita/ita-papers/MN_06_1.pdf.

OECD, 1998, *Science, Technology and Industry Outlook 1998 – Chapter 7: The Global Research Village: How Information and Communication Technologies Affect the Science System*, Paris: Organisation for Economic Co-operation and Development.

Okerson, A. S., 1997a, Introduction to the 6th Edition (1996) of the Directory of Electronic Journals, Newsletters and Academic Discussion Lists; Letzte Aktualisierung: 1997, http://www.people.virginia.edu/~pm9k/libsci/96/intro.html.

Okerson, A. S., 1997b, Midnight in the Garden of Good and Evil? Libraries, Academic Publishing, Copyright, and other Miasmas, http://www.library.yale.edu/~okerson/okerson-sf.html.

Olson, G., Bos, N. und Zimmermann, A., 2006, Science on the Internet. MIT Press, forthcoming.

OTA (U.S. Congress Office of Technology Assessment), 1986, *Intellectual Property Rights in an Age of Electronics and Information*; Report, Nr. OTA-CIT-302, April, Washington, DC, http://www.wws.princeton.edu/~ota/disk2/1986/8610_n.html.

OTA (U.S. Congress Office of Technology Assessment), 1988, *Power On! New Tools for Teaching and Learning*; Report, Nr. OTA-SET-379, September, Washington, DC. http://www.wws.princeton.edu/~ota/disk2/1988/8831_n.html.

OTA (U.S. Congress Office of Technology Assessment), 1991, *Seeking Solutions: High Performance Computing for Science*; Background Paper, Nr. OTA-BP-TCT-77, March, Washington, DC, http://www.wws.princeton.edu/~ota/disk1/1991/9138_n.html.

Rauber, A. und Aschenbrenner, A., 2001, Part of Our Culture is Born Digital – On Efforts to Preserve it for Future Generations, *Trans, Internet-Zeitschrift für Kulturwissenschaften (10)*, http://www.inst.at/trans/10Nr/rauber10.htm.

Riehm, U., Böhle, K., Gabel-Becker, I. und Wingert, B., 1992, *Elektronisches Publizieren – eine kritische Bestandsaufnahme*, Berlin/Heidelberg et al.: Springer.

Risak, V., 2000, Langfristige Wissensspeicherung gestern und heute, *computer kommunikativ*, 5, 19–23.

Sumner, T. und Shum, S. B., 1997, From Documents to Discourse: Shifting Conceptions of Scholarly Publishing, *CHI '98*, 1998-04-18/23, Los Angeles, http://kmi.open.ac.uk/tr/abstracts/kmi-tr-50-abstract.html.

Tauss, J., 2001, Szenario 2010 – Anmerkungen aus der Perspektive der Politik: *Wissenschaftspublikationen im digitalen Zeitalter*, Wiesbaden: Harrassowitz, 205–218.

Tehranian, M., 1996, The End of University?, *The Information Society 12*, 441–447.

Walker, T. J., 1998, Free Internet Access to Traditional Journals, *American Scientist 86(5)*, http://www.sigmaxi.org/amsci/articles/98articles/Walker.html.

Walsh, J. P., 1997, *Telescience: The Effects of Computer Networks on Scientific Work*; consultancy report, mimeo, im Auftrag von: OECD, April 1997: University of Illinois at Chicago.

Walsh, J. P. und Roselle, A., 1999, Computer Networks and the Virtual College, *Science Technology Industry Review (OECD) (24)*, 49–78.

Wouters, P. und Schröder, P. (Hg.), 2003, *Promise and practice in data sharing*; in Reihe: The Public Domain of Digital Research Data, hg. v. Wouters, P. und Schröder, P., Amsterdam: NIWI-KNAW.

Zelman, A. G., 2002, *Mediated Communication and the Evolving Science System: Mapping the Network Architecture of Knowledge Production*, Ph. D. thesis, University of Amsterdam, http://www.rozenbergps.com/files/zelman.pdf.

Christian Fuchs, Wolfgang Hofkirchner

Informatik und Gesellschaft: Ein notwendiger Zusammenhang

1. Einleitung

Informatik und Gesellschaft (IuG) in Österreich zu lehren ist leider noch keine Selbstverständlichkeit. Ganz im Gegenteil, unter den derzeitigen neoliberalen Bedingungen, die zur massiven Umstrukturierung der Universitäten führen, erleben wir einen immer stärkeren Angriff auf dieses Fach. So wurde an der TU Wien im Rahmen der Einführung des Bakkalaureatsstudiums Informatik die Anzahl der im Studienplan für alle Studierenden vorgesehenen Pflichtstunden aus dem Bereich IuG von 12 auf 4 Semesterwochenstunden gekürzt, und immer häufiger ist von entscheidungsrelevanten Personen und Gremien zu hören, dass IuG an technischen Universitäten nichts verloren habe, da sich diese nach einem neuen Selbstverständnis mit rein technischen Angelegenheiten zu befassen habe. Daher erscheint es uns notwendig, ein Plädoyer für IuG zu verfassen und an einige Basics, die leider immer noch keine Selbstverständlichkeit sind, zu erinnern.

In Abschnitt 1 diskutieren wir kurz die Interessendispositionen, mit denen die Informatik konfrontiert ist, in Abschnitt 2 erläutern wir den engen Zusammenhang von Informatik und Gesellschaft, in Abschnitt 3 argumentieren wir, dass wir eine transdisziplinäre vereinheitlichte Theorie der Informationsgesellschaft auf Basis der Selbstorganisationstheorie für notwendig halten und in Abschnitt 4 ziehen wir einige zusammenfassende Schlussfolgerungen.

Die Informatik steht im gesellschaftlichen Kontext. Sie ist von ökonomischen, politischen (militärischen) und kulturellen Interessen originär geprägt. Keine Ingenieurswissenschaft steht außerhalb des gesellschaftlichen Lebens und damit der Gesellschaftspolitik. Die Informatik kann auf Grund ihres Ursprungs und ihrer Interessengebundenheit nicht behaupten, sich etwa nur auf reine Formalisierungsarbeit zu konzentrieren. „Eine Wissenschaft, die zu etwa 80% militärrelevant ist, hat ihre Unschuld verloren" (Steinmüller 1993, S. 36). Die Entwicklung der Informatik bleibt bis heute von militärischen Interessen geprägt. Der Hauptabnehmer vieler neuer Technologien war das US-Militär, das auf die neuesten Technologien setzte und über entsprechende Finanzmittel verfügen konnte. Privatwirtschaftliche, staatliche und militärische Institutionen sind eng miteinander verzahnt. Technikentwicklung findet in diesem Spannungsfeld ihre Triebkraft. Die Geschichte des Computers und der Netzwerktechnologien zeigt die Nähe zur Geschichte des Rüstungswettlaufs. Informatik und Computertechnologie sind auch eng mit der ökonomischen Entwicklung verknüpft.[1] Sie sind deren Medium und Resultat: Da neue Technologien zum Einsatz kommen, um die Produktivität zu erhöhen, treiben sie die ökonomische Entwicklung voran. In Phasen verlangsamten Wachstums oder der Krise werden grundlegende technische Innovationen notwendig. Als die Entwicklungsdynamik des Fordismus erlahmte, führte die einsetzende Krise zur Suche nach neuen ökonomischen und politischen Strategien und damit zu umfassenden gesellschaftlichen Restrukturierungen. Resultat davon waren ein neues flexibles Akkumulationsregime und eine neokonservative Regulationsweise (vgl. dazu den Überblick in Fuchs 2002a). Die umfassende Informatisierung der Gesellschaft wurde bereits während der Zeit des Fordismus vorbereitet. Ihre volle Entfaltung erlangte sie jedoch erst mit dem Übergang zum Postfordismus. Die neuen computerbasierten Informations- und Kommunikationstechnologien (IKT) erlauben ökonomisch effizientere Produktions- und Verwaltungsweisen. IKT vereinfachen die Verlagerung, Globalisierung und Dezentralisierung der Produktion, Teamarbeit, die Flexibilisierung der Arbeitsverhältnisse und die Enthierarchisierung von Betrieben. Die zunehmende Bedeutung des Computers rührt von der Entwicklungsdynamik der gesellschaftlichen Kräfte und Verhältnisse her. Der Aufstieg der Informatik als Wissenschaft resultierte aus dem Zusammenspiel von privatwirtschaftlichen Rentabilitätsüberlegungen, der Ausrichtung am wissenschaftlichen Fortschritt und dem vorherrschenden Glauben der Regierungen an militärische Konfliktbewältigung.

Im Falle der Informatik wird also nur allzu deutlich, dass ihr Entstehungs- und ihr Anwendungskontext gesellschaftlich geprägt sind und ein notwendiger Zusammenhang zwischen Informatik und Gesellschaft besteht: Die Entwicklung der Informatik ist ein gesellschaftlicher Prozess, der den Stempel der bestehenden gesellschaftlichen Verhältnisse trägt; die Informatik ihrerseits verändert wiederum gesellschaftliches Handeln und Gesellschaftsstrukturen (das heißt auch, dass hier keine linearen Ursache-Wirkungs-Beziehungen unterstellt werden können). Die Formierung einer wissenschaftlichen Unternehmung, die sich unter dem Titel „Information- and Communication Technologies & Society" („ICT&S") bzw. „Informatik und Gesellschaft" („IuG") dem kritischen Studium dieses Zusammenhangs widmet, liegt daher nahe.

2. Die Anerkennung gesellschaftlicher Bezüge: Von der Multi- zur Interdisziplinarität der Informatik

Es gibt eine Mehrzahl von Gründen, die für die Daseinsberechtigung von IuG/ICT&S sprechen. Diese Gründe wurden in den 90er Jahren im deutschen Sprachraum diskutiert (siehe Coy et al. 1992, Steinmüller 1993 und die Beiträge in der FIfF Kommunikation 4/2001), was zu einer gewissen Selbstverständigung des Faches IuG und der Informatik selbst geführt hat. Die Institutionalisierung dieser Sichtweise und die Umsetzung der programmatischen Ideen hinkt aber der Debatte hinterher. In Österreich lässt sich ein besonders großes Defizit feststellen[2]:

- **Informatik ist eine Hybridwissenschaft.**
Gegenstände und Werkzeuge der Informatik haben einen Hybridcharakter (Siefkes 1999, S. 29). Die Produkte der Informatik werden in unterschiedlichen gesellschaftlichen Kontexten eingesetzt, die in der Informatik verwendeten Methoden umfassen ingenieur-, natur-, geistes-, sozial-, wirtschaftswissenschaftliche, künstlerische, philosophische, logische und mathematische Aspekte. Das Mindeste, was sich über die Informatik sagen lässt, ist, dass es sich bei ihr um eine multidisziplinäre Wissenschaft handelt, d. h. eine Wissenschaft, die von vielen anderen Disziplinen etwas an sich hat. Deshalb widersetzt sie sich einer Zuordnung zu einer einzigen Kategorie im herkömmlichen Schema der Wissenschaftsklassifikation. Jeder Blickwinkel hat in ihr seine eigene Berechtigung, sie ist nicht auf einen Aspekt allein zu reduzieren. Es ist die Eigenheit der Informatik, dass sie die Vielfalt ihrer Aufgaben nur dann erfüllen kann, wenn ihr Gegenstand eine Vielfalt von Dimensionen aufweist, denen sie nur dann gerecht wird, wenn sie sich ihm mit einer Vielfalt von Methoden nähert. Sie umfasst
- natur-, sozial-, human- und technikwissenschaftliche,
- philosophische und
- mathematische, logische und systemwissenschaftliche

Fragestellungen und Antworten. Gleichzeitig muss sie sich aber dem Zusammenhang dieser Perpsektiven stellen.

- **Informatik hat gesellschaftliche Folgen.**
Die Informatik kann gefährliche Folgen haben, die auf Grund der Komplexität großer technischer Systeme nur zu einem bestimmten Grad abschätzbar sind. InformatikerInnen sollten lernen, über die möglichen (bewussten und unbewussten) Folgen ihres Handelns zu reflektieren. „Die Informatik hat hier ein besonders hohes Maß an Verantwortung, da zur Zeit fast kein rele-

vantes Forschungsergebnis denkbar ist, das nicht kriegsführungsrelevant und damit potentiell suizidal ist" (Steinmüller 1993, S. 58). „Die Informatik ist aus wissenschaftlichen und gesellschaftlichen Gründen verpflichtet, sich sozialwissenschaftlichen Fragen zu öffnen, da sie in wachsendem Maß unmittelbar sozial wirksam wird" (Coy 1992, S. 23). Die Wirkungen sind allerdings nicht eindeutig angelegt.

- **Gestaltung und Nutzung informationstechnischer Systeme sind soziale Prozesse.**

Die Informatik beschäftigt sich nicht mit der Gestaltung technischer Systeme, sondern mit der Gestaltung sozio-technischer Systeme. Ein Computer- oder Softwaresystem kann nicht unabhängig von jenen Menschen betrachtet werden, die es gestalten, benutzen oder die von seinen Auswirkungen betroffen sind. (Vgl. Fuchs 2005b) Entwicklung und Nutzung technischer Systeme sind soziale Prozesse. Reinhard Keil-Slawik (2001) betont in diesem Zusammenhang, dass die klassischen Ingenieuerwissenschaften Materialqualitäten behandeln, die unabhängig von ihrem Gebrauch sind, während die Informatik nur in Bezug auf das Handeln von EntwicklerInnen und NutzerInnen agieren kann. „Der Einsatzkontext und das Verständnis des Einsatzkontextes wirken also auf die Informatik zurück. Auswirkungen und Rückwirkungen verschmelzen zu Wechselwirkungen und um genau diese geht es bei Informatik und Gesellschaft" (Keil-Slawik 2001, S. 42). IuG/ICT&S ist jener Bereich der Informatik, in dem die Verkopplung von Informationstechnik und Gesellschaft näher untersucht wird. Es ist richtig, dass IuG/ICT&S in diesem Zusammenhang die Aufgabe hat, „geeignete Methoden bereitzustellen und zu erproben, mit deren Hilfe man die Entwicklung soziotechnischer Systeme als Ganzes im Sinne einer Einheit unterstützen kann" (Herrmann 2001a, S. 37).

- **Technik und Gesellschaft sind eng gekoppelt.**

Technikentwicklung ist ein gesellschaftlicher Prozess, der Technikeinsatz zieht gesellschaftliche Folgen nach sich. Die Ingenieurwissenschaften vermitteln häufig einen Glauben an die Allmacht der Technik als universeller Problemlöser. Die Konzentrierung auf technische Detailprobleme blendet die Wechselwirkungen von Technik und Gesellschaft aus. IuG/ICT&S soll vermitteln, dass Technik- und Gesellschaftsgestaltung nicht voneinander trennbar sind, sondern dass Technikgestaltung bestimmte Folgen nach sich zieht, wobei es gilt, unerwünschte Folgen zu erkennen und zu verhindern und erwünschte Folgen zu fördern. IuG/ICT&S soll umgekehrt auch vermitteln, dass eine nachhaltige Gesellschaftsgestaltung mit einer nachhaltigen Technikgestaltung verbunden sein muss. Technik und Gesell-

schaft sind offene Systeme, die eng gekoppelt sind und sich gegenseitig beeinflussen.
- **InformatikerInnen haben ethische Verantwortung.**
Menschen haben Verantwortung für ihr Handeln, die InformatikerIn daher Verantwortung für die Auswirkungen des Einsatzes der von ihr geschaffenen und gestalteten Artefakte (siehe Capurro 1992, Gesellschaft für Informatik 1992, Lutterbeck/Stransfeld 1992, Mahr 1992, Schefe 1992)[3]. „Nicht der Mensch soll und muss sich den neuen Technologien anpassen, sondern umgekehrt: Die modernen IKT müssen mit den Erfordernissen einer am Humanismus orientierten gesellschaftlichen, sozialen und persönlichen Entwicklung in Einklang gebracht werden" (Fuchs-Kittowski 2002, S. 89).

Leider ist die universitäre Ausbildung im Bereich Informatik (wie in anderen Fächern) noch immer vorwiegend auf die Vermittlung von technischen Skills konzentriert, IuG erscheint sowohl bei Professoren und im Mittelbau als auch bei der Studentenschaft häufig als lästiges Beiwerk, das mit der eigentlichen Informatik nichts zu tun habe. Und auch die industrielle Praxis bietet InformatikerInnen meist kaum Zeit zu Reflexion und Kritik ihres Tuns. Gerade deshalb sollten gesellschaftstheoretische, technikphilosophische und ethische Lehrveranstaltungen ein unhinterfragbarer und zentraler Bestandteil jedes ingenieuerwissenschaftlichen Studiums sein.[4] Ethik und Verantwortung sind wichtige Aspekte der Informatik, jedoch sollte berücksichtigt werden, dass die ökonomischen Anforderungen, die auch das Bewusstsein der InformatikerInnen nicht unangetastet lassen, häufig kein Interesse und keine Zeit für Ethik aufkommen lassen[5]. „Die Anforderung an ethisches Handeln steht im Spannungsverhältnis mit anderen Handlungsanforderungen (die sich vor allem aus dem eingegangenen Arbeitsverhältnis ergeben), die erfahrungsgemäß in konkreten Situationen viel stärker das soziale Handeln bestimmen als ethische Überlegungen" (Klischewski 1996, S. 224).

- **Die Informatik benötigt Kritikfähigkeit und soziale Kompetenzen ihrer Akteure.**
Studieren sollte (nicht nur im Fach Informatik) über das Erlernen von technischen Skills hinausgehen. Traditionelle InformatikerInnen unterscheiden sich negativ von jenen, die „zur interdisziplinären Wissensarbeit und zum diskursiven Konfliktmanagement" (Krohn/Pieper 1999, S. 23) fähig sind. Soziale Kompetenzen sind keine Zusatzqualifikationen für InformatikerInnen (und Studierende im Allgemeinen), sondern sollten zentrale, integrale Bestandteile des Studiums sein, um die Formierung kritischer und verantwortlicher Persönlichkeiten zu fördern. Insbesondere der Kritikfähigkeit kommt dabei besondere Bedeutung zu. Die Entfaltung von Kritikfähigkeit und so-

zialer Kompetenz benötigt ausreichend Zeit, sie widerspricht der Orientierung an schnellen Abschlüssen. Paradoxerweise besteht auch ein Antagonismus zwischen ökonomischer Effizienz und Studiengestaltung nach ökonomischen Kriterien, da ökonomischer Erfolg nicht vorwiegend auf technischen Skills, sondern auf sozialer Kompetenz basiert.

Technik- und Gesellschaftskritik hinterfragen unreflektiertes, nach vorgegebenen Mustern agierendes Gestalten von Technik und Gesellschaft und stellen Glück, wahrhaft menschliche Interessen und die Verantwortung der Menschen in den Vordergrund. Eine verantwortliche Informatik sollte Kritische Informatik sein[6]. Kritikfähigkeit kann nicht gelehrt werden, IuG/ICT&S kann jedoch Anstöße zur Reflexion und zur Stärkung der Kritikfähigkeit geben. Die diskursive Auseinandersetzung mit Problemfragen kann die individuelle Kritikfähigkeit stärken. Ob diese Anstöße von den Studierenden tatsächlich genutzt werden, entscheidet sich weniger im Studium selbst, als vielmehr im aktiven persönlichen Umgang mit den angesprochenen Themen. IuG/ICT&S ist ein Fach, das auf sinnvolle Weise nur diskursiv und interaktiv gelehrt werden kann, es thematisiert Widersprüche und Konflikte in der Informationsgesellschaft, fordert daher Stellungnahme und Positionierung geradezu heraus. IuG-Forschung und -Lehre sind daher, wie Wolfgang Coy (2001) richtig betont, nicht widerspruchsfrei, sondern ernten Widerspruch, wo sie lebhaft (was durchwegs auch heißen kann: provokant und herausfordernd!) betrieben werden.

IuG/ICT&S wird gerne von denjenigen, die sich dieser wissenschaftlichen Unternehmung verschrieben haben, als ein eigenständiges Fachgebiet verstanden. „Das Fachgebiet befasst sich mit den Wechselwirkungen zwischen Informationstechnik und ihrem Einsatzumfeld mit dem Ziel, die informatikrelevanten Konsequenzen sichtbar zu machen. Das betrifft sowohl die Analyse der Folgen, die mit verschiedenen Gestaltungsalternativen verbunden sind, als auch die Erhebung von Anforderungen, die an die Informatik im Allgemeinen und die Systementwicklung im Besonderen gestellt werden", so etwa Keil-Slawik (2001, S. 42 f.).

„Das Fachgebiet Informatik und Gesellschaft befasst sich allgemein mit den Bereichen Anwendungen, Folgen und sozial-orientierte Gestaltung informationstechnischer Systeme", so Herrmann (2001b, S. 4).

Der Begriff „Informatik *und* Gesellschaft" legt zwar nahe, dass ihr gesellschaftlicher Kontext nicht zentraler Bestandteil der Informatik selbst ist.[7] Daher mögen Begriffe wie „IKT & Gesellschaft" (ICT&S), „Gesellschaftstheoretische Informatik", „Soziale Informatik", „Informatik im gesellschaftlichen Kontext" oder „Verantwortliche Informatik" besser geeignet scheinen, das Wesen der Disziplin als eigenständig, aber doch zur Informatik gehörend zu beschreiben. Der Begriff IuG hat sich aber (zumindest im deutschen Sprachraum) schon einigermaßen etabliert. Und obwohl „Informatik und Gesellschaft" gesagt wird, wird doch deutlich, dass „Informatik" gemeint wird, vor allem dort, wo sie „angewandt" wird (so z. B. bei Wilhelm Steinmüller 1993, der den Begriff „Angewandte Informatik" gegenüber „IuG" bevorzugt, 40, 43 f., 59, 61 f., 69).

IuG/ICT&S bezeichnet u. E. daher nicht einfach nur ein Fachgebiet der Informatik, sondern ein Entwicklungsstadium der Informatik, in dem anerkannt wird, dass die gesellschaftlichen Bezüge nicht wegzudenken sind und alle anderen Teilgebiete durchdringen.

Es ist natürlich wünschenswert, dass Lehrende aus anderen Gebieten der Informatik Inhalte aus IuG/ICT&S verstärkt in ihre eigenen Lehrveranstaltungen aufnehmen, es ist jedoch nicht sinnvoll, „mittelfristig auf die Vermittlung von Informatik und Gesellschaft in eigenständigen Veranstaltungen zugunsten einer integrativen Lehre" (Friedrich 2001, S. 61) zu verzichten. Die Informatik ist eine diversifizierte Wissenschaft mit hochkomplexen Teildisziplinen. Eine derart vollständige Integration in andere Teilgebiete, die IuG/ICT&S als eigenständigen Forschungs- und Lehrbereich überflüssig machen würde, kann auf Grund der hohen Diversifizierungs- und Komplexitätsgrade nicht gelingen. Es ist zwar sinnvoll und notwendig, dass jemand beispielsweise nicht nur Software Engineering, sondern auch Aspekte des Software Engineerings im gesellschaftstheoretischen Kontext lehrt. Eine vollständige Abdeckung beider Bereiche wird aber nur schwer möglich sein, da ein Tag nur maximal 24 Arbeitsstunden hat. Es bedarf also ForscherInnen, die sich auf den (in sich selbst äußerst komplexen) Bereich IuG/ICT&S spezialisieren und diesen Bereich als eigenständige Teildisziplin der Informatik ausbauen. Es ist sinnvoll, die großen Zusammenhänge zwischen Informatik und Gesellschaft innerhalb einer eigenen Teildisziplin der Informatik zu reflektieren.

Es ist so: Im Fach Informatik und Gesellschaft reflektiert die Informatik über sich selber und tut dies mit Mitteln, die sie – vor allem – den Gesellschaftswissenschaften entlehnt. Als Fachgebiet Informatik und Gesellschaft beschäftigt sie sich mit den Zusammenhängen und Wechselwirkungen von Informations-, Kommunikations-, Computertechnologie und gesellschaftlichen Strukturen und Handlungen. Es gibt dabei einen Gestaltungs- und einen Wirkungsaspekt: Technikentwicklung wird als gesellschaftlicher Prozess beschrieben und die gesellschaftlichen Wirkungen des Technikeinsatzes werden analysiert. Technikgeneseforschung/Technikgestaltung und Technikfolgenabschätzung sind gleichermaßen Aspekte von IuG/ICT&S, Technikbewertung und Technikkritik lassen ethische Leitlinien hinzutreten.

Die wissenschaftliche Beschäftigung mit der Gestaltung der Systeme in Abhängigkeit von den Wirkungen, die Gestaltungs- und Wirkungsforschung, ist integrale Aufgabe von IuG/ICT&S. Zur adäquaten Behandlung des um die nicht-informationellen und indirekten Wirkungen des Computers auf die Menschen erweiterten Erkenntnisgegenstands reicht die Vielzahl der Methoden in ihrer Vereinzelung nicht aus.

3. Auf dem Weg zu einer vereinheitlichten Theorie der Informationsgesellschaft: Von der Inter- zur Transdisziplinarität der Informatik

Einige argumentieren, dass auf Grund der Vielfalt und Diversifizierung der IuG/ICT&S-Themen keine verbindliche Perspektive möglich sei. Vereinheitlichende Prinzipien oder ein roter Faden in der Vielfalt der Themen wären nicht möglich. IuG-Forschung und -Lehre droht damit die Degradierung zu reiner Technikgeschichte oder reiner Tatsachenbeschreibung. Eine Überbetonung der geschichtlichen Aspekte der Informatik wird ohne größeren theoretischen Kontext zu einer reinen Technik-Chronologie und einer Aneinanderreihung von Faktenwissen.

Wir denken, dass postmoderne Beliebigkeit, die die Vielfalt über die Einheit stellt – genauso übrigens wie die bekannten Subsumtionsversuche der Moderne, die die Einheit ihrer Vielfalt berauben – in der Theorienbildung und empirischen Forschung wie in der Vermittlung von IuG/ICT&S aus mehreren Gründen unangebracht sind:

• *Wegen der Vernetzung der gesellschaftlichen Teilsysteme:* Die Informatisierung der Gesellschaft durchdringt alle Teilsysteme der Gesellschaft. Die moderne Gesellschaft ist hochgradig ausdifferenziert, ihre Teilsysteme sind jedoch nicht autonom voneinander, sondern miteinander stark vernetzt und durch diese Vernetzung zu einem Ganzen integriert. IuG-Forschung im Sinne eines Vielfaltsdenkens zu betreiben, das die Suche nach Gemeinsamkeiten vermeidet, läuft Gefahr, dem Netzwerkcharakter der Informationsgesellschaft nicht gerecht zu werden.

• *Wegen der Relativität der Autonomie der gesellschaftlichen Teilsysteme:* Gesellschaftliche Teilsysteme wie Ökonomie, Politik, Kultur oder, in anderer Auflösung betrachtet, Massenmedien, Wissenschaft, Kunst, Gesundheit etc. sind, wie u. a. Pierre Bourdieu gezeigt hat, Felder der Gesellschaftsanalyse, die durch eine jeweils eigene, relativ autonome Logik und Funktionsweise gekennzeichnet sind (vgl. Fuchs 2003b). Phänomene in einem Teilsystem nur jeweils in Bezug auf ein anderes Teilsystem zu erklären, bedeutet die Überschätzung bestimmter gesellschaftlicher Faktoren. Resultat sind häufig reduktionistische Herangehensweisen (z. B. Ökonomismus), die der funktionalen Differenzierung der Informationsgesellschaft nicht gerecht werden. Es darf aber auch nicht der Fehler gemacht werden, die Teilsysteme als unabhängig voneinander zu erachten oder gewisse historische Dominanzverhältnisse unberücksichtigt zu lassen. Die relative Autonomie der Teilsysteme bedeutet, dass diese jeweils eigene Institutionen, Strukturen, Akteure, Handlungsweisen, Logiken, Funktionsweisen etc. umfassen, gleichzeitig aber eng miteinander gekoppelt sind und sich wechselseitig beeinflussen. Vergleicht man zwei gesellschaftliche Teilsysteme, so zeigen sich einerseits Differenzen, da jedes System emergente Eigenschaften besitzt, andererseits aber auch Gemeinsamkeiten, die auf die Zugehörigkeit zu einem gesellschaftlichen Ganzen hinweisen. Die Aufgabe von IuG/ICT&S-Forschung ist es, sowohl Unterschiede als auch Gemeinsamkeiten der Informatisierung der Gesellschaft in den einzelnen Teilsystemen zu verorten.

- *Wegen der Suche der Gesellschaftstheorie nach verallgemeinerungsfähigen Erkenntnissen über die Gesellschaft:* Den Zusammenhang von Informatik und Gesellschaft wissenschaftlich zu reflektieren, erfordert in erster Linie keine technischen, sondern gesellschaftstheoretische und (sozial)philosophische Herangehensweisen. Um die Informatik im gesellschaftlichen Kontext und den gesellschaftlichen Kontext der Informatik adäquat zu reflektieren, bedarf es der Gesellschaftstheorie, da es deren Aufgabe ist, soziales Handeln und Gesellschaftsstrukturen deutend zu verstehen oder ursächlich zu erklären. Das heißt aber, nach wesentlichen Zusammenhängen, allgemein gültigen Erklärungsmustern, jedenfalls nach vereinheitlichenden Prinzipien zu suchen. Unseres Erachtens ist es daher die Aufgabe der IuG/ICT&S-Forschung, Theorien auszuarbeiten, die die Zusammenhänge zwischen den einzelnen Gesellschaftsbereichen verdeutlichen, in denen Informatisierung stattfindet. Zu konstatieren, dass es auf Grund zu hoher Komplexität unmöglich ist, einen roten Faden in der IuG-Forschung herzustellen, bedeutet, einen gesellschaftstheoretischen Anspruch aufzugeben.
- *Wegen der Dialektik von Gesellschaftsstrukturen und sozialen Handlungen:* In der Gesellschaftstheorie argumentieren handlungstheoretische Ansätze traditionell mikrosoziologisch, strukturalistische Ansätze traditionell makrosoziologisch. Beide Ansätze existieren heute parallel, zusätzlich ist jedoch seit Beginn der 1980er-Jahre eine Reihe von Soziologen (u. a. Anthony Giddens und Pierre Bourdieu, siehe Fuchs 2003a, 2003b) um Vermittlung bemüht. Die wesentliche Einsicht ist, dass soziales Handeln und Gesellschaftsstrukturen nicht getrennt voneinander existieren, sondern Struk-

turen auf Akteurshandlungen basieren und Handlungen von Gesellschaftsstrukturen bestimmt werden. Die eine Kategorie existiert nur zusammen mit der anderen und durch die jeweils andere Kategorie. Gesellschaftliche Entwicklung wird durch eine Dialektik von Strukturen und Akteuren ermöglicht. Für die IuG/ICT&S-Forschung bedeutet dies, dass es ihre Aufgabe ist, zu untersuchen, wie die großen Gesellschaftsstrukturen die Informatik prägen, wie die Informatik umgekehrt diese Strukturen verändert und wie dies durch das konkrete Handeln der Menschen vermittelt ist. Weder eine Aneinanderreihung von konkreten Einzel- und Fallbeispielen noch eine abstrakte Gesellschaftsanalyse ohne Konkretisierung reichen aus, um ein kohärentes Ganzes zu bilden.

Es gibt kein einheitliches Verständnis über Aufgabe, Gegenstand und Methoden von IuG/ICT&S, sondern eine zersplitterte Anzahl von Personen, die zu einer Vielzahl von Themen arbeiten. „Es gibt lediglich eine Anzahl von Personen, die das, was sie lehren und forschen wollen, machen und, weil es nicht so recht in den fachlichen Kanon der informatischen Kernfächer passt, mit dem Label ‚Informatik und Gesellschaft' versehen. Alle Versuche, diesen Zustand zu ändern oder auch nur gemeinsam zu reflektieren, sind in den letzten Jahren gescheitert" (Gehring/Ishi/Lutterbeck 2001, S. 49). Auch wir können uns in Hinsicht auf IuG/ICT&S „mit der im Allgemeinen vertretenen Beliebigkeit nicht anfreunden" (ebd.). Eine Einordnung dieser Themen in den Rahmen einer Vereinheitlichten Theorie der Informationsgesellschaft wäre notwendig, ist aber sicherlich kein leichtes, allerdings auch kein unmögliches Vorhaben.

Schon die Publikation „Der Mensch lebt nicht vom Bit allein" (1998), die Mitte der 1990er-Jahre unter Federführung von Peter Fleissner erarbeitet wurde und an der einer der beiden Verfasser mitgewirkt hat, versuchte als Lehrbuch für eine Pflichtlehrveranstaltung für Studierende der Informatik an der TU Wien sich an derartigen Prämissen zu orientieren. Auch unser „Studienbuch Informatik und Gesellschaft" (2003a) ist bestrebt, die großen Zusammenhänge der Informatisierung der Gesellschaft zu verdeutlichen, aber gleichzeitig die Analyse von dem notwendig hohen Abstraktionsgrad durch Fallbeispiele auf eine konkretere Ebene zu bringen.

Dieses Buch, das wir als Lehrbuch für die gleichnamige Pflichtlehrveranstaltung für alle BakkalaureatsstudentInnen der Informatik an der TU Wien verwendet haben, verstehen wir als kleinen Beitrag zur Aufarbeitung und theoretischen Einordnung der (massenhaft) vorhandenen wissenschaftlichen Literatur zur Informationsgesellschaft. Dies ist vielleicht ein Puzzlestein einer vereinheitlichten Theorie der Informationsgesellschaft. Eine solche Theorie ist noch nicht verwirklicht, und wir beanspruchen nicht, diese mit unserem Studienbuch geschaffen zu haben. Eine derartige Theorie benötigt eine stringente Grundlage. Unsere interdisziplinäre Forschungsgruppe zur „Unified Theory of Information" (UTI) arbeitet an diesen Grundlagen (siehe http://www.uti.at). Im Forschungsprojekt „Human Strategies in Complexity – Foundations for a Theory of Evolutionary Systems" (siehe: http://www.self-organization.org) arbeiteten wir gemeinsam mit ForscherInnen der Universitäten Kassel, Kiew und der Russischen Akademie der Wissenschaften in Moskau an transdisziplinären Aspekten des Zusammenhangs von Information und Selbstorganisation. Die Forschungsgruppe UTI ist Teil des internationalen Forschungsnetzwerks „Foundations of Information Science" (FIS, siehe: http://fis.iguw.tuwien.ac.at, Hofkirchner 1999). Mit der Einrichtung der Online-Zeitschrift „TripleC: e-journal for Cognition, Communication, Co-operation" (http://triplec.uti.at) wollen wir eine Plattform für den transdisziplinären Austausch zu den drängenden Fragen der Informationsgesellschaft und ihrer theoretischen Durchdringung bieten. Die Universität Salzburg hat – eingedenk ihrer historischen Orientierung auf Geistes- bzw. Kultur- und Gesellschaftswissenschaften und der Anerkennung der Wichtigkeit der IKT – einen Schwerpunkt zu Information and Communication Technologies and Society eingerichtet (http://www.icts.uni-salzburg.at), an dem die Autoren des Artikels nun ihre Bemühungen in einer eTheory unit fortsetzen. All dies sind Bausteine auf dem steinigen Weg zu einer vereinheitlichten Theorie der Informationsgesellschaft, es bedarf sicherlich noch weiterer Vernetzung und viel harter Arbeit.

Wenn wir oben IuG/ICT&S als Kürzel zur Kennzeichnung des Entwicklungsstandes der Informatik charakterisiert haben, den sie mit der Integration von IKT-Folgenabschätzung, -Bewertung und -Gestaltung mehr oder weniger erreicht zu haben scheint und der sich in der Etablierung eines eigenen Faches innerhalb der Informatik manifestiert, so wird hier klar, dass für uns die so erreichte Interdisziplinarität noch nicht den möglichen und erwünschten Endzustand darstellt.

Wir begreifen Informatik und IuG/ICT&S in einem größeren Kontext, dem Paradigma der Vereinheitlichung der Informationswissenschaften. IuG/ICT&S ernst zu nehmen, bedeutet, mit der Tatsache zu beginnen, dass Gesellschaften im Informationszeitalter mit einer ungleichzeitigen Entwicklung von Technik und Wissenschaft konfrontiert sind. Die Verbreitung der neuen IKT ist der grundlegende Prozess, der die Entwicklung der Informationsgesellschaften kennzeichnet. Eine Wissenschaft der Informationsgesellschaft im Sinne einer Wissenschaft von der und für die Informationsgesellschaft und unter dem Label einer vereinheitlichten Informationswissenschaft aber hat sich noch nicht herausgebildet. Die technischen Entwicklungen werden noch von keinem qualitativen Fortschritt der wissenschaftlichen, politischen und kulturellen Erkenntnisse in Richtung einer weisen Gesellschaftsgestaltung begleitet, die die Perspektive einer Lösung der globalen Probleme bietet. Als eine Wissenschaft der Informationsgesellschaft sollte IuG/ICT&S den Problemlösungsnotwendigkeiten Rechnung tragen und die Gesellschaft mit Mitteln ausstatten, die deren Problemlösungsfähigkeit gegenüber den Herausforderungen verbessern, mit der die Menschen heute konfrontiert sind (Hofkirchner 2000).

Eine vereinheitlichte Theorie der Informationsgesellschaft braucht einen großen theoretischen Kontext, auf Basis dessen sie die Zusammenhänge zwischen unterschiedlichen Aspekten der Informatisierung herausstellen kann. Als ein sinnvoller Kontext erscheint uns eine evolutionäre Systemtheorie, die auf einem breiten Informations- und Selbstorganisationsbegriff basiert[8] (vgl. Fenzl/Hofkirchner/Stockinger 1998). Für Informatik und IuG/ICT&S stellt sich „die Frage nach dem tieferen Verständnis ihrer Grundkategorien" (Fuchs-Kittowski 1992, S. 72). „Eine Theorie der Informatik muss tiefer, weiter und damit zugleich konkreter sein als eine Theorie der Automatisierungstechnik und der Prinzipien der Struktur und Funktion von Software, da sie auf das Lebende, das Geistige und das Soziale angewendet wird" (ebd., S. 81). Der Informatiker muss „im Zusammenhang mit der konkreten Entwicklungs- und Einführungsproblematik von Informationssystemen in die soziale Organisation, in der und für die die Software funktionieren soll, immer wieder die Frage nach dem Verhältnis von Computer und Mensch sowie von computerisiertem Informationssystem und Betriebsorganisation stellen. Erst unter Rückgriff auf ein philosophisch fundiertes und methodologisch wirklich angewendetes Konzept der Selbstorganisation und Evolution wird es ihm gelingen, die Reduktion des Menschen und der sozialen Organisation auf den Computer grundsätzlich zu überwinden. [. . .] Hier ist in einer Vielzahl weiterer erkenntnistheoretisch-methodologischer Fragen ein Rückgriff auf Ergebnisse der Philosophie – speziell auch der Geschichtsphilosophie – sinnvoll, aber vor allem ist der Informatiker hier, in seiner Haltung zu einem konkreten Humanismus, ständig gefordert" (Fuchs-Kittowski 2002, S. 116 f.).

Selbstorganisierende Systeme zeichnen sich durch Synergien zwischen den Systemteilen aus, die zur Emergenz neuer Systemqualitäten führen. Emergente Qualitäten entspringen aus synergetischem Zusammenwirken, sie sind nicht auf die Systemteile reduzierbar. Das entspricht der alten Einsicht, dass ein System mehr als die Summe seiner Teile ist. Die Evolution der materiellen Systeme kann in der Form von aufeinander aufbauenden Stufen dargestellt werden, wobei sich jede höhere Stufe durch neue Qualitäten

Informatik und Gesellschaft: Ein notwendiger Zusammenhang

auszeichnet. Die wesentlichen Systemtypen, die dabei unterschieden werden können, sind physikalische (dissipative), biologische (autopoietische, lebendige) und gesellschaftliche (re-kreative) Systeme (Hofkirchner 2002). Selbstorganisierende Systeme sind informationsgenerierende Systeme. Information kann im Rahmen einer evolutionären Systemtheorie als Kategorie konzipiert werden, die gleichzeitig gemeinsame und unterschiedliche Aspekte des informationellen Geschehens in verschiedenen Systemtypen hervorhebt. Information hat also einerseits allgemeine Qualitäten, die in allen Systemarten zu finden sind, und jeweils spezifische, emergente Qualitäten in einzelnen Systemtypen. Für eine Vereinheitliche Theorie der Informationsgesellschaft ist die mit dem Auftreten der Menschen erreichte evolutionäre Stufe von Bedeutung, jene der gesellschaftlichen Systeme.

Der gesellschaftliche Selbstorganisationszyklus besteht in einer Dialektik von Gesellschaftsstrukturen und sozialen Handlungen. Ein Gesellschaftssystem (siehe Abb. 1, Hofkirchner 1998, S. 30, des weiteren Fuchs 2002b, 2003a, b, c, d, e, 2004, 2005, Fuchs/Hofkirchner 2005a, b) besteht aus Akteuren als Teilen, die interagieren, nämlich sich in ihrem Handeln aufeinander beziehen und damit Relationen eingehen, und, ob gewollt oder nicht, Strukturen produzieren, die eine Systemeigenschaft darstellen, nicht aber ein einzelnes Element charakterisieren. Aus dem gegenseitigen Verhalten der gesellschaftlichen Akteure gehen gesellschaftliche Verhältnisse hervor, die zwar ohne Verhalten nicht existieren würden, die aber eine eigenständige Existenz gegenüber ihren ErzeugerInnen gewinnen. Dies zeigt sich darin, dass diese Verhältnisse auf das weitere Verhalten der Akteure zurückwirken und ihnen Handlungsmöglichkeiten einräumen und/oder diese einschränken. Gleichwohl sind die Akteure die GestalterInnen ihrer sozialen Systeme. Die Selbstorganisation eines Gesellschaftssystems ist ein doppelter Prozess der Gestaltung und Wirkung.

Abb. 1.: Gesellschaftliche Selbstorganisation

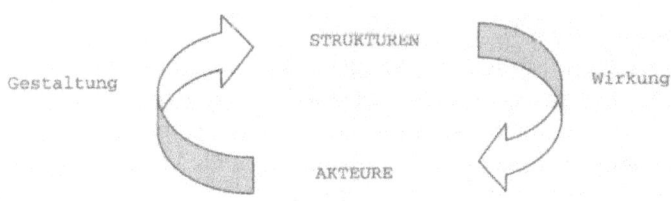

Der in dieser Grundfigur ablaufende Prozess vollzieht sich in drei Sphären, die aufeinander aufbauend gedacht werden können und jeweils durch emergente Eigenschaften ausgezeichnet werden können: In der Technosphäre benutzt der Mensch Werkzeuge als Mittel, um selbstdefinierte Zwecke zu erreichen, in der Ökosphäre werden Werkzeuge im Stoffwechsel mit der Natur eingesetzt, um diese produktiv zu verändern, in der Soziosphäre stiftet der Mensch in Handlungskontexten Sinn. Die Soziosphäre kann wiederum in drei aufeinander aufbauende Bereiche gegliedert werden: In der Ökonomie produziert, konsumiert und verteilt der Mensch auf Basis von Produktivkräften Güter, um sein materielles Überleben zu sichern und angenehm zu gestalten, in der Politik agiert der Mensch auf Basis von Machtverhältnissen, um Entscheidungen über die Lebensumstände zu treffen, und in der Kultur bildet der Mensch Normen, Werte und Wissen aus, um möglichst weise Entscheidungen zu treffen, die Glück, Schönheit, Freiheit und Gerechtigkeit für alle sichern sollen.

Dies ist in Umrissen das Gesellschaftsmodell, auf das wir unsere Überlegungen zu IuG/ICT&S stützen. Eine wesentliche Grundidee ist, davon auszugehen, dass die Informatisierung in all diesen gesellschaftlichen Bereichen Antagonismen produziert, die keine eindeutig bestimmbaren gesellschaftlichen Wirkungen der Informationstechnologien nach sich ziehen. Die Informatisierung der Gesellschaft bedeutet eine Ambivalenz von Chancen und Risiken. Unseres Erachtens ist die IuG/ICT&S-Forschung mit folgenden grundlegenden Antagonismen der Informationsgesellschaft konfrontiert (Fuchs/Hofkirchner 2003a, S. 316–330, 347–431, sowie Fuchs/Hofkirchner 2003b):

- *Technosphäre:* Antagonismus zwischen Informatisierung als Mittel der Steigerung der Zivilverträglichkeit und der Steigerung der Risiken sowie der Verletzlichkeit der Gesellschaft (Allianztechnologie, Konvivialität versus „Megamaschine")
- *Ökosphäre:* Antagonismus zwischen Informatisierung als Mittel zur Steigerung der Umweltverträglichkeit und zur Steigerung der Umweltverschmutzung/-vernutzung (Nachhaltigkeit versus „Gaia")
- *Soziosphäre:* Antagonismus zwischen Informatisierung als Mittel zur Steigerung der Sozialverträglichkeit und zur Steigerung von Konfliktpotentialen (Humanität versus „Netz")
- *Ökonomie:* Antagonismus zwischen Informatisierung als Mittel zur Ausweitung des Zugangs zur Information als kollektiver Ressource und zur Proprietarisierung von Information (Open Source versus Kommerz)
- *Politik:* Antagonismus zwischen Informatisierung als Mittel zu Empowerment und zur Ausweitung der Partizipation und als Verstärkung der Herrschafts- und Kontrollmittel (E-Democracy versus Big Brother)

- *Kultur:* Antagonismus zwischen Informatisierung als Mittel zur Ausweitung der Sphäre der Vernunft und Förderung von Verantwortlichkeit und als Fortentwicklung der Manipulationsmittel („Noogenese" versus Desinformation und Infotainment)

Auf der Grundlage dieser Kategorisierung lassen sich weitere Themen zur Diskussion stellen, die schließlich zu einem konkreten Verständnis des Zusammenhangs der empirischen Erscheinungen der Informationsgesellschaft führen können. IuG/ICT&S begreift sich dann als Teil einer noch zu entwickelnden Informationswissenschaft, die alle bisher mit Information befassten Wissenschaften in einer transdisziplinären Anstrengung vereint, um Mittel für einen adäquaten Umgang mit den Problemen des Informationszeitalters zur Verfügung zu stellen.

4. Schluss

Die Theorie selbstorganisierender Systeme wurde von Wissenschaftlern wie Hayek und Luhmann derart aufgefasst, dass argumentiert wurde, Menschen können und sollen in soziale Systeme nicht eingreifen. In Bezug auf die Informatik würde ein solcher systemischer Fatalismus jedoch unseres Erachtens nach bedeuten, dass gegen gefährliche Folgen der Informatik nichts unternommen werden kann und soll. Unsere Auffassung der gesellschaftlichen Selbstorganisation unterscheidet sich von solchen Argumentationen daher insofern, als wir dem Menschen als aktiv partizipierendem Subjekt der Selbstorganisation große Bedeutung zumessen. Der Begriff Selbstorganisation impliziert für uns, dass Menschen in komplexen Systemen gemeinsam Neues hervorbringen, dass soziale Beziehungen produktiv sind und emergente Qualitäten produzieren. Selbstorganisation heißt auch, dass soziale Systeme offen und eng miteinander verkoppelt sind. Wenn der Mensch nun aktives Subjekt der Technik ist und Technik mit anderen Systemen in enger Wechselwirkung steht, so wird deutlich, dass dies ethische Konsequenzen hat: Wenn das Wesen der Selbstorganisation menschliches Handeln und Offenheit ist, so liegen die Gedanken der Partizipation und der Kooperation als ethische Richtlinien und Gestaltungsprinzipien, um eine nachhaltige Technik und eine nachhaltige Gesellschaft zu erreichen, nahe. Gestaltung bedeutet dabei nicht, dass die Menschen die Auswirkungen der Technik vollständig steuern und kontrollieren können, sondern dass die Prinzipien der Partizipation und der Kooperation als Gestaltungsprinzipien komplexer Systeme die Wahrscheinlichkeit erhöhen können, dass unerwünschte Folgen der Technik unterbleiben, da die Wünsche, Befürchtungen und Visionen der Menschen so besser berücksichtigt werden können.

Für den österreichischen Computerpionier Heinz Zemanek ist die Informatik eine Entwurfs- und Gestaltungswissenschaft, die nicht rein technischen Charakter hat. „Die Nähe zu Gehirn und Geist macht die Informationstechnik zu einer Brücke zwischen Natur- und Geisteswissenschaften und gibt ihr selbst geisteswissenschaftliche Züge, mehr noch: Geisteswissenschaftliche Natur; sie ist mehr als Technik, so wie sie mehr als Mathematik ist, auch wenn Technik und Mathematik ihr Anfang waren und ihr Bild gestalteten" (Zemanek 1992). Im Geiste Zemaneks arbeiten wir an einer transdisziplinären Theorie der Information und einer allgemeinen Theorie der Informationsgesellschaft als Beitrag für eine offene transdisziplinäre Informatik.

Anmerkungen

1 So auch Cassens/Woinowski (1999): „Systematisch fassen wir die Informatik (in ihrer derzeitigen Gestalt) als Mittel zur Verbesserung der Mehrwertakkumulation. Sie dient dazu, der Verwertung neue Bereiche zu erschließen (Produktion von Gütern, die ohne IuK-Technologie nicht möglich wären) und die Verwertung in ihren angestammten Bereichen zu verbessern (Rationalisierung)".
2 Anders verhält es sich im angloamerikanischen Sprachraum mit dem dort so genannten Feld Internet Research, wie die Beschäftigung mit IKT und Gesellschaft heißt. Es gibt wissenschaftliche Gesellschaften, Konferenzen, Publikationsorgane, alles, was ein Fach braucht, aber eine unterentwickelte Debatte über den Zustand und die Entwicklungsrichtung des Feldes und dessen theoretische Grundlagen.
3 Die Gesellschaft für Informatik (1992) hält als ethische Leitlinien der Informatik den Werkzeugcharakter (Werden menschliche Eigenschaften und Fähigkeiten durch die Technik gefördert oder unterdrückt?) und die soziale Zweckbestimmtheit (Wird die Technik zu einem sozial akzeptablen Zweck eingesetzt?) ihrer Produkte fest.
4 „Nicht der ökonomische Erfolg oder die Effizienz der beruflichen Leistung steht für IuG im Mittelpunkt, sondern die Verantwortung der InformatikerInnen gegenüber den inner- und außerbetrieblichen Wirkungen ihres Tuns" (Krause 1999, S. 9).
5 In der Ideologie der Informatik beschränkt sich Verantwortung „wesentlich auf das Funktionieren im Sinne einer den Anforderungen des Auftraggebers entsprechenden Weise. [. . .] Berufsethiken von Ingenieuren beschränken sich denn auch meist auf solche Maximen, die das Verhältnis zu den Auftraggebern (Ehrlichkeit) und den Berufsstand (Wahrung des Standards, der Berufsehre u. ä.) regeln sollen" (Schefe 1992, S. 327, 332).
6 Kritische Informatik begreift den Zusammenhang von Informationstechnologie und Gesellschaft im Rahmen einer Kritischen Theorie der Gesellschaft, die Kritik setzt dabei an der Eingebundenheit der Informatik in Herrschaftsverhältnisse an und ist orientiert an einem alternativen Konzept der Informatik, das Menschengerechtheit an Stelle

Informatik und Gesellschaft: Ein notwendiger Zusammenhang

von Profitlogik zur zentralen Orientierung erklärt (zum Begriff der Kritischen Informatik siehe auch Cassens/Woinowski 1999, http://www.kritische-informatik.de; zum Kritikbegriff siehe Fuchs 2005a, S. 43–49).

7 Der Begriff der „Kerninformatik", in dem theoretische, praktische und technische Informatik als Wesen der Informatik begriffen werden, legt ähnlich problematische Implikationen nahe.

8 Jörg Pflüger (1992) betont richtigerweise (auch wenn er später dagegen polemisiert), dass Informatik und Selbstorganisationstheorien im selben Geiste verfahren, sich auf epistemologischer Ebene der iterative Weltzugang der Informatik mit dem Paradigma der Selbstorganisation deckt und dass beide Paradigmen gemeinsam einen neuen Raum des Wissens eröffnen. „Das Prinzip der Selbstorganisation ist die Theorie, die Computertechnologie ihre Praxis – ihre Artefaktizität" (Pflüger 1992, S. 291). Daher ist eine allgemeine Theorie evolutionärer Systeme als großer theoretischer Kontext der Informatik und speziell von IuG nahe liegend. Ein Computer- oder Softwaresystem ist rein technisch betrachtet ein mechanisch arbeitendes System und daher kein selbstorganisierendes System. Die von der Informatik geschaffenen Systeme sind jedoch nicht von ihrem sozialen Kontext trennbar, es handelt sich um sozio-technische Systeme. In diesen Systemen zeigen sich nun in der Tat einige Parallelen zu den Prinzipien der Selbstorganisation: technische Evolution durch evolutionäre Softwareentwicklung, Komplexität, kleine Differenzen in einem Programm können große Auswirkungen haben, Unvollständigkeit und Scheitern als Aspekte der Informatik, Unbeherrschbarkeit, Risiken der modernen Technologie, Ambivalenz der Wirkungen der Computertechnologie.

Literatur

Busse, Johannes et al. (Hrsg.) (1999) *Inhalte, Kontexte und Mediendidaktik in „Informatik und Gesellschaft"*. Universität Tübingen. Wilhelm Schickard Institut für Informatik.

Capurro, Rafael (1992) *Die Herausforderung der Informatik für die Praktische Philosophie*. In: Coy et al. (1992), S. 343–354.

Cassens, Jörg/Woinowski, Jens (1999) *Kritische Informatik – Versuch einer Begriffsbildung*. In: Bittner, Peter/Woinowski, Jens (Hrsg.) (1999) *Mensch – Informatisierung – Gesellschaft*. Münster. LIT. S. 115–139.

Coy, Wolfgang et al. (Hrsg.) (1992) *Sichtweisen der Informatik*. Braunschweig/Wiesbaden. Vieweg.

Coy, Wolfgang (1992) *Für eine Theorie der Informatik!* In: Coy et al. (1992), S. 17–32.

Coy, Wolfgang (2001) *Weder vollständig noch widerspruchsfrei*. In: FIfF Kommunikation, 4/2001. S. 45–48.

Fenzl, Norbert/Hofkirchner, Wolfgang/Stockinger, Gottfried (Hrsg.) (1998) *Information und Selbstorganisation*. Annäherungen an eine vereinheitlichte Theorie der Information. Innsbruck/Wien. Studienverlag.

Floyd, Christiane/Fuchs, Christian/Hofkirchner, Wolfgang (Hrsg.) (2002) *Stufen zur Informationsgesellschaft. Festschrift zum 65. Geburtstag von Klaus Fuchs-Kittowski.* Frankfurt. Peter Lang.

Fleissner, P., et al. (1998) *Der Mensch lebt nicht vom Bit allein. Information in Technik und Gesellschaft.* Frankfurt. Peter Lang (3. Aufl.).

Friedrich, Jürgen (2001) *Informatik und Gesellschaft. Aufstieg, Stagnation und Zukunft einer Disziplin.* In: FIfF Kommunikation, 4/2001. S. 59–61.

Fuchs, Christian (2002a) *Aspekte der evolutionären Systemtheorie in ökonomischen Krisentheorien unter besonderer Berücksichtigung techniksoziologischer Aspekte.* In: ders. (2002) *Krise und Kritik in der Informationsgesellschaft.* Wien/Norderstedt. Libri BOD.

Fuchs, Christian (2002b) *Concepts of Social Self-Organisation.* INTAS-Project „Human Strategies in Complexity" – Research Report. 68 pages. Vienna University of Technology. Online at: http://www.self-organization.org.

Fuchs, Christian (2003a) *Structuration Theory and Self-Organization.* In: Systemic Practice and Action Research, Vol. 16 (2003), Nr. 2. S. 133–167.

Fuchs, Christian (2003b) *Some Aspects of Pierre Bourdieu's Works for a Theory of Social Self-Organization.* In: European Journal of Social Theory, Vol. 6 (2003), Nr. 4, S. 387–408.

Fuchs, Christian (2003c) *The Role of the Individual in the Social Information Process.* In: Entropy (http://mdpi.org/entropy), Vol. 5 (2003), Nr. 1. S. 34–60.

Fuchs, Christian (2003d) *Co-operation and Self-Organization.* In: tripleC (http://tripleC.uti.at), Vol. 1, Nr. 1, S. 1–52.

Fuchs, Christian (2003e) *Globalization and Self-Organization in the Knowledge-Based Society.* In: tripleC (http://tripleC.uti.at), Vol. 1, Nr. 2, S. 105–169.

Fuchs, Christian (2004) *The Antagonistic Self-Organisation of Modern Society.* In: Studies in Political Economy, Nr. 73/74 (2004).

Fuchs, Christian (2005a) *Herbert Marcuse interkulturell gelesen.* Nordhausen. Bautz.

Fuchs, Christian (2005b) *The Internet as a Self-Organizing Socio-Technological System.* In: Cybernetics & Human Knowing, Vol. 11, Nr. 3, S. 57–81.

Fuchs, Christian/Hofkirchner, Wolfgang (2003a) *Studienbuch Informatik und Gesellschaft.* Wien/Norderstedt. Libri BOD.

Fuchs, Christian/Hofkirchner, Wolfgang (2003b) *The Architecture of the Information Society.* In: Proceedings of the Conference „Agoras of the Global Village", Crete, July 7th–11th, 2003. International Society for Systems Sciences (ISSS), ISBN 0-9740735-1-2 (CD-ROM), 10 S.

Fuchs, Christian/Hofkirchner, Wolfgang (2005a) *Self-Organization, Knowledge, and Responsibility.* In: Kybernetes, Vol. 34, Nr. 1–2, S. 241–260.

Fuchs, Christian/Hofkirchner, Wolfgang (2005b) *The Dialectic of Bottom-Up and Top-Down Emergence in Social Systems.* In: Proceedings of „Problems of Individual Emergence". In: tripleC (http://tripleC.uti.at), Vol. 3, Nr. 2, S. 28–50.

Informatik und Gesellschaft: Ein notwendiger Zusammenhang

Fuchs-Kittwoski, Klaus (1992) *Theorie der Informatik im Spannungsfeld zwischen formalem Modell und nichtformaler Welt.* In: Coy et al. (1992), S. 71–82.

Fuchs-Kittwoski, Klaus (2002) *Wissens-Ko-Produktion. Verarbeitung, Verteilung und Entstehung von Informationen in kreativ-lernenden Organisationen.* In: Floyd/Fuchs/Hofkirchner (2002), S. 59–125.

Gehring, Robert/Ishi, Kei/Lutterbeck, Bernd (2001) *Kooperation und Konflikt. Gesellschaftswissenschaftliches Studium im Bachelorstudium Informatik der TU Berlin.* In: FIfF Kommunikation, 4/2001. S. 48–54.

Gesellschaft für Informatik (Fachbereich „Informatik und Gesellschaft") (1992) *Informatik und Verantwortung.* In: Coy et al. (1992), S. 311–326.

Herrmann, Thomas (2001a) *Informatik und Gesellschaft an der Universität Dortmund.* In: FIfF Kommunikation, 4/2001. S. 35–39.

Herrmann, Thomas (2001b) *Kompendium zur Grundvorlesung „Informatik und Gesellschaft".* Universität Dortmund.

Hofkirchner, Wolfgang (1994) *On the Philosophy of Design and Assessment of Technology.* In: Katsikides, S. (Hrsg.) *Informatics, Organization and Society.* Wien, München. Oldenbourg. S. 38–46.

Hofkirchner, Wolfgang (1998) *Emergence and the Logic of Explanation – An Argument for the Unity of Science.* In: Acta Polytechnica Scandinavica, Mathematics, Computing and Management in Engineering Series 91. S. 23–30.

Hofkirchner, Wolfgang (Hrsg.) (1999) *International Conference on the Foundations of Information Science 1996 Wien. The Quest for a Unified Theory of Information. Proceedings of the Second International Conference on the Foundations of Information Science (The World Futures General Evolution Studies 13).* Amsterdam. Gordon and Breach.

Hofkirchner, Wolfgang (2000) *Informatics and Society.* In: Becker, Jürg/Dang Ngoc Dinh (Hrsg.) (2000) *Internet o Viet Nam va cac nuoc dang phat trien (Internet in Vietnam und anderen Entwicklungsländern – vietnames.).* Ha Noi. Nha Xuat Ban Khoa Hoc Va Ky Thuat, S. 73–84.

Hofkirchner, Wolfgang (2002) *Projekt Eine Welt: Kognition, Kommunikation, Kooperation.* Münster. LIT.

Keil-Slawik, Reinhard (2001) *Von Informatik und Gesellschaft zum Kontext der Informatik.* In: FIfF Kommunikation, 4/2001. S. 39–45.

Klischewski, Ralf (1996) *Anarchie: Ein Leitbild für die Informatik: Von der Grundlagen der Beherrschbarkeit zur selbstbestimmten Systementwicklung.* Frankfurt. Peter Lang.

Krause, Detlev (1999) *Einführung in die inhaltliche Problematik. Herausforderungen an die Lehre in Informatik und Gesellschaft.* In: Busse et al. (1999), S. 8–13.

Krohn, Wolfgang/Pieper, Sven (1999) *Informatik und Gesellschaft à la Bielefeld. Einen „One-Best-Way" von IuG-Inhalten und -Didaktik wird es kaum geben.* In: Busse et al. (1999), S. 22–24.

Lutterbeck, Bernd/Stransfeld, Reinhard (1992) *Ethik in der Informatik – Vom Appell zum Handeln.* In: Coy et al. (1992), S. 367–378.

Mahr, Bernd (1992) *Zur Diskussion um die Verantwortung in der Informationstechnik.* In: Coy et al. (1992), S. 355–360.

Müller, Günter (2001) *Informatik und Gesellschaft. Nützlich und wichtig, aber auch akademisch?* In: FIfF Kommunikation, 4/2001. S. 29–34.

Pflüger, Jörg-Martin (1992) *Gesetzlose Informatik.* In: Coy et al. (1992), S. 277–298.

Pflüger, Jörg-Martin (2001) *Was machen wir, wenn wir gewonnen haben sollten?* In: FIfF Kommunikation, 4/2001. S. 16–18.

Schefe, Peter (1992) *Theorie oder Aufklärung? Zum Problem einer ethischen Fundierung informatischen Handelns.* In: Coy et al. (1992), S. 327–334.

Siefkes, Dirk (1999) *Hybridobjekte als Gegenstände der Informatik.* In: Busse et al. (1999), S. 25–31.

Steinmüller, Wilhelm (1993) *Informationstechnologie und Gesellschaft. Einführung in die Angewandte Informatik.* Darmstadt. Wissenschaftliche Buchgesellschaft.

Tschirschwitz, Reiner (2002) *Informatikentwicklung in der DDR – nicht nur weiße Flecken.* In: Floyd/Fuchs/Hofkirchner (2002), S. 161–182.

Zemanek, Heinz (1992) *Das geistige Umfeld der Informationstechnik.* Berlin. Springer.

Christian Fleck*

Probleme beim Schreiben einer Kollektivbiografie deutschsprachiger Soziologen

Die Geschichte der Soziologie wird höchst unsoziologisch geschrieben. Man findet vor allem Darstellungen der Großen Denker und manchmal Schilderungen der Entwicklung von Institutionen, aber nie eine soziologisch informierte Analyse der Soziologen selbst. Eine Kollektivbiografie könnte diese Defizite ausgleichen, steht aber vor höchst diffizilen Problemen. Einige sollen im folgenden diskutiert werden. Dabei wird es weniger darum gehen, Ergebnisse einer solchen Analyse zu berichten, sondern die zugrunde liegenden Probleme zu benennen. Das vergangene Jahrhundert war nicht nur jenes, in welchem die neue wissenschaftliche Disziplin Soziologie ihre soziale und kognitive Ausformung erfuhr, sondern es war auch jene Periode, in der der deutschsprachigen Soziologie durch die Vertreibung vieler ihrer Mitglieder nachhaltigst Schaden zugefügt wurde. Das wird heute kaum noch von jemandem in Zweifel gezogen, obwohl es an relativierenden Stellungnahmen nicht fehlt, beispielsweise solchen, die zu argumentieren versuchen, dass die empirische Sozialforschung während der NS-Zeit eine frühe Blüte erfahren habe. Trotz eines weitgehenden Konsenses über die katastrophalen Folgen der erzwungenen Migration während der 1930er Jahre ist der Kenntnisstand sowohl über die Exilanten wie über die Daheimgebliebenen aber fragmentarisch.

Was sind die Gesichtspunkte, die bei einer Kollektivbiografie zu beachten sind?

Erstens müssten die unterschiedlichen sozio-kulturellen Kontexte berücksichtigt werden, in denen sich die Soziologie herausbildete. Die deutschsprachigen Soziologen rekrutierten sich aus zumindest drei Teilpopulationen: Neben den Deutschen und den Österreichern sollten die Deutschsprachigen in der Tschechoslowakei nicht ignoriert werden. Die beiden Wissenschaftssysteme wiesen trotz allen Austausches und der wechselseitigen

Durchdringung, die es in der Zwischenkriegszeit gegeben hat, institutionelle Eigenheiten auf, die durch die Bezugnahme auf *die* deutschsprachige Soziologie eingeebnet werden. Aber Unterschiede und Besonderheiten gab es nicht bloß auf der Ebene der Wissenschaftssysteme, sondern wohl ebenso sehr in Bezug auf andere relevante Dimensionen. Erwähnt seien hier nur die räumliche Konzentration von Intellektuellen in Wien verglichen mit der größeren Zahl von Universitätsstädten in Deutschland, die Unterschiede zwischen einer dominanten katholischen Kultur in Österreich und der Hegemonie des Protestantismus in weiten Teilen Deutschlands sowie die Unterschiede zwischen den Lebenswelten der Juden in Wien im Vergleich zu den jüdischen Gemeinden der Weimarer Republik. Folgenreiche Besonderheiten wird man auch bei den Auswirkungen feststellen können, die die unterschiedlichen Spektren der politischen Parteien auf Intellektuelle hatten. Letztlich sollte man divergente Schwerpunktsetzungen in den philosophischen Orientierungen zwischen, grob gesagt, dem spätaufklärerischen Milieu Wiens und den stärker dem Deutschen Idealismus verbundenen Geistes- und Sozialwissenschaftlern der Weimarer Republik nicht übersehen.

Analoges gilt auch für die Ausleuchtung des sozio-kulturelle Kontextes, in den die Emigranten gerieten. Die Standortgebundenheit führt bei US-amerikanischen wie deutschsprachigen Autoren zu komplementären Verzerrungen: Amerikaner neigen dazu, in allen geflüchteten Wissenschaftlern Repräsentanten von Weimar Culture zu sehen, sie verleihen ihnen Titel, die sie in Deutschland nicht erworben hatten, und erklären eigenwillige Verhaltensweisen ihrer Helden beispielsweise unter Hinweis auf die deutsche Tradition des Umgangs von Lehrern mit ihren Studenten.[1] Deutschsprachige Autoren schildern die Karrieren ihrer Helden im Positiven und Negativen sehr oft ohne Rücksicht auf lokal Gebräuchliches – beispielsweise werden die in den USA weithin üblichen Einjahresverträge oder der Umfang der Lehrverpflichtung als besondere Schikanen gegen Exilanten geschildert, oder es wird die Beschäftigung eines geflüchteten Deutschen an einem gewöhnlichen College in Worten geschildert, die den Eindruck hervorrufen müssen, es handelte sich um die Berufung an eine Eliteuniversität.

Zweitens drängt sich ein Vergleich zwischen jenen, die in die Emigration gingen oder dazu gezwungen wurden, und denen, die daheim blieben, geradezu auf. Die Ignorierung der „homeguards" (E. C. Hughes)[2] im Rahmen der Emigrationsforschung verkürzt das Bild ohne Not, auch wenn sie moralisch durchaus verständlich ist. Gerade wenn man die Analyse der Emigrationsverläufe von Wissenschaftlern untersuchen will und sich dabei darauf verständigt, dass als emigrierte Wissenschaftler nur diejenigen gelten sollen, die zumindest einen wesentlichen Teil ihrer Ausbildung im Herkunftsland

Probleme beim Schreiben einer Kollektivbiografie deutschsprachiger Soziologen

absolviert haben – da nur dann von emigrierenden *Wissenschaftler* geredet werden kann –, sollte man ihre Kollegen und jene, die während der Nazi-Zeit in ihre Stellen nachrückten oder diese sich im Wege der akademischen Arisierung angeeignet haben, nicht aus dem Bild nehmen. Für die Daheimgebliebenen eröffneten sich durch die Vertreibung von jüdischen und anderen Wissenschaftler Aufstiegswege, aber jene wenigen, die durch die Nazi-Diktatur moralisch nicht korrumpiert wurden, verloren durch die Exilierung möglicherweise auch Anregungspotentiale. Hinzu kommt, dass die Daheimgebliebenen die rasante Entwicklung, die gerade die empirischen Sozialwissenschaften in den USA in diesen Jahren nahmen, nicht rezipieren konnten. René Königs Werdegang, der 1937 nach Zürich emigrierte, kann dafür exemplarisch angeführt werden: Obwohl in der neutralen Schweiz lebend, hatte er keinen ausreichenden Zugang zu den Veröffentlichungen, die in diesen Jahren in Amerika erschienen.[3]

Drittens muss man bei der Festlegung von Disziplingrenzen zeitgenössische Einteilungen und Abgrenzungen stärker berücksichtigen als gegenwärtige. Das wirft für unterschiedliche sozialwissenschaftliche Disziplinen jeweils andere Probleme auf, weil deren Institutionalisierung ungleichzeitig voranschritt. Lokale Besonderheiten sind hier ebenso zu berücksichtigen wie nationalstaatliche Differenzen. So ist es wahrscheinlich relativ unproblematisch, Mitte der 1930er Jahre Psychologen als Mitglieder einer von anderen Disziplinen abgegrenzten Diskursgemeinschaft zu sehen, aber im Einzelfall fehlen dafür einfach anwendbare Kriterien. Gerade in jenen sozialwissenschaftlichen Disziplinen, die erst in den Jahrzehnten ihre Gestalt gewannen, in denen die durch die Nazis erzwungene Migration stattfand, lassen sich disziplinäre Zuordnungen Einzelner nicht in dem Maße vornehmen, wie das wünschenswert wäre. Manche spätere Soziologen wurden dazu erst nach ihrer Emigration, Paul Lazarsfeld ist wohl das bekannteste Beispiel dafür.

Viertens sollten zeitgenössische Hinweise über das Ausmaß an Diskriminierung, das Juden schon vor dem Machtantritt der Nazis erfuhren, ernst genommen werden. Nach dem Anschluss berichtete ein Mitarbeiter der Carnegie Friedensstiftung über die in Wien Entlassenen:

> The main point is that the strong anti-semitic tendencies which have prevailed at the Austrian universities at least since the war have had the effect that comparatively few ‚non-aryans' have held full time academic positions. There are in consequence very few full professors, and still fewer if only those under say fifty years of age are counted, which on account of their creed or race have been deprived of their positions. On the other hand there are a great many man of very

standing as scholars who either have been only ‚Privatdozenten' at a University and earned their living in some other profession, or who have never had any academic position. There are in particular a considerable number of practicing lawyers, who under different circumstances would have been in academic life, but who under the conditions as they are, devote all their spare time to some scientific subject and whose knowledge in these subjects is now the only qualification they possess for finding a job elsewhere. . . . My point here which I should like to urge strongly, is that in the Austrian case the bodies which are willing to help academic people should not confine their assistance to people who actually held an academic position . . .[4]

Eine Beschränkung der Analyse auf die höheren Statuspositionen der Universitätsprofessoren und Dozenten würde daher den ohnehin schon Diskriminierten weiteres Unrecht zufügen.

Fünftens muss man die Begriffe Flucht, Vertreibung, Exil, Emigration mit Bedacht wählen. Oft kann nur nach eingehender Untersuchung des Einzelfalls geklärt werden, welchen Anteil push- und pull-Faktoren bei der tatsächlich erfolgten Migration spielten. Die in der überwiegenden Mehrzahl der Studien zur Wissenschaftsemigration benutzten Kriterien – jeder, der nach dem 30. Januar 1933 Deutschland und nach dem 12. März 1938 Österreich verließ bzw. verlassen musste, zählt als Flüchtling vor den Nazis – werden meist nicht strikt eingehalten und unterschieben den historischen Akteuren ungeprüft Motive, ja einen politischen Weitblick, den damals niemand besitzen konnte. Aus dem Drang heraus, nur ja keinen Fall zu übersehen, welcher sich, wie es scheint, gelegentlich mit dem Wunsch paart, die Zahl der Emigranten wie bei einer Auktion in die Höhe zu treiben, werden dann Personen als Emigranten geführt, die tatsächlich den überwiegenden Teil der fraglichen Zeit im Dritten Reich verbringen mussten, oder es wird Personen, die lang vor der Machtübergabe an die Nazis Deutschland verließen, ein Wissen um künftige Entwicklungen zugeschrieben, das sie vermutlich nicht hatten. In vielen dieser Fälle war die erst bevorstehende Machtübergabe an die Nazis jedenfalls nicht der Grund, warum jemand „vorzeitig" ins Ausland ging.

Käthe Leichter, die nach den Februarkämpfen 1934 kurzzeitig in die Schweiz flüchtete, aber bald wieder nach Wien zurückkehrte, wurde vordergründig deswegen in das Emigrationshandbuch (Röder & Strauss 1980–83) aufgenommen, obwohl sie nach dem Anschluss mit der Flucht zu lange zögerte, von der Gestapo verhaftet und später ermordet wurde. Sie ist ein geradezu paradigmatischer Fall jemandes, der nicht emigrierte und deswegen zu Tode kam. So berechtigt es sein mag, Joseph Schumpeter, der 1932 eine Professur in Harvard annahm, zu den Emigranten zu rechnen, weil – so das Argument – er sich mit den Nazis doch überworfen und versucht hätte, das Land zu verlassen, fügt man damit anderen nicht-jüdischen Wissenschaftlern, die gerne emigriert wären, aber denen die materiellen oder auch mentalen Mittel dafür fehlten, Unrecht zu. Auf Kategorien wie (politisches) *Exil*, Verfolgung und Opfer sollte daher weitgehend verzichtet werden und der Prozess der Vertreibung zuerst einmal als Teil einer Migrationsbewegung aufgefasst werden, bei der die Frage der Motive ausgeklammert bleibt. Von Migration zu sprechen bedeutet ja nicht, deren Ursachenlosigkeit zu behaupten oder sie als strikt freiwillige zu deuten. Jene, die sich entschieden, nicht auszuwandern, und jene, die gerne geflüchtet wären, deren Flucht aber unterbunden wurde, fallen offensichtlich nicht in dieselbe Kategorie, während jene, die das Land verließen, jedenfalls in einer Hinsicht Gleiches durchmachten, was selbst dann stimmt, wenn man in Rechnung stellt, dass die einen das zur ebenen Erd' und die anderen im ersten Stock erlebten.

Sechstens sollte man systematisch dem Vergleich einen prominenten Platz einräumen. Das betrifft neben den schon genannten institutionellen Bedingungen der beiden deutschsprachigen Länder vor allem die Gelegenheitsstrukturen, die Emigranten in den Aufnahmeländern vorfanden und mit denen Einzelne sehr unterschiedlich zu Rande kamen. Eine Analyse einer größeren Gruppe ermöglicht es, den Blick nicht nur auf die „notable émigrés" zu richten, sondern auch den „kleinen Leuten" der akademischen Welt Beachtung zu schenken. Daher ist es sinnvoll, von idiosynkratischen Einzelbewertungen des akademischen Erfolgs zu systematischen Beurteilungen von Karriereverläufen und der dabei erworbenen Anerkennung durch Kollegen überzugehen.

Siebentens sollte man dem nahe liegenden Impuls widerstehen, die zu Untersuchenden in eine imaginäre Gemeinschaft zu zwängen und sie als ‚unsere' zu vereinnahmen. Die Perspektive auf ‚unsere' Emigranten kann in verschiedener Form auftreten – sie können als der bessere Teil der eigenen Nationalkultur, Disziplin oder politischen Überzeugung angesehen werden. Sich selbst gleichsam an ihre Seite zu stellen ist ein nur zu verständlicher Affekt, gerade bei jenen, denen die Beschäftigung mit dem Thema auch ein politisches Anliegen ist. Diesem Gefühl unkontrolliert zu folgen bedeutet aber nicht nur, sich selbst moralisch zu erhöhen und auf der richtigen Seite zu stehen zu kommen, sondern konstruiert eine Kontinuität und Zusammengehörigkeit, bei der jene, deren Nähe man sucht, nicht vorher um ihr Einverständnis gefragt wurden.

Achtens wirft die Quellenkritik im Fall der Erforschung der Wissenschaftsemigration besondere Probleme auf. Die Materialien, auf die sich wissenschaftsgeschichtliche Analysen üblicherweise stützen, sind in diesem Fall selten von der wünschenswerten Reichhaltigkeit, weshalb auf Memoiren, Oral-History-Interviews und andere retrospektive Selbstauskünfte zurückgegriffen wird, wenn man sich nicht überhaupt mit dem wenigen, was man finden kann, begnügen muss. Autobiographische Dokumente sind besonders anfällig für nachträgliche Akzentverschiebung, Begradigung und Beschönigung. Autobiographen, sowohl solche, die sich schreibend an Leser wie jene, die sich sprechend an Hörer wenden, neigen verständlicherweise dazu, sich in einem – ihnen und dem Publikum – einigermaßen akzeptablen Licht erscheinen zu lassen. Dabei wissen sie, dass sie bestimmte Kenntnisse ihrer Leser oder Hörer in Rechnung zu stellen haben, die ihrer gestalterischen Freiheit Grenzen setzen. Wanderer zwischen Kulturen müssen sich entscheiden, ob sie sich an das eine oder das andere Publikum wenden. Die Wahl der Zuhörerschaft bestimmt dann auch, was man als bekannt voraussetzen kann und wie weit der Detaillierungszwang der Erzählung zum Ausholen nötigt. Zugleich lädt diese Konstellation aber dazu ein, dem Publikum das jeweils Fremde in einer Form zu präsentieren, wo die eigenen Erfolge das von Nestroy beschriebene Schicksal des Fortschritts teilen und größer erscheinen, als sie wirklich waren. Dem heimgekehrten Emigranten wird es beispielsweise bei aller Aufrichtigkeit, der er sich verpflichtet fühlt, leichter fallen, die Hürden, die er in der Fremde nahm, erzählerisch so zu gestalten, dass er, der sie überwand, als souverän erscheint: Die autonomen Handlungsanteile werden vergrößert und die heteronomen heruntergespielt.

Ein Beispiel möge, was hier angedeutet wurde, verdeutlichen. Der Wiener Neuzeithistoriker Friedrich Engel-Jánosi publizierte nach seiner sehr spät erfolgten Remigration 1974 seine Autobiographie unter dem programmatischen Titel *... aber ein stolzer Bettler*. Darin schildert er dem heimischen Publikum die Umstände, die ihn ins Exil zwangen, und die Schwierigkeiten, die er meisterte, durchaus selbstkritisch. Die Episode, die dem Buch den Titel gab, ereignete sich während der Fahrt von Wien nach Zürich Anfang April 1939:

> Als der Zug vor Tagesanbruch die Schweizer Grenze passierte, sagte ich vor mich hin: „So, und jetzt bin ich ein Bettler." Aus dem noch dunklen Coupé antwortete eine mir unbekannte Stimme: „... aber ein stolzer Bettler."
> (1974, 169)

Eben dieser Stolz eines Nachfahren nobilitierter jüdischer Fabrikanten erlaubte es Engel-Jánosi zwar noch zu erzählen, dass es „eine Anzahl von Bittgänge zu der katholischen Hilfsorganisation kostete, bis ich das Geld erhielt, um die Fracht für unser Gepäck von New York bis Baltimore bezahlen zu können" (180), doch darüber, wie er zu der Stelle an der dortigen Johns Hopkins University gekommen war, schweigt er sich aus. „Zehn Tage, nachdem wir in New York gelandet waren, hatte ich die erste Vorlesung ... Ich hatte Glück; sie war ein Erfolg." (181) Aus den Akten des E. C. kann man den in der Autobiographie ausgelassenen Teil nachtragen: Danach bemühte sich Engel-Jánosi seit dem Frühjahr 1938 zuerst noch aus Wien und dann aus England intensiv, irgendwo eine Stelle zu erhalten, was erst von Erfolg gekrönt war, als er dem E. C. mitteilen konnte, dass ein Graf Oswald Seilern-Aspang bereit sei, $ 2.400 für sein Gehalt zur Verfügung zu stellen. Dank dieses Geschenks konnten die Historiker der Johns Hopkins University, die Engel-Jánosi helfen wollten, ihre Universitätsleitung veranlassen, eine Einladung an ihn auszusprechen.[5] Nun ist es weder so, dass Engel-Jánosi der größte Flunkerer unter den Emigranten-Autobiographen ist, noch kommt es darauf an, ihn ob dieser Auslassung anzuklagen – ihm hatte sich vielleicht tatsächlich die erfolgreich absolvierte erste Vorlesung stärker ins Gedächtnis eingeschrieben als die erniedrigenden Umstände, die ihn erst in die Lage versetzt hatten, dazu Gelegenheit zu haben. In seinem Fall könnte man mit gutem Recht sogar darauf hinweisen, dass er einer jener Österreicher war, der sich in den USA sehr rasch beruflich zurecht fand. – All das mag bedacht werden, doch hier kommt es nur darauf an, exemplarisch zu unterstreichen, dass Selbstauskünfte der Emigranten viele der interessanten Fragen nicht zu beantworten helfen. Die systematische Berücksichtigung weniger stark reinterpretierter Quellen ist daher unerlässlich.

Eine soziologische Analyse des Personals der im Entstehen begriffenen Soziologie wird bei der Berücksichtigung dieser Forderungen auf allerhand praktische Probleme stoßen. Diese sollten einen aber nicht davon abhalten, den Kontext zu bedenken, mit Motivzuschreibungen vorsichtig umzugehen, sich der Quellenkritik zu bemüßigen und wo immer möglich vergleichend vorzugehen.

Für einen möglichst systematischen Vergleich von Emigranten mit Daheimgebliebenen eignet sich Karl Mannheims Begriff unterschiedlicher Generationseinheiten besonders gut. Er unterschied in seinem erstmals 1928 erschienenen Aufsatz „Das Problem der Generationen" zwischen Generationen, Generationslagen und Generationseinheiten. Aus dem Umstand „verwandter Lagerung im sozialen Raum" folgerte Mannheim, dass es im Normalfall so etwas gebe, wie eine „spezifische Art des Erlebens und Denkens" (Mannheim 1964, 527 f.) Allerdings könne man häufig aus dem bloßen Umstand identer Generationslagerung nicht auf einen Generationszusammenhang schließen. Mannheim erläutert diese Differenzierung durch Hinweis auf den analogen Unterschied zwischen Klassenlage und „einer sich selbst konstituierenden Klasse" (1964, 542), also der Marx'schen Differenz zwischen Klasse für sich und Klasse an sich. Dieser resultiere erst aus der Teilhabe an einem gemeinsamen Schicksal. Innerhalb eines durch politische und historische Gegebenheiten konstituierten Generationszusammenhangs treten gelegentlich gegenläufige Generationseinheiten auf, die sich dadurch auszeichnen, dass sie dasselbe historisch-politische Makroereignis unterschiedlich verarbeiten.

Dieselbe Jugend, die an derselben historisch-aktuellen Problematik orientiert ist, lebt in einem „Generationszusammenhang", diejenigen Gruppen, die innerhalb desselben Generationszusammenhanges in jeweils verschiedener Weise diese Erlebnisse verarbeiten, bilden jeweils verschiedene „Generationseinheiten" im Rahmen desselben Generationszusammenhangs. (Mannheim 1964, 544)

Methodisch weicht das kollektivbiografische Vorgehen indes stark von Mannheims Spuren ab. Worin liegt der Unterschied? Mannheims Analyse beispielsweise des deutschen Konservatismus beruht im Wesentlichen in einer Relationierung ideologischer Bekundungen auf die soziale Lagerung ihrer Verfasser. Ausgangspunkt ist bei ihm ein Korpus von Schriften, und die wissenssoziologische Analyse führt deren interne Figuren auf soziale Konstellationen zurück. Eine Kollektivbiografie unternimmt hingegen den Versuch, Gemeinsamkeiten einer Gruppe von Personen – im vorliegenden Fall Soziologen – herausfinden zu wollen, um deren Homogenität oder Heterogenität hinsichtlich bestimmter Merkmale und biografischer Verläufe zu untersuchen. Der erste, der das systematisch gemacht hat, war Robert K. Merton (Merton 1938), der die Mitglieder der Londoner Royal Society als prototypische Vertreter früher Wissenschaftler studierte. In ähnlicher Weise hatte das noch vor ihm Edgar Zilsel (Zilsel 1926) getan, als er die Herausbildung der sozialen Amalgamierung von Handwerker-Künstlern mit scholastischen Schriftgelehrten in der italienischen Renaissance studiert hatte, auch wenn seine Methode weniger nachprüfbar präsentiert wird als jene des Dissertanten in Harvard. Der Unterschied zur Vorgangsweise Mannheims liegt klar zutage. Geht jener vom als bemerkenswert überlieferten (oder identifizierten) Werk zurück zu den sozialen Ursprüngen, aus denen heraus es entstanden ist, verfuhren diese umgekehrt und analysierten eine historisch bekannte größere Gruppe von Personen, die etwas bestimmtes einte, und untersuchten diese auf gemeinsame soziale Merkmale hin.[6] Allerdings waren sowohl bei Merton wie bei Zilsel die Personen, die sie analysierten, zu Mitgliedern der Gruppen geworden, weil sie bestimmte Leistungen erbracht hatte, die zu ihrer Aufnahme in die Royal Society oder in historische Verzeichnisse führten. Eine Kollektivbiografie einer erst im Entstehen befindlichen Disziplin unterscheidet sich von dem Vorgehen Mertons und Zilsels insofern, als in diesem Fall auch Personen in die Analyse einbezogen werden sollen, die zu keinem Zeitpunkt ihres Lebens so berühmt wurden, dass sie in einem Verzeichnis der Royal Society, in Giorgio Vasaris *Le vite de' più eccellenti architetti, pittori, et scultori italiani* oder anderen biografischen Nachschlagewerken Aufnahme gefunden haben.

Von der Mannheim'schen wissenssoziologischen und der traditionellen wissenschaftssoziologischen Vorgangsweise unterscheidet sich die hier präferierte darin, dass in ihr zuerst einmal festgestellt werden muss, wer zur Gruppe der deutschsprachigen Soziologen gehörte. Es soll also versucht werden, den primären Filter, der jene aussortiert, an die sich das kollektive Gedächtnis einer Disziplin nicht mehr erinnern kann, auszuschalten und zur historisch tatsächlich gegebenen Population der Mitglieder einer „Disziplin im Werden" zurückzugehen, um auch diesen ersten Selektionsvorgang analysierbar zu machen. Insofern ist eine solche Kollektivbiografie antielitär zu nennen, weil alle anderen, mir bekannten Studien historisch definierte Eliten zum Untersuchungsgegenstand haben, wobei das Kriterium der Inklusion in diese Elite nicht ein sozialstrukturelles, sondern ein normatives ist. Ein sozialstrukturelles Kriterium der Identifizierung einer Elite würde beispielsweise alle Bürger der sozialen Einheit X zum Ausgangspunkt nehmen, während eine normative Elitendefinition bereits auf der vorgängigen Auswahl aus dieser sozialstrukturellen Grundgesamtheit beruht, also – um beim Beispiel zu bleiben – nur jene Bürger näher betrachtet, die in einem freiwilligen Verband aktiv waren.

Neben der möglichst inklusiven Definition der Population muss zweitens bedacht werden, dass hier zwei nationalstaatlich identifizierbare Wissenschaftskulturen miteinander verglichen werden sollen: Deutsche akademische Verhältnisse unterschieden sich von österreichischen stärker als gemeinhin in Rechnung gestellt. Im Rahmen einer soziologischen Studie ist institutionellen Unterschieden mehr Gewicht zuzumessen als geistigen. Einen ersten Hinweis darauf, wie groß die Differenzen waren, geben die Daten in Tabelle 1 (S. 251), die sich wo nicht ausdrücklich anders notiert, auf die Verhältnisse der 1930er Jahre beziehen. Während die Zahl der Universitäten und Studenten recht nahe beim Basiswert der Bevölkerung liegt, es hier wie da also eine ungefähr ähnliche Dichte an Universitäten und an Studenten gab, weichen alle anderen Verhältniszahlen davon doch recht deutlich ab. In Österreich gab es eine deutlich größere Zahl von Universitätslehrern, und die Entlassungsrate war in Österreich 1938 leicht höher als in Deutschland 1933, was merkwürdig mit dem Umstand kontrastiert, dass der Vorgang, der in Deutschland mehrere Jahre dauerte, in Österreich in kürzerer Zeit abgewickelt wurde.⁷ Bemerkenswert sind die Differenzen in den letzten beiden Zeilen, wobei man hier erwähnen kann, dass an der Auswahl der diesen Verteilungen zugrunde liegenden Daten Österreicher wenig bis kaum Anteil hatten. Weder bei dem Handbuch der emigrierten Nationalökonomen noch bei der Auswahl der 140 führenden Sozialwissenschaftler der neuen International Encyclopedia konnten patriotisch gestimmte Österreicher das Ergebnis entscheidend, wenn überhaupt, beeinflussen.

Drittens ist ein Zeitraum festzulegen. Um Auswirkungen politischer Systemwechsel berücksichtigen und individuelle Karriereverläufe verfolgen zu können, wurden die drei Jahrzehnte zwischen der Mitte der 1920er Jahren und der Mitte der 1950er Jahren gewählt. Diese Festlegung scheint weit genug vor der Machtübergabe an die Nazis zu beginnen, um gleichsam eine Ausgangsposition festzulegen und reicht über den Zeitraum, in dem die meisten Emigranten den deutschen Sprachraum verließen, weit genug hinaus, um deren Karrieren nach der Vertreibung noch verfolgen zu können. Fährnisse, denen sich die Daheimgebliebenen ausgesetzt sahen, die wie Kriegsdienst und Gefangenschaft vielleicht die Karrieren behindert haben könnten, sollten damit ebenfalls nicht wirksam werden können.

Viertens geht es hier um die Soziologie. Das ist allerdings leichter gesagt als getan, da dieses Gebilde in jener Zeit im deutschen Sprachraum zwar als intellektuelles Vorhaben verbreitet, nicht aber als institutionalisierte Disziplin vorhanden war.

Was ist eine Disziplin? Horizontal – in der Abgrenzung einer Disziplin von den anderen – ist es nicht leicht, Grenzen zwischen den sozialwissenschaftlichen Gebieten zu ziehen, da diese im ersten Drittel des 20. Jahrhunderts im deutschsprachigen Raum keineswegs klar konturiert waren, ja sich in recht kurzen Zeiträumen änderten. Die dritte Wissenschaftskultur (Lepenies 1985) bildete sich im deutschen Sprachraum anders und langsamer heraus als in anderen Ländern. Ab wann man von der Existenz einer wissenschaftlichen Disziplin sprechen kann, darüber herrscht keineswegs Konsens. Die einflussreichste Position formulierte wohl Edward Shils (Shils 1982). Von ihm stammt ein sehr einfaches und überzeugendes Modell der Institutionalisierung wissenschaftlicher Disziplinen, das er selbst an der Soziologie entwickelt hat, dessen Anwendung auf andere Disziplinen aber leicht möglich ist. Shils meint, man könne dann von einer einigermaßen erfolgreich ausdifferenzierten neuen Disziplin sprechen, wenn folgende drei Faktoren in ausreichendem Maße vorhanden sind: Studenten, Fachzeitschrift(en) und Finanzierung. Diese drei Indikatoren sind gut gewählt. Studenten kann es nur geben, wenn ein Proto-Fach kognitiv zumindest soweit entwickelt wurde, dass die Rolle des Lehrers ausgefüllt werden kann. Es

Probleme beim Schreiben einer Kollektivbiografie deutschsprachiger Soziologen

muss also ein Gemenge von Inhalten in einem Umfang vorhanden sein, der ein Curriculum möglich macht. Zumindest für die Vergangenheit lässt sich zeigen, dass von einer Disziplin tatsächlich nur dann sinnvoll gesprochen werden kann, wenn deren Verfechter über ein Publikationsorgan verfügen konnten, in welchem ihre Erkenntnisse publik gemacht wurden. Implizit enthält dieser Indikator damit ein Kriterium für die kognitive Dimension einer im Entstehen begriffenen Disziplin, weil wissenschaftliche Zeitschriften nur entstehen können, wenn eine ausreichende Zahl von Fachleuten gewillt ist, daran mitzuarbeiten.

Die Geschichte der soziologischen Fachzeitschriften ist noch nicht geschrieben, was übrigens auch für andere Disziplinen gilt. Ein vergleichender Blick auf deutschsprachige sozialwissenschaftliche Zeitschriften kann allerdings deutlich machen, dass Shils' Kriterium empirisch triftig ist. Bis zum Erscheinen der *Kölner Vierteljahreshefte für Soziologie* Anfang der 1920er Jahre gab es keine deutschsprachige soziologische Zeitschrift, und es dauerte noch einmal 30 Jahre bis die zweite Fachzeitschrift, *Soziale Welt*, zu erscheinen begann.[8] Ganz anders in benachbarten Disziplinen: Die Psychologie und die Nationalökonomie hatten schon im 19. Jahrhundert Fachorgane, im 20. Jahrhundert kamen weitere hinzu. Titel und Themen des führenden deutschen sozialwissenschaftlichen Organs des ersten Drittels des 20. Jahrhunderts, des *Archivs für Sozialwissenschaften und Sozialpolitik*, zeigen gerade den Mangel eines um disziplinäre Kristallisation bemühten Spezialorgans.[9] Ein weiteres Beispiel aus der deutschsprachigen Zeitschriftengeschichte macht allerdings deutlich, dass mit der Etablierung eines Fachorgans nicht immer der Anspruch auf Herauslösung einer Novität aus einem gut etablierten Fach verbunden sein muss. Die *Vierteljahrschrift für Sozial- und Wirtschaftsgeschichte*, deren Titel für ein Programm stand, strebte ganz ähnlich wie später die *Annales. Économies, societés, civilisations*, nicht eine neue Disziplin an, sondern die Reorientierung der Geschichtswissenschaft. Im deutschen Fall führte das zur Etablierung als Teilgebiet (oder Fach) der Disziplin „Geschichtswissenschaft" und im französischen (Export-)Fall zum – wie man in diesem Fall wohl mit einigem Recht sagen wird können – Paradigma. Die Gründungsgeschichte von Fachzeitschriften ist ein wichtiger Indikator für die Beurteilung des Prozesses der disziplinären Kristallisation.[10]

Auch das dritte Kriterium von Shils ist mehrdimensional. Ausreichende Finanzierung meint nicht nur die Verstetigung des Unternehmens, die Anerkennung in dem einer Marktwirtschaft originären Medium Geld und daher den Ausweis der Nützlichkeit des eigenen Tuns, gerade weil es alimentiert wird, sondern ist auch eng mit den beiden anderen Faktoren verknüpft. Wer über Geld verfügt, kann Studenten unterrichten und Absolventen beschäftigen, das beabsichtigte Forschungsprogramm vorantreiben, Ergebnisse publizieren und – was gerade im Fall der Soziologie von beachtlicher Wichtigkeit war – bestimmte Varianten von empirischer Forschung überhaupt erst beginnen. Eine Finanzgeschichte der Soziologie würde zeigen, dass bestimmte Pläne allein schon deswegen in der Schublade liegen blieben, weil die zu ihrer Durchführung nötigen Mittel außerhalb jeder Erreichbarkeit waren. Das Fehlen von Finanziers ist bei einer neuen Disziplin ablebensrelevant.

Nach der Frage, wie eine Disziplin von ihren Nachbarn abgegrenzt werden kann, stellt sich die, wer zu ihren Mitgliedern zu zählen sei. Wer ist ein Soziologe? Das ist ganz oben in der Statushierarchie ebenso wenig kontroversiell wie ganz unten, bei den Studenten. Selten werden Ordinarien ignoriert werden, und eben so rar sind Disziplingeschichten, die Absolventen einer Studienrichtung mehr Raum widmen als eine Graduiertenstatistik Platz benötigt. Doch wo soll in der Vertikalen die Trennlinie gezogen werden? Es wurde schon darauf verwiesen, dass eine Beschränkung auf die universitär verankerten Soziologen und gar die Konzentration auf jene, die habilitiert waren, die Populationsgrenzen zu eng ziehen würde, weil Personen wie Alfred Schütz, Felix Kaufmann, Käthe Leichter, Otto Neurath, Paul Lazarsfeld und Edgar Zilsel, die heute ohne Zweifel als zur Geschichte der Soziologie gehörend betrachtet werden, dabei ausgeschlossen würden. Keiner von diesen absolvierte ein soziologisches Studium oder erwarb eine Habilitation in diesem Fach.

Verbietet sich die Beschränkung auf die mit Universitätspositionen mehr oder weniger Wohlbestallten, könnte man doch die Mitgliedschaft in protoprofessionellen Vereinigungen zum Kriterium erheben. Obwohl es seit 1909 die, auch Österreicher inkludierende, Deutsche Gesellschaft für Soziologie gab, verbietet sich die Benutzung ihres „Mitgliederverzeichnisses" als Basis für die Definition der deutschsprachigen Soziologinnen und Soziologen der ersten Hälfte des 20. Jahrhunderts. Die DGS beschränkte die Zahl ihre Mitglieder nämlich während der längsten Zeit strikt und verstand sich als akademisches Pendant einer Honoratiorengesellschaft. Wegen des Fehlens irgendeines anderen Verzeichnisses der Mitglieder dieser Proto-Disziplin muss man die Population rekonstruieren und dabei versuchen, sowohl zeitgenössischen Klassifikationen wie späteren Grenzziehungen Rechnung zu tragen. Die Mitglieder einer Disziplin kann man feststellen, indem man (a) Selbstauskünfte berücksichtigt, (b) selbst eine Rekonstitution der Gruppe vornimmt, (c) vergleichbare Anstrengungen anderer heranzieht, (d) Auskünften zeitgenössischer oder nachgeborener peers vertraut.

Probleme beim Schreiben einer Kollektivbiografie deutschsprachiger Soziologen

(a) Soziologe ist, wer sich als Soziologe bezeichnet. Ganz so, wie man sich bei der Frage danach, was denn Soziologie sei, aus der Affäre ziehen kann, indem man antwortet: Das, was Soziologinnen und Soziologen tun – so kann man das Personal dieser Disziplin erfassen, indem man jene dazu zählt, die sich selbst so bezeichnen. Eine hervorragende zeitgenössische Quelle dafür stellt *Kürschners Deutscher Gelehrten Kalender* dar. Dieses Who is Who der deutschsprachigen Wissenschaftler beruht einerseits auf Recherchen der Redaktion, ließ aber Selbstanzeigen ebenso zu. Zwischen 1926 und 1950 erschienen sechs Ausgaben, die ein Register der Disziplinen enthielten. Zu den ausgewiesenen Fächern zählte ab 1926 auch die Soziologie.

In den sechs Ausgaben des *Kürschner* finden sich die Namen von 270 Männern und 7 Frauen (2%), die zum jeweiligen Eintragungszeitpunkt als Soziologen indexiert wurden. Nahezu jeder zweite Name taucht im Laufe der 26 Jahre nur einmal auf, ein Fünftel weist zwei Einträge auf, und nur 35 Personen (12%) sind vier bis sechs Mal im *Kürschner* vertreten. Die starke Diskontinuität kann mehrere Ursachen haben: Neben den naheliegenderweise an erster Stelle zu vermutenden Auswirkungen der politischen Systemwechsel, die dazu geführt haben mögen, dass politisch missliebig Gewordene nicht mehr Aufnahme in das Verzeichnis fanden, könnte man die natürliche und kriegsbedingte Mortalität der Population (geboren wurden die im *Kürschner* verzeichneten Soziologen zwischen 1845 und 1915, der Median liegt bei 1886) in Erwägung ziehen. Ein Wechsel der Attraktivität der Soziologie lässt sich aber ebenso als möglicher Grund ins Treffen führen. Mit einiger Sicherheit kann man allerdings einen Zusammenhang zwischen dem Alter und der Häufigkeit der Erwähnung annehmen. Die Ältesten, also jene vor 1869 Geborenen, kommen für Mehrfachnennungen ebenso wenig in Betracht wie die Jüngsten, also die nach 1900 Geborenen. In den drei mittleren Kohorten (Geburtsjahrgänge zwischen 1870 und 1899) liegt der Anteil jener, die höchstens drei Mal im *Kürschner* verzeichnet sind zwischen 72% für die älteste und 92% für die jüngste Kohorte. Mit aller gebotenen Vorsicht wird man behaupten können, die Soziologie habe keine stetig zunehmende Attraktivität aufgewiesen. Die Loyalität gegenüber der neuen Disziplin Soziologie war in dieser Population eher schwach ausgeprägt.

Die Verteilung der 277 Soziologen, die sich wenigstens in einer der sechs Ausgaben des *Kürschners* als solche bezeichneten, über die Erscheinungsjahre weist eine merkwürdige Schiefe auf. Die größte Zahl an Nennungen der Soziologie als dem bzw. einem Fach, dem sich jemand zurechnete, findet man in der Ausgabe von 1935; die geringste 1950. Tabelle 2 (S. 252) würde erlauben, die bekannte These von der Todfeindschaft der Nazis gegenüber der Soziologie zu relativieren, kann aber auch zu deren Unterstützung herangezogen werden. Einerseits könnte man nämlich darauf hinweisen, dass die absolut größte Zahl von Soziologen 1935 zu verzeichnen ist, andererseits ließe sich argumentieren, dass fünf Jahre nach Ende der Nazi-Diktatur die Zahl der Soziologen am niedrigsten ist, was dem eben zu Ende gegangenen Regime kausal zugerechnet werden könnte. Vermutlich liegt die Wahrheit, zumindest hier, in der Mitte: Es ist nicht bekannt, zu welchem Zeitpunkt die Meldungen für die 1935er-Ausgabe in der Redaktion eingingen. Lag dieser deutlich vor dem Erscheinungsjahr, würde die 1935er-Ausgabe daher ein Bild des vorigen oder gar vorvorigen Jahres wiedergeben, also noch kaum Spuren der Nazi-Herrschaft aufweisen. In jedem Fall kann man sagen, dass die Soziologen auf den Regimewechsel nicht sofort mit massiver Abwanderung aus ihrer Disziplin oder der Umbenennung ihres Tätigkeitsfeldes reagierten. Benutzt man dieses Verzögerungsargument auch für die 1950er-Daten, ließe sich die Feindschaft der Nazis gegen die Soziologie dann durchaus eher bestätigt finden als deren Gegenteil, da die Zahl derer, die Soziologie als einziges Fach nannten, gegenüber 1940 wiederum zunahm, während die Gesamt-Attraktivität dieser Disziplin sich noch nicht wieder hergestellt hatte.[11]

Die Daten aus dem *Kürschner* lassen sich unter weiteren Gesichtspunkten analysieren. Die regionale, berufliche und Altersverteilung jener, die sich als Soziologen bezeichneten, lässt sich im Zeitvergleich darstellen. Ergänzend zu den Informationen, die der *Kürschner* liefert, wurde für alle dort Angeführten (Auch-)Soziologen der Ort und das Jahr ihrer Promotion erhoben. Aufgrund der Geburtsorte stammten 83 Prozent aus Deutschland und 12,5 Prozent aus Österreich, jeweils in den historischen Grenzen der beiden Staaten. Ihre Promotion erwarben 89 Prozent an deutschen Universitäten und nur 10 Prozent an österreichischen, woraus man schließen kann, dass es im gesamten hier betrachteten Zeitraum, der ja weiter zurückreicht als der Erhebungszeitraum (drei Viertel der Promotionen erfolgten vor 1925), einen brain drain in Richtung Deutschland gab.

In jedem der Erhebungsjahre findet sich für jeden biografischen Eintrag auch eine Angabe des Orts, an dem der Betreffende zum Zeitpunkt der Meldung lebte. Fast man diese Ortsangaben zu Ländern zusammen, ergibt sich, dass nahezu konstanten 80 Prozent Deutschen zwischen 13 und 19 Prozent in Österreich Tätige gegenüberstehen. Aus nahe liegenden Gründen findet man 1940 nur Staatsangehörige des Dritten Reiches verzeichnet, wobei nur noch drei ehemalige Österreicher mit einer Wiener Adresse um Aufnahme als Soziologen in den *Kürschner* nachsuchten (Jakob Baxa, Hermann Roeder und Oskar Paul Hausmann). 1950 ist der Anteil der Österreicher auf 10 Prozent zurückgegangen, während die zweitstärkste Gruppe von Personen gebildet wird, die sich aus dem nichtdeutschsprachigen Ausland um Aufnahme in den *Kürschner* bemühten; nur zweien gelang es in den folgenden Jahren, an eine deutsche Universität zurückzukehren, aber der Umstand, dass andere sich sozusagen zurückmeldeten, verdient Aufmerksamkeit und darf wohl als Hinweis darauf gedeutet werden, dass sie sich wieder ins Spiel bringen wollten (Theodor Geiger, Hans Gerth, Gustav Gundlach, Rudolf Heberle, Paul Honigsheim, Max Horkheimer, Ernest Manheim und Hellmut Pleßner; aber kein einziger emigrierter Österreicher).

Unter all jenen, die in dem hier betrachteten Vierteljahrhundert jemals Aufnahme im *Kürschner* fanden, ließ sich für 51 Personen zweifelsfrei feststellen, dass sie während der NS-Diktatur ihr Herkunftsland verließen. Das entspricht einer Emigrationsrate von nur 18 Prozent. Es muss allerdings hinzugefügt werden, dass wegen der großen Zahl relativ Unbekannter, deren Wohnort während der NS-Zeit nicht geklärt werden konnte, hier eine Unschärfe der Daten in Rechnung zu stellen ist. Schließt man diese Fälle aus der Betrachtung aus, steigt der Anteil der Emigranten auf 39 Prozent.

Es liegt in der Eigenart eines Who is who, dass die Karrieren der darin Aufgenommenen vergleichsweise umfassend dokumentiert sind, während mit Hinweisen auf andere wünschenswerte sozio-demografische Informationen (Vaterberuf, Religionsbekenntnis etc.) gegeizt wird. Angaben über den Zeitpunkt der Absolvierung verschiedener Karrierestufen lassen sich in mehrfacher Weise für ein Porträt der Soziologen der 1920er bis 1950er Jahre heranziehen. Die Verteilung der Population zu den sechs Erhebungszeitpunkten auf Berufs- bzw. Statuspositionen (Tabelle 3, S. 252) zeigt, dass durchgängig ein Viertel bis fast ein Drittel auf der höchsten akademischen Karrierestufe des ordentlichen Professors anzutreffen war, zählt man die nächste Stufe darunter (die außerordentlichen Professoren) hinzu, sieht man, dass der Anteil der Professoren vor der Machtübertragung an die Nazis auf fast 50 Prozent angestiegen ist (die Gast-, Honorar-, emeritierten und pensionierten Professoren wurden hier nicht berücksichtigt). Die dritte Karrierestufe des Dozenten zeigt über die erste Dekade eine stetige Zunahme der absoluten Werte, ihr Anteil an der Gesamtpopulation sinkt aber ebenso stetig. Zwischen 1926 und 1935 verdoppelte sich die Zahl der habilitierten Soziologen und Auch-Soziologen im deutschen Sprachraum. Alle drei Gruppen zusammengenommen ergeben den Pool der Stellenanwärter bzw. Inhaber professoraler Positionen. Die Zahl der Habilitierten nahm in absoluten Zahlen bis 1935 zu und fiel dann bis 1950 auf ein Drittel jener von 1935 ab. Assistenten als vierte Statusposition betreten bezeichnenderweise erst ab 1940 die

Szenerie, während die Zahl der außeruniversitär Beschäftigten im selben Zeitraum zurückgeht. Jeder Sechste war 1935 allerdings entlassen, emeritiert oder in den Ruhestand versetzt.

Die Daten aus dem *Kürschner* legen zweierlei nahe: Während die absolute Zahl an Soziologen im Verlauf der Nazi-Diktatur zurückging, stieg der Anteil der habilitierten Soziologen kontinuierlich an. Da der Anteil jener, über deren Emigration wir Bescheid wissen, in dieser Personengruppe, wie erwähnt, relativ gering war, wird man den Rückgang nicht als Folge der Exilierung betrachten können, sondern auf die schwindende Attraktivität der Soziologie während der Nazizeit zurückführen müssen. Das ließe auf eine zumindest symbolische Resistenz des Kerns der Soziologen gegen die antisoziologische Stimmung in der Nazi-Zeit schließen. Die ideologische Kampagne gegen die westliche Soziologie und für die deutsche Volkslehre zeitigte nur bei den am unteren Rand des soziologischen Diskurses Angesiedelten Wirkung: 1940 war es nicht mehr chic, sich als Soziologe zu bezeichnen.[12]

(b) Neben der Identifizierung von Soziologen durch Berücksichtigung ihrer Selbstdeklaration besteht die Möglichkeit der Definition der Grundgesamtheit aufgrund der Anwendung einfacher und nachvollziehbarer Kriterien. Unter der Bedingung, dass die zu untersuchende Disziplin sozusagen erst im Entstehen begriffen ist, sind Rückgriffe auf institutionelle Kriterien, wie Personalstandsverzeichnisse von Universitäten, dafür ebenso wenig hilfreich, wie mangels entsprechender Ausbildungsgänge die Verwendung von Informationen über Absolventen unmöglich ist. Aber, es sollte nicht allzu kontroversiell sein, wenn man behauptet, dass jemand dann als Mitglied einer im Werden begriffenen Disziplin betrachtet werden kann, wenn er zu deren literarischem Korpus einen Beitrag geleistet hat. Als Soziologen sollen hier daher all jene betrachtet werden, die im Zeitraum von 1925 bis 1955 in einer der damaligen soziologischen oder soziologie-nahen Fachzeitschriften einen Artikel oder zumindest zwei Rezensionen veröffentlicht haben. Dafür wurden jene Zeitschriften ausgewählt, die einen ‚soziologischen' Titel hatten oder in deren Rezensionsteil eine eigene Abteilung für Soziologie existierte. Das ergab insgesamt 36 Zeitschriften (s. Tabelle 4, S. 253).

Der lange Erhebungszeitraum wurde gewählt, um jene nicht zu diskriminieren, die durch politische Umstände an der Aufnahme oder Fortführung ihrer wissenschaftlichen Karriere behindert worden sein mögen. Langfristige Inhaftierungen, wie im Fall Eugen Kogons, oder die Notwendigkeit, sich nach dem erzwungene Verlassen Österreichs mit Arbeiten über Wasser zu halten, die mit Sozialwissenschaften nichts zu tun hatten, sollten ebenso wenig zu einem Ausschluss aus der Gruppe führen, wie publizistisches Schweigen während der Nazi-Diktatur. Bei der Auswahl der Zeitschriften wurde darauf geachtet, alle jene deutschsprachigen Organe zu berücksichtigen, die als (proto-)professionell bezeichnet werden können. Diesem Kriterium fielen jene Zeitschriften zum Opfer, die Organe einer politischen Partei oder sozialen Bewegung waren, obwohl Sozialwissenschaftler dort publizierten und deren Beiträge durchaus als sozialwissenschaftlich zu qualifizieren sind. *Die Neue Zeit, Der Kampf, Die Gesellschaft, Arbeit und Wirtschaft* und vergleichbare andere Organe standen nur jenen Autoren offen, die die zugrunde liegende Ideologie teilten. Aus diesem Grund wurden auch Organe wie das vom Spann-Kreis edierte *Ständische Leben* und die Schriftenreihe *Herdflamme* und christlich-soziale Organe nicht berücksichtigt. Dass auf der anderen Seite die *Zeitschrift für Sozialforschung*, die bekanntlich auch nicht jedermann offen stand, einbezogen wurde, lässt sich unter Hinweis auf den breiten Kreis der Rezensenten begründen. Aus arbeitsökonomischen Gründen war eine Beschränkung hinsichtlich der benachbarten Disziplinen unerlässlich, aber es wurde versucht, keine soziologie-relevante Publikation zu ignorieren. Psychologische Zeitschriften wurden nicht berücksichtigt, weil in ihren Besprechungsteilen eine eigenen Rubrik für soziologische Werke fehlte und weil in ihnen soziologisch betitelte Aufsätze kaum zu finden sind (auch Sozialpsychologie war damals als Etikett kaum gebräuchlich). Bei den englischsprachigen Zeitschriften war das Professionalisierungskriterium einfacher anzuwenden. In Verfolgung des Kriteriums möglichst weitgehend universalistischen Zugangs wurden Organe, die einer intellektuellen Schule verpflichtet waren, in der Regel nicht berücksichtigt, wie z. B. *Philosophy and Phenomenological Research*. Die Berücksichtigung der Hauszeitschrift der University in Exile *Social Research* ist dem Umstand zu verdanken, dass viele der dort publizierenden Emigranten wegen der leichten Zugänglichkeit dieses Organs darauf verzichtet haben mochten, ihre Beiträge anderen Organen zu offerieren. Schließlich ist als einzige französischsprachige Zeitschrift *Annales* aufgenommen worden, eine Anomalie, die aber aus mehreren Gründen gerechtfertigt erscheinen kann: Disziplinäre Nähe und Prominenz auch außerhalb der Sozialgeschichte sind die wichtigsten beiden (allerdings veröffentlichten nur zwei Österreicher im hier betrachteten Zeitraum in dieser Zeitschrift). Von der Berücksichtigung weiterer französischsprachiger Organe (*Revue International, Cahiers* etc.) wurde abgesehen, weil sich bei einer ersten Durchsicht zeigte, dass faktisch keine ‚Österreicher' in ihnen veröffentlicht hatten.

Als „Österreicher" gilt jemand, der wenigstens zwei Jahre lang in Österreich studiert oder gearbeitet hat. Dieses Kriterium definiert die in das Sample Aufzunehmenden also nicht über so arbiträre Merkmale wie Geburtsort oder Staatsbürgerschaft, sondern institutionell. Der Zeitraum von mindestens zwei Jahren ist lang genug, um jene auszuschließen, die nur vorübergehend in Österreich studiert haben oder deren Aufenthalt so kurz war, dass man nicht annehmen wird können, die institutionellen Gegebenheiten hätten auf ihre weitere Karriere einen Einfluss ausgeübt. René König, der in den 1920er Jahren einige Zeit in Wien studierte (König 1984), fällt daher ebenso wenig in das Sample wie der für die Dauer eines Jahres in Graz lehrende Wilhelm Röpke. Faktisch lebten alle Aufgenommenen mehrere Jahre lang in Österreich. Einige wenige Ausländer, die hier beispielsweise ihr Studium abschlossen, sind daher in das Sample hineingerutscht.[13]

Natürlich konnten nur veröffentlichte Beiträge berücksichtigt werden. Wir wissen über die zu dieser Zeit üblichen Ablehnungsraten von professionellen Zeitschriften nichts. Anekdotische Hinweise über abgelehnte Artikel, die sich in der Literatur finden, erlauben kein generelles Urteil. Für das *American Journal of Sociology*, die führende US-amerikanische Zeitschrift dieses Zeitraums, hat Andrew Abbott gezeigt, dass es damals nur sehr selten zu Ablehnungen kam. (Abbott 1999) Ich nehme daher an, dass für die anderen Zeitschriften ähnliches gilt.

Die Wahl von Aufsätzen und Rezensionen als Kriterien könnte jene benachteiligen, die nur Bücher geschrieben haben, aber abgesehen davon, dass es nicht sehr wahrscheinlich ist, dass jemand nur diese Textgattung benutzte, ist die Benachteiligung von Buchautoren leichter zu verkraften als der Ausschluss jener, die nur die kleineren Formen bedienten. Hinzu kommt, dass bei der Wahl von Büchern als Aufnahmekriterium die Feststellung des Korpus, der daraufhin zu untersuchen wäre, noch problematischer ausfällt als beim Aufsatz als Auswahlmerkmal. Eine Berücksichtigung jedes Buches, das „Soziologie" oder „soziologisch" im Titel oder Untertitel führt, wäre wenig hilfreich: Obskure Werke würden zur Aufnahme des Autors nötigen, während soziologisch bedeutsame Werke bekanntlich nicht immer den Firmennamen im Titel führen müssen. Die durch die Wahl des Zeitschriftenbeitrags erfolgte Absenkung der Eintrittsschwelle schloss andererseits jene aus, deren schriftstellerische Meriten dem prüfenden Blick eines Redakteurs oder Herausgebers nicht standhielten. Für die Emigranten war es schließlich mutmaßlich anfangs leichter, in der fremden Sprache einen Aufsatz zu verfassen als ein Buch herauszubringen, und für die Daheimgebliebenen ist in den ersten Nachkriegsjahren wegen des Papiermangels ein ähnlicher Effekt wahrscheinlich.

Drittens sollte er oder sie im Jahr 1938, dem Jahr in dem die größte Zahl österreichischer Wissenschaftsemigranten das Land verließ, mit einem Universitätsstudium zumindest begonnen haben (das heißt die Aufgenommenen waren vor 1920 geboren worden). Die höchst produktive und erfolgreiche zweite Generation der Emigranten, also jene, die als Kinder oder Jugendliche Österreich verlassen mussten, deren Ausbildung daher keinerlei institutionellen Einfluss tertiärer österreichischer Bildungsinstitutionen aufwies, wurde nicht in die Untersuchung einbezogen.[14]

Auf diesem Weg sollte sichergestellt werden, dass die Auswahl möglichst wenig zugunsten einer der beiden Teilpopulationen (Emigranten und Daheimgebliebene) verzerrt würde. Das Auswahlkriterium – zeitgenössisch als soziologisch bezeichnete Veröffentlichungen von Zeitschriftenaufsätzen oder Rezensionen von soziologischen Werken anderer – ist sehr weit und führt daher zur Einbeziehung von Personen, die man aus anderer Perspektive nicht zur Soziologie zählen würde. Es scheint mir dennoch ein vertretbarer Mangel zu sein, spiegelt er doch zum Teil Gegebenheiten der Soziologie jener Jahre wider.[15] Im Untersuchungszeitraum von Mitte der 1920er bis Mitte der 1950er Jahre bildeten sich die uns heute vertrauten Grenzen des Faches Soziologie erst aus. Das weite Feld, aus dem sich die späteren Soziologen rekrutierten, umfasste Nachbardisziplinen wie Staatsrecht, Rechts- und Sozialphilosophie, Nationalökonomie, Sozialstatistik, Geschichte, Volkskunde, Völkerkunde, andere Geisteswissenschaften und gelegentlich sogar die Medizin, hier vor allem die Sozialhygiene und die Psychiatrie.

Eine Inspektion der Liste der ins Zeitschriften-Sample Aufgenommenen zeigt, dass durchaus manche fehlen. Systematisch unterrepräsentiert sind jene Psychologen, die nur in psychologischen Zeitschriften veröffentlicht haben; unterrepräsentiert sind vermutlich auch Neuzeithistoriker, da diese im Erhebungszeitraum über keine eigene Zeitschrift verfügten und die allgemeinen geschichtswissenschaftlichen hier nicht berücksichtigt wurden. Neben der systematischen Diskriminierung gegenüber diesen beiden Disziplinen dürften aber keine weiteren aufgetreten sein. Das führt zur Frage, um welche Art von Aggregat es sich bei den 265 Personen handelt. Eine Stichprobe aus einer Grundgesamtheit unbekannten Umfangs, deren Größe nahe der der Population zu liegen kommt. Natürlich ist die Stichprobengröße selbst zu klein, um sehr weitgehende statistische Analysen zuzulassen, aber da vermutlich die Population selbst nicht sehr viel mehr Individuen umfassen dürfte, lässt sich dieser Mangel nicht beseitigen. Als weitaus gravierender als die kleine Zahl des Samples erwies sich die Schwierigkeit, personenbezogene Informationen zu finden. Eine Kollektivbiografie, die sich nicht auf Etablierte oder Eliteangehörige beschränkt, stößt rasch an kaum überwindbare Grenzen. Fehlende Einträge in biografischen Nachschlagewerke, widersprechende Informationen und ähnliche Fährnisse reduzieren die Möglichkeiten der Analyse.

Dieses Zeitschriftensample österreichischer Soziologen, wie man es wegen des zentralen Auswahlkriteriums auch nennen könnte, umfasst 26 Frauen (oder 10 Prozent) und 239 Männer. Davon emigrierte jeder Dritte (oder 198 Personen). Ihnen stehen 83 Soziologen gegenüber, die während der Nazijahre daheim blieben. Zu ihnen zählen fünf Personen, die während der Nazizeit lange in KZs inhaftiert waren (und deswegen nicht emigrieren konnten. Mit Ausnahme Eugen Kogons hatten sie in den Lagern alle den Judenstern zu tragen, obwohl der unmittelbare Anlass ihrer Einlieferung zumeist ein politischer war), und 16 weitere, die während der Nazi-Herrschaft zumindest zeitweilig von ihren Positionen suspendiert waren, einige vorübergehend auch in Haft waren. Diskriminierung erfuhren sie als unterlegene Konkurrenten um die Gunst der Nazi-Führer (Othmar Spann und seine Schüler) oder weil sie sich im ständestaatlichen Regime exponiert hatten.[16]

Die große Zahl der Emigranten in diesem Sample kann man nur unter Hinweis darauf erklären, dass sie erst nach ihrer Flucht aus Europa zu professionellen Sozialwissenschaftlern wurden. Hätte es im März 1938 den von den Österreichern freudig willkommen geheißenen Einmarsch deutscher Truppen nicht gegeben, wäre kaum einer der späteren Soziologen daheim dazu geworden. Mitte der 1950er Jahre gab es in Österreich vielleicht fünf im weitesten Sinn soziologisch tätige Universitätslehrer, aber mehr als die zehnfache Zahl ehemaliger Österreicher in der Position eines full professors an amerikanischen Colleges und Universitäten. Da große Anstrengungen unternommen wurden, um sicherzustellen, dass es bei der Auswertung der Zeitschriften zu keiner Bevorzugung einer der beiden Gruppen kam, kann man mit einiger Sicherheit sagen, das Verhältnis von 1 : 3 von Daheimgebliebenen zu Emigranten resultiere nicht aus einer gezielten Auswahl. Es ist die Folge der Vertreibung eines intellektuellen Potentials, das in der günstigeren Umgebung der neuen Heimat(en) professionelle Karrieren in den Sozialwissenschaften erfolgreich einschlagen konnte.

Das Zeitschriften-Sample dient hier einem doppelten Zweck: Zum einen erlaubt es den Vergleich von Emigranten mit Daheimgebliebenen und zum anderen wird die Teilpopulation der aus Österreich Emigrierten benutzt, um sie mit emigrierten deutschen Soziologen zu vergleichen, die aus einer ähnlichen Untersuchung hervorgegangen sind.

(c) Klemens Wittebur (Wittebur 1991) versuchte in seiner Dissertation, die Gruppe der aus Deutschland exilierten Soziologen systematisch zu erfassen. Er legte seiner „biographischen Kartographie" eine sehr weite Definition von Soziologie zugrunde und benutzte ein mehrstufiges Kriterium, das „oben" bei facheinschlägigen Professuren und Habilitationen beginnt und bis zu literarischen Beiträgen „unten" reicht. Mindestens mussten die Einbezogenen vor ihrer Emigration ein Studium abgeschlossen haben, und sie sollten in der Regel danach noch in Deutschland als Soziologen im weitesten Sinn beruflich oder literarisch tätig gewesen sein. Natürlich ist die Auswahl bei den Statushöheren trennschärfer als bei denen, die nur auf Grund ihrer als soziologisch klassifizierten Veröffentlichungen einbezogen wurden. Eine gewisse Willkür ist hier unvermeidlich, doch Wittebur hat immerhin versucht, über die ranghohen Positionen hinaus gehend nach Soziologen zu fanden. Er kommt auf die Zahl von 10 Soziologinnen (oder 7%) und 131 Soziologen. Aus nahe liegenden Gründen finden sich unter den 141 von Wittebur Berücksichtigten auch einige, die auch zur Gruppe der emigrierten österreichischen Soziologen gerechnet werden können.[17] Das Zeitschriften-Sample und die von Wittebur zusammengestellte Gruppe deutscher Soziologen im Exil sollten die Gesamtheit der emigrierten deutschsprachigen Soziologen in ausreichendem Maße abdecken.

(d) Eine weitere Möglichkeit der Identifizierung der Population der deutschsprachigen Soziologen kann auf Nominierungen durch Fachleute zurückgreifen. Das Verfahren kann, wie im Fall der *International Encyclopedia of the Social & Behavioral Sciences,* sehr restriktiv gehandhabt werden und auf die 140 Bedeutendsten aller Zeiten beschränkt sein oder bei der Inklusion liberaler vorgehen, wie im Fall eines biografischen Nachschlagewerkes. Das *Internationale Soziologenlexikon (ISL)* hat im vorliegenden Zusammenhang den Vorzug, nicht unter dem Gesichtspunkt der Emigrationsforschung erstellt worden zu sein. Von den in den beiden Bänden der zweiten Auflage Aufgenommenen wurden jene 292 ausgewählt, die nach 1850 und vor 1920 geboren wurden, also dem Alterskriterium entsprechen, das bei der Erstellung der anderen Samples Anwendung fand. Nicht berücksichtigt wurden Personen, die sich erkennbar um keine akademische Karriere bemüht hatten, weil deren Einbeziehung in das Lexikon sehr selektiv erfolgte.[18] Die Beiträge sind nicht immer gut recherchiert und das Lexikon wurde oft genug deswegen kritisiert. Für den vorliegenden Kontext eignet es sich jedoch nicht nur wegen des Fehlens eines Bias in Richtung Emigrationsforschung, sondern auch aus einem weiteren Grund: Trotz des kosmopolitischen Titels berücksichtigt das ISL den deutschen Sprachraum umfassender als andere. Das aus dem ISL gewonnene Sample setzt sich aus 275 Soziologen und 17 Soziologinnen (das sind 6%) zusammen, 235 (oder 81%) waren Deutsche, 50 (oder 17%) waren Österreicher, und 7 Deutschsprachige (oder

2%) waren anderen Ländern, vor allem der Tschechoslowakei, zugeordnet. Einige wenige verbrachten gewisse Zeiten ihrer Karrieren an Universitäten des jeweiligen anderen deutschsprachigen Landes. Die 123 Emigranten machen 42 Prozent des Samples aus, wobei die Emigrationsrate der Österreicher deutlich höher als die der Deutschen war (56% zu 38%).

Ergänzend wird ein vergleichsweise kleinerer Datenbestand über die deutschen und österreichischen Rockefeller Fellows herangezogen. Die Funktionäre und Berater der Rockefeller Foundation können unter dem hier gewählten Gesichtspunkt als zeitgenössische peers betrachtet werden, die im Gegensatz zu den nachgeborenen peers, die das ISL und die Enzyklopädien berieten, vor dem Problem standen, vielversprechende Kandidaten zu finden. Im Gegensatz zu denjenigen, die überlebt haben und deren Reputation bis zum Zeitpunkt der Auswahl für das ISL nicht verfiel, mussten die Stiftungsmitarbeiter und deren Berater kreative Potentiale identifizieren. Das kleine Sample gleicht also die Gerontokratielastigkeit aller rückblickenden Auswahlen ein wenig zugunsten zeitgenössischer Relevanzkriterien aus. 84 Deutsche und 35 Österreicher erhielten vor 1941 von der sozialwissenschaftlichen Abteilung der Rockefeller Foundation (bzw. deren Vorgängerin dem Laura Spelman Rockefeller Memorial) ein Stipendium, darunter 9 Frauen (oder 8%).

Die Rockefeller Foundation nahm nach dem Ende des Zweiten Weltkriegs ihr Förderungsprogramm für europäische Sozialwissenschaftler wieder auf, aber die wenigen Studenten, die in den ersten Jahren auf diesem Weg gefördert wurden, werden nur dann einbezogen, wenn sie auch in einer anderen Quelle nachgewiesen werden konnten. Viele der Vorkriegs-Rockefeller Fellows emigrierten zu irgendeinem Zeitpunkt während oder nach der Zeit als Stipendiaten, einige wenige, wie Albert O. Hirschman oder Svend Riemer, traten ihr Stipendium bereits von einem Exilland aus an, weswegen sie in den Aufzeichnungen der RF als von dort entsandt verzeichnet sind. Die Vorerfahrungen im Ausland machten später emigrierende ehemalige Rockefeller Fellows vermutlich zu einer privilegierten Exilantengruppe. Immerhin befanden sich im Jahr 1950 von 71 deutschen und österreichischen Vorkriegs-Fellows, über die diesbezügliche Informationen vorliegen, 32 in den USA, drei in Großbritannien, vier in nichteuropäischen Ländern und zwei in der Schweiz. Hingegen befanden sich nur 25 (von 46 früheren) Stipendiaten wieder in Deutschland und nur fünf (von 25) wieder in Österreich. Die Emigrationsrate (in das nichtdeutschsprachige Ausland) lag in dieser Gruppe bei 55 Prozent. (Rockefeller Foundation 1951)

Von den 32 Neo-Amerikanern, die zwischen 1925 und 1941 ein Rockefeller Fellowship bekommen hatten, unterrichteten 20 als full professors an

Probleme beim Schreiben einer Kollektivbiografie deutschsprachiger Soziologen

Universitäten oder Colleges (je zwei in Berkeley, Chicago, Princeton, der University of California Los Angeles), während von den 27 früheren Stipendiaten, die sich wieder in Deutschland oder Österreich befanden, 19 Deutsche und nur ein Österreicher in Institutionen der höheren Bildung tätig waren.

1972 veröffentlichte die RF ein weiteres Verzeichnis ihrer ehemaligen Fellows. Zieht man die dort angeführten Adressen heran, um nochmals die Wanderungsbewegungen zu prüfen, ergibt sich für die Gruppe jener, die vor 1941 ihr Stipendium angetreten hatte, dass sich von 61 Personen über die Daten vorliegen (10 waren in der Zwischenzeit verstorben), 30 in den USA befanden, drei in Großbritannien und drei in anderen europäischen oder außereuropäischen Ländern. 24 lebten in Deutschland und nur einer in Österreich. Die Langzeit-Emigrationsrate aus Deutschland und Österreich betrug damit (wenn man die Verstorbenen unberücksichtigt lässt) 41 Prozent; die aus Österreich allerdings 95 Prozent. (Rockefeller Foundation 1972)

Alle Samples zusammengenommen ergeben mit einiger Sicherheit so etwas wie die Population deutschsprachiger Soziologen der dreißiger und vierziger Jahre des 20. Jahrhunderts. Zwar könnte man die Namen einiger anführen, die in keinem dieser Samples enthalten sind und von denen man mit einigem Recht sagen könnte, dass sie zur hier konstituierten Population zu zählen wären, da aber ihre ‚Entdeckung' gleichsam zufällig zustande kam, bleiben sie im Folgenden unberücksichtigt.[19] Die kleine Zahl derer, die man noch hinzuzählen könnte, ist ein weiterer Hinweis darauf, dass alle Samples zusammengenommen die Grundgesamtheit nahezu vollständig erfassen. Es hieße die Betrachtung auf den Kopf zu stellen, wenn man nun allerdings die Behauptung aufstellen würde, zwischen ca. 1925 und ca. 1955 habe es im deutschen Sprachraum insgesamt 826 Soziologinnen und Soziologen gegeben. Richtig wäre es zu behaupten, dass die Population, aus der – nach jeweils zu begründenden Kriterien – Soziologen extrahiert werden können, diesen Umfang hatte.

Die wenigen Hinweise auf Ergebnisse einer Kollektivbiografie deutschsprachiger Soziologen im zweiten Drittel des 20. Jahrhunderts sind hier nicht mehr als die Ankündigung dessen, was mit einem derartigen Datensatz gemacht werden kann. Die ausführliche Diskussion von methodischen Problemen, die hier erfolgte, weist aber vielleicht über den Fall, der hier behandelt wird, hinaus und könnte für andere wissenschaftssoziologische und -historische Analysen Anregungen bieten.

Christian Fleck

Anmerkungen

* Ich danke den beiden anonymen Gutachtern für ihre detaillierte Lektüre einer früheren Fassung dieses Aufsatzes und hoffe, dass die vorliegende Version wenigstens einige ihrer Bedenken auszuräumen in der Lage ist. Die Aufsatzform nötigte mich zu manchen knappen Formulierungen, und ich kann die interessierten Leser nur darauf verweisen, dass demnächst eine umfassendere Veröffentlichung zu diesem Thema erscheinen wird.
1 Beispiele dafür: Edgcomb (1993) macht junge Emigranten zu Professoren; Oakes & Vidich (1993) schreiben Hans Gerth deutsches Professorenverhalten zu, obwohl er das nie war.
2 Everett Ch. Hughes verwendete diesen Begriff sowohl bei der Analyse der von ihm gemeinsam mit Howard S. Becker, Anselm Strauss durchgeführten Untersuchung über die Ausbildung von Mediziner als auch in einer langen Rezension von Lazarsfeld's *Academic Mind*. Wiederabgedruckt in Hughes (1971). Die Verwandtschaft und Rivalität mit Mertons locals ist augenscheinlich, s. dazu Merton (1968).
3 Im Rahmen der Edition seiner Schriften wird hoffentlich auch etwas über den Inhalt einer von ihm in Zürich gehaltenen Vorlesung über amerikanische Soziologie bekannt werden. Für seine Sicht s. König (1984).
4 Dieses Urteil Malcolm W. Davis' wird auch dadurch nicht relativiert, dass seine Wiener Auskunftspersonen offenkundig genau dem von ihm skizzierten Muster entsprachen, Davis an Duggan, May 21, 1938, Emergency Committee in Aid of Displaced Foreign Scholars (im Folgenden EC), file ,Situation in Austria', box 153, New York Public Library, Humanities and Social Science Library, Manuscript and Archive Division.
5 E. C., file ,Engel-Janosi', box 6a, NYPL.
6 Burke (1988) verfährt im Prinzip ebenso, der Unterschied zu Zilsel, der über dieselbe Epoche und denselben Personenkreis arbeitete, besteht allerdings darin, dass Burke geradezu akribisch dokumentiert, wie er wen ausgewählt hat.
7 Das widerspricht lieb gewordenen Stereotypien über die schlampigen Österreicher und ist doch wieder nicht ganz überraschend, weil es sich ja um die Wiederholung einer nach 1933 schrittweise entwickelten Vorgangsweise handelte, die bei ihrem zweiten Einsatz darauf bauen konnte, dass wiederum kaum Proteste laut werden und auch in Wien die Entlassenen sich ihrem Schicksal fügen würden.
8 Zwei andere früh gegründete Zeitschriften, das *Archiv für angewandte Soziologie* und das *Jahrbuch für Soziologie*, erschienen nur kurze Zeit. *Sociologus* und die *Zeitschrift für Sozialforschung* können aus unterschiedlichen Gründen – die Ausrichtung auf Völkerpsychologie im einen Fall und die erzwungene Exilierung im anderen Fall – hier außer Betracht bleiben.
9 Das ließe sich auch mit Bezug auf die *Zeitschrift für die gesamten Staatswissenschaften* zeigen.
10 Für die Soziologie in Österreich zeigt sich die Besonderheit, dass es erst zehn Jahre nach Einführung einer soziologischen Studienrichtung zur Gründung einer Fachzeitschrift, der *Österreichischen Zeitschrift für Soziologie*, kam.
11 In der nächsten Ausgabe des *Kürschner* von 1954 verdoppelte sich die Zahl der Gesamtnennungen der Soziologie auf 84.
12 Zu jenen, die sich nur als Vertreter der Soziologie bezeichnen ließen, gehörten auch so eminente Nazis wie Franz Jerusalem, Hans L. Stoltenberg und Andreas Walther;

Probleme beim Schreiben einer Kollektivbiografie deutschsprachiger Soziologen

Soziologie an erster Stelle nannten Willy Gierlichs, Leopold von Wiese, Johann Plenge, Max Rumpf und Karl Heinz Pfeffer.

13 In ihrer Analyse der Nobelpreisträger der Physik und Chemie benutzten Crawford, Heilbron & Ullrich (1987) ebenfalls ein Aufenthaltskriterium, wählten allerdings den weitaus längeren Zeitraum von acht Jahren. Wegen der politischen Brüche verbot sich ein derart langer Zeitraum.

14 Man könnte argumentieren, dass allein schon der Besuch eines Gymnasiums einen Einfluss auf die künftige intellektuelle Entwicklung ausübte, aber da das Gymnasialcurriculum dieser Jahre mit Sicherheit keine besondere Offenheit gegenüber den Sozialwissenschaften zeigte, besteht keine Veranlassung dieser Hypothese zu folgen.

15 Beispielsweise wählten Ludwig Mises und Erich Voegelin 1931 als disziplinäre Selbstbeschreibung Soziologie, während Othmar Spann, Adolf Günther und Hans Kelsen sich für andere Disziplinen entschieden; Kürschner 1931.

16 Ausländer, die ein Studium in Österreich absolvierten, werden im Folgenden zu den Emigranten gezählt. Die Namen von 34 dieser Österreicher findet man auch im ISL verzeichnet.

17 Die Entscheidung darüber, wer als Österreicher und wer als Deutscher zu betrachten ist, ist im Einzelfall nicht immer eindeutig zu treffen. Im Wittebur-Sample finden sich die Namen von acht Soziologen, die im Zeitschriften-Sample als Österreicher geführt werden (Franz Borkenau, Martin Buber, Emerich Francis, Friedrich O. Hertz, Hans Kelsen, Emil Lederer, Ernest Manheim und Karl Pribram). Weiterhin finden sich 46 der von Wittebur berücksichtigten Deutschen auch im ISL-Sample.

18 Beispielsweise gilt das für Otto Bauer.

19 Dazu gehören vier Gruppen: Erstens diejenigen, die nach Meinung mancher, literarisch zu diesem Fach etwas beigetragen haben, aber sich nie als professionelle Soziologen betrachtet hätten – wozu man Otto Bauer, Hermann Broch und Elias Canetti zählen kann; zweitens jene, die nur kurze Zeit in diesem Feld tätig waren und die Soziologie freiwillig oder gezwungen verließen – hierher gehören beispielsweise Gisèle Freund, Otto Leichter, Nina Rubinstein, Elisabeth Zerner; drittens jene, die an kleineren Colleges Soziologie unterrichteten, aber kaum oder nur wenig veröffentlichten und deswegen weder durch die Zeitschriftenrecherche noch von den anderen Samples erfasst wurden: ihre Namen erfährt man eher zufällig; viertens ist natürlich die Gruppe der Privatgelehrten in jedem Fall unscharf und lädt daher geradezu zu Ausdehnungen ein.

Literatur

Abbott, Andrew. 1999. *Department & Discipline: Chicago Sociology at One Hundred.* Chicago: Chicago University Press.

Burke, Peter. 1988. *Die Renaissance in Italien. Sozialgeschichte einer Kultur zwischen Tradition und Erfindung.* Aus d. Engl. von Reinhard Kaiser. München: Deutscher Taschenbuch-Verlag.

Crawford, Elisabeth T. J. L. Heilbron, and Rebecca Ullrich. 1987. *The Nobel population 1901–1937 a census of the nominators and nominees for the prizes in physics and chemistry.* Berkeley: Office for History of Science and Technology, University of California.

Edgcomb, Gabrielle Simon. 1993. *From swastika to Jim Crow refugee scholars at Black colleges.* Malabar, Fla: Krieger Pub. Co.

Engel-Jánosi, Friedrich (1974) . . . *aber ein stolzer Bettler. Erinnerungen aus einer verlorenen Generation.* Graz: Styria.

Hughes, Everett Cherrington. 1971. *The sociological eye selected papers.* Chicago: Aldine-Atherton.

König, René. 1984. *Leben im Widerspruch. Versuch einer intellektuellen Autobiographie.* Frankfurt: Ullstein.

Lepenies, Wolf. 1985. *Die drei Kulturen. Soziologie zwischen Literatur und Wissenschaft.* München: Hanser.

Mannheim, Karl. 1964. *Wissenssoziologie Auswahl aus dem Werk.* Berlin: Luchterhand.

Merton, Robert K. 1938. *Science, technology and society in seventeenth century England.* Bruges, Belgium, Saint Catherine Press.

— 1968. *Social theory and social structure.* New York, Free Press.

Oakes, Guy, and Arthur J. Vidich. 1999. *Collaboration, reputation, and ethics in American academic life: Hans H. Gerth and C. Wright Mills.* Urbana, Il: University of Illinois Press.

Rockefeller Foundation. 1951. *Directory of fellowship awards.* New York: Rockefeller Foundation.

Rockefeller Foundation. 1972. *Directory of fellowship and scholarships 1917–1970.* New York: Rockefeller Foundation.

Röder, Werner & Herbert A. Strauss (1980–1983) Hrsg. *Biographisches Handbuch der deutschsprachigen Emigration nach 1933.* 3 Bde. München: Saur.

Shils, Edward A. 1982. Tradition, Ecology, and Institution in the History of Sociology. *The Constitution of Society,* 275–383. Chicago: University of Chicago Press.

Wittebur, Klemens. 1991. *Die deutsche Soziologie im Exil 1933–1945. Eine biographische Kartographie.* Münster: Lit.

Zilsel, Edgar. 1926. *Die Entstehung des Geniebegriffes.* Tübingen: Mohr.

Tabelle 1: Deutsche und Österreicher im Vergleich

Auf je 100 deutsche ...	... kamen ... Österreicher
Einwohner (1930er Jahre)	10
Universitäten (1930er Jahre)	13
Studenten (1930er Jahre)	15
Universitätslehrer (1930er Jahre)	30
Entlassene Professoren (1933/44 bzw. 1938)	34
Vom Emergency Committee Unterstützte (1933–1944)	20
Rockefeller Fellows (1925–1941)	40
Emigrierte Nationalökonomen (1933–1945)	43
Bedeutende Sozialwissenschaftler (20. Jahrhundert)	77

Quellen: Bevölkerung: Brian R. Mitchell, *International historical statistics: Europe, 1750–1988*, New York: Stockton Press, 1992;

Universitäten, Studenten und Universitätslehrer: Hartmut Titze, (Hrsg.), *Handbuch der deutschen Bildungsgeschichte, Bd. 1 Hochschulen*, Teil 1, Göttingen: Vandenhoeck & Ruprecht 1987; Irma Völlmecke, Österreichische Hochschulstatistik 1829 bis 1979, in: *Geschichte und Ergebnisse der zentralen amtlichen Statistik in Österreich 1829–1979*, (= Beiträge zur österreichischen Statistik H. 550 A).

Rockefeller Fellows: Rockefeller Archive Center (RAC) Sleepy Hollow, New York, Fellowship Cards.

Entlassene Professoren: (für Deutschland) *A Crisis in the University World*, published by the Office of the High Commissioner for Refugees (Jewish and others) coming from Germany, March 1935. (Für Österreich) Society for the Protection of Science and Learning, formerly Academic Assistance Council, *Fourth Report*, London November 1938.

Emergency Committee: Akten des Emergency Committee in Aid of Displaced German Scholars, New York Public Library, Rare Book and Manuscript Division, New York; Stephen Duggan & Betty Drury, *The rescue of science and learning, the story of the Emergency Committee in Aid of Displaced Foreign Scholars*, New York: Macmillan 1948.

Emigrierte Nationalökonomen: Claus-Dieter Krohn & Harald Hagemann (Hrsg.), *Biographisches Handbuch der deutschsprachigen wirtschaftswissenschaftlichen Emigration nach 1933*, München: Saur 1999.

Bedeutende Sozialwissenschaftler: Neil Smelser & Paul Baltes (eds.) *International Encyclopedia of the Social & Behavorial Sciences*, Amsterdam: Elsevier 2001.

(Eigene Berechnungen)

Tabelle 2: Zahl der Soziologen in den Ausgaben des Kürschners 1926 bis 1950

Jahr	Gesamt (Soziologie als eines von mehreren Fächern genannt)	Davon Soziologie als alleinige Fachzuordnung in Prozent (abs.)
1926	56	15 (13)
1928	108	20 (16)
1931	131	21 (26)
1935	161	23 (34)
1940	53	23 (12)
1950	42	64 (27)

Tabelle 3: Verteilung der im Kürschner verzeichneten Soziologen auf Statuspositionen (Spaltenprozent)

Status-gruppen	1926 %	n	1928 %	n	1931 %	n	1935 %	n	1940 %	n	1950 %	n
O. Prof.s	30	17	25	27	32	42	28	44	28	15	31	13
ao. Prof.s	18	10	10	11	16	21	10	16	23	12	17	7
Dozenten	25	14	17	19	17	22	18	29	15	8	14	6
Habilitierte, insg.	73	41	62	57	65	85	56	89	66	35	62	26
Assistenten	0	0	1	1	1	1	2	3	6	3	7	3
Hon.-, Gast.-, Emerit., i. R., u. ä. Prof.s	2	1	6	6	8	10	14	23	17	9	14	6
außeruniv. Berufe	25	14	41	45	27	35	28	45	11	6	17	7
Gesamt	100	56	100	109	100	131	100	160	100	53	100	42

Tabelle 4: Zeitschriften, die benutzt wurden, um österreichische Soziologen zu identifizieren

14 deutschsprachige Zeitschriften	22 amerikanische, englische und französische Zeitschriften
Archiv für angewandte Soziologie	American Journal of Sociology
Archiv für Rechts- und Wirtschafts- oder Sozialphilosophie	American Sociological Review
	Annales. Économies, societés, civilisations
Archiv für Sozialwissenschaft und Sozialpolitik	British Journal of Sociology
Ethos	Economic Development and Cultural Change
Jahrbuch für Soziologie	
Kölner Vierteljahrshefte für Soziologie, später: Kölner Zeitschrift für Soziologie (und Sozialpsychologie)	International Journal of Opinion and Attitude Research
	International Postwar Problems
Soziale Welt	Human Relations
Jahrbuch für Sozialwissenschaft	Journal of Economic History
Volksspiegel	Journal of Social Issue
Weltwirtschaftliches Archiv	Journal of Social Philosophy. A Quarterly devoted to a philosophical synthesis of the social sciences
Zeitschrift für Nationalökonomie	
Zeitschrift für öffentliches Recht	
Zeitschrift für Sozialforschung/Studies in Philosophy and Social Science	Science and Society
	Social Compass
Zeitschrift für Völkerpsychologie und Soziologie/Sociologus	Social Forces
	Social Problems
	Social Research
	Sociometry
	Sociological Analysis (formerly: American Catholic Sociological Review)
	Sociological Review
	Sociology and Social Research (formerly: Journal of Applied Sociology)
	The Sociological Review

Manfred E. A. Schmutzer

Gesellschaft per Entwurf[1]

1. Wie ist Gesellschaft möglich?

Ohne allzu große Vereinfachung lässt sich sagen, dass die Wissenschaft von der Gesellschaft, von A. Comte spannenderweise an der ersten Technischen Hochschule der Welt – der Ecole Polytechnique in Paris – begründet und vertreten, um obiges zentrales Thema kreiste. Die Antworten auf diese Frage fielen, wie nicht anders zu erwarten ist, unterschiedlich aus. Comte bemühte sich dabei, Gesetzmäßigkeiten in der Gesellschaftsentwicklung aufzuzeigen. In der von ihm so benannten neuen Wissenschaft der „Soziologie" bemühte er sich, in Anlehnung an die in der Ecole dominierenden Naturwissenschaften Gesetzmäßigkeiten zu entdecken, die in Anbetracht der rasanten gesellschaftlichen Entwicklungen eine neue Form der Verwaltung und Ordnung der Gesellschaft erlauben. Es war nämlich – und das ist vielen nicht bewusst – der vorrangige Zweck der neugegründeten Hochschule, zunächst eine neue Klasse von Staatsbeamten hervorzubringen, die sowohl gedanklich wie auch persönlich vom „Ancien régime" abgehoben war. Im Gegensatz zu den an den Universitäten humanistisch, juristisch und philosophisch ausgebildeten Beamten der früheren Epoche war die neue Generation mathematisch und naturwissenschaftlich orientiert. Ihr Denken war folglich eher an den Gesetzen der Physik oder der Wahrscheinlichkeit und Statistik orientiert als an jenen rechtlicher Codices oder der Philosophie.

Comte war sich allerdings der Tatsache bewusst, dass die wissenschaftliche Untersuchung der Gesellschaft nicht einfach als eine andere Art von Physik betrieben werden konnte. Nichtsdestoweniger bezeichnet er die Soziologie auch als „soziale Physik", vermutlich um ihren wissenschaftlichen Status zu betonen, aber auch um auf die Notwendigkeit faktischer Erkenntnis und positiver Forschung zu verweisen. Comtes Antwort auf obige Frage war demnach keine sachliche, sondern eine methodische. Wenn man wissen will, wie Gesellschaft möglich ist, so haben wir sie faktisch zu erforschen. Auslöser für das neue Interesse und die Art, wie die Frage beantwortet werden könnte, war allerdings die gesellschaftliche Entwicklung selbst.

Manfred E. A. Schmutzer

Der heute gängige Terminus für die Gesamtheit dieser Entwicklungen ist „Moderne". Mit diesem Begriff werden die keineswegs parallelen, sondern ineinander verschränkten Prozesse von Industrialisierung, zunehmender Verwissenschaftlichung, Ökonomisierung, Demokratisierung vieler Bereiche, Urbanisierung etc. bezeichnet.

Diese neuen Erfahrungen ließen ein neues Verständnis des Zusammenlebens entstehen, das mit dem Begriff der „Gesellschaft" seine gängige Bezeichnung fand. Die Weise dieses neuartigen Zusammenlebens hob sich sehr wesentlich von der früheren ab, sodass Tönnies' (1887) Begriffspaar von „Gesellschaft" und „Gemeinschaft" seine faktische Berechtigung hat. Allerdings, könnte man fälschlich daraus folgern, würden dann prä-moderne Formen des Zusammenlebens nicht mehr in den Zuständigkeitsbereich der Soziologie fallen. Tatsächlich werden aber diese Veränderungen des politischen Lebens weg von erblichen Oligarchien hin zu repräsentativen Parteien gleichfalls studiert. Der Begriff „Gesellschaft" hat somit eine umfassende und eine eingeschränkte Bedeutung. Es hat sich quasi der Begriff zwischenzeitlich von seiner eigenen Herkunft emanzipiert. Dies festzuhalten ist nicht unwesentlich, weil ansonsten die Frage „Wie ist Gesellschaft möglich?" zu einer rein akademischen verkommt.

Für Comte und eine lange Reihe seiner Nachfahren war dies aber keinesfalls so. Vor allem Frankreich des ausgehenden 18. und des 19. Jhdt. war ein Ort repetitiver gesellschaftlicher Umbrüche, doch auch Großbritannien und Deutschland waren davor nicht gefeit, so wenig wie die österreichische Monarchie. Es wäre zu weitführend, auf die Ursachen dieser Volatilität im Detail einzugehen, so wie auch auf die diversen politischen Versuche, damit zu Rande zu kommen.

Für die Soziologen der Zeit war eines ziemlich klar, dass man nämlich Wege zu einer neuen Moral zu suchen und zu finden hätte. Das gilt für Comte, der den Weg dorthin nicht mit Philosophie, sondern mit Wissenschaft ausgerüstet finden wollte, und noch viel mehr für E. Durkheim. Moral spielte im Denken Durkheims eine wesentliche, doch keineswegs die einzige Rolle. Sie figuriert in seinem Ansatz als eine notwendige Bedingung, um Gesellschaft möglich zu machen, doch keineswegs auch schon als eine hinreichende. Für ihn sind soziale Tatbestände solche, die zwingend sind, d. h. denen sich der Einzelne nur um einen hohen Preis entziehen kann. Eine Form dieses Zwanges ergibt sich aus der Arbeitsteilung, die jeden auf die Kooperation mit anderen angewiesen sein lässt. Diese Aufteilung der Arbeit änderte sich aber im 19. und im 20. Jhdt. gewaltig, wobei technischer Fortschritt eine bedeutende, wenn auch nicht die alleinige Rolle spielt. Diese Anmerkung vorweg, um dem Leser anzudeuten, wohin meine Argumentationslinie führt. Technik, vor allem in ihrer materiellen Manifestation, ist für Durkheim nur eine Variante des vorherrschenden gesellschaftlichen Zwanges. Er verweigert somit den Artefakten nicht a priori eine gewisse soziale Bedeutung, doch gilt sein Hauptaugenmerk anderen Determinanten, der Moral, der Arbeitsteilung, der Religion und später auch den kulturspezifischen Denk- und Wissensformen.

Max Weber kennt dieses Problem des sozialen Zwanges nicht. Für ihn ist das handelnde Individuum Ausgangspunkt seiner Überlegungen, und er beschreibt die Prozesse und Formen, die aus diesen Handlungsmustern entstehen. Prozesse der Vergesellschaftung sind dabei für ihn deshalb von besonderem Interesse, weil sich in ihnen verwirklicht, was aus seiner evolutionistischen Sicht unausweichlich ist, die Entzauberung der Welt oder um dasselbe mit anderen Worten zu wiederholen, die zunehmende Rationalisierung der Welt. Genau genommen hat also Weber mit der Frage „Wie ist Gesellschaft möglich?" nichts zu schaffen. Gesellschaft ist ein Faktum, das sich zwar im Laufe der Geschichte ändert, dessen Metamorphosen aber einer Eigengesetzlichkeit unterliegen und daher auch nicht obwaltender Sorge anvertraut werden müssen. Aus der Perspektive unserer augenblicklichen Thematik gesehen könnte man Weber folglich schlicht übergehen, wäre nicht ein anderer relevanter Aspekt zu berücksichtigen. Sein Zug der Zeit fährt zwar nicht nach Plan, aber in Richtung Planbarkeit und Kalkulierbarkeit. Übergehen wir die primäre idealtypische Unterscheidung von Wertrationalität im Gegensatz zur Zweckrationalität, so differenziert er letztere indem er zwischen „formaler" und „materialer" Rationalität unterscheidet. Charakterisiert er diese als Kalkulation der Mittel in Relation zu angestrebten Zwecken, so ist jene in der Kalkulierbarkeit und Vorhersehbarkeit der Handlungsabläufe und Verfahren gegeben. Zwar ist es nicht übertrieben zu sagen, dass auch Weber der Technik nur geringe Aufmerksamkeit schenkt, aber immerhin bestimmt er den Begriff „Technik" als den Einsatz von Mitteln in Hinblick auf gesetzte Zwecke. Festzuhalten ist dabei, dass Weber einen sehr weit gefassten Technikbegriff pflegt. Für Techniksoziologen kann es dabei nicht gleichgültig sein, dass Weber gleichberechtigt auch von „Verwaltungstechnik", „Herrschaftstechnik" oder „Erziehungstechnik" u. ä. spricht. Und es wäre nicht Weber, wenn er nicht einen Begriff von „rationaler Technik" offerieren würde, der die eingesetzten Mittel aus der Perspektive kalkulatorischer Angemessenheit bewerten würde. „Ohne die rationale Kalkulation als Unterlage der Wirtschaft . . . würde auch die rationale Technik nicht entstanden sein" (Weber, 1921, S. 33).

Weber übersieht in seinen Studien in vielen Fällen die Bedeutung von Technologien keinesfalls. Wiederholte Male verweist er auf die Bedeutung von speziellen Technologien für die Realisierung spezifischer sozialer Strukturierungen, z. B. auf die Wichtigkeit moderner Verkehrs- und Kommunikationstechnologien für bürokratische Verwaltungsapparate. Aber auch umgekehrt verweist er auf den Umstand, dass viele neue Techniken – etwa das Schießpulver – ohne begleitende neue soziale Techniken erfolglos geblieben wären. Im genannten Fall war die notwendige Bedingung die Durchsetzung einer „rationalen Disziplin" der Soldaten. Da er auf die großen Erfolge solcher Disziplinarsysteme auch in anderen historischen Epochen verweist, etwa die Hoplitenheere Griechenlands oder die Phalanx der Makedonier, relativiert Weber die Bedeutung der Technologien wieder und kommt schlussendlich zu der Aussage, dass „die Art der Waffe Folge, nicht Ursache der Disziplinierung war." (Weber, 1921, S. 683) Daraus kann man erkennen, dass der Motor seiner Evolution eben soziale Entwicklungen sind, und zwar vorrangig die zunehmende Rationalität.

Werfen wir nun noch einen Blick auf eine andere soziologische Schule, die sich zwar auch aus den Bestrebungen der Aufklärung herleitete, sich aber früh von ihren europäischen Wurzeln löste, nämlich den amerikanischen Pragmatismus, begründet von C. S. Peirce, vorrangig aber von J. Dewey, W. James and G. H. Mead vertreten, so sehen wir auch dort eine ähnliche Präferenz für soziale und dabei wieder moralische Dominanz, wenn es darum geht, die eingangs gestellte Frage zu beantworten. Ganz im Gegensatz zu Durkheim und Comte, für die das Soziale primär und dominant ist, ist in den Augen von James und Dewey das einzelne Individuum der einzig mögliche Ausgangspunkt. Moralität bestimmt sich demnach auch aus einem entsprechenden individualistischen Kalkül. Folgerichtig entsteht Gesellschaft auch, wenn ein solches EGO auf ein entsprechendes ALTER stößt und beide nun in einen kommunikativen Prozess der Verständigung eintreten. Der Pragmatismus ist in seiner Grundidee utilitaristisch und liberal demokratisch. Man kann ihn als Gegenbewegung zu der deterministischen Position der Franzosen verstehen. Konsequenterweise vertritt James daher auch einen weit reichenden Pluralismus, der nicht nur Naturgesetzlichkeit in Frage stellt, sondern alternativ dazu die Bedeutung einzelner Ereignisse und folglich empirischer Erhebung herausstreicht. Theorien werden dadurch zu Techniken im Weber'schen Sinn, also einzig zu Mitteln für bestimmende Zwecke. Aber nicht nur Theorien werden zu Instrumenten, sondern Technik ist mehr oder weniger alles, was zur Realisierung von Wünschen eingesetzt werden kann. Doch diese Wünsche und Intentionen werden selbst einem wissenschaftlich erarbeitetem Wertekanon unterworfen, in anderen Worten einer Moral. Damit, könnte man sagen, sind auch die Pragmatisten zu Comte zurückgekehrt. Gesellschaft ist zwar bei ihnen anders konzipiert als bei Comte, doch sie ist nur dann Gesellschaft, wenn sie einem Leitbild von Gesellschaft entspricht. Dieses Leitbild ist konträr zu Durkheim oder Comte. Wünsche oder Ideen, die diesem nicht entsprechen, etwa nicht pluralistisch sind, werden eliminiert. Die Frage, die sich derart stellen könnte, wäre, wie viele solcher Leitbilder existieren können?

Bevor wir uns dieser Frage stellen wollen, sei jedoch die Quintessenz dieses historischen Exkurses dargestellt. Von Comte bis zu den Pragmatisten zeigt sich, was B. Latour mit so großem Nachdruck vertritt: Die im 17. Jhdt. mit einem neuen Leitbild beginnende Aufteilung der Welt. Dieses postuliert eine rigide Trennung von Gesellschaft und Natur. Gesellschaft wird als Ergebnis eines sozialen Kontraktes zwischen Menschen mittels eines absoluten Monarchen (T. Hobbes) garantiert, der auf die Einhaltung von Gesetzen und Moral achtet. Andererseits wird die Natur dem Diktat der Naturgesetze unterworfen, die gleichfalls unter dem Diktat eines absoluten Herrschers, Gott, stehen. Diese Sicht, von R. Descartes erstmalig propagiert, ist für unsere Thematik insofern bedeutend, als Descartes sehr im Unterschied zum früheren, aristotelischen Verständnis dem Diktat der Naturgesetze auch jene Entitäten unterwirft, die von Menschenhand hergestellt wurden – also jegliche Technik. Da aber Naturgesetze Gesetze sind, die gar nicht gebrochen werden können, wird jede funktionierende Technik damit automatisch legitimiert. Eine derartige Sichtweise stellte eine absolute Neuerung dar.

Es ist nun gerade diese Sichtweise, die die spät geborene Sozialwissenschaft übersehen lässt, dass Technik ein wesentlicher Bestandteil des sozialen Gefüges ist (wie M. Weber gelegentlich andeutet, s. o.), weil sie als Teil des anderen Reiches betrachtet wird. Allerdings greift selbst M. Weber zu kurz. Für ihn ist die Anwendung bestimmter Technologien ausschlaggebend. Ihre Genese stellt er aufgrund seines evolutionistischen Denkens nicht auf dieselbe Stufe, wie etwa die Genese sozialer Institutionen.

2. Wie kam die Technik in die Soziologie?

Zunächst könnte man, auch unter Verweis auf Comtes intellektuelle Biographie, behaupten, dass die Soziologie aus der Technik kam. Da Technik ja zum geringsten Teil aus materiellen Artefakten, sondern zuvorderst aus Plänen, Entwürfen und Planung besteht, deren Umsetzung Organisation und Organisationen einfordert, ist es mehr als nahe liegend, dass an einer Ecole Polytechnique Organisationsfragen größte Aufmerksamkeit gewidmet wurde. Es ist nicht Zufall, dass die von dem Militäringenieur Ch. Fourcroy

1782 erfundenen Organigramme auch an der Ecole gelehrt wurden oder dass Lazare Carnot[2] ein Mitglied der Ecole das gewaltige Projekt der Organisation der ersten Volksarmeen erfolgreich bewältigte. Man sieht, dass Organisation von Anbeginn ein wesentlicher Bestandteil technischen Wissens und Könnens war. Dies ließe sich anhand zahlloser anderer Beispiele untermauern. Ich nenne nur Namen wie Negrelli, Ritter v. Ghega, Edison oder Ch. Taylor, um diese Behauptung zu substantivieren. Dass Comte in einem derartigen Milieu den Versuch machte, die rasanten gesellschaftlichen Entwicklungen durch eine neue Form der Verwaltung und Ordnung der Gesellschaft in positiver Weise zu kanalisieren, kann eigentlich kaum verwundern. Doch ist an dieser Stelle an H. Freyer (1987) zu erinnern, der feststellte, dass der Begriff „Technik" nicht ohne die Kategorie des Plans zu denken ist. Daraus folgert er, dass eben diese Planung Herrschaft zur Voraussetzung hat und somit Technik zwangsläufig eine politische Kategorie ist.

Die analoge Sichtweise wurde bereits von den Ingenieuren der Ecole – Comte war ja selbst Absolvent der Ecole – vertreten, noch bevor K. Marx den Konnex zwischen Produktionskräften und -verhältnissen darstellte und den Wandel von ganzen Gesellschaftssystemen darauf zurückführte.

Daraus ergibt sich, dass entgegen weit verbreiteten Vorstellungen nicht die Technik in die Soziologie, sondern die Soziologie aus der Technik kam. Diese Situation ändert sich spätestens in dem Augenblick, wo Soziologie als neues Fach an den Universitäten ihren Platz fand. Durkheim nahm den ersten Lehrstuhl dieser Art in Frankreich ein. Innerhalb der Soziologie fand nun Technik zunehmend weniger – und wenn, dann nur periphere – Beachtung[3].

Begibt man sich nun auf Spurensuche, wann bzw. bei wem Technik eine zentralere Position einnimmt, so stößt man zunächst auf die Schwierigkeit, dass die Abgrenzungen zwischen Soziologie, Philosophie, Geschichte, Ökonomie bzw. Staats- und Rechtswissenschaften um die Jahrhundertwende und danach fließend sind. Es ließen sich E. Kapp (1877) oder W. Sombart (1935) nennen oder die weniger bekannte Schrift des Soziologen K. Dunkmann (1927), der eine ganze „Theorie der Technik" vorlegte. Diese Liste ließe sich problemlos um bekannte Namen wie Dessauer, Jünger u. a. erweitern. Auch in den USA gab es vereinzelte Ansätze, am bekanntesten ist vielleicht Ogburns (1922) „Cultural Lag"-Theorie, an deren Aussagen man berechtigt zweifeln darf. Die meisten dieser Ansätze kommen nicht von Soziologen, wie etwa die des Architekten L. Mumford (1934), und fanden daher auch kaum eine entsprechende Rezeption innerhalb der Soziologie. Damit blieb die Kluft zwischen den zwei Welten, die C. P. Snow (1959) so nachdrücklich in Erinnerung brachte, weiterhin bestehen.

Gesellschaft per Entwurf

Aufgrund welcher Entwicklungen veränderte sich dann die Situation? Ich nenne zwei Ursachen und einen Auslöser. Da war zunächst die zunehmende Umweltproblematik, die zuerst in den USA öffentliches Bewusstsein schaffte, Bücher wie „Silent Spring" (R. Carson, 1963) standen am Beginn und brachten in der Folge die ökologische Bewegung hervor. Darüber hinaus stimulierte auch die Debatte um den so genannten „militärisch – industriellen – akademischen Komplex", von K. Galbraith (1967) u. a. begonnen, eine neue Sicht von Wissenschaft und Fortschritt. Diese Aussagen fielen vor allem innerhalb der Studentenbewegung der sechziger und siebziger Jahre, besonders in Deutschland, auf fruchtbaren Boden. Daraus entwickelte sich in der Folge ein gesteigertes Interesse an Wissenschaftssoziologie, die bis zu diesem Zeitpunkt auch nur am Rande der Disziplin dahindümpelte. In exakt diese Periode fällt nun auch die erste Arbeit eines Soziologen, der sich mit Technik aus soziologischer Sicht auseinander setzte, nämlich H. Lindes (1972) Arbeit zur Soziologie der Sachen.

Zweierlei ist in diesem Zusammenhang anzumerken: Es entbehrt meines Erachtens nicht einer gewissen Pikanterie, dass Linde ähnlich wie Comte an einer technischen Hochschule, Karlsruhe, einen Lehrstuhl hatte. Nicht unerwähnt kann bleiben, dass verschiedene deutsche technische Hochschulen, die meistens erst in der zweiten Hälfte des 19. Jh. gegründet wurden, von Anfang an immer auch nicht-technische Studiengänge anboten, u. a. eben auch Soziologie. Dieser Umstand hat vermutlich dazu beigetragen, dass die erwähnte Kluft nicht zu einem unüberwindbaren Abyssus wurde. So wurde an solchen Hochschulen auch wiederholt versucht, mit Einrichtungen wie einem „Studium Generale" vor allem die Abkapselung der Techniker von dem, was in Deutschland als „Bildung" verstanden wurde, zu verhindern. Diese Tendenz war durchaus einseitig, ein analoges Anliegen, nämlich den Nicht-Technikern ebenfalls die andere Seite nahe zu bringen, lässt sich kaum ausmachen.

Zweitens ist Lindes Augenmerk, wie auch schon der Titel seiner Arbeit sagt, auf die soziale Relevanz von „Sachen" konzentriert; das signalisiert einen Technikbegriff, der noch eng dem herkömmlichen Verständnis verhaftet ist. Technik ist in dieser Perspektive die Gesamtheit der in einem Produktionsprozess entstehenden „Artefakte". Die darüber hinausgehenden Verfahren, zu denen auch Software zu rechnen ist, geraten außerhalb des Blickfeldes. Trotzdem ist es Lindes unbestreitbares Verdienst, auf die vergesellschaftenden Wirkungen – und damit Schaffung neuer Gesellschaftsstrukturen – als erster mit Nachdruck hinzuweisen. Es würde im gegebenen Kontext zu weit führen, Lindes Beitrag zur Thematik in gebührendem Umfang darzustellen. Es muss daher genügen, zusammenfassend darauf hinzuweisen, dass Linde Artefakte in ihrer Bedeutung sozialen Institutionen, die verhaltensregulierend und soziale Verhältnisse erzeugend wirken, gleichsetzte. Lindes Arbeit hat allerdings zuerst in nur sehr kleinen Zirkeln eine entsprechende Rezeption erfahren. Einer, der früh an und mit diesem Ansatz innovativ weiterarbeitete, war B. Jörges (1979). Die Mehrheit der Zunft war weiter an einer kritischen Auseinandersetzung mit Wissenschaft – überwiegend Naturwissenschaft – interessiert, vermutlich auch deshalb, weil die u. a. von J. D. Bernal (1954) vertretene Position, dass Technik als Produkt wissenschaftlicher Forschung zu verstehen ist, den Soziologen und den in die Branche transgredierten Philosophen einleuchtend, den transmutierten Physikern opportun erschien. So entwickelte sich die weithin akzeptierte Vorstellung von einer Finalisierung der Wissenschaften. Einen etwas anderen Ansatz in dieser Hinsicht hat meine Untersuchung österreichischer Ingenieure gewählt. (Schmutzer, 1978)

Ein neuer Impetus entstand mit der aufflammenden Debatte um die Kernenergie. An dieser Stelle ist erstmals auch über Österreich zu sprechen. Bekanntlich hat die damalige österreichische Bundesregierung in diesem Kontext eine im internationalen Vergleich ungewöhnliche Strategie gewählt. Mit der 1976 veranstalteten Informationskampagne zum Thema Kernenergie, die dank der unüblichen Verhaltensweise von Dipl. Ing. Dr. W. Frank, Sektionschef am BM für Handel, Industrie und Gewerbe, auch sozialwissenschaftlich begleitet und dokumentiert wurde (Nowotny, 1979), wurde der Weg zu einer Volksabstimmung zur Kernenergie eingeleitet. Das Ergebnis ist bekannt, das Kernkraftwerk Zwentendorf wurde nicht in Betrieb genommen. Ein anderes Ergebnis, das vielleicht nicht so nachhaltig in Erinnerung ist, ist das öffentliche Bewusstwerden eines tiefen Konfliktes innerhalb der naturwissenschaftlichen Expertokratie. Dadurch hat die Naturwissenschaft das Image ihrer Objektivität eingebüßt und massiv an Überzeugungskraft und Glaubwürdigkeit verloren. Eine Konsequenz dieses Imageverlustes war ein besorgniserregender Einbruch bei den Neuinskribierenden an der Technischen Universität Wien. Dieser Umstand veranlasste eine kleine Gruppe einflussreicher Professoren, nun ihrerseits mittels einer Informationskampagne zu versuchen, das öffentliche Bild der Technik wieder in altem Glanz erstrahlen zu lassen. Ergebnis dieses mindestens zweijährigen Diskurses war ein Symposium mit dem Titel „Technik und Gesellschaft" im Sommer 1980, das von mir und H. P. Winter geplant und organisiert wurde (Schmutzer, Winter, Hg., 1981).

Das Ergebnis dieses Symposiums war allerdings etwas anders als die ursprünglichen Intentionen beabsichtigten. Die Komplexität der Thematik, der „Wechselwirkungen" – wie ein damals gängiges Vokabel lautete – zwischen

Technik und Gesellschaft wurde manifest und führte zu weiteren Debatten innerhalb der TU Wien. Kern dieser Gespräche war die Etablierung eines eigenen Instituts für „Technik und Gesellschaft". Wieder zogen sich diese Gespräche in die Länge, weil der Widerstand gegen ein solches Institut innerhalb der TU Wien massiv war. Vermutlich wäre es auch nie zur Gründung dieser Einrichtung gekommen, hätte sich nicht die „Österreichische Industriellen Vereinigung" – vor allem in Person ihres damaligen Präsidenten H. Igler – dafür eingesetzt und zusätzlich finanzielle Unterstützung angeboten. Der damalige Wissenschaftsminister[4] Frau H. Firnberg leistete zusätzlich tatkräftige Unterstützung, sodass Ende 1982 mit einem feierlichen Akt ein Vertrag zwischen den drei Organisationen geschlossen, der die Gründung eines „Forschungsinstituts für Technik und Gesellschaft" ermöglichte.

Dies scheint mir aus mehreren Gründen festhaltenswert: Erstens ist einmal mehr nicht Technik zur Soziologie, sondern die Soziologie zur Technik gekommen. Zweitens hat Österreich – und diese Publikation will ja den österreichischen Aspekt betonen – mit dieser sozialen Innovation international gesehen eine Pionierleistung erbracht. Ähnliche Institute wurden in anderen Ländern später gegründet. Anzumerken ist auch, dass es bis 1982 keinen Begriff „Techniksoziologie" gab und somit auch keine „spezielle Soziologie" dieser Art. Nach meiner Kenntnis taucht die Bezeichnung „Techniksoziologie" erstmals gleichfalls 1982 als Titel eines Sammelbandes auf (Jokisch, 1982). Damit war aber noch lange nicht eine eigene Disziplin begründet. Das zeigt sich an dem Umstand, dass ebenfalls etwa zeitgleich von der DFG die Mittel für ein großes Forschungsprojekt zur Thematik Technik und Gesellschaft zur Verfügung gestellt wurden. Als einziger „Ausländer" war ich zu den diversen Tagungen eingeladen worden. Ein zentrales und wiederkehrendes Thema war, ob Technik nun der Wissenschaftssoziologie, der Organisationssoziologie oder der Industriesoziologie zuzurechnen sei. Da alle drei Fraktionen durch namhafte Personen vertreten waren, einigte man sich auf einen Kompromiss, der jedem der Drei ein Stück des Kuchen zukommen ließ. Dieser Kompromiss fand allerdings nicht einhellige Zustimmung, da eine Gruppe ohne Namen übrig blieb, die die Position vertrat, dass Technik und deren Rolle mehr und anderes sei, als die Majorität anzunehmen schien. Diese Gruppe war wesentlich von Lindes Arbeit motiviert worden. Um dies zu demonstrieren, entstand ein erster Band zum Thema „Technik im Alltag" (Joerges, 1988).

Dieselbe Gruppe gab sich auch mit der dominanten Sicht, dass das „Soziale" an der Technik deren gesellschaftliche Folgen seien, nicht zufrieden. Die Erkenntnis, dass es sich nicht um monokausale Zusammenhänge, sondern um zyklische handelt, gewann damals an Gewicht. Die Folge war, dass sich zu den Technikfolgen der Begriff der „Technikgenese" gesellte. Der Umstand also, dass man die Innovationsprozesse genauso wie die Folgen aus soziologischer Sicht ins Visier zu nehmen hätte, war vermutlich dafür ausschlaggebend, dass sich eine „Techniksoziologie" als eigenständige Disziplin mit spezifischem Selbstverständnis etablieren konnte.

Mit dieser kursorische Darstellung meine ich den intellektuellen Prozess skizziert zu haben, wie Technik in die Soziologie kommt. Der institutionelle oder organisatorische Prozess ist aber in die umgekehrte Richtung verlaufen. Dabei kam die Soziologie in die „Technik". Das allerdings zum überwiegenden Missvergnügen der dort ansässigen Urbewohner, wie ich oben, am Fall der TU Wien, bereits angedeutet habe. Warum ist das so?

3. Die Dialektik der Aufklärung[5]

Wie man erkennt, entwickelte sich in den achtziger Jahren ein sozialwissenschaftlicher Diskurs, mit dessen Hilfe die gesellschaftliche Relevanz von Technik Schritt für Schritt ausgelotet wurde und zunehmend neue Perspektiven entwickelt wurden. Das fand u. a. seinen Niederschlag in neuen Begriffen, wie etwa „Technisierung", weil deutlich wurde, dass auch der Technikbegriff, wie er im Alltag Verwendung findet, unzulänglich ist. Es würde im gegebenen Kontext zu weit führen, die diversen Vorschläge dazu einzeln anzuführen (Ropohl [1979], Tuchel [1967] u. a.), sind doch Ende der achtziger und Anfang der neunziger Jahre weitere interessante Entwicklungen zu registieren. Aus Frankreich meldete sich die Stimme von B. Latour (1987), der mit dem, was heute als „Aktor-Netzwerk-Theorie" bezeichnet wird, Aufsehen erregte, aus den USA kommen die Arbeiten von D. F. Noble (1977), L. Winner (1977) und vermutlich noch bedeutender jene von T. Hughes (1983) und B. Dreyfus (1972). Hughes, der mit seiner umfangreichen Studie über elektrische Kraft- und Verteilernetzwerke zeigte, wie sehr Technik von politischen Entscheidungsstrukturen und kulturellen Faktoren beeinflusst wird, fand bald Anhänger und Nachahmung in Großbritannien und Holland.

Latour wurde gleichfalls rezipiert und fand vor allem in Deutschland ein entsprechendes Echo. Seine zentrale Aussage ist, dass die bereits angesprochene Trennung von Natur und Gesellschaft ein politisches Konstrukt ist, das einerseits die unbegrenzte Ausbeutung der Natur legitimiert, aber andererseits auch die Tatsache verschleiert, dass Gesellschaft wesentlich über den Einsatz von Technik und Artefakten konstituiert wird. In einer gewissen Weise löst Latour die von J. Ellul (1954) getroffene Unterscheidung zwischen traditionaler Technik, die tief in die gesellschaftlichen Strukturen integriert daher kaum wahrgenommen wird, und moderner Technik, die transkulturell und kosmopolitisch jenseits vorhandener Gesellschaftsstrukturen entwickelt wird und Anwendung findet, auf. Der Wahrnehmung dieser kosmopolitischen Technik kann man sich nicht entziehen, weil sie in Wirkungen – „Technikfolgen" – die etablierten Strukturen untergräbt und neue einfordert. So betrachtet ist auch moderne Technik traditional, allerdings einer spezifischen Tradition, nämlich jener der Aufklärung, der Marktwirtschaft und des Kolonialismus, entsprungen und verbunden. Latour verweist also mit Nachdruck darauf, dass die Trennung von Natur und Kultur ein Mythos ist, weil Gesellschaften ohne Technik nicht existenzfähig sind. Dieser Mythos wird aber zugleich instrumentalisiert eingesetzt, um die mit dieser Art von Technik verknüpfte Herrschafts- und Machtausübung der breiten politischen Einflussnahme zu entziehen. Im globalen Kontext wird die damit einhergehende Rekonstruktion traditionaler, soziotechnischer Systeme im Sinne einer soziopolitischen Hegemonie durch eine weitere Differenzierung gestützt, nämlich jener zwischen „uns", den Fackelträgern des Fortschritts, und den zurückgebliebenen „Primitiven", denen das Licht der Aufklärung erst entzündet werden muss.

In nur geringem zeitlichen Abstand folgte eine Arbeit von B. Heintz (1993), die ebenfalls Aufmerksamkeit erregte und bei genauer Betrachtung in eine ähnliche Richtung zielte. Heintz zeigte auf, wie in der Technikentwicklung und der davon nicht zu trennenden Arbeitsorganisation ein leitendes Prinzip der Aufklärung, die Herrschaft der Vernunft oder, um es in der Begrifflichkeit M. Webers zu formulieren, der Rationalität umgesetzt wurde. „Die Herrschaft der Regel", wie sie es bezeichnet, ist die Umsetzung jener „formalen Rationalität", von der Weber sprach. Diese Rationalität ist wesentlicher Bestandteil einer Zweckrationalität, die den ökonomischen Einsatz der Mittel – rationale Technik in Sinn Webers – mit der des ökonomischesten Ablaufs der Handlungsweisen verknüpft. Diese Handlungsweisen – oder „Performabilität", um F. Lyotard (1979) zu paraphrasieren – werden wissenschaftlich ermittelt und geplant, sie sind „scientific management". Sie beruhen auf der rigiden Trennung von „Hand und Kopf" („hands" auf Englisch ist eine Bezeichnung für Arbeiter), die sich in einer entsprechenden Betriebsorganisation manifestiert. Es braucht nicht viele Worte, um zu verdeutlichen, dass dies eine Variante der wiederum Weberianischen „rationalen Disziplin" darstellt. Sie funktioniert auf der Basis von „Überwachen und Strafen" (Foucault, 1975). Die Delikatesse von Bettina Heintz' Arbeit stellt aber letztlich ihr Nachweis dar, dass A. Turing seine „paper machine", mit deren Entwurf er die prinzipielle Ersetzbarkeit und Austauschbarkeit menschlicher Arbeit durch Maschinen, sobald sich der Prozess als algorithmisches Verfahren darstellen lässt, nachwies, aus Taylors Scientific Management abgeleitet hat.

Damit sind wir aber wieder dort, wo wir begonnen haben, der Geburt der Soziologie aus der Technik. In anderen Worten, die untrennbare Verknüpfung von Organisation und materieller Maschinerie, die bereits an der Ecole vertreten wurde, zeigt sich einmal mehr, wenn auch in neuer Form, im Handeln der Ingenieure. Dieser Konnex ist durchgängig, auch wenn sich eben die Formen ändern. Die gegenwärtige Variante wird mit dem Begriff „Informatik" gehandelt, d. h. im wahrsten Sinn des Wortes auf den Markt gebracht. Dies haben bekannte Vertreter der neuen Disziplin bereits in den Anfangszeiten der neuen Wissenschaft artikuliert, z. B. H. Zemanek, der betonte, dass der Informatiker zum Organisator werden wird und andere Professionen, Juristen, Beamte etc. aus ihren leitenden „Kopfarbeiter"-Positionen verdrängen wird. (Schmutzer, 1987) Analoge Äußerungen gibt es auch in anderen Kontexten. Ich erwähne stellvertretend nur eine große Studie des MIT (Arden, 1980).

Rufen wir uns ins Gedächtnis zurück, dass die Ecole im Gefolge der französischen Revolution gegründet wurde, dann ist sie eindeutig als ein Kind der Aufklärung zu verstehen. Diese Aufklärung propagierte ein doppeltes Programm. Einmal ein politisches Anliegen, das gegen das Ancien régime gerichtet war und in Abhebung dazu individuelle Freiheit, Gleichheit und Autonomie einforderte. Andererseits konnten ihre Vertreter die Tatsache nicht übersehen, dass sich die Herrschaft des Ancien régime aus dem Zusammenspiel von zwei Machtblöcken, Le Rouge et le Noir (Stendhal, 1830), ergab. Setzte man dem ersten, den Verwaltern der physischen Macht, die Forderung nach Freiheit und Gleichheit entgegen, so war den Seelsorgern der Denkmonopole das Prinzip der Vernunft und der Ratio entgegenzuhalten. Solange sich diese beiden Prinzipien nur in einem einzigen Individuum beggenen, lassen sie sich auch problemlos vereinen. Schwierig wird es in dem Augenblick, wo Freiheit auf Freiheit und eine Vernunft auf eine andere trifft. Dabei wird entweder die Freiheit oder die Gleichheit zu Schaden kommen, ganz zu schweigen davon, dass sich die „Vernünfte", wie wir oben bereits festgestellt haben, auch nicht so ohne weiteres auf einen einzigen Nenner bringen lassen.

Egal wie man es wenden mag, entweder wird die Variante der Vernunft, die Weber als „materiale Rationalität" bezeichnet hat, die Forderung nach Gleichheit unterlaufen (auch wenn im Gefolge von A. Smith der fälschliche Glaube an eine unsichtbare Hand gepflegt wurde) oder die „formale", bzw. „performative" die Forderung nach Freiheit. Die Vertreter rationaler Planung und Organisation, die Ingenieure, hatten aufgrund der spezifischen Randbedingungen ihres Handelns wenig Wahl. Planung und Herrschaft, wie Freyer sagt, gehören zusammen. Damit ist „Freiheit" und „Gleichheit" zum Ornament verkommen. Die Tätigkeit der Techniker alias Informatiker als Organisatoren und Planer exkludiert zwangsläufig Freiheit, Gleichheit und Demokratie. Demokratie ist irrational. Selbst ein diachronischer Interessenausgleich findet nicht statt. Das belegen zahllose historische Beispiele, nicht zuletzt die gegenwärtig sich zeigenden Entwicklungen in einer der angeblich ältesten und bewährtesten Demokratien der Welt.

4. Heimat bist Du großer Söhne

Wie man aus den obigen Darstellungen ersehen kann, herrschte in der Dekade von 1985 bis 1995 eine rege Innovationstätigkeit. Die inhaltlichen Ergebnisse liegen im Jahrbuch 8 (Halfmann et. al.,1995) von Technik und Gesellschaft auf. Dieses gesteigerte Interesse fand auch seinen beredten Ausdruck in der Gründung eigener Sektionen für Techniksoziologie in der Österreichischen Gesellschaft für Soziologie (Schmutzer und Hochgerner) bzw. einer Sektion für Wissenschafts- und Technikforschung in der Deutschen Gesellschaft. Österreich war in dieser Hinsicht federführend und durch die Gründung des Instituts für Technik und Gesellschaft um eine gute „Nasenlänge" voraus. Doch wie in manchen anderen Fällen von Innovation (z. B. LD-Verfahren) erweist sich dieses Land wieder einmal als „reich an armen Bodenschätzen". Oder um dasselbe mit den Worten Oskar Morgensterns auszudrücken, zeigte sich die Eigenart der österreichischen politischen Kultur einmal mehr. Morgenstern charakterisierte diese an folgendem Beispiel: Wenn in Österreich sich zwei Gruppen nicht einigen können, ob sie über einen Fluss eine Brücke bauen sollen, so bauen sie diese bis zur Hälfte des Flusses.

Das Institut für Technik und Gesellschaft wurde wie schon erwähnt gegen den beträchtlichen Widerstand der Mehrheit der Professoren errichtet. Diese Mehrheit nahm aber ihre Niederlage keineswegs hin. So wurde alles unternommen, um das Institut zu marginalisieren. So wurde es vor allem deshalb als Forschungsinstitut, das keiner Fakultät zugeordnet war, konzipiert, um sicherzustellen, dass die Studierenden, die am Symposium von 1980 großes Interesse bekundet hatten, keinen Zugang zum Institut hatten. Des weiteren wurde ein einziger Mitarbeiter beschäftigt, dem ein zwölfköpfiger Beirat und ein sachfremder Vorstand gegenüberstand. Ursprünglich sollte dieser Beirat interdisziplinäre Projekte initiieren. Doch tatsächlich waren die wenigen Vorschläge undurchführbar bis skurril. Die wirkliche Aufgabe bestand in der Sicherstellung, dass nichts passierte. Die Bemühungen, das von mir früher herausgegebene Quartalsheft „technik kontrovers"[6] wieder aufzulegen, das sich in Fachkreisen großer Anerkennung erfreute, wurde untersagt, die Ergebnisse einer internationalen Vergleichsstudie (Schmutzer, 1980) über die Ausbildung von Technikern in nicht-technischen Fachbereichen schubladisiert und ignoriert. (Schmutzer, 1986, 1991) Aufgrund eines Interregnums durch das Ableben des damaligen Institutsvorstandes gelang es allerdings zwischenzeitlich, von einem Forschungsinstitut zu einem regulären Institut ohne Fakultätszugehörigkeit umgewandelt zu werden. Das bedeutete, dass eine umfangreiche Lehrtätigkeit platzgreifen konnte, wobei viele der oben bereits genannten Namen Gastvorlesungen hielten. Obwohl die Rezeption der Vorlesungen von prominenten Persönlichkeiten und international anerkannten Wissenschaftern mäßig, manchmal gerade zu enttäuschend war, ließ mich ein grenzenloser Optimismus die zahlreiche Vertröstungen und Versprechungen ernst nehmen, die meistens, wie ich heute (d. h. April 2003) weiß, nicht eingehalten wurden. Die positive Rezeption meiner Arbeit (Schmutzer, 1994) unterstützte dies. 1995 dachte ich endlich das Ziel erreicht zu haben, als von einer entscheidungsbefugten Senatskommission eine Zuteilung von vier Assistentenposten und einer Professur verbindlich beschlossen wurde. Doch wieder täuschte ich mich. Die Zusagen wurden, mit einer Ausnahme, bis heute unter Verweis auf die Sparprogramme der Regierungen nicht eingelöst. Die Lehrveranstaltungen des Instituts, die überwiegend als Freifächer angeboten werden mussten, erfuhren aufgrund der fiskalischen Politik der Regierung von den Studenten in der Folge auch nicht mehr die nötige Unterstützung. Freifächer wollte sich kaum mehr ein Student zeitlich leisten, eine Beobachtung, die an anderen Universitäten und Disziplinen gleichfalls gemacht wurde. Zur Zeit steht die baldige Schließung des Instituts, wiederum unter Verweis auf die unumgänglichen Einsparungsmaßnahmen, zur Diskussion.[7]

Derartige Entwicklungen stellen in diesem Land keine Neuigkeit dar. Die Halbherzigkeit österreichischer Politik und Entscheidungsfreudigkeit hat Morgenstern bereits vor mehr als dreißig Jahren auf den Punkt gebracht. Vergleichbare Entwicklungen, die noch dazu wesentlich teurer kamen, sind im Fall des LD-Verfahrens (Lynn, 1982) dokumentiert, im Fall Zwentendorfs erübrigt sich sogar eine derartige Dokumentation. Man könnte die Entwicklung also als Spezifikum österreichischer Kultur oder den österreichischen Weg der Unprofessionalität bezeichnen, die Achseln zucken und das Thema wechseln.

Ich habe aber diese detaillierte Darstellung der Geschichte des Instituts für Technik und Gesellschaft nicht allein deshalb gemacht, weil es eine Vorgabe der Herausgeberin dieses Bandes war, einen Bezug zum „Land der Berge" herzustellen. Ich betrachte vielmehr diese Historie als eine Fallstudie für das Wirken von Technik in der Gesellschaft. Dies möchte ich nun in meiner Zusammenfassung vermitteln.

5. Soziologie der Moderne[8]

Das Essay wurde mit der Frage begonnen „Wie ist Gesellschaft möglich?". Diese Frage, engstens mit der Entstehung einer Wissenschaft von der Gesellschaft verknüpft, stellt sich so nur, wenn sich das ursprüngliche, meistens als vergemeinschaftend bezeichnete Zusammenleben nicht mehr realisieren lässt. Bricht dieses zusammen, so stellt sich die Frage, wie ist Gesellschaft weiterhin möglich. Über die Auslöser für diese Entwicklung wurde bereits gesprochen, es genügt daher kurz zu resümieren, was die Antworten darauf waren. Zwei ziemlich verschiedene Antworten wurden gegeben: Die eine stammt von Durkheim, sie setzt auf den gesellschaftlichen Zwang zur Zusammenarbeit mittels Arbeitsteilung und auf Erziehung zur Moral und gemeinsamen Denkstilen. Die andere wird vom amerikanischen Pragmatismus gegeben. Sie setzt in Hinblick auf Zusammenleben auf gemeinsame Opportunitäten. Ergeben sich diese im Verhandlungswege nicht, so tritt an deren Stelle der Mythos des „lonely hero", „go west" oder „der Starke ist am mächtigsten allein". Gesellschaft wird in dieser Perspektive eher als Last, denn als Überlebenstechnik betrachtet. Doch ohne Technik kommt auch der einsamste Robinson nicht aus, immerhin zehrte dieser ziemlich lange und intensiv vom Strandgut seines Schiffes und den dabei befindlichen Waffen. Diese Welt der Glücksritter ist eine Welt intensivierter Techniknutzung und Erfindungen. Ähnliche Beobachtungen hat bereits S. Giedion (1948) gemacht – besonders für die USA des 19. Jh. – und dokumentiert.

Beide Ansätze, Durkheim und die Pragmatisten, rücken, ohne es explizit zu machen, Technik ins Zentrum ihrer Überlegungen. Der Begriff „Technik" wird nun weit gefasst – ähnlich wie bei M. Weber – verwendet. Er inkludiert die sozialen Techniken der Organisation, weil das eine ohne das andere nicht funktionsfähig wäre.[9]

Der französische Ansatz fokussiert die formal rationale Sicht der performativen Rationalität (Regeln und Normen), der amerikanische die materiale und substantielle Rationalität der Sachen (Kapital). Zweckrational und nicht wertrational präsentieren sich beide und damit als echte Abkömmlinge der Aufklärung.

Die amerikanische Position negiert allerdings den Zwang. Mit ihrer substantiellen Rationalität bleibt sie individualistisch. Gesellschaft ist wenig mehr als freiwillige Interaktion. Auf dieser Ebene der Individuen bleiben auch Freiheit und Rationalität vereinbar. Jedes Individuum praktiziert eben seine ureigenste Rationalität. Es wählt damit die Freiheit. Mit diesem Ansatz entschieden sich die Pragmatisten gegen „Rouge" und zumindest indirekt für „Noir". „In God We Trust". „Die moralische Erziehung des Wissenden – darin eingeschlossen die Sozialkritik gegenüber der bestehenden Gesellschaft – ist darum die eigentliche Aufgabe des Pragmatismus . . ." (Jonas, 1976, S. 275)

Der basale Widerspruch der Aufklärung, die aufgrund ihrer doppelten Frontstellung zwei widersprüchliche Prinzipien unter einen Hut bringen wollte, wird damit allerdings nicht gelöst, sondern durch eindeutige Positionierungen entschieden.

Die französische Soziologie entschied sich im Gegensatz dazu für „Rouge" und Ratio und damit gegen Freiheit, Gleichheit, Demokratie und Sozialkritik. Die Parolen der Vernunft konnten damit gegen „Noir" beibehalten, Fragen der Demokratie und Freiheit an den Rand geschoben werden.

Mit dem französischen Ansatz wäre somit eine nahezu ideale Kooperationsbasis zwischen Soziologie und Technik geschaffen, weil Technik – wie bereits erläutert – der Herrschaft des Plans und des Algorithmus und damit formaler Rationalität folgt. In diesem Kontext werden sachliche wie politische Widersprüche nicht geduldet.

Seltsamerweise existiert hier und heute nach wie vor ein tief liegender Konflikt zwischen Technikern und Soziologen. Dieser spezifisch deutsch-österreichische Konflikt hat mit der Wiedereinführung der Soziologie nach dem Zweiten Weltkrieg unter amerikanischer Ägide zu tun. Damals wurden Soziologen mit Nachdruck zur individualistischen Sicht erzogen, unter Hintanstellung der Prinzipien formaler Rationalität. Sozialkritik wurde nicht nur geduldet, sondern gefördert.[10]

Das widerspricht heute wie damals dem eingefleischten Habitus der Techniker, die den angeführten Prinzipien des Plans verpflichtet sind.[11] Der Habitus von Technikern tendiert schon deshalb zu autoritären Strukturen, auch wenn gelegentliche Ausnahmen unter ihnen die Regel bestätigen.

Diese Feststellung wird durch verschiedene empirische Studien belegt. Ich verweise nur auf einen inzwischen zum Klassiker gewordenen Text (Hortleder, 1974), um dies im Sinne des Bandes mit einigen österreichischen Beispielen untermauern zu können. Meine Erfahrungen an der TU Wien als Student und Professor sind in dieser Hinsicht nicht ungewöhnlich. Doch konzentriere ich mich auf in meinen Augen charakteristische Verhaltensweisen. So werden grundlegende Konfliktsituationen meistens nicht durch Diskurs entschieden, und schon gar nicht durch Mehrheitsvoten. Man bemüht sich hingegen, derartige Situationen durch Entwickeln von formalen Modellen zu bereinigen, die quasi die Rolle eines neutralen und objektiven Schiedsrichters übernehmen.[12] Dabei werden weder die Auswahl der Variablen noch deren Gewichtungen diskutiert. Entscheidungen darüber werden an Experten delegiert. Können solche Lösungsmechanismen nicht angeboten werden, so entscheiden andere Experten kraft ihres Amtes – als Dekan oder Studiendekan – über Sachverhalte, von denen sie oft nur wenig verstehen. Ihre Entscheidungen werden nie begründet, sie sind quasi sakrosankt. Debatten gibt es nicht. Die Überzeugung, im Besitz der „Wahrheit", aufgrund der Wissenschaftlichkeit, und damit auch des Rechtes zu sein, ist weit verbreitet. Unbenommen bleibt, dass es Ausnahmen gibt, die aber selten sind, denn Toleranz ist Schwäche. In allen Fällen, wo Mehrheitsbeschlüsse von Bedeutung anstehen und nicht umgehbar sind, werden die Ergebnisse von einer kleinen Elite in Vorbesprechungen nach Möglichkeit festgelegt. Mittelbau und Studenten sind von solchen Vorbesprechungen ausgeschlossen. Das neue UG ändert somit nur formalrechtlich die Situation, indem sie diese an die Fakten anpasst.

Etwa 50% der Studenten sind Absolventen einer höheren technischen Lehranstalt. Wer immer mit solchen Schulen in näheren Kontakt gekommen ist, wird wissen, welcher disziplinierende Geist[13] dort herrscht. Das bedeutet aber, dass auch ein beachtlicher Teil der Studentenschaft mit einer entsprechenden Einstellung an die Technischen Universitäten strömt. Dies alles macht das prinzipielle Misstrauen gegenüber Politik, wie es schon in meiner Studie (Schmutzer, 1978) zum Ausdruck kam, und das weit verbreitete apolitische Verhalten von Technikern verständlich.[14]

Dieser formal rationale und autoritäre Habitus paart sich somit mit den Vorstellungen von Politik und den Praktiken technischer Entscheidungsfindung. Die Überzeugung, dass Sozialwissenschaften irrational und überflüssig sind, weil sie als „Mythenjäger", wie N. Elias (1971) sie bezeichnet, solche Praktiken in Frage stellen, weshalb ihre Anliegen unerwünscht sind, ergibt sich als notwendige Konsequenz nahezu von selbst.

Manfred E. A. Schmutzer

6. „A Technological Society"[15]

Nun registrieren wir aber allerorts eine rasant zunehmende Technisierung. Das bedeutet nicht nur, dass die Relevanz technischer Entscheidungen in der Gesellschaft zunimmt, sondern damit auch die absoluten Zahlen von technischen Experten. Obzwar die Benutzer technischer Einrichtungen nicht in derselben Weise in die Logik der Planung eingebunden sind wie die Techniker, weil „black-boxing" (Borgmann, 1984) nur die Programmierung der Schnittstellen erforderlich macht, so ist doch zweierlei festzuhalten: Mit zunehmendem Einsatz technischer Artefakte nehmen notwendig auch die Schnittstellen zu, hingegen aber auch die Kontaktnahmen mit Personen ab. Ein sehr überzeugendes Beispiel wären dafür jene Internet- Cafés, wo räumlich anwesende Nachbarn nur mehr über den Bildschirm miteinander in Kontakt treten. Doch e-mailing, e-banking, e-commerce etc. sprechen dieselbe Sprache. Performative Rationalität, wiederum exemplarisch am alltäglichen Gebrauch des Heimcomputers illustriert, nimmt entsprechend zu, die Fähigkeit zu persönlicher Interaktion und diskursivem Ausgleich zwangsläufig ab. Diese zunehmende Institutionalisierung formaler Rationalität – wir erinnern an die Gleichsetzung von Technik und sozialer Institution – im Zuge von weit reichender Technisierung lässt damit auch eine rapide Abnahme demokratischer Strukturen erwarten. Gesellschaft wird selbst zur Technik, und Durkheim dürfte mit seiner Sicht, dass Gesellschaft über Zwang konstituiert wird, Recht behalten. Um aber dasselbe in anderen Worten zu sagen: Gesellschaft wird wie fast-food am elektronischen Markt für 20 c/min. zu erwerben sein, der Rest heißt „Hundert Jahre Einsamkeit".

Anmerkungen

1 P. S., dem seltenen Exemplar eines Technokraten mit sozialer Kompetenz, gewidmet. Der Titel ist von D. Noble (1977) inspiriert.
2 Er war der Vater von Sadi Carnot, dem Entdecker oder Erfinder des zweiten Hauptsatzes der Thermodynamik.
3 Marx wurde von der Zunft nicht als zugehörig betrachtet, sondern eher den Philosophen oder Ökonomen zugezählt.
4 Frau H. Firnberg hat sich stets geweigert sich als „Wissenschaftsministerin" titulieren zu lassen. Ich respektiere diese souveräne, emanzipatorische Position und ziehe sie auch persönlich den heute gängigen Sprachschöpfungen vor.
5 Zitiert nach Horkheimer, Adorno (1944).
6 „Kontrovers? Wozu brauchen wir das?" war die schlichte Begründung.
7 Das Institut wurde im Herbst 2004 geschlossen.
8 Zitiert nach P. Wagner (1994).

Gesellschaft per Entwurf

9   Im übrigen ist die prinzipielle Austauschbarkeit seit Turings Papiermaschine sowieso manifest geworden.
10 Das gilt nur bis zum Auftreten der Studentenbewegung, die mit den marktwirtschaftlichen Interessen brach.
11 „In dieser Sicht sind technokratische Vorstellungen nichts Revolutionäres; sie charakterisieren lediglich den Versuch des Ingenieurs, die von ihm als ‚richtig' erkannten Leitideen in die Praxis umzusetzen, im Idealfall unter seiner Leitung. Sie sind politisch insofern, als sie den Willen zur Macht implizieren; ihr Ziel hingegen ist die *Ausschaltung herkömmlicher Politik*, die nur hinderlich ist, wenn man den *maximalen Wirkungsgrad* erreichen will." (Hortleder, 1974, S. 103; m. H.)
12 Mit derartig technokratischen Ansätzen erwarb sich die TU Wien, wie zwar nicht beabsichtigt, aber doch zu erwarten war, eine sehr positive Reputation in der Bürokratie des Wissenschaftsministeriums. Das Verfahren wurde in der Folge anderen Universitäten von Seiten des BMWF anempfohlen.
13 Dieser Geist wurde von manchen Ingenieuren als „Erziehung zum Wirkungsgrad" bezeichnet.
14 „Das Technikverständnis der Ingenieure . . . ist – im Kern instrumentell – nicht frei von *idealistischen* Zügen. Ihr Staats- und Gesellschaftsverständnis ist geprägt durch eine partielle Negation der Wirklichkeit. *Interessensauseinandersetzungen schaden* per definitionem dem Staat. In der Mehrzahl der Äußerungen der VDI-Elite wird nach wie vor der Terminus *Gemeinschaft* benutzt . . ." (Hortleder, 1974, S. 167; m. H.)
15 Zitiert nach J. Ellul (1954).

Literatur

Arden, B. W. (ed. 1980), What can be automated? The Computer Science & Engineering Research Study, Cambridge, MIT-Press 1983.

Bernal, J. D. (1954), Science in History (4 vol.), German Transl., Rowohlt, Reinbek, 1978.

Borgmann, A. (1984), Technology and the Character of Contemporary Life – A Philosophical Inquiry, Univ. of Chicago Press, Chicago, 1984.

Carson, R. (1964), The Silent Spring, Penguin, Middlesex, 2000.

Dessauer, F. (1927), Philosophie der Technik. Das Problem der Realisierung, Cohen, Bonn, 1927.

Dreyfus, H. L. (1972, 1979), What Computers Can't Do, The Limits of Artificial Intelligence, Harper and Row, New York, 1979.

Dunkmann, K. (1927), Zur Theorie der Technik, Zeitschrift. d. VDI, Bd. 71, Jg. 1927, S. 1621 ff.

Durkheim, E. (1902, 1903), Erziehung, Moral und Gesellschaft, Suhrkamp, Fft./M. 1984.

Durkheim, E. (1893), Über soziale Arbeitsteilung, Suhrkamp, Fft./M. 1988.

Durkheim, E. (1895), Die Regeln der soziologischen Methode, Suhrkamp Verlag, Frankfurt/Main, 1984.

Manfred E. A. Schmutzer

Elias, N. (1970), Was ist Soziologie, Juventa, München, 1971.

Ellul, J. (1954), The Technological Society, A. A. Knopf, N. Y., 1964.

Foucault, M. (1975), Überwachen und Strafen – Die Geburt der Gefängnisses, Suhrkamp, Fft./M. 1977.

Freyer, H. (1987), Herrschaft, Planung und Technik, VCH, Acta Humaniora, Weinheim, 1987.

Halfmann, J., Bechmann G., Rammert W. (Hg., 1995), Theoriebausteine der Techniksoziologie, *Technik und Gesellschaft*, Jb. 8 , Campus, Fft. /M., 1995.

Galbraith, J. K. (1967), The New Industrial State, Penguin, Middlesex, 1978.

Giedion, S. (1948), Die Herrschaft der Mechanisierung, Europ. Verlagsanstalt, Fft./M., 1982.

Heintz, B. (1993), Die Herrschaft der Regel – Zur Grundlagengeschichte des Computers, Campus, Fft./M. 1993.

Horkheimer, M., Adorno T. W. (1944), Dialektik der Aufklärung, Fischer, Fft./M., 1980.

Hortleder, G. (1974), Das Gesellschaftsbild des Ingenieurs – Zum politischen Verhalten der Technischen Intelligenz in Deutschland, Suhrkamp, Fft./M. 1973.

Hughes, T. P. (1983), Networks of Power: Electrification in Western Society, 1880–1930, John Hopkins, Univ. Press, Baltimore, 1983.

Jonas, F. (1976), Geschichte der Soziologie, 2 Bde, Westdeutscher Verlag, Opladen, 1981.

Joerges, B. (1979), Überlegungen zu einer Soziologie der Sachverhältnisse, *Leviathan* 7/1, S. 129 ff.

Joerges, B. (Hg.,1988), Technik im Alltag, Suhrkamp, Fft./M. 1988.

Jünger, E. (1932), Der Arbeiter, in : Sämtl. Werke, Bd. 8, Stuttgart, 1978, S. 115 ff.

Jokisch, R. (Hg.,1982), Techniksoziologie, Suhrkamp, Fft./M. 1982.

Kapp, E. (1877), Grundlinien einer Philosophie der Technik. Zur Entstehungsgeschichte der Cultur aus neuen Gesichtspunkten, Stern Verlag, Düsseldorf, 1978.

Latour, B. (1987), Science in Action, Havard Univ. Press, 1997.

Latour, B. (1991), Wir sind nie modern gewesen – Versuch einer symmetrischen Anthropologie, Fischer, Fft./M., 1998.

Latour, B. (1996), On Actor-Network Theory. A Few Clarifications, *Soziale Welt*, 47/4, S. 369 ff.

Linde, H. (1972), Sachdominanz in Sozialstrukturen, Mohr, Tübingen, 1972.

Lynn, L. H. (1982), How Japan Innovates – A Comparison with the US. In Case of Oxygen Steelmaking, Westview Press, Boulder, 1982.

Lyotard, J. F. (1979), Das Postmoderne Wissen, Böhlau, Graz, 1986.

Mumford, L. (1934), Technics and Civilisation, N. Y., Hartcourt, Brace & Co., 1934.

Noble, D. F. (1977), America by Design – Science, Technology and the Rise of Corporate Capitalism, A. A. Knopf, 1979.

Gesellschaft per Entwurf

Nowotny, H. (1979), Kernenergie: Gefahr oder Notwendigkeit, Suhrkamp, Fft./M. 1979.

Ogburn, W. F. (1922), Kultur und sozialer Wandel, Neuwied – Berlin, 1969.

Ropohl, G. (1979), Eine Systemtheorie der Technik – Zur Grundlegung der Allgemeinen Technologie, Hanser, München – Wien, 1979.

Schmutzer, M. E. A. (1980), Möglichkeiten des Einbaus sozialwissenschaftlicher Curriculumelemente in der Ausbildung von Technikern, BMWF, Wien, 1980.

Schmutzer, M. E. A., Winter H. P., (Hg., 1981), Technik und Gesellschaft, Springer, Wien – N. Y., 1981.

Schmutzer, M. E. A. (1978), Abstinenz und Amnese in der Technik, ÖZS 1/1978.

Schmutzer, M. E. A. (1986), Die Universität der Zukunft, *Technik und Gesellschaft*, 1. Sondernummer, TU Wien, 1986.

Schmutzer, M. E. A. (1987), Paradigma Informatik, Manz, Wien, 1987.

Schmutzer, M. E. A. (1991), From the Ivory Tower to the Education Factory, *Comp. In Adult Education II/1*, 1991.

Schmutzer, M. E. A. (1994), Ingenium und Individuum, Eine sozialwissenschaftliche Theorie von Wissenschaften und Technik, Springer, Wien – N. Y., 1994.

Snow, C. P. (1959/1963), Die zwei Kulturen, in: H. Kreuzer (Hg. 1987), dtv, München, 1987.

Sombart, W. (1935), Die Zähmung der Technik, in: ds., Deutscher Sozialismus, Buchholz & Weißwange, Berlin, 1935.

Tuchel, K. (1967). Herausforderung der Technik, Bremen, 1967.

Tönnies, F. (1887), Gemeinschaft und Gesellschaft – Grundbegriffe der reinen Soziologie, Wissenschaftl. Buchgesellschaft, Darmstadt, 1991.

Wagner, P. (1994), Soziologie der Moderne, Campus, Fft./M: 1995.

Weber, M. (1922), Wirtschaft und Gesellschaft, J. C. B. Mohr, Tübingen, 1985.

Winner, L. (1977), Autonomous Technology, Technics-out-of-control, as a Theme in Political Thought, MIT Press, Cambridge, Mass, 1980.

Arno Bammé

Wissenschaft der Zukunft : Zukunft der Wissenschaft
Von der akademischen zur postakademischen Wissenschaft

1. Prolog

Unübersehbar befindet sich die zeitgenössische Wissenschaft in der Krise: „Academic science is under attack" (Ziman). Die Krise hat externe (sozialhistorische) und interne (dogmengeschichtliche) Wurzeln. Und sie äußert sich in unterschiedlicher Weise.

Hatte sich die akademische Wissenschaft konstituiert, indem sie vier Arten des praktischen Wissens ausgrenzte: das Mündliche, das Besondere, das Lokale, das Zeitgebundene, zeichnet sich die neue Wissenschaft Toulmin zufolge aus durch eine vierfache Rückkehr, nämlich des Mündlichen, Besonderen, Lokalen und Zeitgebundenen (1994, S. 60–69). Ähnlich sieht es Helga Nowotny: Die Dynamik der neuen Wissensproduktion verwandle gegenwärtig nicht nur den Raum, in dem sich dieser Transformationsprozess vollzieht, sondern auch die Zeitstruktur des sich daraus ergebenden Wissensgefüges (1999). Damit erhält eine Einsicht des späten Durkheim wieder aktuelle Bedeutung, derzufolge nicht nur die *Inhalte* des Denkens gesellschaftlich bestimmt sind, sondern die *Form* des Denkens selbst, dass die ihm zugrunde liegenden transzendentalen Apriori, Raum, Zeit, Kausalität, Modalität, nicht naturgegeben, sondern in sozialhistorisch spezifischer Weise geprägt sind (1981).

Als Reaktion hierauf wird in der einschlägigen Literatur *zum einen* versucht, mögliche Entwicklungstendenzen zu skizzieren und Übergänge zu benennen: von der akademischen zur postakademischen (Ziman), von der normalen zur postnormalen Wissenschaft (Funtowicz und Ravetz), von Mode 1 zu Mode 2 (Gibbons et al., Nowotny et al.). Diesem eher konstruktiven Aspekt (Abschnitt 2, 3 und 5) gesellt sich ein zweiter, ein vorwiegend destruktiver hinzu (Abschnitt 4). Weil durch die Expansion neuer Formen der Wissensproduktion außerhalb der Universität die traditionelle akademische Wissenschaft unter Druck gerät, mehren sich negative Folgen und Auswüchse dieser Konkurrenzsituation: „Originalität um jeden Preis" (Lyotard) äußert sich in „elegantem Unsinn" (Sokal und Bricmont, Laermann, Henscheid) sowie in Betrug und Fälschung (Broade und Wade, Finetti und Himmelrath). Der Selbstzweifel in den etablierten Fachdisziplinen nimmt zu (Fritz-Vannahme, Seiler, Jung). Die Analyse von Betrug und Fälschung wird zum methodischen Prinzip für Rückschlüsse von pathologischen Extremformen auf die „normale" Pathologie akademischen Alltagsgeschehens erhoben. Sokal konstruierte hieraus ein bewusst eingesetztes Instrument, um nachzuweisen, dass die traditionelle *scientific community* immer weniger fähig oder willens ist, zwischen Sinn und Unsinn zu unterscheiden. Campus-Romane haben Konjunktur und geben die universitäre Wissenschaft der Lächerlichkeit preis (Lodge, Schwanitz). Die erheblichen Anstrengungen und Bemühungen um eine konstruktive Neufassung der Begrifflichkeit wissenschaftlichen Wissens theoretischer und empirischer Art (Abschnitt 2, 3 und 5) müssen deshalb immer auch vor dem Hintergrund der destruktiven Tendenzen, Denunziationen und Dekonstruktionen (Abschnitt 4) gesehen werden.

Zum anderen arbeitet die Wissenschaft selbst eifrig an der Zerstörung ihrer Reputation. Wissenschaftshistorische (Hanson, Kuhn, Feyerabend) und -soziologische Analysen (Knorr-Cetina, Latour und Woolgar, Collins und Pinch) verdeutlichen, dass die Wissenschaft heute weniger denn je dem Bild entspricht, das sie sich selbst und anderen gegenüber zeichnet. Sie ist sich zum Mythos geworden. Beides, die externen und die internen Einflüsse, kulminieren in einem epistemischen Relativismus (Bloor, Barnes, Latour), der keinen Unterschied mehr macht im kognitiven Status von wissenschaftlichem Wissen und Alltagswissen. Der Ausweg aus der Krise wird in neuen Formen der Wissensproduktion gesehen, jenseits der etablierten *academic science* (Funtowicz und Ravetz, Etzkowitz, Gibbons et al., Nowotny et al., Ziman). Das „Parlament der Dinge" (Latour), „hybrid fora" (Gibbons et al.), die „Agora" (Nowotny et al.) werden als gesellschaftliche Orte zur Produktion „sozial robusten Wissens" in Anschlag gebracht. Die Grenzen zwischen der Wissenschaft als gesellschaftlichem Subsystem und der Gesellschaft als Ganzes beginnen, so scheint es, sich aufzulösen. Diese Entwicklung ist natürlich nicht auf Österreich beschränkt, wird hier aber durchaus in spezifischer Weise *theoretisch* reflektiert, exemplarisch etwa bei Felt et al. (1995), nach wie vor eine der didaktisch gelungensten Einführungen in die Thematik. Als ein Beispiel für die *praktische* Umsetzung und Institutionalisierung postakademischer Wissenschaft in Österreich mag das Grazer Forschungszentrum für Technik, Arbeit und Kultur (IFZ) gelten (vgl. die Jahresberichte des Zentrums, insbesondere die der Jahre 2002 und 2003, sowie die vom IFZ herausgegebene Zeitschrift „Soziale Technik").

Wissenschaft und Technik sind heute weniger denn je zu trennen. Das eine setzt das andere voraus (Bammé et al., 1987). Weder lässt sich Wissenschaft auf der Höhe der Zeit ohne Technik betreiben noch Technik ohne Wissenschaft fundieren. Beides geht ineinander auf, ein Sachverhalt, der sich recht bald in griffigen Kürzeln wie STS (Science and Technology Studies) oder WTF (Wissenschafts- und Technikforschung) niederschlug. In Österreich wurde dem Phänomen institutionell relativ früh Rechnung getragen. Es darf in diesem Zusammenhang daran erinnert werden, dass bereits 1983 im Rahmen der Jahrestagung der „Österreichischen Gesellschaft für Soziologie (ÖGS)" an der Universität Klagenfurt die Sektion „Techniksoziologie" gegründet wurde und dass 1982 auf der Burg „Deutschlandsberg" die erste Zusammenkunft der 1981 gegründeten „European Association for the Study of Science and Technology (EASST)" stattfand und dass hier, bei einer Flasche Schilcher-Sekt, die Geburt der *Bath-Twente-Connection* und des von ihr getragenen Ansatzes einer „Social Construction of Technology (SCOT)" eingeleitet wurde (vgl. Bammé, 2004, S. 11).

2. Ausgangssituation und Problemskizze

Die Diskussionen darum, was „gute Wissenschaft" sei, haben im Laufe der letzten Jahre an Schärfe gewonnen. Manchmal bewegten sie sich hart an der Grenze der *political correctness*. Schließlich kulminierten sie im so genannten Wissenschaftskrieg zu wechselseitigen Invektiven. Vordergründig geht es um traditionelle Konflikte: Naturwissenschaften vs. Geisteswissenschaften, Realismus vs. Relativismus, Substanzwissenschaft vs. Wissenschaftstheorie, angloamerikanische vs. französische Wissenschaftskultur, Wissenschaft vs. Obskurantismus etc. pp. Solche Zuschreibungen mögen nicht ganz unberechtigt sein, aber sie treffen nicht eigentlich den Kern der Sache. Bei der Fülle der Themen, die den zuvor erwähnten Diskussionen zugrunde liegen, wird man grundsätzlich zwei sich wechselseitig überlagernde und durchdringende Analyse-Ebenen unterscheiden müssen. *Zum einen* ist zu differenzieren nach wissenschaftsimmanenten Faktoren einerseits und externen Faktoren andererseits als auslösende Ursache der Diskurse. Ein Paradigmenwechsel kann sowohl eine kritische Reaktion sein auf eine vorgängige Theorie, Bestandteil eines innerakademischen Konflikts. Er kann seine Ursache aber auch außerhalb des Wissenschaftssystems haben, wenn zum Beispiel reale Entwicklungen in der Gesellschaft durch überkommene Theorie-Settings nicht mehr zufrieden stellen erklärt werden können. *Zum anderen* ist zu entscheiden, ob der analysierte Diskurs sich überhaupt noch im Rahmen der traditionellen akademischen Wissenschaft bewegt, also ihren Regulativen und Rahmenbedingungen unterliegt, oder ob er sich davon bereits verabschiedet hat, das heißt, den Normen einer postakademischen Wissenschaft verpflichtet fühlt, denen völlig andere Gütekriterien zugrunde liegen.

Gegen Ende der fünfziger Jahre, mit Auslaufen der ökonomischen Rekonstruktionsperiode traten erstmals offensichtliche Diskrepanzen zwischen der gesellschaftlichen Entwicklungsdynamik und dem tradierten Wissenschaftssystem ins öffentliche Bewusstsein. „Sputnikschock" und „Bildungskatastrophe" waren zentrale Schlagworte jener Jahre. In einer 1956 veröffentlichten Schrift machte C. P. Snow schon sehr früh auf die Gefahren aufmerksam, die aus einer weiteren Dichotomisierung der „zwei Kulturen" für den gesellschaftlichen Fortschritt drohten. Deutlicher auf das tradierte akademische Wissenschaftssystem bezogen, schrieb de Solla Price kurze Zeit später: „Auf jeden Fall weist das Auftreten neuer Phänomene im Spannungsfeld von Wissenschaft und Gesellschaft auf eine Entwicklung hin, die sich völlig von dem charakteristischen Wachstum in der ganzen historischen Vergangenheit unterscheidet." Er nennt die Wissenschaft dieser näher kommenden Periode „New Science" und unterscheidet sie von der „Big Science", die an ihr historisches Ende gekommen sei. Dass die traditionelle Wissenschaft, so wie wir sie noch kennen gelernt haben, in eine Phase „stabiler Sättigung" eingetreten ist, bedeutet, „dass wir am Anfang neuer und erregender Arbeitsweisen der Wissenschaft stehen, bei denen man nach ganz neuen Grundsätzen vorgeht" (S. 42). So wie die Gesellschaft sich der Wissenschaft öffnet, so muss sich die Wissenschaft der demokratischen Kontrolle der Gesellschaft öffnen. Dabei handelt es sich um einen Prozess mit durchaus offenem Ausgang: „Das neue Stadium wissenschaftlicher Erwachsenheit, das in den nächsten Jahren auf uns zurollt, wird unsere Zivilisation regieren oder zerstören, uns reifer machen oder vernichten. In der Zwischenzeit müssen wir um ein generelles Verständnis für das Wachstum der Wissenschaft ringen. Wir müssen die Übernahme eines beträchtlichen Teils der Macht durch verantwortliche Wissenschafter anstreben, die sich der demokratischen Kontrolle unterziehen und die besser als irgendwelche anderen Menschen zu irgendwelchen anderen Zeiten wissen, wie ihr Haus in Ordnung zu halten ist" (S. 127).

Ins Blickfeld der innerakademischen Diskurse gerieten aber zunächst nicht jene Probleme einer postakademischen Wissenschaft, die sich bei Solla Price bereits ankündigten, sondern, im Gefolge der post-Popper-Diskussion, Probleme der Selbstverständigung darüber, was Wissenschaft eigentlich zur Wissenschaft mache und worin sie sich von anderen Diskursformen unterscheide. Zwar thematisierten Hanson und Kuhn bereits gesellschaftliche Auswirkungen auf die Wissenschaft nicht nur hinsichtlich ihrer institutionellen Einbindung und organisatorischen Struktur, sondern hinsichtlich ihrer epistemischen Grundlagen selbst. Doch verblieben ihre Analysen weitgehend im Kontext der traditionellen akademischen Wissenschaft. Feyerabend blieb es vorbehalten, den Diskurs zu radikalisieren und der kognitiven Rationalität als vermeintlicher Basis der akademischen Wissenschaft jeglichen privilegierten erkenntnistheoretischen Status abzusprechen. Damit stellte er Wissenschaft und Obskurantismus gleichberechtigt auf eine Stufe. An diesem Punkt lässt sich, soweit ich das sehe, ein erster Trennstrich auf dem Weg zu einer postakademischen Wissenschaft und ein erstes Zwischenresümee ziehen. Berechtigt sind die Vorbehalte und Einwände Feyerabends insofern, als er und Kuhn in historischen Studien nachweisen konnten, dass das Bild, das die Wissenschaft sich selbst und der Öffentlichkeit gegenüber zeichnet, nicht der Realität ihres tatsächlichen Vorgehens entspricht. Damit wurde ein Mythos zerstört. Das Ansinnen, der Wissenschaft ihren privilegierten Status bei der gesellschaftlichen Wissenserzeugung abzuerkennen, findet eine weitere Berechtigung darin, dass hinsichtlich ihrer alltäglichen Kommunikations- und Verkehrsformen die (post-)moderne Gesellschaft inzwischen selbst kognitive Strukturen aufweist, die weitgehend denen entsprechen, die für wissenschaftliche Interaktionsprozesse typisch sind. Das heißt, die Grenzen zwischen wissenschaftlichen und nicht-wissenschaftlichen Lebenswelten lösen sich auf. Nicht zu akzeptieren hingegen ist Feyerabends epistemische Gleichsetzung von Wissenschaft und Obskurantismus. Zwar mögen indianische Regentänze und meteorologische Wettervorhersagen, bezogen auf die jeweilige Gesellschaft, der sie entstammen, vergleichbare soziale Funktionen erfüllen. Ihr kognitiver Status jedoch ist völlig verschieden und in keiner Weise vergleichbar. Natürlich wäre es naiv, zu glauben, es gebe allgemeine, kontextunabhängige Regeln, die es erlauben, eine Theorie zu verifizieren oder zu falsifizieren. Hierin ist Feyerabend ohne weiteres zuzustimmen. Dennoch lässt sich zu jedem geschichtlichen Augenblick eine solche Unterscheidung treffen. Wenn dem nicht so wäre, wäre die Begründung von Theorien an keinerlei rationale Erwägung gebunden. Mir scheint: Hier schüttet Feyerabend das Kind mit dem Bade aus.

Arno Bammé

Der Bruch, der sich im Verlauf der fünfziger Jahre im tradierten Verhältnis zwischen der Wissenschaft als *relativ* autonomem Subsystem der Gesellschaft und der Gesellschaft als Ganzes abzuzeichnen beginnt, äußert sich vordergründig im zunehmenden Praxisbezug wissenschaftlichen Wissens, verwandelt zugleich aber, und hierin viel grundlegender, den epistemischen Status dieses Wissens, ein Sachverhalt, der sich unter anderem darin spiegelt, dass nunmehr immer häufiger von einer Wissens-, statt von einer Wissenschaftsgesellschaft gesprochen wird. Mit diesem Zuschreibungswandel wird versucht, dem Trend zunehmender Diffusion (nicht nur) wissenschaftlichen Wissens in den gesellschaftlichen Alltag hinein begrifflich gerecht zu werden. Bell zum Beispiel, obwohl er bereits Anfang der siebziger Jahre von der *Wissensgesellschaft* spricht, hat tatsächlich noch die traditionelle Wissensform der akademischen Wissenschaft vor Augen. Er müsste eigentlich, so wie Kreibich das tut, von der *Wissenschaftsgesellschaft* reden. Augenscheinlich wird die Differenz zwischen beidem erst so richtig durch die Veröffentlichung des Sonderheftes „Wissenssoziologie" der Kölner Zeitschrift für Soziologie und Sozialpsychologie (1981), im Unterschied zum vorgängigen Sonderband „Wissenschaftssoziologie" (1975). Die Frage, die sich heute stellt, lautet denn auch, *wie tief* der Bruch zwischen akademischer und postakademischer Wissenschaft in epistemischer Hinsicht tatsächlich geht.

Die traditionelle Wissenschaft basiert auf einer spezifischen Metaphysik, die ihre sozialhistorischen Wurzeln in der griechischen Antike hat und ihre Blütezeit, vermittelt über die Renaissance, in der Moderne erfährt (grundlegend hierzu nach wie vor Günther, 1978, Hübner, 1985, 1986). Ihr Charakteristikum besteht in der Trennung von Subjekt und Objekt, eine Trennung, die ihre formale Entsprechung in der Aristotelischen Logik findet. Sie erstreckt sich auf alle Beziehungen, die zwischen einem „Ich" oder „Selbst" (Subjekt) und allem, was sich von diesem „Ich" oder „Selbst" unterscheidet (Objekt), bestehen. Letzteres können andere Menschen ebenso sein wie Dinge, die Natur, unsichtbare Wesen, Götter, Willenskräfte, Mächte, das heißt die gesamte „Welt der Phänomene". Der Prozess dieser Trennung macht die „phänomenale Welt" zum Objekt, zum „Es". Ereignisse oder Phänomene werden als etwas behandelt, das außerhalb des Selbst liegt, und nicht als etwas, das von den eigenen Gefühlen und Gedanken affiziert wird. Realität wird zu etwas, das dem Verstand gegenübersteht, um von ihm begriffen zu werden. Das gilt gleichermaßen für die realen Dinge der äußeren Welt wie für Vorstellungen, die der Verstand bildet. Diese Distanz ermöglicht es dem „Beobachter", dem Wissenschafter, das „Beobachtete" zu untersuchen und zu manipulieren, ohne von ihm affiziert zu werden. Es existiert sozusagen ein „leerer Wahrnehmungsraum", der das Selbst umgibt und es von allem anderen trennt, von seiner natürlichen und von seiner sozialen Umwelt. Alle Kräfte des Universums, die den Interessen und Bedürfnissen des Selbst dienlich sein können, werden im inneren Bereich dieses „leeren Wahrnehmungsraums" verortet, das heißt, allein im Selbst. Außerhalb des Selbst gibt es nur Objekte, auf die man einwirken kann oder die gemessen, das heißt, erkannt werden können. Die Natur erscheint als ein externes, unpersönliches System, das menschlichen Interessen gegenüber gleichgültig ist und das der Mensch daher seinen eigenen Zielen unterordnen kann – und soll (1. Mose 28).

Offensichtlich stößt die Metaphysik, die diesem Weltbild zugrunde liegt und dessen sozialhistorische Basis einige Autoren im Austauschmechanismus warenproduzierender Gesellschaften verorten (Sohn-Rethel, 1989; Müller, 1981), im postmodernen Alltagsgeschehen an seine Grenzen. Wenn die sozialhistorische Realität, die eine solche Metaphysik zustande brachte, im Übergang von der Moderne zur Postmoderne zu ihrem Ende kommt, in sich selbst brüchig wird, dann könnte es sein, dass auch die Speerspitze dieser Metaphysik, die abendländische Wissenschaft in ihrer bisherigen Form, und das Weltbild, das sie vermittelt, an einem Wendepunkt angelangt sind, dass es in Zukunft nicht mehr so sehr um metaphysisch-idealistische Abstrakta wie „Menschen an sich", „Dinge an sich" geht, sondern um „kontextsensitive" Konstellationen innerhalb konkreter gesellschaftlich-kultureller Verhältnisse im Rahmen bestimmter symbolischer Ordnungen. Wissensformen, die stärker in das Alltagsgeschehen eingebunden sind und sich aus ihm entwickeln, stünden dann im Gegensatz zu den zentralen Imperativen der überkommenen akademischen Wissenschaft, etwa der Ontologisierung, der Essentialisierung, der Substantialisierung, der Positivierung, der Reifizierung und der Naturalisierung. Im Einzelnen: „Ontologisierung" bedeutet, dass etwas Gegebenes zu etwas „Ursprünglichem" gemacht wird, zu etwas, das als selber nicht mehr Vermitteltes zum „letzten Grund", zum „Fundament" wird. „Essentialisierung" verweist auf eine Vorstellung von etwas Wesenhaftem, als gäbe es so etwas wie Qualitäten, die die Essenz, das „ens realissimum", die „wirkliche Wirklichkeit" ausmachen. „Substantialisierung" bezeichnet Annahmen, die mit Begriffen substanzielle Eigenschaften verbinden, in denen das, was „ist", mit dem zusammenfällt, was es bezeichnet. „Positivierung" kann in zweifacher Weise verstanden werden, einmal als positive Wertung zugeschriebener und unterstellter Eigenschaften, zum anderen als In-Fakt-Setzung von etwas, wie es im positivistischen Denken üblich ist, wodurch die Differenz bzw. das Spannungsverhältnis von Möglichem und Wirklichem eliminiert wird. „Reifizierung" meint Verdinglichung, und „Naturalisierung" schließlich bezeichnet Formen der Legitimation von „Differenzen" als naturgegeben. Ein solches Denken stand lange

Zeit ungebrochen in der Tradition abendländischen Selbstverständnisses. Es verliert in dem Maße an Bedeutung, wie wissenschaftliches Wissen sich in das gesellschaftliche Alltagsgeschehen „kontextsensitiv" integriert. Die Durchdringung gesellschaftlicher Entscheidungsprozesse mit wissenschaftlichen Deutungsmustern und Begründungsfiguren hat einen Strukturwandel in der Konstitution und Aneignung sozialer Wirklichkeit zur Folge, in dessen Verlauf zweckrationale Legitimationsmuster zum Allgemeingut werden. Das zum einen. Auf der anderen Seite werden Legitimationsmuster, wie sie ursprünglich charakteristisch waren für eine abgehoben betriebene Wissenschaft, auf der Grundlage des sozialhistorisch etablierten Handlungsschemas zweckrationaler Verfügbarkeit zunehmend situativer, kontextgebundener. Sie beziehen sich nun nicht mehr auf „allgemeine" Bestände vorab erzeugten akademischen Wissens, sondern auf „besondere" Probleme gesellschaftlicher Praxis. Konnte Helga Nowotny, bezogen auf die akademische Wissenschaft, seinerzeit (1999) noch ironisierend formulieren, die Gesellschaft habe Probleme, die Universität Fakultäten, so beginnt sich dieser Widerspruch nach und nach aufzulösen. Im neuen, im postmodernen Denken repräsentiert sich kein metaphysisches Außerhalb von Geschichte und Gesellschaft mehr. Und es stellt sich heraus, dass ein Denken, das die europäische Kultur bislang weitgehend prägte, in einem sehr umfassenden Sinn historisch bedingt und sozialstrukturell begrenzt ist.

Insofern können die Diskussionen der siebziger, achtziger und neunziger Jahre unter anderem als Etappen im Selbstreflexionsprozess eines möglichen Wandels abendländischer Metaphysik auf Grund sozialhistorischer Umbrüche interpretiert werden. In ihm würden die abstrakten Imperative akademisch betriebener Wissenschaft zwar nicht verschwinden, so wenig wie die „kontextsensitive" Rechenkunst der alten Ägypter und Babylonier verloren ging, als die abstrakte, die wissenschaftliche Mathematik der Griechen an ihre Stelle trat (Damerow und Lefèvre, 1981), aber sie treten in ihrer Bedeutung zurück. Wie einschneidend dieser Transformationsprozess tatsächlich sein wird, diese Frage allerdings lässt sich letztlich nur empirisch, nicht spekulativ vorab beantworten.

3. „Finalisierung". Die Diskussion der 70er Jahre

Die erste umfassende, die Diskussion der 90er Jahre vorwegnehmende Begründung für die zunehmende Bedeutung einer postakademischen (Natur-) Wissenschaft findet sich in den 70er Jahren bei Böhme et al. und Weingart. Zeitgleich beginnt in den Sozialwissenschaften eine Umorientierung hin zur

Handlungsforschung und zum interpretativen Paradigma. Böhme et al. erörtern das Phänomen unter dem Begriff der „Finalisierung", das heißt, externe Zwecke werden erst dann zum weiteren Entwicklungsleitfaden der Theoriebildung, wenn die fundamentalen theoretischen und methodischen Probleme einer Fachwissenschaft weitgehend als ausgeschöpft gelten. Weingart diskutiert das Phänomen unter dem Begriff des „Reflexivwerdens gesellschaftlicher Praxis", das heißt, die Gesellschaft orientiert sich in ihrem Alltagshandeln immer stärker an Erkenntnis- und Problemlösungsstrategien, die in enger Analogie zum Funktionskreis zweckrationalen Handelns innerhalb der Wissenschaft stehen. In beiden Fällen beginnt sich die Grenze zwischen dem gesellschaftlichen Subsystem „Wissenschaft" und der Gesellschaft als Ganzes zu verwischen. Entscheidend, auch in Hinblick auf die spätere Diskussion der 90er Jahre, ist, dass diese Entwicklung den epistemischen Status der Wissenschaft tangiert. Zum einen wird der Allgemeingültigkeitsanspruch wissenschaftlicher Erkenntnis, bislang ein grundlegendes Moment wissenschaftlichen Selbstverständnisses, durch die praktischen Wirkungen von Wissenschaft in Frage gestellt. Zum anderen etabliert und verstärkt sich eine Tendenz, die Erkenntnis funktionaler Zusammenhänge als legitimes Endziel wissenschaftlicher Tätigkeit zu akzeptieren. Es geht nicht mehr so sehr um die kognitive Reproduktion eines Gegenstandsbereiches, um ihn zu verstehen, sondern eher darum, ihn zu handhaben, zu steuern, also um Verhaltensmodifikation, Krisenmanagement usw. An einem immer wieder kolportierten Beispiel erläutern Böhme et al. die epistemische Differenz zwischen traditioneller akademischer und postakademischer Wissenschaft: Der Allgemeinheitsanspruch traditioneller (Natur-)Wissenschaft basiere auf der beliebigen Wiederholbarkeit wissenschaftlicher Experimente. Sie sichern ihren Anspruch auf Wahrheit. Allerdings wird in ihnen in systematischer Weise davon abstrahiert, welche Veränderungen das *Machen* von Erfahrungen im Gegenstandsbereich der Erfahrung bewirkt. Die postakademische Wissenschaft hingegen, indem sie ihre „Experimente" im Gegenstandsbereich der Erfahrung, also *real*, macht, zeigt die Grenzen dieses traditionellen Anspruchs. Sie weiß, dass sie nicht nur *Erfahrungen* macht, sondern auch, dass sie Erfahrungen *macht*. An einem Beispiel, wie gesagt, verdeutlichen Böhme et al. diesen Sachverhalt der Entgeneralisierung wissenschaftlicher Erkenntnisse: „Die Gültigkeit des Satzes, dass die chemische Substanz DDT insektizide Wirkung hat, ist durch wiederholbares Experiment gesichert. Tatsächlich ist dieses Experiment auch millionenfach wiederholt worden, freilich nicht im Labor, sondern in der technischen Verwendung des DDT. Gerade diese Wiederholung macht nun aber den Satz, dass DDT ein Insektizid sei, unwahr, denn durch sie führt DDT zur Selektion resistenter Insektenstämme" (Böhme et al., 1973, S. 141 f.). Wie aber kann die Wiederholbarkeit des experimentellen Nachweises konstitutiv für die Wahrheit wissenschaftlicher Sätze sein, so fragen Böhme et al., wenn die tatsächliche Wiederholung den Satz unwahr macht? Mit anderen Worten: Die Detailliertheit und Reichweite der allgemeinen Aussage, DDT habe eine insektizide Wirkung, ist in Wirklichkeit gar nicht „objektiv" (gültig), sondern vielmehr durch die Reichweite der theoretischen Fragestellung bestimmt. Das heißt, kausal erklärt werden eigentlich nicht so sehr reale Vorgänge, sondern immer nur idealisierte Zusammenhänge, die durch isolierende Abstraktion gewonnen wurden.

Der Relevanzbereich, innerhalb dessen wissenschaftliche Aussagen Gültigkeit haben, verschiebt sich vom Subsystem „Wissenschaft" in die Gesellschaft hinein. Verwissenschaftlichung der Gesellschaft, Vergesellschaftung der Wissenschaft, beides führt in wechselseitiger Durchdringung zu einer Veränderung des epistemischen Status wissenschaftlicher Aussagen. Einerseits werden sie unmittelbar handlungspraktisch. Andererseits relativiert sich ihr Allgemeinheitsanspruch. Den Wissenschaften eröffnet sich dadurch ein neuer Gestaltungsraum. Es entstehen „Hybridgemeinschaften" außerhalb der traditionellen *scientific community*, und es entstehen, orientiert an gesellschaftlichen Problemlagen, sog. Sekundärwissenschaften. Die engere Einbettung der Wissenschaft in das gesellschaftliche Alltagsgeschehen ist ein Erfordernis der Zeit. Mit dieser Einsicht verbindet sich noch keinerlei Wertung, weder im Positiven noch im Negativen. Gesellschaftliche Widersprüche, an deren Bearbeitung, Verursachung und Lösung Wissenschaft zunehmend beteiligt ist, werden lediglich auf eine neue, höhere Stufe ihrer historischen Entwicklung gehoben. Eine Gesellschaft, deren Entwicklung in ihrer Dynamik wesentlich durch ökonomisches Profitstreben bestimmt ist, läuft allerdings Gefahr, dass dieser Einbettungsprozess in sehr einseitiger Weise vonstatten geht (vgl. Franck, 2005).

Ein in sich abgeschlossenes gesellschaftliches Subsystem „Wissenschaft" wird es, so steht zu vermuten, in der *privilegierten* Form wie bisher nicht mehr geben. Die Wissenschaft der Zukunft wird sich externen Zwecksetzungen öffnen. Sie wird sich in den gesellschaftlichen Alltag hinein auflösen, und zwar in dem Maße, wie dieser sich selbst verwissenschaftlicht (Robbins-Roth, 1998). Die traditionelle Wissenschaft zeichnet sich wesentlich dadurch aus, dass sie durch Abstraktionen aus der Realität zu raum- und zeitlosen Verallgemeinerungen, zu universellen Aussagen gelangt. Diese reduktionistische Obsession wird im Zuge der Finalisierung an Bedeutung verlieren. Gleichwohl wird die traditionelle akademische Form der Wissenschaft, wie sie gegenwärtig (noch) an den Universitäten betrieben wird, nicht verschwinden. Sie wird allenfalls marginalisiert werden. Sie kann, in absoluten Größen gemessen, sogar noch expandieren. Denn auch die postakademische Wissenschaft benötigt ausgebildete Experten. Zweifellos müssen die Universitäten ihre Studienpläne überdenken. Ihre Absolventen müssen kommunikationsfähiger werden, zum einen über die einzelnen Fachdisziplinen hinweg, zum anderen über die Grenzen der Universität hinaus. Doch aller Voraussicht nach wird die Grundausbildung weiterhin im Rahmen einer Fachdisziplin erfolgen. Denn Disziplinen befördern eine Grundvoraussetzung wissenschaftlichen Arbeitens. Wie der Name schon sagt: Sie disziplinieren. Auch in Zukunft wird es nicht so sehr darum gehen, den vielseitigen Alleskönner herauszubilden, der dann in Wirklichkeit, wenn es darauf ankommt, nichts wirklich richtig beherrscht, sondern einen Menschen mit bestimmten Kompetenzen, der zum Beispiel in einer interdisziplinär zusammengesetzten Projektgruppe einerseits seine Sicht der Dinge den anderen Mitgliedern der Gruppe problembezogen und verständlich nahe bringen und andererseits die Problemsicht der anderen nachvollziehen kann und konstruktiv aufzunehmen bereit ist. Gefordert ist also nicht, um im Beispiel zu bleiben, der Physiker, der soziologisch dilettiert (ein Gräuel für jeden Soziologen), und *vice versa*, sondern der Physiker, der seine Sicht der Dinge einem Soziologen verständlich machen kann, so dass dieser in die Lage versetzt ist, damit weiter zu arbeiten, und *vice versa* (vgl. Ziman, 1987).

4. Postmodernes Wissen. Die Diskussion der 80er Jahre

Bemerkenswert ist nun, dass sechs Jahre später, aus einer völlig anderen Theorietradition heraus und in einem anderen Diskurskontext stehend, Ähnliches prognostiziert wird, wenngleich in wesentlich schärferer Diktion und viel radikaler formuliert. Bemerkenswert auch deshalb, weil der Autor explizit auf die „abendländische Wissenschaftssoziologie" Bezug nimmt, aber „wenig Information über die deutsche Wissenschaftssoziologie" vermeldet (1986, S. 32). Die Rede ist von Jean-François Lyotards Bericht über „Das postmoderne Wissen", den er 1979 für den Universitätsrat der Regierung von Quebec verfasst hat. Lyotard zufolge ist die Ära der großen Erzählungen, sei es in spekulativer, sei es in emanzipatorischer Hinsicht, zu ihrem Ende gekommen. Er postuliert eine unüberbrückbare Differenz zwischen narrativem (Alltags- bzw. Umgangs-)Wissen und wissenschaftlichem Wissen. Ersteres sei im Wesentlichen durch „präskriptive" Aussagen mit praktischem Wert, Letzteres durch „denotative" Aussagen mit kognitivem Wert charakterisiert. Der Unterschied ist deshalb relevant, weil die Art und Weise, in der die Gültigkeit von Wissen legitimiert wird, zwei Formen annehmen kann, je nachdem, ob sie das Subjekt als einen „Helden der Erkenntnis" unter das „Kriterium der Wahrheit" stellt oder als einen „Helden der Freiheit", das heißt, des Wollens begreift, der die ethische, soziale und politische Praxis bestimmt, der notwendigerweise Entscheidungen trifft und Pflichten hat. Das wissenschaftliche Wissen gilt ihm dabei lediglich als eine Diskursform unter anderen, mit zwei Aktivitätsfeldern: der *Produktion* von Wissen (Forschung) und der *Vermittlung* von Wissen (Lehre). Die unterschiedlichen Wissensformen bezeichnet Lyotard im Anschluss an Wittgenstein als Sprachspiele, die sich durch Heterogenität und Inkommensurabilität auszeichnen. Wissenschaftliche „Texte" folgen anderen Regeln als erzählende „Texte". Charakteristisch für die Postmoderne sei nun, dass Sprachspiele keinem Konsens (mehr) verpflichtet sind, sondern den Dissens forcieren. Sprechen heißt Kämpfen im Sinne des Spielens. Es geht darum, den „Gegner" zu verwirren, Spielzüge (Aussagen) zu setzen, die unerwartet sind, und Unordnung zu schaffen durch Verändern der Regeln. Nur so könne „Neues" entstehen. Damit wendet Lyotard sich gleichermaßen kritisch gegen die Rigidität strukturfunktionalistischer und marxistischer Weltbilder. Die Einheit des Wissens und der Welt sei zerfallen. Weil es Gewissheit nur mehr lokal und auf Zeit gebe, werden die „kleinen Erzählungen" wichtig. In dieser Umbruchssituation verschiebt sich die Legitimationsbasis wissenschaftlichen Wissens vom „denotativen" Prüfkriterium (wahr/falsch) hin zum „performativen" (wirksam/unwirksam). Es gerät „unter die Kontrolle eines anderen Sprachspiels, wo der Einsatz nicht die Wahrheit, sondern die Performativität ist, das heißt, das bessere Verhältnis von Input/Output." Das bedeutet zwar nicht das Ende von Wissenschaft schlechthin, ganz im Gegenteil, aber es bedeutet das Ende der „Ära des Professors". Dass die traditionelle akademische Wissenschaft den neuen Gegebenheiten nicht (mehr) gerecht werden kann, hat seinen Grund nicht nur in der wachsenden Einflussnahme anderer Sprachspiele, sondern in Veränderungen des (natur-) wissenschaftlichen Weltbildes selbst. Während Böhme et al. das Kausalprinzip auf Grund des Kontextes, in dem es formuliert wird, eingeschränkt sehen wollen, begründet Lyotard seine Argumentation völlig anders, nämlich mit dem Hinweis auf die Grenzen der Vorhersagbarkeit in der Naturwissenschaft selbst, insbesondere mit der Atom- und Quantenphysik. Da die Naturgesetze, in denen das Kausalprinzip seine Präzisierung erfährt, in der Naturwissenschaft als erfahrungsmäßig gegebene, empirisch immer wieder bestätigte Regelmäßigkeit des Geschehens definiert werden, ist dessen lückenlose Kausalität für den üblichen physikalischen Sprachgebrauch dasselbe wie lückenlose *Determinierung* oder Vorausberechenbarkeit. Die Frage nach der Geltung des Prinzips der Kausalität lässt sich demnach in der folgenden Form stellen: Ist es möglich, die Gesetze für *alle* physikalischen Vorgänge so zu formulieren, dass, wenn die Anfangsbedingungen eines Vorgangs bekannt sind, sichere, das heißt, regelmäßig bestätigte Voraussagen möglich werden? Diese Frage muss nach heutiger Erkenntnis verneint werden *(Indeterminismus)*. Es gibt, so schlussfolgert Lyotard, nur „Inseln des Determinismus". Gewissheit sei nur mehr „lokal" und „auf Zeit" zu haben. Lyotard bezeichnet diesen Sachverhalt als „Paralogie". Sie charakterisiert und legitimiert ein wissenschaftliches Wissen, das nicht mehr „stabil" ist, sondern zur Auflösung im Dissens tendiert.

Soweit es die „neuen Formen der Wissenserzeugung" betrifft, stimmen „Finalisierungskonzept" und „Paralogiemodell" in ihren zentralen Diagnosen weitgehend überein. Und sie sind auch, ohne ihnen allzu große Gewalt anzutun, kompatibel mit jenem Prozess, den Weingart als „Reflexivwerden gesellschaftlicher Praxis" beschreibt. Differenzen erklären sich denn auch eher aus den unterschiedlichen Theorietraditionen, in denen die drei Ansätze stehen. Lyotards postmoderne „Skepsis gegenüber den Metaerzählungen" ist theoriegeschichtlich sicher als immanente Reaktion auf den französischen Strukturalismus und einen allzu rigiden Marxismus zu erklären, wie auch immer über Foucault vermittelt. Dass er so eindrucksvoll dem klassischen Intellektuellen und der Ära des Professors die Grabesglocken läutet, erhält seinen Reiz und seine Ironie vor dem Hintergrund der französischen Wissenschaftskultur, die weitgehend geprägt ist durch die „Mandarine von Paris". Obwohl der Druck, sich externen Zwecksetzungen zu öffnen, von außen auf die Wissenschaften herangetragen wird, argumentiert Lyotard, anders als Weingart und Böhme et al., innerakademisch, auf einer *epistemologischen* Ebene ansetzend. Er beruft sich in seinem Versuch, die Legitimierung postmodernen Wissens „paralogisch" zu begründen, auf Quantenphysik, Fraktalgeometrie und Chaostheorie. Die Notwendigkeit eines solchen Bezugs ist eigentlich nicht einsichtig. Lyotards Argumentation würde an Stichhaltigkeit nichts einbüßen, wenn er auf diese Bezugnahme verzichtet hätte. Tatsächlich formierte sich alsbald Widerstand gegen seine Beweisführung. Sie wurde in Frage gestellt, weil er, eigene Fachgrenzen überschreitend, Modellvorstellungen, aus dem Zusammenhang der Naturwissenschaften herausgelöst, inadäquat verwendet habe (Sokal und Bricmont, 2001, S. 155–168). Auch der sprachtheoretische Rückbezug auf Wittgenstein ist für die Diskussion des Status der postakademischen Wissenschaft nicht zwingend. Vielmehr leistet er der Gefahr Vorschub, Wissenschaft auf ihre

Textdimension zu reduzieren. Naturwissenschaftliche Theorien aber sind keine Romane. Das gilt insbesondere für die „Technowissenschaften". Gerade Lyotard hat das eigentlich immer gewusst. Aber seine postmodernen Nachfolger sind der *differentia specifica*, dass Wissenschaft, in Sonderheit *technoscience*, sowohl von Sprache wie von Erfahrung abhängig ist, verlustig gegangen. Bereits Luhmann, in einer ähnlichen Situation, hatte eingeräumt, dass die heutige Technologie mehr sei als nur angewandte Wissenschaft, dass technologische Probleme nicht durch „Lesen" gelöst werden können, sondern auf den Bau und das Ausprobieren genau der Anlagen angewiesen seien, die man konstruieren will (1997, S. 408).

Wenn Lyotard die Wissenschaft als denotatives Sprachspiel bezeichnet, dann meint er idealerweise (und kann er eigentlich auch nur meinen) die traditionelle akademische Wissenschaft. Allerdings entsprach sie diesem Ideal noch nie, schon gar nicht in ihrer Gänze, und heute immer weniger. Fließend ist der Übergang, nicht nur in zeitlicher Hinsicht, zur postakademischen Wissenschaft mit ihren Präskriptionen und Performanzen. Wissenschaft auf die Dimension eines denotativen Sprachspiels zu reduzieren, heißt tatsächlich, ihrem romantisierenden Selbstbild folgen, eine Zuschreibung, die allenfalls auf einige Randgebiete der Philosophie und Wissenschaftstheorie zutrifft. In einem solchen Selbstverständnis, das sich vornehmlich als Theorie der Erkenntnis begreift, wird die Übereinstimmung von theoretischem Modell und Realität als dadurch erzielt angenommen, dass das Modell immer mehr der Realität angeglichen wird. In Wirklichkeit erfolgt die Anpassung von Theorie und Realität aber, auch in der traditionellen akademischen (Natur-)Wissenschaft, vermittelt über Technik, von zwei Seiten her. Das Modell wird nicht einfach der Realität angepasst, sondern die Realität, die dem Modell entspricht bzw. entsprechen soll, wird produziert, zunächst im Experiment, im kleinen Maßstab. Plane Ebenen zum Beispiel, auf denen Kugeln rollen, existieren nur, wenn Menschen sie produzieren. Erst wenn eine solche künstliche Realität, in der Regel mit hohem Aufwand, hergestellt ist, können die im Modell errechneten Bewegungen auch beobachtet werden. Theorien und Modelle, die auf diese Weise zustande kommen, sagen nichts aus über das „Wesen" der Natur, sondern über die Möglichkeit, Realität neu herzustellen. In dieser Hinsicht, bei der Schaffung neuer Realitäten, vermittelt über Technik, sind die klassischen Naturwissenschaften erfolgreich gewesen (Klagenfurt, 1995, S. 12–17). Darin besteht ihr Charakteristikum, das sich nicht auf die Dimension eines denotativen Sprachspiels reduzieren lässt. Gelingt ein Experiment im Kleinen, dann kann es im Großen, in der Gesellschaft, realisiert werden, als Technologie. In diesem Augenblick beginnt die traditionelle akademische Wissenschaft in ihr postakademisches Pendant umzuschlagen. Und es ist sehr die Frage, ob sich dieser Prozess in sprachtheoretischen Ausdrücken, wie Lyotard sie verwendet, adäquat erfassen lässt, auch wenn der Prozess, der ihnen zugrunde liegt, korrekt wahrgenommen wurde.

5. Prozesse der Dekonstruktion und (Selbst-)Kritik

Als Gegenstrategie zum „Positivismus der Effizienz", zur überbordenden „Performativität", hatte Lyotard die Erfindung neuer „Spielzüge", neuer „Regeln" empfohlen, um kreative Verwirrung zu stiften, den Dissens zu forcieren, „Neues" zu produzieren, Unordnung zu schaffen. Diese verständliche Reaktion auf die Rigidität der „großen Erzählungen" haben die Protagonisten postmodernen Denkens dann, so scheint mir, sehr wörtlich genommen. Die zahllosen „kleinen Erzählungen", die nun, Originalität um jeden Preis, folgten, zeichnen sich unter anderem darin aus, das kein eindeutiger Rückbezug von der Darstellungsform zum Inhalt dessen, was eigentlich zur Darstellung gebracht werden soll, mehr möglich ist. Um nicht missverstanden zu werden: Ich bin durchaus der Ansicht, dass ein bestimmter Inhalt in ganz unterschiedlicher Art und Textsorte zur Darstellung gebracht werden kann. Aber die gewählte Form muss in einem erkennbaren Verhältnis und in nachvollziehbarer Weise zum Inhalt stehen. Das, was wissenschaftliche Aussagen wesentlich auszeichnet, Verbindlichkeit, war bei vielen Denkern der Postmoderne jedoch immer weniger gewährleistet, oftmals auch gar nicht mehr beabsichtigt. Wenn aber kein Zusammenhang zwischen der Form der Darstellung und dem, was zur Darstellung gebracht werden soll, besteht, dann, so folgerte Sokal, entsteht Beliebigkeit, Mehrdeutigkeit, schließlich Unsinn und Rauschen. Zwischen Sinn und Unsinn ist dann nicht länger mehr zu unterscheiden. Um ein Exempel zu statuieren, verfasste er einen in postmoderner Diktion gehaltenen 35-seitigen „Unsinn" (in Deutsch 48 Seiten). Und siehe da: Die Parodie wurde prompt gedruckt. Das war 1996. Bereits zehn Jahre zuvor hatte der Germanist Klaus Laermann einen ähnlichen Coup gelandet. Er stellte eine Titelsammlung postmoderner Essays zusammen, fügte der eigenen Fantasie entsprungene, ins Absurde gehende Titel hinzu und forderte den Leser auf, die ernst gemeinten herauszufinden, ein Ansinnen, dem nachzukommen, wie sich herausstellte, ganz unmöglich war. Eckhard Henscheid ging dann noch einen Schritt weiter, die Grenze der „political correctness" scharf touchierend, und ließ im Satire-Magazin „Titanic" einen der Hauptvertreter postmodernen Denkens im deutschsprachigen Raum „vorführen".

Arno Bammé

5.1 Mythos und Realität

Üblicherweise wurde die „Affaire Sokal" als „Krieg der zwei Kulturen", als Kontroverse zwischen natur- und geisteswissenschaftlichen Traditionen interpretiert, eine Sichtweise, die sehr vordergründig war und dem traditionellen akademischen Wissenschaftsdiskurs verhaftet blieb (Ashman und Baringer, 2001; Brown, 2001; Ross, 1996). Ich denke, dass die „Affaire Sokal" auf etwas viel Tiefergehendes, Natur- und Geisteswissenschaften gleichermaßen Betreffendes verweist: auf die gesellschaftliche Marginalisierung und zunehmende Irrelevanz der traditionellen akademischen Wissenserzeugung (Bammé, 2004). Wir haben es hier mit einem Sachverhalt zu tun, der exogene, in der gesellschaftlichen Gesamtentwicklung liegende Ursachen hat, der aber natürlich seine innerakademischen Spiegelungen erfährt. Das, was die postakademische Forschung auszeichnet, die Entstehung so genannter Sekundärwissenschaften (im Gegensatz zu den tradierten Disziplinen) und Hybridgemeinschaften (im Gegensatz zur überkommenen *scientific community*), lässt die traditionelle akademische Forschung unter einen enormen Handlungs- und Legitimationsdruck kommen. Es entbrennt nicht nur ein Kampf um Ressourcen, sondern der epistemische Status dessen, was Wissenschaft ausmacht, selbst steht zur Disposition. Das führt in der traditionellen akademischen Forschung zu überbordenden Aktivitäten, die aber allesamt im Regelkreis des bisher Üblichen verbleiben, diesen allerdings nun bei weitem überstrapazierend, so dass es zum Beispiel hinsichtlich der Erfordernis des „publish or perish" zunehmend zu obskurem Unsinn, skurrilen Manierismen, ja, sogar zu Betrug und Täuschung kommt.

Für die Kulturwissenschaften hat Manfred Seiler diesen Prozess nachgezeichnet, einen Prozess, der seinen Ausgang Mitte der sechziger Jahre in den Literaturwissenschaften nahm. Dort war „als eine Art Ausverkauf zum Zwecke der Bestandsversicherung" die Lesarten-Theorie entstanden. Das Ganze nannte sich „Paradigmenwechsel", ein Begriff, der seitdem in der Literaturwissenschaft mit verdächtiger Insistenz, so stellt Seiler süffisant fest, falsch gebraucht wird. Denn im Gegensatz zum Paradigmawechsel, wie Kuhn ihn definierte und in die Diskussion einführte, um damit den Theoriewandel in *historischer*, nicht in *systematischer* Sicht zu beschreiben, fand der Theoriewechsel in der Germanistik nicht als Folge einer *wissenschaftlichen* Krise statt. Weder wurden revolutionäre Entdeckungen gemacht, die eine neue Theorie erforderten, noch ergab sich ein Theoriewandel aus der Beschäftigung mit dem wissenschaftlichen Gegenstand. Die Krise wurde vielmehr von außen, aus der Gesellschaft in die Literaturwissenschaft hineingetragen, und zwar als Folge der Wirtschaftsrezession. Damals veränderte sich erstmals das Verhalten der Öffentlichkeit ihren Bildungsinstitutionen gegenüber. Man vermutete als Ursache der Wirtschaftsrezession ein Bildungsdefizit, das auszugleichen war, um im internationalen Wettbewerb mithalten zu können. Das Bildungsangebot sollte deshalb vergrößert, ausgeweitet und für breitere Schichten der Bevölkerung zugänglich gemacht werden. Die Gewichtung von Forschung und Lehre in der Universität wurde neu verteilt. Die Universität kam unter Legitimationsdruck. Ihre einzelnen Fakultäten mussten den Nachweis erbringen, welchen Beitrag sie zu leisten im Stande waren. Danach sollte sich die Höhe der Forschungsgelder, die Zahl der Planstellen und Lehrstühle richten. Weil die akademische Wissenschaft damals noch als ein Wert an sich galt, der versprach, was man sich erhoffte, nämlich Innovation und gesellschaftliche Prosperität, versuchte auch die Literaturwissenschaft ihre Wissenschaftlichkeit herauszustellen. Man entwickelte Methoden, allerdings ohne so recht ein Ziel vor Augen zu haben, zu dem diese Methoden hinführen sollten. Die Methode selbst bzw. der Hinweis, eine Methode zu haben, war bereits das Ziel, weil mit ihr lästige Fragen nach der Wissenschaftlichkeit und damit dem gesellschaftlichen Nutzen der Disziplin abgewehrt werden konnten. Allerdings gab es kein verbindliches Kriterium, mit Hilfe dessen sich entscheiden ließ, welche dieser Methoden, die alle Wissenschaftlichkeit beanspruchten, die bessere war. Damit dieses Dilemma nicht die Ausmaße einer Krise annahm, erfand man eine Metamethode und nannte sie die Theorie der Lesarten. Mit anderen Worten, man erklärte das wissenschaftliche Dilemma der Methodenvielfalt zu einer Qualität des Textes und nannte ihn fürderhin „mehrdeutig". Spätestens seit Mitte der siebziger Jahre war nahezu jeder Text „mehrdeutig". Die schlichte Tatsache, dass es mehrere einander widersprechende und ausschließende Interpretationen eines Textes gab, wurde in den Rang einer wissenschaftlichen Erkenntnis gehoben, eine gewissermaßen wissenschaftliche Reaktion auf ein Grundübel literarischer Texte: „Sie sagen uns einfach nicht das, was wir hören wollen."

Ich habe diese Geschichte weitgehend von Manfred Seiler übernommen. Er bezieht sich darin auf den deutschen Sprachraum. Vergleichbare Entwicklungen aber gab es auch woanders. Über sie belehren uns hinsichtlich der angelsächsischen Sprachlandschaft vor allem die Satiren des David Lodge. Erinnert sei auch an John Horgan, der wegen besagter Lesarten-Theorie sein Literaturstudium an den Nagel hängte und sich der Mathematik und den Naturwissenschaften zuwandte. Bemerkenswert ist, dass die Lesarten-Theorie alsbald in die anderen Kulturwissenschaften übernommen wurde und im Verlauf des postmodernen Diskurses einen enormen Aufschwung erlebte. Probleme, oder Widersprüche, stellten sich erst ein, als versucht wurde, auch die Naturwissenschaften lesartentheoretisch zu reinterpretieren. Denn die Naturwissenschaften, zumindest so wie die Naturwissenschaftler sie verstehen, sind mehr als ein Reservoir an Metaphern, die darauf warten, von postmodernen Denkern ausgeschlachtet zu werden. Die Naturwissenschaften lassen sich nicht auf die Dimension „Text" reduzieren. Theoretische Nonchalance ist dort unhaltbar, wo *Entscheidungen* getroffen werden müssen, deren Folgen nicht in unverbindlichen Sprachspielen verbleiben, zum Beispiel in der Frage, ob automatisch gesteuerte Werkzeugmaschinen in record-playback- oder NC-Technologie realisiert werden sollen (Noble, 1979). Theorien mögen früher oder später falsifiziert und aufgegeben werden, aber die Flugzeuge, um ein weiteres Beispiel zu bemühen, die auf der Grundlage der Aerodynamik gebaut werden, müssen fliegen können.

Vergleichbare Auswüchse eines epistemischen Relativismus wie in den Geisteswissenschaften finden sich ebenfalls in den Sozialwissenschaften, wenngleich sie, zum Teil wenigstens, anderen Wurzeln entstammen. In den siebziger Jahren hatten Ethnologen bzw. Soziologen, die sich ethnografischer Methoden bedienten, begonnen, „science in the making" so zu untersuchen, wie sie es gewohnt waren, den Alltag fremder Völker zu erforschen. Dabei stellten sie fest, dass sich die Natur- und Sozialwissenschaften nicht nur viel ähnlicher sind, als bisher angenommen wurde, sondern auch dass die so genannte wissenschaftliche Methode selbst lediglich eine andere Form und zugleich ein Bestandteil des sozialen Lebens ist. Am prägnantesten haben es Collins und Pinch ausgedrückt: „Wie unsere Fallstudien beweisen, gibt es keine Logik der wissenschaftlichen Forschung. Oder besser gesagt: Wenn es sie gibt, dann ist es die Logik des Alltags" (1999, S. 174). Die akademische Wissenschaft, insbesondere die „harte Naturwissenschaft" wurde in ihrem innersten, in ihrem epistemologischen Kern getroffen, nicht nur hinsichtlich ihrer äußeren Verfasstheit, ihrer institutionellen Einbindung und organisatorischen Struktur. Diese Entzauberung, diese Demontage eines Mythos, so berechtigt und hoch an der Zeit sie war, führte im Folgenden jedoch dazu, dass des Guten zu viel getan, das Kind mit dem Bade ausgeschüttet wurde. Ethnologen, Anthropologen und Wissenschaftssoziologen begaben sich an funktional äquivalente Orte der Praktizierung von Regentänzen und Fruchtbarkeitsritualen: in die Forschungslabors. Professionelle Wissenschaftlergemeinschaften ersetzten ihnen die Stammestrukturen der Primitiven, und zuweilen wurde wissenschaftliches Wissen mit der Religion der Wilden oder generell mit „Folklore" gleichgesetzt. Radikale Vertreter des *Empirical Programme of Relativism* bestritten den Naturwissenschaftlern, mit denen sie es nun zu tun hatten, sogar die Existenz einer von menschlicher Wahrnehmung unabhängigen Natur „out there". Auch sie sei selbstverständlich nichts anderes als ein soziales Konstrukt. Weingart berichtet in diesem Zusammenhang, man habe ihm kürzlich weismachen wollen, „dass die Passatwinde und das Kap der Guten Hoffnung soziale Konstrukte der portugiesischen Seefahrer gewesen seien" (1984, S. 69). Was hier offensichtlich miteinander verwechselt wird, ist der kognitive Status einer Äußerung und die soziale Funktion, die sie im Rahmen des Kontextes erfüllt, dem sie entstammt.

Auch für Sokal und Bricmont unterscheidet sich die wissenschaftliche Methode nicht grundlegend von der kognitiven Rationalität im Alltagshandeln. Ebenfalls stimmen sie mit den Ethnologen darin überein, dass es allgemeine, kontextunabhängige Regeln, die es erlauben, eine Theorie zu verifizieren oder zu falsifizieren, nicht gibt, oder anders ausgedrückt: Der Begründungs- und der Entdeckungszusammenhang einer wissenschaftlichen Erkenntnis entwickeln sich historisch parallel. Dennoch, und hierauf insistieren sie, lässt sich zu jedem geschichtlichen Augenblick eine solche Unterscheidung treffen, denn wenn es sie nicht gäbe, wäre die Begründung von Theorien an keinerlei rationale Erwägungen gebunden (2001, S. 74, 102). Um das aber beurteilen zu können, muss man mit den Theorien, um die es geht, vertraut sein, denn was einem Ethnologen als reines Machtspiel konkurrierender Wissenschafter erscheint, mag in Wirklichkeit durch absolut vernünftige Überlegungen motiviert sein, die jedoch nur zu begreifen sind, wenn man ein detailliertes Verständnis der wissenschaftlichen Theorien und Experimente als solcher besitzt (S. 119).

5.2 Legitimationsprobleme.
Vom erkenntnispraktischen Vorrang des Pathologischen

Interessant waren die Reaktionen, die auf die Analysen von Sokal und Bricmont folgten. Beide beklagten, dass ihre Gegner nicht oder nur wenig auf die inhaltlichen Argumente eingingen und stattdessen persönliche Angriffe starteten. So ließ Latour öffentlich verlauten: „Eine Hand voll theoretischer Physiker, denen die riesigen Budgets des Kalten Krieges abhanden gekommen sind, suchen offenbar nach einer neuen Bedrohung, damit sie sich heroisch als Beschützer anbieten können" (1997, S. 15). Daran mag so viel richtig sein, dass die Budgets, die der akademischen Wissenschaft zur Verfügung stehen, sowohl im Bereich der Geistes- als auch der Naturwissenschaften, schmaler geworden sind. Die Konkurrenz wird härter. Der Druck auf Kreativität, Output und Originalität steigt. Staat und Wirtschaft, so scheint es, verlieren zunehmend das Interesse am tradierten akademischen Wissenschaftssystem. Im Gegensatz zu den sechziger Jahren mehren sich heute die Stimmen jener, die bezweifeln, dass finanzielle Investitionen in die akademische Forschung klassischer Prägung noch einen Zuwachs an gesellschaftlicher Prosperität erbringen. Um bei schlechter werdenden Rahmenbedingungen die tradierten Standards gleichwohl einhalten zu können, wird, wenn man der aktuellen Literatur Glauben schenken darf, vermehrt zum Mittel des Betrugs und der Täuschung gegriffen. Unabhängig davon, ob diese Vermutung zutrifft oder nicht, auf jeden Fall werfen die „muckrakers" der Wissenschaft ein weiteres, wenig schmeichelhaftes Licht auf den Alltag akademischer Forschung und tragen so gleichfalls zu seiner Entzauberung bei. Sie denunzieren nicht lediglich, sondern leisten auch ein gutes Stück Aufklärungsarbeit: Durch die Analyse von Betrug und Fälschung ergeben sich neue Aufschlüsse über das normale Funktionieren von Wissenschaft (Di Trocchio, 1994, S. 189). Hierbei handelt es sich um ein durchaus übliches Verfahren sozialwissenschaftlicher Forschung. Als bewährtes Prinzip sozialpsychologischer Theoriebildung zum Beispiel hat sich herauskristallisiert, die Extreme und Abweichungen vom Durchschnitt und Normalen, die therapeutisch behandelt und darum öffentlich werden, zu studieren, um Einblick in die wesentlichen Charakteristika des Durchschnitts selbst zu erhalten. Viele Kenntnisse über die Persönlichkeit und Persönlichkeitsstrukturen, wie sie für eine bestimmte Gesellschaft kennzeichnend sind, wurden im klinischen Feld gewonnen. Dabei wird angenommen, dass sich die so genannten klinischen Fälle von den so genannten normalen Erscheinungen nur im Ausmaß der Gestörtheit, also nur quantitativ, nicht grundsätzlich, unterscheiden. Schließlich, so argumentieren Broad und Wade (1984, S. 8 f.), verdanke auch die Medizin sehr viel nützliches Wissen über normale Körperfunktionen der Untersuchung von deren Pathologie. Gehlen prägte seinerzeit sogar das Wort vom „erkenntnispraktischen Vorrang des Pathologischen" (1957, S. 85).

Gemeinhin wird in diesem Zusammenhang auf die „Selbstreinigungskraft" der Wissenschaft und das gut funktionierende *peer-review*-System verwiesen. Dass es sich auch hierbei um einen Mythos handelt, tritt auf Grund zahlreicher Veröffentlichungen in jüngster Zeit immer deutlicher zutage. Nicht nur, dass die vorgeblich objektiv urteilenden *referees* häufig eingebunden sind in „Seilschaften" und „Zitierkartelle", wurde sichtbar, sondern dass sie ihre Funktion verschiedentlich auch missbrauchen. Aufsehen erregte seinerzeit der Fall der beiden Krebsforscher Friedhelm Herrmann und Marion Brach vom Kölner Max-Planck-Institut für Züchtungsforschung. Die beiden lehnten als anonyme Gutachter für die Thyssen-Stiftung einen holländischen Forschungsantrag ab und reichten ihn, aus dem Englischen ins Deutsche übersetzt, unverändert bei derselben Stiftung erneut ein. Der Antrag wurde bewilligt (Finetti und Himmelrath, 1999, S. 48). Oft wird die zunehmende Kommerzialisierung der Forschung für den Verfall der Sitten verantwortlich gemacht. Doch allem Anschein nach ist die Pathologien produzierende innerorganisatorische Konkurrenz gerade in den Universitäten am stärksten ausgeprägt. Die traditionellen akademischen Belohnungsmechanismen sind nach wie vor auf Einzelkämpfertum ausgerichtet, und die starre Stellenpyramide ermöglicht kaum Aufstiegschancen ohne Untergang der Kollegen. Aus diesen Gründen und wegen der zermürbenden Sisyphusarbeit der Antragstellung setzen sich immer mehr Wissenschafter in private Forschungsfirmen ab oder gründen welche (Fröhlich, 2002). Solche Fälle wie der von Hermann und Brach verstärken, sofern sie überhaupt öffentlich werden, die Legitimationskrise der akademischen Wissenschaft. Nicht nur, dass die Reputation ihrer Vertreter sinkt, ihr gesellschaftlicher Nutzen wird grundsätzlich in Frage gestellt. Offensichtlich ist das *peer-review*-System immer weniger in der Lage, die gesellschaftlichen Anforderungen an Qualität und Relevanz wissenschaftlicher Arbeit glaubhaft zu sichern. Vielmehr treibt es die akademische Wissenschaft noch stärker in die Isolation und erzwingt geradezu eine verstärkte Außenkontrolle durch neu geschaffene Agenturen. Selbstkontrolle auf der Grundlage eines überkommenen Standesethos scheint immer weniger ein adäquates Mittel zur Lenkung der Wissensproduktion. Hinzu kommt, dass sich die Gesellschaft immer häufiger zu fragen beginnt, inwieweit sie es sich noch leisten kann, in „academic science" zu investieren (Rößler, 2002, S. 99).

Die Aufdeckung solcher „Missstände" durch „muckrakers" und „whistle blowers" verblieb zunächst im Dunstkreis der Profession und wurde kaum ernst genommen. Ihre Interpretation nicht etwa als pathologische Einzelfälle, sondern als „normale" Begleiterscheinungen eines härter werdenden Geschäfts blieb Wissenschaftsjournalisten vorbehalten. Allenfalls spektakuläre Einzelfälle, in denen Habilitationen aberkannt wurden, Doktortitel zurückgegeben werden mussten, gerieten in die Öffentlichkeit und wurden in den Medien weidlich ausgeschlachtet. Auch die immer häufiger geäußerten Selbstzweifel über Sinn und Funktion der eigenen Disziplin drangen zunächst nicht über die eigenen Fachgrenzen hinaus, gerieten dann aber, über die Medien verbreitet, massiv in die aufmerksam gewordene Öffentlichkeit: Wozu heute noch Soziologie? (Fritz-Vannahme, 1996), Wozu brauchen wir eigentlich Philosophen? (Jung, 1997), War Freud ein Fälscher und Betrüger? (Israel, 1997). Nun ließe sich einwenden, bei den inkriminierten Disziplinen handele es sich um solche aus dem Bereich der so genannten Kulturwissenschaften. Die Selbstzweifel seien berechtigt, aber sie kämen reichlich spät. Außerdem könne man jene Disziplinen doch ohnehin nur aus Höflichkeit, oder weil man akademische Grade in ihnen erwerben kann, als Wissenschaften bezeichnen.

Sicher hat es Selbstzweifel einzelner Disziplinen immer schon gegeben, nicht nur in den Geistes- und Sozialwissenschaften. Der entscheidende Punkt heute ist ein anderer. Der epistemische Kern dessen, was die akademische Wissenschaft auszeichnet, insbesondere die Naturwissenschaften, denen die Kulturwissenschaften nachzueifern versuchen, heute wie gestern, steht gegenwärtig zur Disposition. *Zum einen* haben die Feldstudien der achtziger Jahre uns die Augen geöffnet dafür, dass selbst die Naturwissenschaften nicht so betrieben werden, wie das Bild es beschreibt, das sie von sich selber zeichnen (Latour und Woolgar, 1979, Knorr-Cetina, 1984, Collins und Pinch, 1999, 2000). *Zum anderen* gerät nicht nur das Bild, sondern die privilegierte Position selbst, die die akademische Wissenschaft bislang in der Gesellschaft innehatte, durch die neuen Formen postakademischer Wissenserzeugung ins Wanken. Beides aber, die Entzauberung *und* das Obsoletwerden, lieferte zunächst einmal nur Diskussionsstoff für Wissenschafter und mit Wissenschaft befasste Politiker. An die breite Öffentlichkeit gelangte etwas ganz anderes: die von Insidern des Wissenschaftsbetriebes verfassten und in hohen Auflagen auf den Büchermarkt geworfenen „muckraking novels". Sie trugen zu einer Demystifizierung und Demontage des Mythos „Wissenschaft" vermutlich mehr bei als alle sophistischen Analysen des Wissenschaftsbetriebes. Sie sind brillant geschrieben, kenntnisreich, sie plaudern aus der Schule und geben ihre Helden der Lächerlichkeit preis. Plötzlich erfahren Lieschen Müller und Heinrich Schulze, dass es in Universitätsinstituten und Forschungslabors nicht anders zugeht als bei ihnen am Arbeitsplatz und zuhause. Ranküne, Mobbing, Betrug und Täuschung, Liebe und Leidenschaft, Humor und die kleinen Freuden des Alltags, Freundschaften, Erfolgserlebnisse und Versagensängste – all das gibt es dort auch. Und das Produkt, eine Publikation, ein Patent, was auch immer es sei, entsteht in vergleichbarer Weise. Sicher, zu einem großen Teil war es schon immer so. Nur wusste man es nicht. Zu einem anderen Teil aber beginnt sich die Wissenschaft heute in die Gesellschaft hinein zu öffnen, so wie die Gesellschaft in ihrem Alltagsgeschehen sich zunehmend verwissenschaftlicht. Beide nähern sich einander an. Das ist neu.

6. Postakademische Wissenschaft. Die Diskussion der 90er Jahre

Dieser Annäherungsprozess zwischen traditionellem wissenschaftlichen und alltagsweltlichem Wissen wird, soweit er den Status der akademischen Wissenschaft betrifft, in der wissenschaftstheoretischen Diskussion der neunziger Jahre, unter weitgehender Ausblendung der Diskussion in den siebziger Jahren, als „second academic revolution" (Etzkowitz, 1990), als „emergence of post-normal science" (Funtowicz und Ravetz, 1993), als „transition to postacademic science" (Ziman, 1996), als „Knowledge Production in Mode 2" (Gibbons et al., 1994) beschrieben. Sekundärwissenschaften treten an die Stelle tradierter Fachdisziplinen, Hybridgemeinschaften ergänzen bzw. ersetzen die überkommenen *scientific communities* als Diskursforen. Dieser neue Typ der Wissensproduktion nach Modus 2 wird die traditionelle universitäre Forschung nach Modus 1 ergänzen, wenn nicht gar verdrängen, denn (1) knowledge production would be socially distributed over a much wider range of institutions than academia, (2) knowledge resources would be continuously combined and recombined, (3) contextualisation of knowledge would increase, including the marketability, (4) boundaries between disciplines and across institutions would become blurred, (5) transdisciplinarity would no longer be confined to hot topics, (6) scientific careers would become more precarious and fungible, (7) importance of hybrid fora, i. e. groups constituted through the interplay of experts and non-experts as social actors in the shaping of knowledge, would increase (Gibbons et al., 1994, S. 156).

Obwohl er eine solche Interpretation nicht unbedingt nahe legt, ist der Ansatz von Gibbons et al. verschiedentlich doch auch als Legitimationsideologie einer neoliberalen Deregulierung der Wissenschaft verstanden worden (Pestre, 2000). Nun sind Marktfähigkeit und Kosteneffektivität zwar von Gibbons et al. genannt worden (1994, S. 8), aber darüber hinaus eben auch Kriterien, die darauf abzielen, andere gesellschaftliche Ansprüche frühzeitig in die Wissenserzeugung nach Modus 2 einzubeziehen. Diese Kriterien werden in dem 2001 erschienenen Folgeband deutlicher herausgestellt. Vergleicht man die beiden Texte miteinander, so zeigt sich, dass bei Gibbons et al. (1994, S. 3 ff.) die „Wissensproduktion im Anwendungskontext" im Vordergrund steht, während bei Nowotny et al. (2001, S. 245 ff.) die „gesellschaftlichen Transformationen" hervorgehoben werden, die mit der Wissenschafts- und Technologie-Entwicklung koevolutiv verbunden sind. Lauteten die kennzeichnenden Eigenschaften bzw. Schlagworte im ersten Text noch:

Arno Bammé

(1) knowledge production in the context of application, (2) transdisciplinarity, (3) heterogenity and organisational diversity, (4) social accountability and reflexivity, (5) quality control by intellectual, social, economic and political interests, so verschiebt sich das Interesse der Autoren im zweiten Text deutlich auf die (1) co-evolution of science and society in a Mode 2 direction, (2) contextualization, i. e. the process of transforming science by the people, (3) agora, i. e. the public space in which science meets the public, and in which public speaks back, (4) production of socially robust knowledge, (5) construction of narratives of expertise having three characteristics: they are transgressive, told in a collective voice and self-authorizing.

Im ersten Text von 1994 stand, wie gesagt, der Anwendungskontext im Vordergrund: „Such knowledge is intended to be useful to someone whether in industry or government, or society more generally and this imperative is present from the beginning" (S. 4). Die Reihenfolge, in der Industrie, Regierung und Gesellschaft genannt werden, hat sicher zu den skizzierten Vorbehalten beigetragen. Im zweiten Text von 2001 tritt deutlicher zutage, dass es unter den Bedingungen von Modus 2 nicht (länger mehr) um traditionelle Anwendungsforschung für die Industrie, den Markt oder den Staat geht, sondern um die Art und Weise, wie in den letzten Jahrzehnten die Wissenschaft sich zur Gesellschaft hin geöffnet hat. Die quantitative Zunahme von Hochschulabsolventen und das Vordringen von Technologien in den gesellschaftlichen Alltag haben zu einer wechselseitigen Verflechtung von wissenschaftlicher und praktischer Problemwahrnehmung und -bewältigung geführt, mit der Folge, dass über die möglichen Folgen der Wissensproduktion vermehrt und früher Rechenschaft abgelegt werden muss. Die Wissenschaften werden deshalb in größerem Umfang als jemals zuvor von der gesellschaftlichen Anerkennung abhängig. Zugleich ruft das Verschwinden tradierter stabiler Bewertungsmaßstäbe Unsicherheit hervor, was eine stärkere Nachfrage nach wissenschaftlichen Expertisen provoziert (Robbins-Roth, 1998; Power, 1997). In ihnen muss zu Themen Stellung genommen werden, die oftmals den Kompetenzbereich der zuständigen Fachleute übersteigen. Nowotny et al. bezeichnen sie als „transgressiv". Neben dem Wissen der Experten müssen deshalb weitere Wissensbestände hinzugezogen werden, um ein „sozial robustes Wissen" zu erzeugen. Die Orte, an denen die dafür notwendigen Austausch- und Aushandlungsprozesse stattfinden, werden von den Autoren in Anlehnung an die griechische *Polis* als „Agora" bezeichnet. Hier sollen die an einer Problemlösung beteiligten Akteure und die von einem Problem Betroffenen gleichberechtigt aufeinander treffen.

Nun leben wir nicht mehr im Zeitalter der überschaubaren griechischen *Polis*. Es stellt sich also die Frage nach den gesellschaftlichen Voraussetzungen und der institutionellen Verfasstheit der *Agora*. *Zum einen* bedarf es bestimmter Wissensvoraussetzungen, um an den Beratungen und Entscheidungen der *Agora* teilnehmen zu können. Die *Agora* „consists of a highly articulate, well-educated population, the product of an entightened educational system. The forces of democratisation have stimulated the growth of mass systems of education, at primary or elementary levels in the nineteenth century, at secondary level in the early and mid-twentieth century and at post-secondary and university level since 1945" (2001, S. 204). *Zum anderen* bedarf es der Bereitschaft, die Regeln, nach denen die *Agora* funktioniert, zu akzeptieren, so wie bislang die Mitglieder der *scientific community* sich dem Regelwerk der Wissenschaft fügten: „When modern science became institutionalized, one of its much envied strengths was its ability to create consensus. This was partly achieved through mechanisms of exclusion – of certain themes, for instance – and partly through mechanisms of inclusion – by admitting (non-scientific, but credible) witnesses as additional (social) sources for establishing what counted as a scientific ‚fact'. If the *agora* calls for a widened notion of thus established reliable knowledge, by making it more socially robust, the rules to achieve this partly still need to be defined and agreed upon" (2001, S. 262). Und *schließlich* werden zweifellos hohe Anforderungen an die Kompetenz der Teilnehmenden, sich selbst zu organisieren, gestellt werden: „If the *agora* has become the space in which science meets and interacts with many more agents, where institutions overlap and interact and where interests, values and actual decisions to be taken are being discussed, negotiated, fought over and somehow settled, then the self-organizing capacity of all participants needs to be enhanced" (2001, S. 260). Und *ohne Frage* wird das Wirksamwerden dieser Kompetenzen bestimmten Regeln folgen müssen: „The call for more ‚participation', epitomized in an imperative ticket ‚participate or perish', is not to be taken as a free entry ticket into an inchoate and unstructured arena of endless (and often futile) debates. Just as ‚publish or perish' is underpinned by certain rules of the game, to which scientists and their peers have agreed to adhere, so the opening up of science towards the *agora* presupposes and necessitates ‚rules' of a game that partly still wait to be established" (S. 262).

Hinsichtlich ihrer Metapher der *Agora* beziehen Nowotny et al. (2001, S. 2 und 203) sich verschiedentlich auf den Sokrates-Kallikles-Dialog bei Latour (1997, S. 189–240, deutsch: 2000, S. 265–326). Mit seinem „Parlament der Dinge" (2001) hat Bruno Latour jüngst das Modell einer möglichen *Agora* vorgestellt, einer institutionellen Form, in der nicht nur Menschen, sondern auch nichtmenschliche Wesen zu Wort kommen sollen. Der traditionelle Begriff der Gesellschaft sei durch den des Kollektivs zu ersetzen und um die nicht-menschlichen Wesen, um die Dinge zu erweitern, weil auch sie inzwischen zu Akteuren bzw. Aktanten der Gesellschaft geworden sind. Historisch seien wir heute, vermittelt über Technologie, an einem Punkt angelangt, an dem Natur und Gesellschaft eins geworden sind, nicht mehr voneinander trennbar. Wissenschaftliche Experimente haben die geschlossenen Räume der Laboratorien verlassen. Sie werden heute im Maßstab 1 : 1 und in Echtzeit durchgeführt. Dementsprechend sei auch das Wissen darüber „socially distributed" und nicht mehr auf die Universitäten beschränkt. „Die scharfe Unterscheidung zwischen wissenschaftlichen Laboratorien, die drinnen mit Theorien und Phänomenen experimentieren, und einer politischen Situation außerhalb, in der Nichtexperten mit Werten, Meinungen und Leidenschaften zurechtkommen, verschwimmt vor unseren Augen. Wir sind jetzt alle in kollektive Experimente verstrickt, in denen Menschen und nichtmenschliche Wesen zusammengemengt werden – und niemand ist verantwortlich. Über diese Experimente, die mit uns, von uns, für uns durchgeführt werden, wird kein Protokoll geführt. Niemandem ist ausdrücklich die Verantwortung übertragen, sie zu beaufsichtigen. Aus diesem Grund brauchen wir eine neue Definition der Souveränität" (Latour, 2001, S. 31). Als Ort, an dem das Kollektiv seine Souveränität zur Darstellung bringt, käme die *Agora*, das „Parlament der Dinge" in Frage. Denn Handeln müssen wir, entscheiden müssen wir. „Wollten wir darauf warten, dass sich die Experten einigen", in einer Zeit, „wo Konsens und Gewissheit so schwer zu erreichen sind, so würde dies das Ende europäischer Kreativität, das Ende von Wissenschaft und Technologie bedeuten, das Ende aller kollektiven Experimente." Das ist weder möglich, noch notwendig. Denn inzwischen wissen wir, „dass heute sehr viel mehr Leute selbst Forschungsfragen formulieren, auf Forschungsvorhaben bestehen, und nicht nur jene, die einen Doktortitel oder einen weißen Kittel tragen" (ebda.). Ein großer Teil nicht nur der berufstätigen Personen in den hoch industrialisierten Ländern verfügt über eine mehr oder weniger wissenschaftliche Ausbildung. Sie und damit ihr Wissen, ihre Fertigkeiten und ihre Fähigkeit, problemorientiert zu arbeiten, sind über viele Institutionen und soziale Räume verteilt. Darüber hinaus wird immer mehr Wissen, über das eine Gesellschaft verfügt, auf Maschinen implementiert und dort auf den jeweils neuesten Stand gebracht. Es findet so eine Verallgemeinerung und zugleich eine Individualisierung der Wissenserzeugung, -aneignung, -anwendung und -weitergabe statt. Wenn also in diesem Zusammenhang von „Wissensgesellschaft" gesprochen wird, dann ist damit gemeint, dass Wissen, vor allem auch wissenschaftliches Wissen, nicht mehr exklusiv auf dafür vorgesehene, privilegierte Institutionen beschränkt bleibt, sondern sich über die gesamte Gesellschaft in unterschiedlichen Formen ausgebreitet hat. Es sind zahlreiche neue Bereiche wissenschaftlicher Tätigkeit außerhalb der traditionellen akademischen Einrichtungen entstanden mit der Folge wiederum, dass dort ebenfalls Wissen produziert wird (Robbins-Roth, 1998). Nicht von ungefähr wird deshalb in der Diskussion der italienischen (Post-)Operaisten auf das Marx'sche Konzept des „general intellect" zurückgegriffen, um die politischen Folgen dieser Expansion von Wissen und seine Verbreitung über die gesamte Gesellschaft deutlich zu machen (vgl. Negri et al., 1998; Virno, 2005).

In der Sichtweise der traditionellen akademischen Wissenschaft „folgt das Handeln auf das Wissen, ohne ihm viel hinzuzufügen: Wissen wird angewandt und verwirklicht. Die Experten haben beraten. Sie haben sich auf den besten Weg geeinigt. Handeln ist nicht viel mehr als die Umsetzung des Wissens in der wirklichen Welt draußen." Diese Sicht der Dinge entspringt dem überkommenen Modell wissenschaftsbasierten rationalen Handelns, ein Modell, das der gegenwärtigen Situation immer weniger gerecht wird. Heute besteht Handeln nicht mehr „in der Verwirklichung oder Umsetzung eines Plans, sondern in der Erkundung unbeabsichtigter Folgen einer provisorischen und revidierbaren Version eines Projekts. Wir sind von der *Wissenschaft* zur *Forschung* übergegangen, von *Objekten* zu *Projekten*, von der *Umsetzung* zum *Experimentieren* ... In dieser neuen Konstellation ist der Experte im Verschwinden begriffen. Er war ohnehin niemals eine kohärente Gestalt. Weder Forscher noch politischer Repräsentant, noch Aktivist, noch Verantwortlicher für die Protokollierung des Experiments, spielte er alle Rollen gleichzeitig, ohne eine zufrieden stellend zu erfüllen. Der Experte war verantwortlich für die Vermittlung zwischen den Wissensproduzenten und der mit Werten und Zwecken befassten übrigen Gesellschaft. Doch in den kollektiven Experimenten, in die wir verwickelt sind, ist gerade diese Art von Arbeitsteilung verschwunden. Die Stellung des Experten ist damit unterhöhlt" (Latour, 2001, S. 31). Der Begriff des Experten ist deshalb durch den umfassenderen Begriff des Mitforschers zu ersetzen: „Als Konsumenten, Aktivisten oder Bürger sind wir nun alle Mitforscher. Selbstverständlich gibt es Unterschiede, doch nicht den Unterschied zwischen den Wissensproduzenten und denen, die von deren Anwendungen bombardiert werden. Wissenschaftspolitik, die ein spezialisierter bürokratischer Bereich war, der einige hundert Leute interessierte, ist nun zu einem wesentlichen Recht der neuen Bürgerschaft geworden. Die Souveränität über Forschungsprogramme ist zu wichtig, um sie den Spezialisten zu überlassen" (ebda.).

Unabhängig von der Form, die man der *Agora* gibt, müssen auch die Verfahren, nach denen Entscheidungen in ihr zu treffen sind, festgelegt werden. Dabei kann man durchaus auf erprobte mikrosoziologische und gruppendy-

Arno Bammé

namische Instrumente zurückgreifen wie die Planungszelle (Dienel, 1992), die Zukunftswerkstatt (Jungk und Müllert, 1983), die Nutzwertanalyse (Zentrum Wertanalyse, 1995), open-space-Szenarien (Maleh, 2000) oder Mediationsverfahren (Breidenbach, 1995).

7. Epilog

Zweifellos wird die Wissenschaft der Zukunft eine andere sein. Doch trotz aller Veränderungen wird sie, ob akademisch oder postakademisch, „go on theorising, and testing their theories by observation and experiment." Insofern auch wird sie den „eleganten Unsinn" der postmodernen Philosophen überleben. Sie wird „resist firmly the philosophical scepticism, sociological relativism, political cynism, ethical nihilism, and historical incommensurabilism projected on to science by some of its wilder critics". Denn: „It is not academic science, but academic *metascience* that is in a state of intellectual anarchy, where ‚anything goes'." Es ist John Ziman, Wissenschaftstheoretiker, von Haus aus Physiker, der diese Verbindung herstellt zwischen dem von postmodernen Denkern angezettelten Wissenschaftskrieg und der sich am Horizont abzeichnenden postakademischen Wissenschaft (1996, S. 77). Darin wird man ihm zustimmen können. Und doch sind, soweit erkennbar, in zentralen Aspekten postakademischer Wissenschaft, bewusst oder unbewusst, Elemente der postmodernen Kritik an den großen Erzählungen aufgehoben: Die Wissenschaft der Zukunft wird kein in sich geschlossener monistischer Block mehr sein, sondern sich zur Gesellschaft hin geöffnet haben. Sie wird sich konkret mit gesellschaftlichen Problemen auseinander setzen, transdisziplinär und eingebunden in wechselnde Akteur-Netzwerke. Sie wird sich in die Lebenswelt der Bürger integrieren. Sie wird pluralistisch sein und sich vor Inkonsistenzen nicht fürchten. Sie wird kognitive und nicht-kognitive Elemente in kreativer Weise in sich vereinen. Sie wird pragmatisch sein. Sie wird Hybridgemeinschaften eingehen mit anderen Wissenskulturen, die nicht unbedingt dieselben intellektuellen Werte oder dieselben Standards teilen hinsichtlich dessen, was „gute Wissenschaft" sei. Sie wird deshalb gesellschaftliche Vorgaben wie Sicherheit, Profit, Effizienz usw. nicht ignorieren können. Dass sie in ein Netz sozialer Praktiken eingebunden ist, heißt aber nicht, dass sie dem Empirismus und kognitiver Rationalität abschwört. Obskurantismus wird auch in Zukunft ihre Sache nicht sein. Insofern auch, um auf Ziman zurückzukommen, ist hinsichtlich des an sie herangetragenen „metawissenschaftlichen" Ansinnens exakt zu unterscheiden zwischen dem seriösen Kern postmoderner Kritik und dem verqueren Kauderwelsch, in das sie gern und oft sich kleidet.

Wissenschaft der Zukunft

Referenztexte

Bammé, Arno: Science Wars. Von der akademischen zur postakademischen Wissenschaft. Frankfurt am Main und New York: Campus 2004.

Bammé, Arno: Science and Technology Studies. Ein Überblick. Klagenfurter Beiträge zur Technikdiskussion, Heft 100, Klagenfurt: IFF 2004.

Bloor, David: Knowledge and Social Imagery. Chicago and London: University of Chicago Press 1991² (1976).

Böhme, Gernot; van den Dähle, Wolfgang; Krohn, Wolfgang: Die Finalisierung der Wissenschaft. In: Zeitschrift für Soziologie, Jg. 2, April 1973, Heft 2, S. 128–144.

Broad, William; Wade, Nicholas: Betrug und Täuschung in der Wissenschaft. Basel, Boston, Stuttgart: Birkhäuser 1984 (1982).

Brown, James Robert (ed.): Who Rules in Science? An opinionated guide to the wars. Cambridge, Mass.: Harvard University Press 2001.

Collins, Harry; Pinch, Trevor: Der Golem der Forschung. Wie unsere Wissenschaft die Natur erfindet. Berlin: Berlin Verlag 1999 (1998, 1993).

Collins, Harry; Pinch, Trevor: Der Golem der Technologie. Wie die Wissenschaft unsere Wirklichkeit konstruiert. Berlin: Berlin Verlag 2000 (1998).

Durkheim, Emile: Die elementaren Formen des religiösen Lebens. Frankfurt am Main: Suhrkamp 1981 (1968).

Felt, Ulrike; Nowotny, Helga; Taschwer, Klaus: Wissenschaftsforschung. Eine Einführung. Frankfurt am Main und New York: Campus 1995.

Finetti, Marco; Himmelrath, Armin: Der Sündenfall. Betrug und Fälschung in der deutschen Wissenschaft. Stuttgart: Raabe 1999.

Franck, Georg: Mentaler Kapitalismus. Eine politische Ökonomie des Geistes. München und Wien: Hanser 2005.

Fritz-Vannahme, Joachim (Hrg.): Wozu heute noch Soziologie? Opladen: Leske + Budrich 1996.

Gibbons, Michael; Limoges, Camille; Nowotny, Helga; Schwartzman, Simon; Scott, Peter; Trow, Martin: The New Production of Knowledge. The Dynamics of Science and Research in Contemporary Societies. London, Thousand Oaks, New Delhi: Sage 1994.

Henscheid, Eckhard: 10 : 9 für Stroh. Berlin: Fest 1998.

Henscheid, Eckhard: Der rasende Fasler. In: Titanic, Heft 4, 1986, S. 76–79.

Jung, Joachim: Zur Krise der deutschsprachigen Philosophie. In: Berliner Debatte, Heft 3, 1997, S. 3–10.

Klagenfurt, Kurt: Technologische Zivilisation und transklassische Logik. Frankfurt am Main: Suhrkamp 1995.

Knorr-Cetina, Karin: Die Fabrikation von Erkenntnis. Zur Anthropologie der Wissenschaft. Frankfurt am Main: Suhrkamp 1984 (1981).

Laermann, Klaus: Lacancan und Derridada. Über die Frankolatrie in den Kulturwissenschaften. In: Kursbuch 84, Juni 1986, S. 34–43.

Latour, Bruno; Woolgar, Steve: Laboratory Life. The Social Construction of Scientific Facts. Beverly Hills and London: Sage 1979.

Lodge, David: Ortswechsel. München: List 1986 (1975).

Lodge, David: Schnitzeljagd. Ein satirischer Roman. Berlin: Ullstein 1997[6] (1984).

Lyotard, Jean-François : Das postmoderne Wissen. Ein Bericht. Graz und Wien: Böhlau 1986 (1979).

Negri, Tonio; Lazzarato, Maurizio; Virno, Paolo: Umherschweifende Produzenten. Immaterielle Arbeit und Subversion. Berlin: ID 1998 (1993).

Nowotny, Helga: Es ist so. Es könnte auch anders sein. Über das veränderte Verhältnis von Wissenschaft und Gesellschaft. Frankfurt am Main: Suhrkamp 1999.

Nowotny, Helga; Scott, Peter; Gibbons, Michael: Re-Thinking Science. Knowledge and the Public in an Age of Uncertainty. Cambridge: Polity Press 2002 (2001).

Ross, Andrew (ed.): Science Wars. Durham and London: Duke University Press 1996.

Schwanitz, Dietrich: Der Campus. München: Goldmann 1996 (1995).

Seiler, Manfred: Von der Halbwertzeit der Philosophie. Anmerkungen zur Krise einer schönen alten Disziplin. In: Die Zeit, Nr. 10, 27. 2. 1987, S. 22.

Sokal, Alan; Bricmont, Jean: Eleganter Unsinn. Wie die Denker der Postmoderne die Wissenschaften missbrauchen. München: dtv 2001 (1997).

Toulmin, Stephen: Kosmopolis. Die unerkannten Aufgaben der Moderne. Frankfurt am Main: Suhrkamp 1994 (1999).

Virno, Paolo: Grammatik der Multitude. Untersuchungen zu gegenwärtigen Lebensformen. Berlin: ID 2005 (2002).

Weingart, Peter: Wissensproduktion und soziale Struktur. Frankfurt am Main: Suhrkamp 1976.

Weingart, Peter: From „Finalization" to „Mode 2": old wine in new bottles? In: Social Science Information, 36, 1997, 4, S. 591–613.

Ziman, John M.: Real Science. What it is, and what it means. Cambridge: University Press 2002 (2000.).

Ziman, John M: „Postacademic Science": Constructing Knowledge with Networks and Norms. In: Science Studies, Vol. 9 (1996), No. 1, S. 67–80.

Sonstige Literatur

Ashman, Keith M.; Baringer, Philip S. (eds.): After the Science Wars. London: Routledge 2001.

Bammé, Arno; Berger, Wilhelm; Kotzmann, Ernst (Hrg.): Anything goes – Science everywhere? Konturen von Wissenschaft heute. München und Wien: Profil 1986.

Bammé, Arno; Baumgartner, Peter; Berger, Wilhelm; Kotzmann, Ernst (Hrg.): Technologische Zivilisation. München und Wien: Profil 1987.

Bell, Daniel: Die nachindustrielle Gesellschaft. Frankfurt am Main und New York: Campus 1989 (1973).

Breidenbach, Stephan: Mediation – Strukturen, Chancen und Risiken von Vermittlung im Konflikt. Köln: Schmidt 1995.

Cozzens, Susan E.; Healey, Peter; Rip, Arie; Ziman, John (eds.): The Research System in Transition. Dordrecht, Boston, London: Kluwer 1990.

Damerow, Peter; Lefèvre, Wolfgang: Rechenstein, Experiment, Sprache. Historische Fallstudien zur Entstehung der exakten Wissenschaften. Stuttgart: Klett-Cotta 1981.

Di Trocchio, Federico: Der große Schwindel. Betrug und Fälschung in der Wissenschaft. Frankfurt am Main und New York: Campus 1994 (1993).

Dienel, Peter C.: Die Planungszelle. Eine Alternative zur Establishment-Demokratie. Opladen: Westdeutscher Verlag 1992^3 (1978).

Etzkowitz, Henry: The Second Academic Revolution: The Role of the Research University in Economic Development. In: Susan E. Cozzens, Peter Healey, Arie Ripp, John Ziman (eds.), a. a. O., S. 109–124.

Fischbeck, Hans-Jürgen; Schmidt, Jan C. (Hrg.): Wertorientierte Wissenschaft. Perspektiven für eine Erneuerung der Aufklärung. Berlin: edition sigma 2002.

Fröhlich, Gerhard: Anonyme Kritik. Peer Review auf dem Prüfstand der Wissenschaftsforschung. In: Eveline Pipp (Hrg.): a. a. O., S. 129–146.

Funtowicz, Silvio; Ravetz, Jerome: The Emergence of Post-Normal Science. In: René von Schomberg (ed.), a. a. O., S. 85–123.

Gehlen, Arnold: Die Seele im technischen Zeitalter. Hamburg: Rowohlt 1957.

Günther, Gotthard: Idee und Grundriss einer nicht-Aristotelischen Logik. Hamburg: Meiner 1978 (1959).

Horgan, John: An den Grenzen des Wissens. Siegeszug und Dilemma der Naturwissenschaften. Frankfurt am Main: Fischer 2002^2 (1996).

Hübner, Kurt: Die Wahrheit des Mythos. München: Beck 1985.

Hübner, Kurt: Kritik der wissenschaftlichen Vernunft. Freiburg und München: Alber 1986 (1978).

Israels, Han: Sigmund Freud – ein pathologischer Lügner? In: psychologie heute, September 1997, S. 46–49.

Jungk, Robert; Müllert, Norbert R.: Zukunftswerkstatten. Wege zur Wiederbelebung der Demokratie. München: Goldmann 1983 (1981).

Kreibich, Rolf: Die Wissenschaftsgesellschaft. Von Galilei zur High-Tech-Revolution. Frankfurt am Main: Suhrkamp 1986.

Kreuzberg, Karla (Hrg.): Die Zukunft der Gesellschaft. Widersprüche einer alternativen Modellbildung. München und Wien: Profil 2001.

Krohn, Wolfgang; Küppers, Günter; Nowotny, Helga (eds.): Selforganization. Portrait of a Scientific Revolution. Dordrecht: Kluwer 1990 (Der Band ist nur zu einem sehr geringen Teil textidentisch mit Wolfgang Krohn, Günter Küppers [Hrg.]: Selbstorganisation. Aspekte einer wissenschaftlichen Revolution. Braunschweig und Wiesbaden: Vieweg 1990).

Laermann, Klaus: Das rasende Gefasel der Gegenaufklärung. Dietmar Kamper als Symptom. In: Merkur 39, 1985, S. 211–220.

Latour, Bruno: Aufstand der Dinge (Ein Interview). In: Die Tageszeitung (taz), 12. 10. 1995, S. 15.

Latour, Bruno: Der Berliner Schlüssel. Erkundungen eines Liebhabers der Wissenschaften. Berlin: Akademie Verlag 1996 (1993).

Latour, Bruno: From the world of science to the world of research? In: Science, 280, 1998, S. 208–209.

Latour, Bruno: Das Parlament der Dinge. Für eine politische Ökologie. Frankfurt am Main: Suhrkamp 2001 (1999).

Latour, Bruno: Ein Experiment von und mit uns allen. Tierseuchen und Klimawandel zeigen: Wir müssen unsere repräsentative Demokratie durch eine technische ergänzen. In: Die Zeit, Nr. 16, 11. 4. 2001, S. 31.

Latour, Bruno: Socrates' and Callicles' Settlement – or, The Invention of the Impossible Body Politic. In: Configurations, 5, Frühjahr 1997, No. 2, S. 189–240 (deutsche Übersetzung in zwei Artikeln „Die Erfindung des Kriegs der Wissenschaften" und „Eine von der Wissenschaft befreite Politik", in: Bruno Latour, a. a. O., 2000, S. 265–289).

Latour, Bruno: Die Hoffnung der Pandora. Untersuchungen zur Wirklichkeit der Wissenschaft. Frankfurt am Main: Suhrkamp 2000 (1999).

Latour, Bruno: On actor-network theory. A few clarification. In: Soziale Welt, 47, 1996, S. 369–381.

Lorenzen, Kai F.: Luhmann goes Latour – Zur Soziologie hybrider Beziehungen. In: Werner Rammert und Ingo Schulz-Schaeffer (Hrg.), a. a. O., S. 101–118.

Luhmann, Niklas: Die Gesellschaft der Gesellschaft. Zwei Teilbände. Frankfurt am Main: Suhrkamp 1998.

Maleh, Carole: Open Space. Effektiv arbeiten mit großen Gruppen. Weinheim und Basel: Beltz 2000.

Müller, Rudolf Wolfgang: Geld und Geist. Zur Entstehungsgeschichte von Identitätsbewusstsein und Rationalität seit der Antike. Frankfurt am Main und New York: Campus 1981 (1977).

Noble, David F.: Maschinen gegen Menschen. Die Entwicklung nummerisch gesteuerter Werkzeugmaschinen. Stuttgart: Alektor 1981 (1979).

Nowotny, Helga: Actor-Networks vs. Science as a Self-Organizing System: A Comparative View of Two Constructivist Approaches. In: Wolfgang Krohn et al. (eds.), a. a. O., 1990, S. 223–239.

Wissenschaft der Zukunft

Pestre, Dominique: The Production of Knowledge between Academies and Markets: A Historical Reading of the Book *The New Production of Knowledge*. In: Science, Technology & Society, 5, 2000, 2, S. 169–181.

Pipp, Eveline (Hrg.): Drehscheibe E-Mitteleuropa. Information: Produzenten, Vermittler, Nutzer. Die gemeinsame Zukunft. Wièn: Phoibos 2002.

Power, Michael: The Audit Society: Rituals of Verification. Oxford: Oxford University Press 1997.

Rammert, Werner; Schulz-Schaeffer, Ingo (Hrg.): Können Maschinen handeln? Soziologische Beiträge zum Verhältnis von Mensch und Technik. Frankfurt am Main und New York: Campus 2002.

Robbins-Roth, Cynthia (ed.): Alternative Careers In Science. Leaving the Ivory Tower. San Diego: Academic Press 1998.

Rößler, Ernst: Das Ende der letzten Großen Erzählung. Von akademischer zu post-akademischer Wissenschaft. In: Hans-Jürgen Fischbeck und Jan C. Schmidt (Hrg.), a. a. O, S. 93–106.

Schomberg, René von (ed.): Science, Politics and Morality. Scientific Uncertainty and Decision Making. Dordrecht, Boston, London: Kluwer 1993.

Schulz-Schaeffer, Ingo: Akteur-Netzwerk-Theorie. Zur Koevolution von Gesellschaft, Natur und Technik. In: Johannes Weyer (Hrg.), a. a. O., S. 187–210.

Snow, Charles Percy: Die zwei Kulturen. Literarische und naturwissenschaftliche Intelligenz. Stuttgart: Klett 1967 (1956).

Sohn-Rethel, Alfred: Geistige und körperliche Arbeit. Revidierte und ergänzte Auflage. Weinheim: VCA 1989 (1970).

Sokal, Alan: Transgressing the boundaries: Toward a transformative hermeneutics of quantum gravitity. In: Social Text 46/47, Vol. 14, Nos. 1 and 2, Spring/Summer 1996, S. 217–252 (Eine deutsche Übersetzung mit dem Titel „Die Grenzen überschreiten: Auf dem Weg zu einer transformativen Hermeneutik der Quantengravitation" findet sich in Sokal und Bricmont, a. a. O., S. 262–309).

Solla Price, Derek J. de: Little Science, Big Science. Von der Studierstube zur Großforschung. Frankfurt am Main: Suhrkamp 1974 (1963).

Stehr, Nico; König, René (Hrg.): Wissenschaftssoziologie – Studien und Materialien. Sonderheft 18 der Kölner Zeitschrift für Soziologie und Sozialpsychologie. Opladen: Westdeutscher Verlag 1975.

Stehr, Nico; Meja, Volker (Hrg.): Wissenssoziologie. Sonderheft 22 der Kölner Zeitschrift für Soziologie und Sozialpsychologie. Opladen: Westdeutscher Verlag 1981.

Weingart, Peter: Anything goes – rien ne va plus. Der Bankrott der Wissenschaftstheorie. In: Kursbuch 78, Dezember 1984, S. 61–75.

Weyer, Johannes (Hrg.): Soziale Netzwerke. Konzepte und Methoden der sozialwissenschaftlichen Netzwerkforschung. München: Oldenbourg 2000.

Weyer, Johannes: Weder Ordnung noch Chaos. Die Theorie sozialer Netzwerke zwischen Institutionalismus und Selbstorganisationstheorie. In: Johannes Weyer, Ulrich Kirchner, Lars Riedel, Johannes F. K. Schmidt, a. a. O., S. 53–59.

Weyer, Johannes; Kirchner, Ulrich; Riedel, Lars; Schmidt, Johannes F. K.: Technik, die Gesellschaft schafft. Soziale Netzwerke als Ort der Technikgenese. Berlin: Sigma 1997.

Zentrum Wertanalyse der VDI-Gesellschaft „Systementwicklung und Projektgestaltung" (Hrg.): Wertanalyse. Idee – Methode – System. Düsseldorf: VDI 1995^5.

Ziman, John: Knowing everything about nothing. Specialization and change in scientific careers. Cambridge: Cambridge University Press 1987.

AutorInnen

Arno Bammé, O. Univ. Prof. Dr.
Abteilungsleiter des TeWi
Universität Klagenfurt, Fakultät für Interdisziplinäre Forschung und
Fortbildung (Klagenfurt, Graz, Wien), Abteilung „Technik- und
Wissenschaftsforschung" (TeWi)
A-9010 Klagenfurt, Sterneckstraße 15
Email: arno.bamme@uni-klu.ac.at; http://www.uni-klu.ac.at/iff-tewi

Eva Buchinger, Mag.
Senior Scientist
ARC systems research
A-1220 Wien, Donau-City-Straße 1, TechGate Vienna
Email: eva.buchinger@arcs.ac.at; http://systemsresearch.ac.at

Ulrike Felt, Univ. Prof. Dr.
Professorin der Wissenschaftsforschung, Institutsvorständin
Herausgeberin der Zeitschrift *Science, Technology, & Human Values*
Universität Wien, Institut für Wissenschaftsforschung
A-1090 Wien, Sensengasse 8/10
Email: ulrike.felt@univie.ac.at; http://www.univie.ac.at/virusss/

Christian Fleck, ao. Univ.-Prof. Dr.
Präsident der Österreichischen Gesellschaft für Soziologie
Karl-Franzens-Universität Graz, Institut für Soziologie
A-8010 Graz, Universitätsstraße 15/G4
Email: christian.fleck@uni-graz.at; http://www.uni-graz.at/sozwww/

Maximilian Fochler, Mag.
Wissenschaftlicher Mitarbeiter
Universität Wien, Institut für Wissenschaftsforschung
A-1090 Wien, Sensengasse 8/10
Email: maximilian.fochler@univie.ac.at; http://www.univie.ac.at/virusss/

AutorInnen

Christian Fuchs, DI Dr. techn.
Assistant Professor for Internet and Society
ICT&S Center, University of Salzburg
A-5020 Salzburg, Sigmund-Haffner-Gasse 18
Email: christian.fuchs@sbg.ac.at; http://www.icts.uni-salzburg.at/

Gerit Götzenbrucker, Mag. Dr.
Universitäts-Assistentin
Universität Wien, Institut für Publizistik- und Kommunikationswissenschaft
A-1180 Wien, Schopenhauerstraße 32
Email: gerit.goetzenbrucker@univie.ac.at; http://www.univie.ac.at/publizistik/

Erich Griessler, Dr.
Senior Researcher
Institute for Advanced Studies IHS, Department of Sociology
A-1060 Vienna, Stumpergasse 56
Email: Erich.Griessler@ihs.ac.at; http://www.ihs.ac.at/

Wolfgang Hofkirchner, Univ. Prof. Dr.
Professor for Internet and Society
ICT&S Center, University of Salzburg
A-5020 Salzburg, Sigmund-Haffner-Gasse 18
Email:wolfgang.hofkirchner@sbg.ac.at; http://www.icts.uni-salzburg.at/

Beate Littig, Dipl. Soz. Dr. rer. soc. oec. habil.
Head of the Department
Institute for Advanced Studies IHS, Department of Sociology
A-1060 Vienna, Stumpergasse 56
Email: littig@ihs.ac.at; http://www.ihs.ac.at/

Annina Müller, Mag.[a]
Universitätsassistentin
Universität Wien, Institut für Wissenschaftsforschung
A-1090 Wien, Sensengasse 8/10
Email: annina.mueller@univie.ac.at; http://www.univie.ac.at/virusss/

AutorInnen

Michael Nentwich, Univ.-Doz. Dr.
Direktor des ITA
ITA Institut für Technikfolgen-Abschätzung
Oesterr. Akademie der Wissenschaften
A-1030 Wien, Strohgasse 45/5
Email: mnent@oeaw.ac.at; http://www.oeaw.ac.at/ita

Helga Nowotny, Prof.
Research Fellow
Wissenschaftszentrum Wien
A-1080 Wien, Strozzigasse 10/16
Email: helga.nowotny@wzw.at; http://www.helga-nowotny.at/

Michael Ornetzeder, Mag. Dr.
Co-Bereichsleiter Technik und Wissen
ZSI Zentrum für soziale Innovation
A-1150 Wien, Linke Wienzeile 246
Email: ornetzeder@zsi.at; http://www.zsi.at/

Harald Rohracher, Univ.-Ass. DI Mag. Dr. MSc
Leiter des IFZ
IFZ – Interuniversitäres Forschungszentrum für Technik, Arbeit und Kultur
Inter-University Research Centre for Technology, Work and Culture
A-8010 Graz, Schlögelgasse 2
E-mail: rohracher@ifz.tugraz.at; http://www.ifz.tugraz.at/

Manfred Schmutzer, Univ.-Prof. Dipl.-Ing. Dr. Phil.
Technische Universität Graz, Institut für Städtebau
A-8010 Graz, Rechbauerstraße 12/II
Email: msbadfischau@yahoo.de; http://www.tugraz.at/

Sozialstruktur

Eva Barlösius
Die Macht der Repräsentation
Common Sense über soziale
Ungleichheiten
2005. 192 S. Br. EUR 26,90
ISBN 3-531-14640-8

Rainer Geißler
Die Sozialstruktur Deutschlands
Zur gesellschaftlichen Entwicklung
mit einer Bilanz zur Vereinigung.
Mit einem Beitrag von Thomas Meyer
4., überarb. und akt. Aufl. 2006. 428 S.
Br. EUR 26,90
ISBN 3-531-42923-X

Wilhelm Heitmeyer /
Peter Imbusch (Hrsg.)
**Integrationspotenziale
einer modernen Gesellschaft**
2005. 467 S. Br. EUR 36,90
ISBN 3-531-14107-4

Stefan Hradil
**Die Sozialstruktur Deutschlands
im internationalen Vergleich**
2. Aufl. 2006. 304 S. Br. EUR 24,90
ISBN 3-531-14939-3

Rudolf Richter
Die Lebensstilgesellschaft
2005. 163 S. Br. EUR 21,90
ISBN 3-8100-3953-5

Jörg Rössel
Plurale Sozialstrukturanalyse
Eine handlungstheoretische
Rekonstruktion der Grundbegriffe
der Sozialstrukturanalyse
2005. 402 S. Br. EUR 39,90
ISBN 3-531-14782-X

Jürgen Schiener
**Bildungserträge in der
Erwerbsgesellschaft**
Analysen zur Karrieremobilität
2006. 303 S. Br. EUR 32,90
ISBN 3-531-14650-5

Marc Szydlik (Hrsg.)
Generation und Ungleichheit
2004. 276 S. Br. EUR 24,90
ISBN 3-8100-4219-6

Erhältlich im Buchhandel oder beim Verlag.
Änderungen vorbehalten. Stand: Juli 2006.

www.vs-verlag.de

VS VERLAG FÜR SOZIALWISSENSCHAFTEN

Abraham-Lincoln-Straße 46
65189 Wiesbaden
Tel. 0611.7878 - 722
Fax 0611.7878 - 400

Neu im Programm Soziologie

Hans-Paul Bahrdt
Die moderne Großstadt
Soziologische Überlegungen
zum Städtebau
Hrsg. von Ulfert Herlyn
2. Aufl. 2006. 248 S. Br. EUR 34,90
ISBN 3-531-14985-7

Marek Fuchs / Siegfried Lamnek /
Jens Luedtke / Nina Baur
Gewalt an Schulen
1994 – 1999 – 2004
2005. 352 S. Br. EUR 34,90
ISBN 3-531-14628-9

Jürgen Gerhards
**Kulturelle Unterschiede in der
Europäischen Union**
Ein Vergleich zwischen Mitgliedsländern,
Beitrittskandidaten und der Türkei
2., durchges. Aufl. 2006. 316 S.
Br. EUR 27,90
ISBN 3-531-34321-1

Ronald Hitzler /
Michaela Pfadenhauer (Hrsg.)
Gegenwärtige Zukünfte
Interpretative Beiträge zur sozialwissen-
schaftlichen Diagnose und Prognose
2005. 274 S. Br. EUR 19,90
ISBN 3-531-14582-7

Aldo Legnaro / Almut Birenheide
Stätten der späten Moderne
Reiseführer durch Bahnhöfe,
shopping malls, Disneyland Paris
2005. 304 S. Br. EUR 36,90
ISBN 3-8100-3725-7

Gunter Schmidt / Silja Matthiesen /
Arne Dekker / Kurt Starke
**Spätmoderne
Beziehungswelten**
Report über Partnerschaft
und Sexualität in drei Generationen
2006. 159 S. Br. EUR 21,90
ISBN 3-531-14285-2

Georg Vobruba
**Entkoppelung von Arbeit
und Einkommen**
Das Grundeinkommen in der
Arbeitsgesellschaft
2006. 211 S. Br. EUR 24,90
ISBN 3-531-14934-2

Andreas Wimmer
Kultur als Prozess
Zur Dynamik des Aushandelns
von Bedeutungen
2005. 225 S. Geb. EUR 24,90
ISBN 3-531-14460-X

Erhältlich im Buchhandel oder beim Verlag.
Änderungen vorbehalten. Stand: Juli 2006.

www.vs-verlag.de

Abraham-Lincoln-Straße 46
65189 Wiesbaden
Tel. 0611.7878-722
Fax 0611.7878-400

VS VERLAG FÜR SOZIALWISSENSCHAFTEN

GPSR Compliance
The European Union's (EU) General Product Safety Regulation (GPSR) is a set of rules that requires consumer products to be safe and our obligations to ensure this.

If you have any concerns about our products, you can contact us on

ProductSafety@springernature.com

In case Publisher is established outside the EU, the EU authorized representative is:

Springer Nature Customer Service Center GmbH
Europaplatz 3
69115 Heidelberg, Germany

www.ingramcontent.com/pod-product-compliance
Lightning Source LLC
LaVergne TN
LVHW040732250326
834688LV00031B/266